数字时代普通高等教育新文科建设语言学专业系列教材

# 编写委员会

**顾　问**

李运富（郑州大学）　　　陆俭明（北京大学）　　　王云路（浙江大学）

尉迟治平（华中科技大学）　赵世举（武汉大学）

**总主编**

黄仁瑄（华中科技大学）

**编　委**（以姓氏拼音为序）

丁　勇（湖北工程学院）　　杜道流（淮北师范大学）　高永安（中国人民大学）

耿　军（西南大学）　　　　黄　勤（华中科技大学）　黄仁瑄（华中科技大学）

姜永超（燕山大学）　　　　亢世勇（鲁东大学）　　　刘春卉（四川大学）

刘根辉（华中科技大学）　　史光辉（杭州师范大学）　孙道功（南京师范大学）

孙德平（浙江财经大学）　　唐旭日（华中科技大学）　王彤伟（四川大学）

王　伟（淮北师范大学）　　杨爱姣（深圳大学）　　　杨怀源（西南大学）

张　磊（华中师范大学）　　张延成（武汉大学）　　　周赛华（湖北大学）

周文德（四川外国语大学）

数字时代普通高等教育新文科建设语言学专业系列教材

# 现代汉语专题研究

主　编　刘春卉（四川大学）

编　者（按专题编排顺序）

| | |
|---|---|
| 李宇明（北京语言大学） | 董秀英（河南大学） |
| 张艺馨（香港理工大学） | 方　梅（中国社会科学院） |
| 冉启斌（南开大学） | 祁　峰（华东师范大学） |
| 刘春卉（四川大学） | 吴洲欣（华东师范大学） |
| 宗守云（上海师范大学） | 盛益民（复旦大学） |
| 俞理明（四川大学） | 王希杰（南京大学） |
| 朱　彦（北京大学） | 谷　丰（四川大学） |
| 刘楚群（江西师范大学） | 王跃龙（华侨大学） |
| 樊　洁（西华大学） | 何　倩（四川大学） |

华中科技大学出版社
http://press.hust.edu.cn
中国·武汉

图书在版编目(CIP)数据

现代汉语专题研究/刘春卉主编.—武汉:华中科技大学出版社,2023.8
ISBN 978-7-5680-9839-7

Ⅰ.①现… Ⅱ.①刘… Ⅲ.①现代汉语-研究 Ⅳ.①H109.4

中国国家版本馆 CIP 数据核字(2023)第 164563 号

# 现代汉语专题研究

Xiandai Hanyu Zhuanti Yanjiu

刘春卉 主编

| | |
|---|---|
| 策划编辑:周晓方 杨 玲 | |
| 责任编辑:张帅奇 李 鹏 | |
| 封面设计:原色设计 | |
| 责任校对:余晓亮 | |
| 责任监印:周治超 | |
| 出版发行:华中科技大学出版社(中国·武汉) | 电话:(027)81321913 |
| 　　　　　武汉市东湖新技术开发区华工科技园 | 邮编:430223 |
| 录　　排:华中科技大学惠友文印中心 | |
| 印　　刷:武汉市籍缘印刷厂 | |
| 开　　本:787mm×1092mm　1/16 | |
| 印　　张:19　插页:2 | |
| 字　　数:413 千字 | |
| 版　　次:2023 年 8 月第 1 版第 1 次印刷 | |
| 定　　价:69.90 元 | |

本书若有印装质量问题,请向出版社营销中心调换
全国免费服务热线:400-6679-118　竭诚为您服务
版权所有　侵权必究

# 总序

2020年4月,教育部办公厅印发《关于启动部分领域教学资源建设工作的通知》(教高厅函〔2020〕4号),明确指出:

> 为深入贯彻全国教育大会精神,全面落实新时代全国高等学校本科教育工作会议精神,推进"四新"(新工科、新农科、新医科、新文科)建设,经研究,决定启动部分领域教学资源建设工作,探索基于"四新"理念的教学资源建设新路径,推动高等教育"质量革命"。

为回应"新文科"建设这一时代需要,结合学科专业的发展要求,我们协调了全国20余所高校的教研骨干力量,决定编写"数字时代普通高等教育新文科建设语言学专业系列教材"(教材拟目见相关教材封底,实践中或有微调)。

教材编写的总原则是:应变,足用,出新。

所谓"应变",指的是教材编写工作要顺应数字时代的变化。数字时代是一个知识发生巨变的时代,当前正处在1949年以来第三次学术大转型与"新文科"建设时期,"而更加强调学以致用,可能将会成为未来新文科的突出特征"[①]。时代呼唤"语言学+"人才,教材的编写工作实在有必要因应时代巨变,围绕培养适应时代需求的"语言学+"人才而展开。

所谓"足用",指的是教材规模能够满足学科教学的基本要求。学科是相对独立而又稳定发展的知识体系。如何反映这一知识体系,就教学实践而言,主要和教材内容的丰歉和教材种类的多寡有关。具体到当下的汉语言学专

---

① 参见王学典:《何谓"新文科"?》,《中华读书报》2020年6月4日。

业，语言理论、古今汉语、国际中文传播等是必须切实掌握的内容，这是学科发展的坚实基础；文字、音韵、训诂、语法与逻辑、语言与文化、语言信息技术等是需要了解或掌握的知识与技能，这是学科发展的内在要求。一套涵盖这两方面内容的教材，必须能够保证汉语言学专业的基本教学需要。

所谓"出新"，表现在三个方面：一是观念新，最大程度地体现学科的交叉与融合，这是"新文科"建设的基本要求；二是方法新，最大程度地结合计算机相关技术，这是数字时代学科发展的必由之路；三是知识新，最大程度地利用新发明和新发现（包括事实和案例），这是教材编写工作的根本动力，也是其重要意义之所在。

为了贯彻"从教学实践中来，到教学实践中去"的编写理念，最大程度地保证教材的使用效果，遵循"学习过程的全时支持与监测，学习效果的动态测评与回馈，个性化学习的深度实现，'云端+线下'教学方式的有机衔接"的原则，我们先期开发建设了"古代汉语"在线学习暨考试系统（http://ts.chaay.cn）①。整个系统包括学习系统和测评系统两个部分，是学生古代汉语能力数字化训练与养成的重要环节，也可以为其他同类课程的信息化积累经验和提供借鉴。

随着本系列教材的陆续推出，我们还将开发建设"语言学系列课程在线学习暨考试系统"，以适应数字时代语言学专业全时教学的需要。

> 怀进鹏强调，要全面落实党的教育方针，共同推动科学教育深度融入各级各类教育，统筹大中小学课程设计，根据各学段学生认知特点和学习规律改进教育教学。要合作推动教材建设，鼓励和支持一大批政治立场坚定、学术专业造诣精深、实践经验丰富的院士和一流科学家打造一批具有权威性、示范性的优质教材。要不断丰富科学教育模式，充分发挥高水平大学和科研院所作用，构建一批重点突出、体系完善、能力导向的基础学科核心课程、教材和实验，加大数字资源共建共享力度，着力提升培养水平。②

鼓励编写高品质教材，我们的工作可谓恰逢其"时"！教材编写却是一件费力未必能讨好的活儿：

---

① 参见黄仁瑄、张义：《"古代汉语"在线学习暨考试系统设计与实现》《湖北工程学院学报》2022年第3期。
② 高雅丽：《中科院与教育部会商科学教育工作》《中国科学报》2022年3月21第1版"要闻"。

集体编教材,不容易。必须做好充分的编前准备工作,重要的是,第一,要统一思想。特别要参与人员吃透"新文科建设"的核心思想和基本精神,并要能贯穿在教材之中,真使教材有个新面貌,能有所创新,真能成为精品教材①,而不让人感到在肆意标新立异。第二,得强调参与人员少为自己考虑,多为事业、为学科、为国家考虑,多为学生、为读者考虑。

这是陆俭明教授对本系列教材编写提出的指导性意见,也是我们全体编者的奋斗目标。 同时,我们衷心感谢李运富教授、陆俭明教授、王云路教授、尉迟治平教授和赵世举教授的鼎力支持,是你们给予了我们迎难而上、勇于编撰的力量源泉。

本系列教材主编是编委会的当然人选,教材的可能微调必然影响到编委会的构成。 不管风吹浪打,本编委会都是一个特别能战斗的集体,始终是本系列教材编写工作顺利推进和编写组攻坚克难的强力保证。

编委会<br>
2022 年 6 月

---

① 本套教材原拟名"数字人文视域下语言学专业精品教材",经多方沟通,最后决定采用"数字时代普通高等教育新文科建设语言学专业系列教材"这个名称。

# 前言

　　本教材为"数字时代普通高等教育新文科建设语言学专业系列教材"之一，适合作为中国语言文学相关专业本科生的选修课教材，也可以用作汉语言文字学、语言学及应用语言学、国际中文教育等专业的研究生入门教材。本教材的出版得到了"四川大学立项建设教材"的资助和四川大学国家语言文字推广基地的支持。

　　本教材共有21个专题，这些专题并未按语音、词汇、语法、修辞的方式分章，主要出于以下两个方面的考虑：一是有些语言现象无法明确归入该分类体系，如语调句类问题、语音修辞问题、语法修辞问题等；二是宏观视野的汉语研究也同样需要提倡和加强。关注研究新动向并力避重复是本教材选择设计专题的出发点，主要针对当前同类教材中相对薄弱的研究热点或理论方法设计相关专题以跟进最新研究进展。

　　本教材的专题选择主要出于三个方面的考虑：①能够深化细化或拓展所学基础知识；②能够把基础课所需知识串联起来用于分析语言问题；③能够引发学习者思考、质疑和讨论。

　　以跟语音相关的专题为例："实验音系学"能够深化拓展学习者对语音学知识的认识，为实验方法及其常用软件的学习使用提供引导；有关音素间融合度的专题能够把音节、元音、辅音以及外语学习中的负迁移等语言学理论知识串联起来，其实复元音融合度高可以看作汉语不同于英语的语音特点之一，而且其重要性未必低于"汉语没有复辅音"的特征；"音步、重音和节奏"则关注超音段成分，所涉及的问题有不少都存在广泛争议，比较适合作为引发学习者思考、质疑和讨论的话题；"语音相关的修辞现象"则有助于细化深化学习者对语音和修辞内在关系的认识。

本教材所选专题主要包括以下几类：①侧重研究方法的，如语音实验、认知实验、方言语法调查、语言测试等专题；②侧重研究视野的，如世界汉语和汉语世界、篇章语法研究等专题；③侧重具体问题分析的，如语音融合度、非理复合词、词义曲折性、复句研究、焦点研究等专题。④适合讨论的有争议话题，如重音节奏问题和比喻句形成条件问题等。⑤侧重理论探讨的，主要包括比拟和夸张两个专题，作者指出比拟和夸张也是人类重要的思维方式和行为方式，在日常生活中无处不在，如奴隶制度、收养制度、结拜兄弟、男扮女装、假夫妻、某些礼仪习俗和恋物癖等就是基于比拟思维的社会制度、行为方式或心理疾病。这些专题大体可以满足实践、讲授和讨论等不同教学方式的选择需要。

各专题的编写者均在该领域做过专门研究并取得了丰硕成果。此外，在征得作者同意之后，本教材还收录了李宇明、冉启斌、俞理明、朱彦、方梅、王希杰等几位老师的单篇论文分别作为独立专题，从研究视野、研究对象和理论方法等方面为汉语及汉语各要素的研究提供样本，这些论文的作者和出处信息在相关专题首页的脚注中均有具体说明。几篇选录论文都尽量保持了原貌（除摘要和关键词略作调整删减，以及出版社根据教材审校标准对文章内容进行的少量修改之外），如需引用这些专题中的内容，请通过封底二维码获取原文。跟同系列的其他教材一样，作者和编者信息都呈现于扉页，此外，为了明确各专题的作者或编者，相关信息也同时标注于对应的专题之后。

为免搜检之劳，有些专题所涉及的常用软件、完整原文、作为研究示例的文献和其他相关学习资源（包括各专题建议同步参照阅读的文献和赵元任讲座音频）都可以通过封底的数字资源二维码获取，其中有些内容也可以作为课堂教学或讨论的对象。不过，由于种种原因，文献筛选难免存在沧海遗珠之憾，建议根据需要在此基础上增补调整。

需要特别说明的是，限于篇幅，有些非常重要的内容，如"音变""词缀""重叠""形式句法""自然语言处理"等，本教材并未设置独立专题，经常作为独立课程讲授并有专门教材的"功能语法""韵律语法""构式语法"等也没有单列专题，而是在教材附录部分作为推荐专题进行补充，并列举少量相关文献，以供使用者按需选择，或跟教材其他专题穿插组合。此外，为引发追问与思考，本教材并未回避有争议的话题，希望能以此带动阅读与讨论。

衷心感谢各位老师的信任与付出，因为你们的努力与支持，才使得本教材得以顺利面世！教材肯定存在许多不足，这跟主编者的学识和水平有关，希望得到读者的批评和指正。

# 目录

○ 世界汉语与汉语世界 ································ 1
    1. 汉民族共同语与方言 ························· 1
    2. 汉语与少数民族 ····························· 5
    3. 海外方言与大华语 ··························· 5
    4. 汉语在日本、朝鲜半岛和越南的语言角色 ········ 8
    5. 作为外语的汉语 ···························· 10
    6. 国际社会的汉语 ···························· 13
    7. 结语 ····································· 14

一 实验音系学 ······································ 18
    1. 音系学共性 ······························· 19
    2. 语音变化与音系变迁 ······················· 22
    3. 实验韵律学 ······························· 24
    4. Praat 软件介绍 ··························· 27

二 音素结合的融和程度及其表现 ······················ 32
    1. 问题的提出 ······························· 32
    2. 发音上的融和程度与听感上的融和程度 ········ 33
    3. 汉语音节的高融和程度倾向 ·················· 37
    4. 汉语、英语语音在融和程度上的差异 ·········· 42

三 音步、节奏与重音 ································ 50
    1. 音步 ····································· 50
    2. 节奏和重音 ······························· 51
    3. 声调语言的节奏特点与重音实现方式 ·········· 56

四 汉语语音修辞的基础 ······························ 62
    1. 音义相关 ································· 62
    2. 音节分明 ································· 65
    3. 音韵和谐 ································· 68

五 汉语词汇中的非理复合词 ·························· 72
    1. 跨层次凝合词 ····························· 72
    2. 层内偏合 ································· 73
    3. 合音缩略词 ······························· 73
    4. 选字缩略词 ······························· 74

5. 隐缺词 ………………………………………………… 75
　　6. 非理仿词 ……………………………………………… 76

## 六 复合词语义的曲折性及其与短语的划分 …………………… 80
　　1. 语义的曲折性 ………………………………………… 80
　　2. 语义的曲折性与复合单位的词汇性 ………………… 83
　　3. 基于曲折性的复合词的判定 ………………………… 84

## 七 新词语论争与语言文字规范理念 …………………………… 92
　　1. 新词语的生成特点 …………………………………… 92
　　2. 当代新词语规范论争 ………………………………… 94
　　3. 语言文字论争的文化解读 …………………………… 97
　　4. 语言文字规范的理念 ………………………………… 98

## 八 词化、短语化和空词 ………………………………………… 105
　　1. 词化及词化方式 ……………………………………… 105
　　2. 能指形式短语化的原因及其影响 …………………… 106
　　3. 词化和短语化的不对称性 …………………………… 111
　　4. 空词及其词化问题 …………………………………… 113

## 九 语义语法研究 ………………………………………………… 117
　　1. 语义特征 ……………………………………………… 117
　　2. 语义角色 ……………………………………………… 122
　　3. 语义指向 ……………………………………………… 126

## 十 汉语复句研究 ………………………………………………… 132
　　1. 复句关系分类研究 …………………………………… 132
　　2. 复句关联标记研究 …………………………………… 137
　　3. 复句语序研究 ………………………………………… 150

## 十一 篇章语法与汉语篇章语法研究 …………………………… 158
　　1. 研究理念 ……………………………………………… 158
　　2. 信息流 ………………………………………………… 159
　　3. 篇章结构 ……………………………………………… 163
　　4. 互动因素 ……………………………………………… 167

## 十二 汉语焦点研究 ……………………………………………… 172
　　1. 焦点的概念与本质 …………………………………… 172
　　2. 焦点的类型 …………………………………………… 173
　　3. 汉语的焦点强迫形式 ………………………………… 174
　　4. 焦点基本的逻辑意义结构 …………………………… 178
　　5. 句子焦点的实现与"去焦点化"操作 ………………… 179

  6. 研究示例 …………………………………………………… 181

## 十三 主观性与交互主观性研究 …………………………… 187
  1. 相关研究概述 ……………………………………………… 187
  2. 交互主观性对句类认知的影响 …………………………… 191
  3. 主观性与交互主观性的程度 ……………………………… 193
  4. 情态语气调节手段及其交互主观性 ……………………… 194
  5. 主观性与交互主观性的相对性 …………………………… 195

## 十四 汉语方言语法调查方法 ……………………………… 199
  1. 引言 ………………………………………………………… 199
  2. 诱导式调查 ………………………………………………… 202
  3. 沉浸式调查 ………………………………………………… 206
  4. 内省式调查 ………………………………………………… 208
  5. 总结与展望 ………………………………………………… 209

## 十五 比喻句的形成条件及其结构模式 …………………… 213
  1. "异质性"并非构成比喻的必要条件 …………………… 213
  2. 喻体类型与比喻句的结构模式 …………………………… 217

## 十六 作为修辞格与思维或行为方式的比拟 ……………… 223
  1. 比拟的名称、定义与本质 ………………………………… 223
  2. 拟人和拟物 ………………………………………………… 225
  3. 被忽视的人-人拟 …………………………………………… 228
  4. 明拟和暗拟 ………………………………………………… 230
  5. 比拟与道德 ………………………………………………… 232
  6. 无处不在的比拟 …………………………………………… 233

## 十七 作为修辞格与思维或行为方式的夸张 ……………… 235
  1. 比喻与夸张和双关 ………………………………………… 235
  2. 明夸和暗夸 ………………………………………………… 236
  3. 夸张的载体 ………………………………………………… 238
  4. 夸张与诚信及谬夸 ………………………………………… 239
  5. 夸张的功能 ………………………………………………… 242
  6. 夸张的编码与解码 ………………………………………… 243
  7. 余论 ………………………………………………………… 244

## 十八 神经语言学及汉语相关研究 ………………………… 246
  1. 神经语言学 ………………………………………………… 246
  2. 事件相关电位技术 ………………………………………… 247
  3. 言语感知 …………………………………………………… 249

    4. 视觉词汇识别 ·················································· 254
    5. 句子的语义加工 ·············································· 258
    6. 句法加工 ······················································ 259

**十九 语料库语言学** ················································ 266
    1. 什么是语料库语言学 ········································ 266
    2. 语料库的主要类型 ············································ 267
    3. 语料库发展历史 ·············································· 268
    4. 语料库的作用 ·················································· 270
    5. 语料库的标注 ·················································· 272
    6. 语料库语言学的优势 ········································ 273
    7. 语料库语言学的发展趋势 ··································· 274

**二十 语言测试** ···················································· 276
    1. 语言测试概说 ·················································· 276
    2. 语言测试的分类 ·············································· 277
    3. 语言测试的设计 ·············································· 281

**附录 其他专题与文献推荐** ····································· 286

## ○ 世界汉语与汉语世界[①]

  俯瞰世界,汉语是个大家族,包括方言、海外方言、普通话、地域普通话、中国台湾地区的"国语"、华语、大华语、少数民族的汉语学习与应用、民族普通话、汉字文化圈的汉语汉字问题、传教士汉学、专业汉学、中国学、对外汉语教学、汉语国际教育、汉语的外语角色、国际社会的汉语应用等林林总总的汉语变体和汉语现象。本文描述了它们之间错综复杂的语言关系,提出了因研究视野扩大、研究汉语的参照系变化所带来的若干学术问题。用世界眼光来看待汉语,是在"全球英语"研究背景下进行的。人类其他语言,如法语、西班牙语、俄语、德语、阿拉伯语、日语等,也都需要有全球化的研究视野。用世界眼光观察人类语言和语言生活,是一种新的学术趋势。

  汉语(Chinese,又称"中文")是一种拥有数千年文字与文献、具有众多方言、影响中国境内外诸多民族、流布海外广大区域且为世界各国和国际社会学习与使用的重要语言。汉语是一个由各种变体、各种语言关系构成的庞大家族,是一个庞大的语言世界。对汉语家族的状况,对汉语世界的面貌,学界从不同角度进行过不少研究,但至今对其内部关系和宏观面貌仍缺乏一个清晰的认识,名称杂乱、关系凌乱的现象十分普遍。本专题以全球化的视野,试图描绘汉语的全球状况,在描绘的过程中梳理有关的名称概念,展示汉语各变体间的语言关系,并由此展望汉语的发展前景。

## 1. 汉民族共同语与方言

  汉语最基本的语言形态是汉民族共同语和汉语方言。

  据赵世举(2017)考察,我国早期指称语言只有通名,如"语、言、言语"等,专指某语言或方言时,一般采用地域名、国名或族称加"语、言"等形式。后来才有了指称汉语的专名,如"汉语、汉言、汉文、华语、华言、华文、夏言、中华语"等,这些专名的出现,是为了区别少数民族的语言,且常与外族语对言使用。"华语、夏言、汉语、中华语"等,都与"华夏、汉、中华"等族称相关。少数民族和外国对汉语也有不同的称说。郭熙(2018)就"中国官方语言的名称"问题,进行过系统梳理。张美兰(2011)指出,日本早年曾将汉语称为"唐话、中国语、清语、支那语、北京官话"等,朝鲜半岛曾将汉语称为"汉儿言语、汉儿文书、官话、京语、清语、华音"等。

---

[①] 本专题为李宇明老师的同名论文,原文刊发于《中山大学学报》2021年第3期。如引用其中内容,请使用封底二维码获取原文和出处信息。

## 1.1　国语、普通话、国家通用语言

汉民族共同语起码在先秦时期就已形成,历史上曾经被称为"雅言、通语、凡语、凡通语、绝代语、天下通语、官话"等。清朝末年,开始用"国语"和"普通话"代替"官话"来称呼汉民族共同语。之后,"国语"成为正式称呼。

1955年10月,全国文字改革会议和现代汉语规范问题学术会议相继召开,提出要"推广汉民族共同语——以北京语音为标准音的普通话"(郭沫若,1955;张奚若,1955),正式把汉民族共同语称为"普通话",并得到了一致通过。1956年2月6日,国务院发布《关于推广普通话的指示》,不仅以国家身份确认了"普通话"这一名称,还把普通话进一步界定为"以北京语音为标准音、以北方方言为基础方言、以典范的现代白话文著作为语法规范的现代汉民族共同语"。

1982年《中华人民共和国宪法》写入"国家推广全国通用的普通话"。自此,普通话具有了明确的法律地位,是"全国通用",是"国家推广"。这也为2000年通过的《国家通用语言文字法》提供了法律根据。《国家通用语言文字法》从各民族交际的角度,把普通话(规范字)确定为"国家通用语言(文字)"。宪法的"全国通用"是描述性的,而"国家通用语言"则凝聚为一个名词性概念。

普通话和国家通用语言,也一直在行使着三大语言职责:①汉民族共同语;②国家的官方语言和工作语言;③在国际上代表国家行使语言职责。由"普通话、国家通用语言"的名称也可看出,国家语言地位规划的思路是通过"用"而不是"权势"来显示语言地位。普通话与众多方言和民族语言的主要区别在于它的普遍通用的"普通"性质,强调"通用"显然也符合"人民至上"的国家精神,符合"约定俗成"的语言发展规律,符合语言国情。国家在推广普通话时,也非常重视语言文字的规范化、标准化工作,世界上其他国家几乎都没有中国这么多的语言文字规范标准。规范化、标准化属于语言本体规划,中国语言规划的思路也意在通过语言本体规划来维护语言的地位规划。许多学者建议把"普通话"和"国家通用语言"更名(其实是恢复名称)为"国语",这建议是有道理的,但至今未被采纳,也许就是因为这种"以通用显示语言地位、以本体规划维护地位规划"的思路还比较有成效。

## 1.2　方言、地域普通话

方言(地域方言)是民族语言的地方变体。汉语何时产生方言分歧,学术界尚无定论。有关方言的文献记载最早见于《礼记·王制》,"五方之民,言语不通",但这指的是民族语言不同还是方言不同,并不清楚。不过,汉语产生方言分歧的时间大抵不会晚于《诗经》出现的年代,因为那时雅言已经形成,有雅言便有"方言"。确切记载方言的年代最早的作品是西汉扬雄的《方言》。游汝杰(2019)认为:吴方言的历史可以追溯到3000年前周太王的长子太伯、次子仲雍的南迁;湘方言的前身是古楚语,楚人来自中原,在殷商末年从楚丘邑(今河南濮阳西南)迁至丹阳(在今湖北境内),后来又南迁至湖南;粤方言起自秦始皇发谪

戍卒50万下岭南;闽方言的形成在汉代末年;赣方言和客家方言的形成可能要追溯到东晋至隋唐时期从中原迁出的第一批客家人。

现代汉语方言的基本面貌,大约在明清时代已经基本形成。民国以来,特别是1949年以来,汉语方言有三大重要发展(李宇明,2014)。第一,方言层次逐渐减少,基本上向着"三层"甚至"双层"的方向发展。第二,下层方言向上层方言靠拢,上层方言向顶层方言靠拢,顶层方言向普通话靠拢。第三,随着长期的"双言生活",普通话与方言的分工已经基本稳定,各自服务的交际空间和文化空间已较为明确。

普通话的发展也得到方言的支持。百余年来,共同语向方言吸收了大量语言成分,其中词汇最为明显,共同语从北京方言、吴方言、粤方言、湘方言、闽南话、东北话中吸收词汇最多,强势方言也是为共同语作出贡献最大的方言。语法上,一些南方方言的句法也不断进入或正在进入共同语,如"动词重叠带补语(说说清楚)""A不AB重叠(聪不聪明)""有+动词(有吃)""用'不'否定'有'(有不有)"等。共同语与方言之间存在着矛盾和竞争,但是不能因此把二者简单对立起来。方言是共同语的"不竭之泉",没有方言的"供给",共同语的发展就是无源之水。

方言对共同语的另一贡献是"地域普通话"。地域普通话也称"地方普通话""方言普通话""方言口音普通话""带方言腔的普通话",或干脆叫"××普通话""×普",如"上海普通话""川普"等。学习普通话是一个过程,各地人在学习普通话的过程中,会产生一种类似中介语的"蓝青官话"。地域普通话带有各地的特点,听不同地区的人讲普通话,常常可以辨析出他是何方人氏。尽管如此,地域普通话属于共同语的范畴,是共同语的一个层次,人们在生活中所讲的普通话一般都是地域普通话,其发挥的现实交际作用是巨大的,且也常被忽视(李宇明,2014)。地域普通话的产生表明,汉语共同语发展的一种表现是"分层",这同汉语方言的"减层"发展正好相反。

## 1.3 汉民族共同语的分化与再整合

1949年之后,汉语共同语出现了分化。民国政府迁台,也把国语带到台湾地区,并向海外辐射,形成了"老国语圈"。通行于中国台湾地区的"国语"(下简称台湾地区"国语")与普通话发生了隔离,加之两岸采取不同的语言政策和语言文字规范,内部差别越来越大。其主要表现有以下三点。

第一,文字。台湾地区"国语"从1935年简体字的努力中退了回去,尽管直到20世纪60年代还有汉字改革的设想,但最终没有实现。1955年,内地开始简化汉字,由此共同语形成了简繁两个书写系统。

第二,拼音。台湾地区"国语"长期使用注音符号,普通话使用汉语拼音。1958年2月11日,全国人民代表大会批准颁布《汉语拼音方案》。1982年,汉语拼音成为中文罗马字母拼写的国际标准(ISO7098)。台湾地区也感到注音符号的使用不便,曾经研制"通用拼音"(王理嘉,2003,P125-144),但在2008年9月还是决定采用"汉语拼音",不过在实施层面仍充满分歧(戴红亮,2012,P163-170)。

第三,语言系统。词汇是语言中发展变化最快、最明显的部分,两岸的词汇分歧也最为明显。台湾地区"国语"保存历史词汇较多,且受闽南方言词汇的影响较大。外来的人名、地名、单位名、产品名等专有名词因两岸翻译的方法、旨趣不同而存在不少差异。科技术语,包括社会科学用语,两岸也有明显差别。语法上的差异也有一些,但不那么显著。语音上,儿化、轻声等有明显差异;在汉字读音上,台湾地区"国语"较多保留古代读音,也吸收了闽南方言的一些读音,一字多音的现象比普通话更常见。

1987年10月,台湾居民可到大陆探亲,长达38年之久的两岸隔绝状态由此打破。1993年4月,海峡两岸实现了"汪辜会谈",两岸经贸交流、人员交流逐渐密切。2005年4月,国共两党领导人时隔60年首次握手,此后亲民党等台湾政党代表团也先后访问大陆,两岸形成了全方位、宽领域的交流局面。2008年12月,两岸全面实现"三通",2010年《海峡两岸经济合作框架协议》(ECFA)的签署,又将两岸关系推进一步。(严峻,2018)两岸的政治、经济交流和人民往来,也使语言文化的交流与合作密切起来。普通话和台湾地区"国语"在长期分离后也开始交流,相互影响。简繁汉字之间的意识形态鸿沟逐渐填补,简繁问题从意识形态问题转化为现实应用和计算机处理需要解决的技术问题。汉语拼音也在台湾的一定地区、一定领域使用起来。两岸共同编写多部词典,一起沟通科技语,通过多种学术会议研讨两岸的语言文字和语言生活问题。这些都促进了普通话与台湾地区"国语"之间的全方位接触,相互吸收,汉民族共同语的分化趋势得到遏制,出现了再度整合的发展趋向。

汉民族共同语的再度整合,具有重大意义。第一,共同语之间的分歧受到政界、学界的正视。人们开始自觉梳理语言分歧,分析其成因,评估其影响,寻觅"求同缩异"之法,无论是语言意识上还是语言生活中,共同语的分歧都明显减少,由分化转向整合。第二,海外华语的发展就此有了向心力,"普通话圈"与"老国语圈"的交集加大并逐渐重合,带动了世界华人语言也由分化转向整合(周清海,2016)。第三,汉语国际教育也具有更大的一致性和合作性,有利于在教材、师资、考试等方面实现两岸及国际合作,有利于汉语的国际传播和汉语在国际社会的应用(周明朗,2017)。

王理嘉(2003)指出,"国语和普通话都是中华民族的民族共同语,它以北京音系作为标准音"。之所以认定国语和普通话都是民族共同语,还因为民族共同语带有一定"想象性"。现实中,由于各种各样的原因,共同语可能会形成不同的核心,具有各种语言成分上的分歧,甚至共同语还可能使用不同的称名和不同的书写系统,例如使用拼音文字的语言,可能使用不同的字母形体和不同的字母表,如印地语与乌尔都语、中国的蒙古文与蒙古国的蒙古文等。共同语是有张力的,能够容忍各种分歧而不至于形成语言分裂。这种张力的大小取决于多种因素,比如语言分歧的大小、语言社团的认同等。语言分歧是客观基础,但语言认同是决定共同语张力大小的更为重要的因素。普通话和台湾地区"国语"分离70年仍能再趋近、再整合,其根本原因在于两岸的语言认同。

## 2. 汉语与少数民族

　　世界多数国家都是多民族国家,语言生活都是双语或多语的,在双语或多语生活中,为了沟通、教育等目的,人们往往会选取一种或多种语言作为族际交际语。中国是由56个民族组成的中华民族共同体。在这个共同体中,汉语自古就承担着族际交际语的职能。应该说,汉语不仅是汉民族的语言,也是少数民族使用的语言。

　　普通话既是汉民族的共同语,也是国家的通用语言。中国的少数民族一般都是双语或多语民族,既掌握和使用本族语言,也掌握和使用国家通用语言,甚至也掌握和使用另一种少数民族语言(或外语)(周庆生,2000)。黄行(2000)指出,"我国约有1/2的少数民族人口已经不同程度地掌握了汉语",这是2000年的说法,如今这一比例应当更高。少数民族在学习和使用国家通用语言时,也会产生"中介语",出现"民族普通话"。从民族普通话中,往往也可以听出讲话人是哪个民族的,这与"地域普通话"的形成机理相似。

　　有些民族长期与汉族共处,早就形成了民汉双语制,如畲族、白族、东乡族、保安族、京族、裕固族等。这些民族几乎所有成员自幼就习得双语,既会本民族语言,又会汉语。但是他们所说的汉语一般都是汉语的当地方言。有些民族,自己的语言已严重萎缩,甚至已经不再发挥全民族的交际作用,如满族、土家族、仡佬族、赫哲族等。也有民族在形成之时,就没有形成其民族语言,如回族。这些民族成员自幼以汉语作为主要语言,甚至是"母语般"的;他们的汉语也基本上都是当地方言。他们也需要学习普通话,在学习普通话的过程中,所产生的"民族普通话"更接近于汉语方言区的地域普通话,虽然可能带有一些本民族特有的语言成分。

## 3. 海外方言与大华语

　　华人在海外,据国务院侨办2014年3月在"两会"上发布的数据,约有6000多万,分布在198个国家和地区。郭熙(2012)统计,华人华侨人口居于前10的国家有印度尼西亚、泰国、马来西亚、美国、新加坡、加拿大、秘鲁、越南、菲律宾、缅甸。有华人便有汉语。汉语在海外,有方言也有共同语。方言可称为"海外方言",共同语称为"华语、大华语"等。

### 3.1 海外方言

　　汉语随着华人出海的脚步逐渐扩散到海外。最早随华人扩散海外的汉语应是方言,特别是东南沿海一带的方言(李如龙,2013)。因唐朝的历史影响很大,海外常用"唐"来指称中国,如"唐人、唐姓、唐衣、唐装、唐舶、唐船、唐货"等,华人把家乡称"唐山",把中国话或某一方言叫"唐话",华人在海外的聚居地叫"唐人街"。

大量事实表明：在海外，家庭和社区是华语的温床，凡是保持着方言的，华人的语言就能较好保持；凡是方言没有保持好的，华人的语言就不好保持。故而需要重新认识海外方言的语言传承价值（郭熙，2017）。

戏曲在海外，具有酬神、娱人的双重功能，并且还传承着乡音，寄托着乡愁，在方言文化的保持上发挥了重要作用。周宁（2007）指出：东南亚华人社区的剧种主要来自广东、福建，当地华人习惯称之为广府戏和福建戏。广府戏主要包括粤剧、潮剧、琼剧、广东汉剧等，福建戏主要包括高甲戏、梨园戏、莆仙戏、闽剧等，此外台湾的南管戏和歌仔戏也是东南亚华人社区中的常见剧种。戏剧社团不仅是民间音乐组织，还是海外华人守望相助、维系同胞情感、增强中华文化认同的力量集结（吴远鹏，2005；朱媞媞，2015）。

有些方言走出国门之后，其语言地位会发生变化，比如苏里南的客家话和中亚的东干语。华人于160多年前来到苏里南，如今当地的华人人口占苏里南总人口的3%，华裔陈亚先还曾经出任苏里南共和国总统兼总理。客家话在苏里南共和国具有法定语言的地位。中亚的东干语，是由中国西北的回族因"回变起事"在1877—1878年间带去中亚的陕甘地区汉语方言。苏联政府曾经把这些回族识别为"东干族"，其语言被认定为一种民族语言"东干语"。1932年，曾有过采用拉丁字母的东干文正字法。1954年，东干文由拉丁字母改为西里尔字母。东干语融合了俄语、阿拉伯语、波斯语和突厥语的词汇，但据研究，外来词没有超过东干语词汇总量的15%。近些年来，东干人与中国交流密切，也吸收了不少普通话词汇（尹春梅、周庆生，2016）。

东干语的产生，是汉语方言由于特殊原因发展为一种"语言"的事例。在国际或国内，一些人或组织把汉语的一些南方方言看作不同于汉语的另外的语言，这种观点过分强调"语言差异"而忽视了"语言认同"。语言识别，特别是对中国语言的识别，需要重视中国学者语言识别的理论与实践，重视语言使用者群体的语言认同观（孙宏开，2017；戴庆厦，2018；黄行，2018）。

## 3.2 华语、大华语

一直以来，海外华人都很重视教育，满清政府及后来的民国政府也都支持侨教（姚敏，2017、2019）。起初，海外华人读书、识字学习的是"官话"，后来是"国语"。民国时期的白话文运动、国语运动也对海外侨教发生了作用（李如龙，2013；周清海，2016；李宇明，2017）。1955年万隆会议后，中国不再承认"双重国籍"，东南亚华侨以"华族"名义加入所在国；此时，"国语"名称显然不能再用，"普通话"的名称尚未传开，于是就把民族共同语称为"华语"，以与"华族"族称相合，这其实也是启用了一个历史上的传统名称。

以东南亚为代表的老华人社区，语言状况繁丰多彩。有的社区用简化字作为记录华语的文字，如新加坡、马来西亚的部分华人社区；有的用繁体字作为记录华语的文字。有的华人社区流行方言；有的华人社区则流行华语，如在新加坡持续开展"华语运动"的背景下，方言几乎从当地的华人社区中消失了（郭熙，2017）；有的华人社区同时流行华语和方言，形成"双言社区"，如马来西亚的部分华人社区就是如此；有的华人社区可能华语和方言都不怎么流行了,如菲律宾、缅甸、泰国等地的华人社区。

20世纪40年代以来,中国两岸三地又有许多"新华人"前往海外,他们或求学,或经商,或务工。这些"新华人"的主要去向是欧美,后来也有部分华人去到非洲和亚洲等地。改革开放之后,世界各地的"新华人"越来越多,他们或是讲普通话,或是讲台湾地区"国语",或是讲各地方言。关于华语在海外的运用情况,以下两点值得注意。

第一,在发展趋势方面,当前的大致情况是:语言上,普通话逐渐占优势;文字上,简繁共用,简化字逐渐占优势;注音上,汉语拼音占优势。这是"老国语圈"与"普通话圈"相互叠合、相互影响的结果,反映着海外华语发展的大趋势。

第二,在语言变体方面,如今北美、欧洲地区正在形成特殊的海外汉语变体(田飞扬,2014;孙德平,2015、2020;张聪,2017;李嵬,2017)。这些变体的最大特点,是融合了普通话及台湾地区"国语"的特征,并吸收了部分香港社区词语和英语等外语中的词汇;其书写形式则是简体汉字、繁体汉字和英文混合使用,与东南亚的华语面貌有所不同。观察这些变体发展的语言学意义,是可以借此看到语言或语言变体"初生"时的样态。

在以往的语言意识里,现代汉民族(华族)共同语就是普通话或"国语",即使提及华语,人们通常也会认为华语"跟现代汉民族共同语——普通话只是名称不同而已,没有实质性的差别"(汪惠迪,2019,P1)。研究华语,也都是"××华语",在"华语"前加上国名或地区名。但是,随着普通话与台湾地区"国语"的交流和相互影响逐渐深入,以及这种交流对海外华语的影响和海外华语自身的发展,人们开始越来越重视对海外华语研究,并开始思考全世界华人共同语的问题。

首先,全世界华人共同语该如何称谓?就世界领域看,"普通话、国语、中文、华语"中,也许"华语"更易被人接受。但是因海外已有"华语"的特指用法,有学者建议使用"大华语"一词(陆俭明,2005、2017;周清海,2016;李宇明,2016;卢德平,2017),以与通行的"华语"相区分。姚德怀(2019)建议使用"华语群"(华语华文群)或"全球华语"。其实,建议使用"全球华语"这一概念的学者也不少(比如吴英成,2003;《全球华语词典》的编者;徐大明、王晓梅,2009;邢福义、汪国胜,2012;周明朗,2017;祝晓宏、周同燕,2017;刁晏斌,2018)。这些学者中有些人是将"全球华语"作为概念使用的,有些人则是将"全球华语"作为描述性语言使用的。此外,徐杰(2006)还提出过"国际宽式汉语共同语"的说法。

"全球华人共同语"相关概念的提出,是汉语研究的全球化视野的表现,是不小的进步。正如《语言建设通讯》2015年第109期所言:"从'汉语'到'华语',是认识上的一个突破;从'华语'到'华语群',又是一个突破。从中国看世界、从全球观点来看,'华语群'这个概念才有完备性。"(姚德怀,2019,P4)至于用什么名称来称谓"全球华人共同语",需要语言生活和学术实践逐渐给出答案。

接下来的问题是如何定义"全球华人共同语"。如果认为华语与普通话只是"异名同实",当然可以直接使用"普通话"的定义。但如果有"大华语、华语群、全球华语"的意识,像刁晏斌(2018,P27)所描绘的"全球华语构成图"那样,"全球华语"包括普通话、国语、华语,其中,普通话含地方普通话,国语含台湾地区"国语"、香港国语、澳门国语,华语有欧洲华语、新加坡华语等,"全球华人共同语"就需要另外定义。陆俭明(2005)把"大华语"定义为"以普通话为基础而在语音、词汇、语法上可以有一定弹性、有一定宽容度的汉民族共同语",10年后陆先生(2015)又将"汉民族共同语"修改为"全球华人的共同语"。郭熙曾多次修改"华人共同语"这一概念的内涵,2004年的描述是"以现代汉语普通话为标准"(郭熙,2004),之后将"标准"修改为"核心"(郭熙,2006),之后又把"核心"修改为"基础"(2010)。《全球华语词典》(2010)根据陆俭明、郭熙等人的研究,把"华语"定义为"以普通话为基础的全世界华人的共同语"。对"标准-核心-基础"的斟酌,就是在校准普通话在全球华人共同语中的地位,这体现了陆俭明所强调的"弹性"和"宽容度"。李泉(2015)把"大华语"定义为"以现代汉语通用语为基础、以普通话为发展和规范方向,通行于世界各地的华人共同语。包括大陆的普通话、地方普通话,台湾国语,新加坡华语,海外各地华人社区的汉语等"。这一定义的要点大致与上文所谈内容相近,只是更加强调普通话的作用。

随着研究的深入,学者们不仅重视普通话在华语(大华语)中的作用,也越来越重视1949年之前的国语及之后的台湾地区"国语"在华语(大华语)演化进程中的作用。2016年,《全球华语大词典》吸收学界研究成果,进一步将"大华语"定义为由"新老华语相互接触、相互借鉴、相互吸收"而逐渐形成并覆盖全球的,"以普通话/国语为基础的全世界华人的共同语"。刁晏斌(2015)对"全球华语"的定义是"以传统国语为基础、以普通话为核心的华人共同语"。把"国语"放入"全球华人共同语"的定义中,是认识的一种深化,即认识到了汉民族共同语"再整合"的新趋势,也展现了实事求是的学术态度。目前,学界对"全球华人共同语"外延及内涵的认识已大致趋同。

## 4. 汉语在日本、朝鲜半岛和越南的语言角色

前面所谈都是中国本土的汉语及作为母语的汉语(华语、海外方言),但汉语早就超越国界,在很多国家和地区作为非母语的角色发挥作用。早在秦汉之时,汉语就传到越南故地交趾,汉唐之时,汉语就传到朝鲜半岛和日本,形成了所谓的"汉字文化圈"。汉语汉字在日本、朝鲜半岛、越南的"语言角色"是特殊的、多样的,李宇明(2018a)曾就此进行过专门讨论,陆锡兴(2002)从汉字传播的角度研究过汉字和汉语书面语在日本、朝鲜半岛和越南的使用情况。

### 4.1 历史语言、辅助语言

在历史上,这些国家曾经使用汉语书面语作为其正式书面语,产生过大量的历史文献。就此而言,汉语是它们的"历史语言"。

1895年之前,朝鲜半岛长期以经学教授贵族子弟,长期使用汉语作为书面语。公元788年,新罗国公布了"以经学取士"的方法,之后还遣送大批子弟来大唐留学、做官。为让汉字更好地记录朝鲜语,据说被誉为"新罗十贤"之一的薛聪(645—701)创制了"吏读",把一些汉字作为表音符号(有时兼借汉字的意义)使用。李氏朝鲜的世宗大王,曾与郑麟趾、

申叔舟、成三问、崔桓等一批集贤殿人士一起总结汉字在朝鲜的使用情况及吏读经验,于1443年12月创制出谚文,并在三年后正式颁布了《训民正音》。此后,朝鲜汉谚两种文字并用,到1895年,朝鲜的国家法律文书等公务文件一律改作夹带汉字的文本,完全使用汉字的情况至此结束。1945年,朝鲜北方废除了汉字;1948年,韩国公布《谚文专用法》,规定所有公务文件不得使用汉字。

日本最早通过百济接触到汉文化,且在南北朝时期就与中国的南朝政权有过文化交往,之后又在隋唐时期多次向中国派出过遣隋使、遣唐使。604年,推古朝圣德太子用汉字颁布17条宪法,这是日本用汉语作公文的标志性事件。645年,孝德天皇掌权并与中大兄皇子一道开始推行大化改新,日本从那时起正式定名为"日本",确立了封建制度,并用汉文制定律令,此后也用汉文编写史书。712年,太安万侣编就的《古事记》是日本最早的文学作品,这部书就是用汉字写成。720年,舍人亲王用汉字编就了日本最早的正史《日本书纪》。后经奈良、平安朝直到明治时期,官方的文件、告示还是用汉文发表。

越南旧地交趾早就流行汉文化。939年,交趾人吴权称王,翻开了越南历史新的一页。越南王朝千余年都是使用汉语作为书面语,即使是喃字(也称"字喃")创制后也是如此。1882年,法国殖民当局决定,一切公文都用拼音文字书写,但在当地的现实生活中,拼音文字与汉字双文并用的现象仍很普遍。直到1945年9月之后,汉字和喃字才被废除。

在学习汉文经典、使用汉语汉字的过程中,日语、朝鲜语(韩语)、越南语都吸收了大量的汉语借词。今天,它们有了自己的书面语,但是汉语汉字仍在一些文化领域中使用,如在一些古代文化建筑和民俗文化活动中出现。了解汉字、汉语及汉语典籍,仍是这些国家的内在需要。就此角度看,汉语或可视作它们的"辅助语言"。

## 4.2　汉字与假名、谚文、喃字

汉字是日文、谚文系统的一部分,是日本、朝鲜半岛和越南文字史的重要内容。

日本假名有片假名和平假名之分。所谓"假名",是与"真名"(汉字、儒字)相对而言。据说片假名来自中国古代乐谱记音的"半字",陆锡兴(2002,P384-389)认为,曾来唐10次的遣唐生吉备真备,"极有可能是半字的传播者、片假名的创制者"。而平假名"伊吕波",与汉字的草书相关,史传出自日本空海大师之手。空海大师于804年随遣唐使到长安求法求学,法号遍照金刚,擅长佛法、诗文和书法。日本特殊汉字"町、辻、畑"等是仿照汉字创制的,日本人称之为"国字"。自奈良时代起,日本历史上创制国字共约1500个。直到现在,日本仍然使用1945个当用汉字和一些人名用汉字。可以说汉字是日本文字系统中的重要组成部分。

朝鲜半岛的谚文,在《训民正音》中有字母28个,其中辅音17个,元音11个。谚文借鉴汉语音韵学原理,特别是《洪武正韵》,把声母分为"唇、舌、牙、齿、喉、半舌、半齿"七音;利用反切原理,把一个字分为初声、中声和终声,初声相当于反切上字,中声和终声相当于反切下字;字母形体采用古篆(虽然还有其他的学术观点),文字结构也是汉字式的方块状构造。1527年,朝鲜著名语文学家崔世珍编著《训蒙字会》,用谚文对3360个常用汉字注音释义。在《训蒙字会》凡例中,崔世珍根据口语实际,对谚文提出了改进方案,减少一个字母,重排字母顺序,并首次规定字母的名称。由此可见谚文与汉字的紧密关系。直至今日,韩国还在不同程度地使用汉字。

越南的喃字属于"汉字系文字"。越南永富省安浪县的报恩寺碑,刻自越南李朝高宗年间(1209年),上面就有22个喃字。喃字有的借自汉字,有的用形声、会意等造字法造出。就文字来看,汉字是越南文字史的重要内容。

## 4.3 汉语的其他身份

上述国家和地区都有一定数量的人士把汉语、汉字作为研究和从事教育的专业,以及信息化的处理研发对象。历史上,这些国家在汉语、汉字、汉文献的研究领域,都取得了很大成绩。从黄卓明(2019)对朝鲜时代(1392—1910)500余年中国语文学文献的调查研究,便可窥其全豹。现在,越南有"汉喃"专业,越南社会科学翰林院设有汉喃研究院,一些大学设有"汉喃学",越南的汉喃学可以培养学士、硕士和博士。日本有"国字"研究,有日本汉字能力检定协会负责的"汉字能力检定"。总而言之,汉语汉字在上述国家是一种"专业语言"。

这些国家的外语系往往也开设汉语课程,到中国学习汉语的留学生之中,以韩国、日本的学生居多。这一情形下的汉语,当然是"外国语言"。在越南,"华族"是一个少数民族,汉语因此是越南的"民族语言"之一。日本、韩国生活着大量中国人,他们使用着汉语,但是华人不是日本、朝鲜、韩国的少数民族,因此汉语在当地不具有"民族语言"的性质。

汉语在越南、日本和朝鲜半岛的语言身份是复杂多样的,从不同的角度可以看作"历史语言、辅助语言、专业语言、外国语言、民族语言"等。汉字的地位更为特殊,不管汉字在这些国家是用是废、用多用少,都是连接当地的历史与现实,以及当地与中国的不绝纽带。过去,人们在汉字文化圈中所关注的大多是汉字的作用,其实更应当看到汉字背后的汉语所起到的作用。这一现象是由于汉字不同于拼音文字的特质造成的,是汉字带着汉语走出家门,或者更准确地说,汉字走出家门就是汉语走出家门。当然,这些国家如何看待汉语汉字,如何为汉语汉字定性,既是学术课题也是现实命题。

# 5. 作为外语的汉语

汉语作为外语的教学起码要兼具两个特点:第一,学习者是外国人;第二,汉语对学习者来说不是母语和本国语言。中国的少数民族学习汉语,外国国籍的华侨子弟学习汉语,都不属于外语学习。但因中国古今的版图变化,中国古代少数民族学习汉语的性质属于外族语学习还是外语学习,需要有些历史眼光。尽管如此,历史上很早就有以汉语为学习对象的外语学习活动。古代朝鲜半岛、日本、琉球和939年之后越南等地的汉语学习,应当属于外语学习。北魏四夷馆中,居住有来自葱岭以西诸国的商人贩客一万余家,他们也有学习汉语的行为,而这种行为也应属于外语学习。

## 5.1　汉学、中国学

汉语在日本、琉球、朝鲜半岛、越南等地作为外语的传播,具有悠久的历史。近代以来,汉语作为外语传播,主要是通过汉学的传播。汉学当然不能和汉语言文字划等号,但语言文字是汉学的基础。张西平(2003)认为汉学起点可以有三种算法:第一,若把日本汉学算进来,汉学有近600年历史;第二,若把利玛窦入华的"传教士汉学"作起点,汉学有近400年历史;第三,1814年12月11日,法国法兰西学院正式任命雷慕莎为"汉、鞑靼、满语言文学教授",这可以视为西方"专业汉学"诞生的标志,以此计算,汉学有200余年的历史。限于篇幅,本节只讨论传教士汉学和专业汉学。

传教士汉学是与罗明坚、利玛窦、郭居静、金尼阁、瓦罗、马若瑟、马礼逊、马士曼、麦都思、艾约瑟、伟烈亚力、郭实腊、林乐知、傅兰雅等70多名来华传教士的名字联系在一起的。他们多数人都有一定的汉语水平,有在中国的亲身阅历,基本了解中国的学术与社会。他们的目的是实现"中华归主"的传教理想,这在一定程度上影响了看待中国的"客观性",但其著作与报告,仍是西方了解汉语和中国文献、中国社会的重要资料。提起专业汉学,人们往往会说到英国的韦伯、理雅各、威妥玛、翟理斯,法国的雷慕莎、儒莲、巴赞、毕欧、沙畹、马伯乐,德国的米勒、肖特、甲柏连孜,俄国的比丘林,美国的卫三畏等。上述专业汉学家中,有很多人没有到过中国,不会汉语口语,他们主要凭借汉语书面语或是二手文献进行研究,但仍开创了汉学的一方天地。当然,传教士汉学与专业汉学有交叉,有些专业汉学家也曾经是传教士。比如卫三畏就是典例之一,他1833年来华传教,其后还出任过外交官,后于1876年回到美国,并在1877年被耶鲁大学聘为第一位中国语言与文学教授,被称为美国的"汉学之父"(董方峰,2008)。

汉学发展到一定阶段后,又产生了所谓的"中国学"。张西平(2006)认为:"一般来讲,'汉学'表示对中国古代语言、文字、历史文化、典籍、制度的研究,'中国学'表示对近现代中国社会历史的研究。在研究方法上前者重视文献训诂,后者重视现实;前者采取的基本上是传统的人文学科方法,后者采取的是现代社会科学的方法。"其实,如今要把汉学和中国学严格区分并不容易,有部分新生代汉学家既研究汉语教学也研究中国学。因此可以将广义上的汉学和广义上的中国学视作同类学科。汉学(中国学)不同于中国本土的国学,这门学科是以"他者"的身份来看待中国语言文化,并以西方学术的理论和方法来研究中国语言文化。但是,汉学(中国学)研究不可能不受中国语言文化这个研究对象的影响,有些国外学者会把一个带有一定"想象成分"的中国介绍给西方,并对西方学术和西方的"中国观"产生了重大影响。汉学(中国学)既是"西学"的一部分,也是汉语作为外语教学的一种现象,这种现象对今天的汉语国际教育和中外交流都产生了重要影响。

## 5.2　对外汉语教学、汉语国际教育

对外汉语教学,是中国人举办的教授外国人学习汉语的活动,现实操作中,也包括一

些对海外华裔的华文(华语文)教学。清末与民国时期,中国内忧外患,战争、灾难连绵不断,来华学习汉语的外国人士已非常罕见。新一轮汉语学习热潮,是以 1950 年 9 月"清华大学东欧交换生中国语文专修班"的开办为起点的。到 2018 年时,来华留学生已近 50 万,其中学历生人数超过了语言进修生,硕博高层次学生人数逐年增加。在留学规模上,中国已成为世界第二大留学目的地国。

2004 年,第一所孔子学院在韩国建立,标志着汉语作为外语教学进入到一个新阶段,即汉语国际教育或中文国际教育阶段。此阶段最为显著的特点是汉语教育本土化,海外中文教学机构激增,其中也包括孔子学院和孔子课堂。海外的中文教学机构中有许多并不是由中国人单独创办的,而是外国人或外国人与中国人协力创办的,因此,"对外汉语教学"的名称已经不能涵盖汉语国际教育。当然,国内的汉语作为第二语言教学也还可以称为"对外汉语教学",无论从历史还是现实的角度讲,"对外汉语教学"这一名称都还有存在的价值。

汉语国际教育阶段从 2004 年开始算起,并不是因为此前海外没有外国人举办的汉语教学。比如:1955 年,韩国就把汉语纳入了基础教育体系(孟柱亿,2008);1956 年,越南的初中、高中开设了汉语外语课程;1958 年,巴黎梦日隆市中学开设了汉语课,至 20 世纪 60 年代末期,汉语已是法国高中毕业会考中可供选择的外语之一(白乐桑,2018)。这些教学,当然无法使用"对外汉语教学"概念来形容。把 2004 年看作汉语国际教育阶段的起点,是因为自此以后,汉语国际教育正式成为一种有规模的,更为自觉的教育活动,世界上对汉语国际教育的关注度也大幅提升了。

## 5.3 汉语的外语角色

某种外语对外语学习国所发挥的作用,称为"外语角色"。李宇明(2018b)和李宇明、唐培兰(2020)把外语角色大致分为六大类:①外事外语;②领域外语;③泛领域外语;④基础教育外语;⑤重要外语;⑥重要语言。六大外语角色呈梯级分布,随着外语事业的发展逐级而进,如图 0-1 所示。

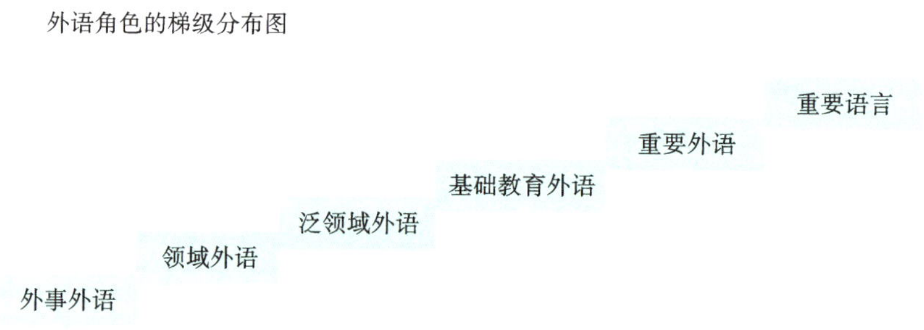

外语角色的梯级分布图

```
                                    重要语言
                              重要外语
                        基础教育外语
                   泛领域外语
             领域外语
       外事外语
```

**图 0-1　外语角色的梯级分布图**

过去,学习汉语的外国人多数是成年人,他们大都是因外事或中国特长领域(中国文学、中国哲学、中医、中国体育、中国戏曲等)的需要来学习汉语的,汉语的外语角色属于外事外语或领域外语。进入21世纪,来华留学生逐渐增多,所学专业逐渐宽阔,预科教育再度发展起来,此时,汉语的外语角色进入了泛领域外语阶段。近些年来,汉语逐渐进入70多个国家的教育体系,成为许多国家的基础教育外语,汉语学习者低龄化的现象十分明显(李宇明,2018b)。此时的汉语逐渐进入基础教育外语角色。

外语角色与国家的国际地位密切相关,也与国家间的关系相关。当一个国家的发展明显有助于他国发展,甚至影响他国未来时,其语言就会进入他国的基础教育体系,成为"基础教育外语"。少年儿童学习外语与成人有诸多不同,在学习动机、学习方式、学习结果等方面都有值得重视的特点。外语角色如逆水行舟,不进则退。已经进入"基础教育外语"阶段的汉语国际教育,下一步就是要扮演好汉语已有的外语角色,并朝着"重要外语"角色推进。这也需要海内外汉语教育者加强合作,把"卖方"的想法变为"买方"的意愿,真正实现互利双赢。

## 6. 国际社会的汉语

国际社会是一个不易界定的概念,本文的"国际社会"主要包括国际组织、国际会议、国际大公司等。这些组织、会议、公司之间大都存在着"多边关系"或"虚边关系"。

汉语也是国际社会使用的语言。在一些国际组织中,汉语是其官方语言或工作语言,其中最典型的例子就是联合国。自1945年联合国成立起,中文就是其六大正式语文之一,而联合国大会第二十八届会议于1973年通过的第3180、3189号决议则将汉语正式列为联合国大会的工作语文。文秋芳、张天伟(2018)研究过汉语在联合国下设的5个主要机构和15个专门机构中的使用情况,并归纳出了三种不同情况。第一种情况是,汉语既是该机构的官方语言也是其工作语言,汉语有真正的地位,有8个机构属于这种情况。第二种情况是,汉语是该机构的官方语言但不是其工作语言,汉语主要是在名义上有地位,有5个机构属于这种情况。第三种情况是,汉语既不是该机构的官方语言也不是其工作语言,即汉语尚无地位,有7个机构属于这种情况。在其他国际组织(包括非政府国际组织)以及一些跨国公司的日常工作中,尚无有关汉语使用的制度性安排。目前可能在日常工作中使用汉语的,主要是常驻中国的国际组织和跨国公司,以及在中国召开的国际会议。但一个基本趋势是,未来汉语在国际社会使用的机会越来越多。

国际社会使用的汉语,其标准应是以普通话为准;从语言身份上讲,不能将国际社会使用的汉语看作外语,因为中国也是国际社会的一员。比如联合国中的汉语,不能说是联合国的外语。虽然有很多外国人使用汉语只是通过将汉语作为外语学习来实现的,但汉语的使用有望在将来变得更广泛,因为汉语国际教育的一个重要目标,就是推进汉语成为国际社会的通用语言。

此外应注意的是,国际学术期刊和国际大都市所应用的语言也可视作国际社会语言的一部分,且具有国际社会语言的功能。国际学术期刊的语言,也就是国际学术共同体的语言,目前仍以英语为主,使用汉语的国际学术期刊还比较少。但是,在一些国际大都市的交通枢纽、旅游地和购物中心,汉语的使用渐多,尤其是巴黎、温哥华、多伦多、东京、首尔等城市的机场指示牌中,汉语甚至居于第二或第三语言的地位。这种情况虽然主要出现在交通、旅游、商贸的语言景观中,且当地使用汉语的主要目的是方便华人,但这些语言景观也显示着汉语国际地位的上升。

汉语在国际社会逐渐得到广泛应用,说明它已经是人类社会的"公共产品"。该如何评价汉语在国际社会中的语言地位,如何促进其地位的提升,让人类社会更好地分享汉语这一公共产品,既是中国的时代课题,是全世界华人、全世界汉语使用者的时代课题,也是国际社会的一个课题。

## 7. 结语

李宇明(2020)提出看待世界可有三种眼光:一是"魏源眼光",即从中国看世界;二是"周(有光)氏眼光",即从世界看中国;三是"世界眼光",即站在高空俯瞰世界。本文是用第三种眼光来俯瞰全世界的汉语状况,以期能看到汉语世界的全貌。

汉语研究的"全球化"视野作为汉语研究的一大发展趋势,把普通话、台湾地区"国语"、海外华语、海内外方言、地域普通话、民族普通话、传统汉字文化圈的汉语汉字问题、汉学、中国学、作为外语的汉语、国际社会的汉语等,尽收眼底。这种由内地到港澳台、由本土到海外、由母语到二语(甚至三语)、由一隅到全球的视域扩展,使得观察汉语的参照系也在发生改变,涉及的语言现象、语言关系、语言问题也空前繁多复杂。

首先需要解决的是名词术语问题。比如,当前需要界定的术语至少有四个,分别如下。

N1:包括全世界各种各样的汉语现象。

N2:如周明朗(2017)所说的汉语范围,"世界各国所有说汉语群体的通用语(lingua franca)",包括"以汉语为第一语言的群体的共同语"和"以汉语为第二语言的群体的语际通用语"。

N3:赵世举(2017)一直主张"整体华语观",认为"全球华语"不仅应包括"全球华人的标准语",还应指"全球华人共有的语言",包括海外方言。

N4:全世界华人的共同语。

一种思路是,把 N1 称为"世界汉语"或"全球汉语",把 N2 称为"世界汉语通用语",把 N3 称为"全球华人语言",把 N4 称为"大华语"或"全球华语"。

在汉语研究的"全球化"视野之下,可以提出了许多新的学术问题,其中以下六个问题是比较重要的。

其一,"以汉语为第一语言的群体的共同语"和"以汉语为第二语言的群体的语际通用语"的关系,即"民族共同语与语际共通语"的关系。

其二,民族共同语和语际共通语的层次问题,比如地域普通话、民族普通话,是否还有"国别普通话"。

其三,民族共同语的分化与协调问题,比如普通话、台湾地区"国语"、海外华语之间的关系。

其四,民族共同语的变体该如何确定、如何称说的问题。

其五,华语与海外方言的关系问题。

其六,汉语的各种二语学习状况。

这些问题的提出,使人们看到了视野扩大的新需求,比如需要补充各华语变体的研究资料,整合思想观念,各方汉语研究者之间需要进行更多交流合作等。研究视野的扩大不仅有重大学术意义,也有改进汉语生活的重要现实意义,例如:华人共同语的协调,海外华人母语维持中处理好华语与方言的关系,通过汉语外语角色理论明确汉语国际教育当前的着力点和努力方向,利用汉学、中国学和汉字文化圈发展汉语国际教育,关注国际组织、国际会议、跨国公司、国际大都市、国际学术刊物的语言问题,促进汉语在国际社会的应用等。

世界汉语、大华语(Global Chinese)的研究是在全球英语(Global English)研究的背景下开展起来的。但世界汉语的情况与全球英语的情况相比,尚有很多不同点,特别是在"语言认同"上有更多的语言故事。其实,不只是汉语和英语,法语、西班牙语、俄语、德语、阿拉伯语、日语等,也都需要"全球化"的研究视野。如果像研究 Global English、Global Chinese 一样,用"世界眼光"来看待全世界的法语、西班牙语、俄语、德语、阿拉伯语、日语等各种语言,将有利于推进世界语言学发展到一个新高度,并使世界语言生活发展到一个新水平。

## 参考文献

[1] 白乐桑.法国汉语教育的起源与发展[J].国际汉语,2018(1).

[2] 戴庆厦.语言识别的双重标准[J].语言战略研究,2018(2).

[3] 刁晏斌.全球华语的基础及内涵[J].Global Chinese,2015(1).

[4] 刁晏斌.全球华语的理论建构与实证研究[M].北京:华语教学出版社,2018.

[5] 刁晏斌.语言安全视角下的全球华语及其研究[J].云南师范大学学报,2018(3).

[6] 董方峰.从马礼逊到马修斯——近代史上的西方汉英词典编纂者及其作品[A]//姚小平.海外汉语探索四百年管窥——西洋汉语研究国际研讨会暨第二届中国语言学史研讨会论文集.北京:外语教学与研究出版社,2008.

[7] 郭沫若.为中国文字的根本改革铺平道路[A]//全国文字改革会议秘书处.第一次全国文字改革会议文件汇编.北京:文字改革出版社,1957.

[8] 郭熙.华语研究录[M].北京:商务印书馆,2012.

[9] 郭熙.新加坡禁绝方言的思考[J].怡和世纪(新加坡),2017(31).

[10] 郭熙.论中国官方语言的名称[J].语言战略研究,2018(3).

[11] 郭熙.全球华语研究文献选编[C].北京:商务印书馆,2015.

[12] 黄行.中国少数民族语言活力研究[M].北京:中央民族大学出版社,2000.

[13] 黄行.中国民族语言识别:分歧及成因[J].语言战略研究,2018(2).

[14] 黄卓明.朝鲜时代中国语文学文献调查研究[M].郑州:郑州大学出版社,2019.

[15] 李泉.汉语教材的"国别化"问题探讨[J].世界汉语教学,2015(5).

[16] 李如龙.海外汉语方言研究的新视野——《读全球华语词典》[J].辞书研究,2013(1).

[17] 李嵬.多语——海外华人语言生活的现实及挑战[J].语言战略研究,2017(1).

[18] 李宇明.汉语的层级变化[J].中国语文,2014(6).

[19] 李宇明.大华语:全球华人的共同语[J].语言文字应用,2017(1).

[20] 李宇明.汉语在国际上的身份[A]//侍建国,周荐,董琨.第十届海峡两岸现代汉语问题学术研讨会论文集.澳门:澳门大学,2018.

[21] 李宇明.海外汉语学习者低龄化的思考[J].世界汉语教学,2018(3).

[22] 李宇明.人类命运共同体的世界眼光——序赵蓉晖主编《世界语言生活状况报告(2020)》[A]//赵蓉晖.世界语言生活状况报告(2020).北京:商务印书馆,2020.

[23] 李宇明.全球华语词典[Z].北京:商务印书馆,2010.

[24] 李宇明.全球华语大词典[Z].北京:商务印书馆,2016.

[25] 李宇明,唐培兰.论汉语的外语角色[J].语言教学与研究,2020(5).

[26] 陆俭明.关于建立"大华语"概念的建议[A]//汉语教学学刊(第1辑).北京:北京大学出版社,2005.

[27] 陆俭明."大华语"概念适应汉语走向世界的需要[J].Global Chinese,2015(1).

[28] 陆锡兴.汉字传播史[M].北京:语文出版社,2002.

[29] 孟柱亿.韩国汉语教育的现状与未来[J].云南师范大学学报(对外汉语教学与研究版),2008(2).

[30] 孙德平.英国华人社区华语词汇的特点及其成因[J].中国语言战略,2015(2).

[31] 孙德平.柯因内化前期海外华语特点研究——以英国华人社区华语为例[J].语言研究,2020(1).

[32] 孙宏开.全球语言知多少?——有关语言识别和语言与方言界限的讨论[A]//北京语言大学语言资源高精尖创新中心"'一带一路'语言资源与智能国际学术研讨会"(7月15—16日)会议论文.2017.

[33] 田飞洋."两岸三地"异名词语在美国华语中的互动关系研究——基于洛杉矶华报的考察[D].北京:北京语言大学,2014.

[34] 汪惠迪.新加坡华语"没大没小",真好![J].语文建设通讯(香港),2019(119).

[35] 王理嘉.汉语拼音运动与汉民族标准语[M].北京:语文出版社,2003.

[36] 文秋芳,张天伟.国家语言能力理论体系构建研究[M].北京:北京大学出版社,2018.

[37] 吴英成.全球华语的崛起与挑战[A]//新加坡华文教学论文三集.新加坡:泛太平洋出版社,2003.

[38] 吴英成.汉语国际传播:新加坡视角[M].北京:商务印书馆,2010.

[39] 吴远鹏.南音在南洋[A]//福建省炎黄文化研究会,漳州市政协.论闽南文化:第三届闽南文化学术研讨会论文集(下).2005.

[40] 邢福义,汪国胜.全球华语语法研究的基本构想[J].云南师范大学学报,2012(6).

[41] 徐大明,王晓梅.全球华语社区说略[J].吉林大学社会科学学报,2009(2).

[42] 徐杰.国际宽式汉语共同语的性质、标准与意义[A]//首届新时期汉语语言学理论建设与应用研究国际学术研讨会暨浙江省语言学会第十三届年会论文(绍兴).2006.

[43] 严峻.改革开放40周年两岸关系回顾与展望[J].两岸关系,2018(4).

[44] 姚德怀.从华语、汉语、唐话、中文到大华语、华语群[J].语文建设通讯(香港),2019(119).

[45] 姚敏.中国华文教育政策历史研究——语言规划理论透视[M].上海:复旦大学出版社,2017.

[46] 姚敏."大华语"视角下的汉语国际传播策略思考[J].语言文字应用,2019(1).

[47] 尹春梅,周庆生.吉尔吉斯斯坦比什凯克市东干族语言使用情况调查研究[J].回族研究,2016(3).

[48] 张聪.英国华语与普通话的词汇差异[J].语言战略研究,2017(1).

[49] 张美兰.明清域外官话文献语言研究[M].长春:东北师范大学出版社,2011.

[50] 张西平.汉学研究三题[N].中华读书报,2003-06-06.

[51] 张西平.汉学(中国学)研究导论[J].海外中国学评论,2006(1).

[52] 张西平.西方人早期汉语学习史简述[A]//姚小平.海外汉语探索四百年管窥——西洋汉语研究国际研讨会暨第二届中国语言学史研讨会论文集.北京:外语教学与研究出版社,2008.

[53] 张奚若.大力推广以北京语音为标准音的普通话[A]//全国文字改革会议秘书处.第一次全国文字改革会议文件汇编.北京:文字改革出版社,1957.

[54] 赵世举.华语的历时流变和共时格局及整体华语观[J].文化软实力研究,2017(6).

[55] 周宁.东南亚华语戏剧史[M].厦门:厦门大学出版社,2007.

[56] 周小兵.让汉语成为国际交往的强势语言[J].语言战略研究,2017(1).

[57] 周清海.大华语的研究与发展趋势[J].汉语学报,2016(1).

[58] 周庆生.语言与人类[M].北京:中央民族大学出版社,2000.

[59] 朱媞媞.泉腔闽南戏曲韵部系统与用韵特征分析[J].东南学术,2015(4).

(李宇明　北京语言大学)

# 一　实验音系学

近年来,随着语音学、类型学、心理语言学和神经语言学的发展,以及各类实验方法(如频谱分析、超声波测验、脑电实验等)的普及,语音学(phonetics)与音系学(phonology)的边界逐渐模糊,实验音系学(Experimental Phonology)亦逐渐兴起。实验音系学,亦称实验室音系学(Laboratory Phonology),顾名思义,是通过实验手段进行音系学研究的学科。本章节旨在向读者介绍该学科作为一门科学学科(scientific discipline)的主要研究对象以及一些常用的实验方法。

语音学(phonetics)与音系学(phonology)[①]是语言学研究的重要构成部分。人们在学习、研究语言的时候,往往是从听与说开始,通过一次次发音器官的张弛与鼓膜的震动完成信息交换。语音学的主要研究对象包括了这个过程中的每一个环节。这些环节通常被分为发声语音学(articulatory phonetics)、声学语音学(acoustic phonetics)和听觉语音学(auditory phonetics)。顾名思义,发声语音学研究的是发音器官,包括唇、齿、舌、颚、鼻腔、声门、声带间的协调动作;声学语音学的研究对象是语音的声学现象,如波长、振幅、频谱特点等;听觉语音学则主要研究人类的听觉器官如何捕捉声音。与语音学相比,音系学的定义更为复杂。学界给出的一般定义是,音系学是对人类语音的系统性研究,因此音系学不会专注于语音的细节,而是从更宏观、抽象的角度研究不同语言的语音系统,包括每种语言的音系和构音规则(phonological and phonotactic rules)、使用的元音与辅音(segmental inventory)[②]、音系变迁(phonological change)以及人类语言之间的一些音系学共性(phonological universals)。

传统的音系学研究是建立在语音学数据之上的,而这些数据往往是由语言学家实地考察并进行记录得来的。国际音标表格(International Phonetic Alphabet Chart, i. e. IPA Chart)的出现与更新,正是为了方便这种记录。这些数据通常被称作"印象数据"(impressionistic data),受记录者本身和记录环境影响,存在一定的不准确性。而基于此建立的音系学研究也一定程度上受到这种不准确性的影响。自20世纪70年代起,随着实验技术的发展与普及,一些音系学学者开始倡导"实验音系学",即,任何音系学的假设(hypothesis)都应当在严格的实验室环境下经过严谨检验(Ohala & Jaeger, 1986; Ohala, 1987)。自此,音系学开始向科学学科发展,其假说与理论不能仅限于推断、凭印象记录的

---

[①] 此处的音系学为 Phonology,有别于中国传统音韵学。后者是一门研究汉语语音系统的科学,包括古音学、今音学、北音学、等韵学等学科,与训诂学、考古学、中国古典文学研究有着密切关联。因 Phonology 有时也被翻译成音韵学,特此明确。

[②] 音段(segment),指元音(consonant)和辅音(vowels)的总和,因在早期印象研究(impressionistic research,见后文)中可被单独分割成音素记录下来而得名,与 suprasegmental(超音段)的元素,如字调(lexical tone)相对。所谓超音段,是指该元素的发音跨越几个音段,如中文中的四声,在一个由边音、元音和鼻音组成的音节中(如朗/laŋ/),边音、元音和鼻音都承担了此声调,而非由其中一个音素单独承担。

数据或采访，而需要"科学方法"，具体而言有以下四点需要注意：第一，尽量客观地采集、呈现数据，将观察者的影响降至最低；第二，尽量定量化（quantified）地采集、呈现数据，避免误读；第三，定量化采集、呈现的数据要经过统计学检验，尽量避免结论中存在的偶然性；第四，在设计实验的过程中，需要考虑对照组，使得所测试的理论或模型的竞争理论或模型也能得到测试，与第二条相呼应，所测试的理论或模型如能以数学方式表达，则更为有利。

在接下来的讨论中，笔者将以音系学中几个较为主要的研究对象为例进行实验介绍，而我们的介绍重点将会放在这些实验的实验方法上。

## 1. 音系学共性

研究中是否存在共性（或称普遍性，universal）一度被认为是语音学与音系学的边界之一。传统理论认为，语音学的研究对象是语音，可以被当作物理或生理现象，因此存在普遍性，而音系学却是属于某种具体语言的，是对某种语言的语音系统与规则的研究和总结。然而，随着实验研究的进行，语音学与音系学之间的"共性"边界逐渐模糊。人们逐渐发现，人类本身的发音与理解能力对人类的口语发展有着普遍性影响，这种影响是基于概率的（probabilistic），即客观条件决定了某些音素（phoneme）或发声规则（phonological rules）必然无法或很少出现在人类口语中，而某些音素或组合因其发声过程的简单明晰而比另一些更多地被人们使用。此处读者不妨思考，从您的角度看，哪些音素和发音组合是不可能的？国际音标表上，哪些音素及音素组合被人们采用的频率更高？哪些音素的组合比另一些更普遍？您对这些问题的答案可被视作假说（hypothesis），针对它们我们可以进行实验验证。

如要对音系学共性进行研究，熟悉语言学的读者们可能首先想到的就是与类型学（typology）相结合的研究。我们以"平衡补偿"假说为例。许多语言学学者持有一个看法，即一种语言如果在其语法的一方面很复杂，那么在另一方面就会相对简单，以达成某种平衡。具体到音系学方面，持有此看法的音系学学者自然会提出类似"辅音音素多的语言通常元音少""音素多的语言通常音节①结构（syllable structure）简单"的假说。追本溯源，这种看法可能是受到二战后人文主义中平等思想的影响，即所有语言在复杂性、细节、功能等方面是相近的，不存在原始语言或进化过的语言之分（Akmajian et al., 1979）。同时，这种"平衡补偿"假说从心理语言学角度看也符合逻辑。首先，人类大脑处理信息的能力是有一定局限性的，故而一种语言如在一方面格外复杂，在另一方面就必然简单，否则使用

---

① 音节（syllable）是语言中单个元音音素和辅音音素组合发音的最小语音单位。音节一般被分为音头（onset）和韵腹（rhyme），而韵腹（rhyme）又可以分为核心（nucleus）和音尾（coda）。核心通常为元音而音尾通常为辅音。从这个角度看，一个音节可视作由一个音量峰（sonority peak，通常指元音）和一些音量稍小（less sonorous）的音素构成。值得指出的是，音节的划分有时未必清晰，很大程度上要受到某语言中构词方法、拼写系统的影响。

者对这种语言的处理就会非常困难,这门语言的传播也会因此受到影响。其次,一些语言的历史沿革也从侧面证明了这一假说,比如声调的起源(tonogenesis)可以看作声调系统的复杂化与辅音系统以及音节结构的简单化之间的一种平衡①。作为声调语言的母语者,我们可以进一步提出如下假说,音段(segment)、声调、音节三者间的复杂程度此消彼长,即如果其中一到两个的体系相对复杂,则余者必然会相对简单。

伊恩·麦迪森(Ian Maddieson,2005)就从类型学角度对这个假说进行了验证。首先,依据我们在导论中所介绍的,为使得假说可以得到实验验证,需将其量化。麦迪森使用了五个变量对语言的音系系统进行量化。第一个变量是音节复杂程度,麦迪森将其设置为分类变量,分为简单,中等和复杂三类。简单者,一个音节只允许由一个辅音音头和一个元音核心组成,辅音音头有时可以省略;中等者在简单的基础上允许有一个有时可以省略的辅音音尾,而辅音音头可以由两个辅音构成,但是二者必须是阻塞音(obstruent)与滑音(glide)的组合,可以发现,普通话的音节复杂度属于中等;复杂者则在音头和音尾都允许有辅音丛(consonant cluster)的存在,我们较为熟悉的英语、法语等西方语言均属此列。第二个变量是声调系统的复杂程度,与音节复杂程度一样,也是一个三分的分类变量。简单者为没有声调系统的语言,如英语;中等者使用两种声调相互对比,通常是高低间的对比,如日语和挪威语;复杂者则使用超过两种的声调,如汉语以及汉语的大多数方言。余下三个变量则为数值变量,分别是辅音数(consonant inventory size)、元音数(vowel inventory size)以及元音质量数(vowel-quality inventory size)。辅音数与元音数指的是该语言拥有的辅音、元音音素的数量,而元音数和元音质量数的区别在于,对于前者来说,鼻音化(nasality)、发声形态(phonation type)、音长,以及双元音都会增加元音数,而后者只在元音的高度(height)、后度(backness)和圆度(roundness)上作区别。举例来说,若一个语言中同时使用/a/、/ā/和/a:/这三个音素,则它们在元音数上算作三个,而在元音质量数上算作一个。量化之后,麦迪森便得以用统计学方法研究这五个变量在类型学语料库中的关系。他使用的类型学语料库,UPSID,截至此实验进行时已经涵盖了543种语言,有兴趣的读者可以参看麦迪森(1989)或另一常用类型学语料库,World Atlas of Language Structures(WALS)(Haspelmath et al.,2005)。

通过方差分析②(ANOVA Analysis),麦迪森(2005)发现,音节复杂程度与辅音数在统计学上呈显著正相关,但无论是元音数还是元音质量数都不与音节复杂程度相关;同时,辅音数和元音质量数都与声调系统的复杂程度正相关,而辅音数与元音数或元音质量数均不相关。音节复杂程度和声调系统复杂程度的关联在统计学上显著,但无法简单概括为正负。在543种被研究的语言中,有88种拥有复杂的声调系统,172种拥有复杂的音

---

① 历史语言学家猜测,声调的起源与一个音节的辅音息息相关,声调的产生源于辅音间喉部区别(laryngeal distinction)的消失(Yip,2002)。在许多声调语言中,语言学家都发现,浊阻塞音会降低后续元音的音高,而清辅音会使之升高,因而前者发音时放松声带并降低喉头而后者发音时声带绷紧。其他的喉部动作也会影响元音音高,但是具体影响视情况而定。

② 受章节长度和行文重点所限,本专题中提及的统计学方法不会做详细介绍,对此有兴趣的读者可以参看本章节参考文献中的推荐书目。

节,然而二者的交集则只有11种——简而言之,很少有语言既拥有复杂音节又拥有复杂声调系统。麦迪森所使用的五个变量中除了音节和声调系统间的关联外,其余变量之间的关联并不支持前文所提到的补偿平衡假说,甚至可以说一定程度上发现了反面证据,比如一个音段复杂的语言也更可能拥有复杂的声调系统。因而,"补偿"似乎只在音节和声调系统的复杂性上有所体现。然而麦迪森同时又指出,复杂音节常见于欧洲以及西亚语言和北美语言,而这两支语言组(language group)鲜少使用声调,因此,与其将此发现归因于"平衡补偿"假说,不若将其归因于语族(language family)或地域/基因群(areal/genetic groups)的区别。因此,即使在历史沿革中,某些语言可能发生了如声调起源中那样的内部调整,"平衡补偿"假说在目前的类型学分析中也并未得到验证。一些其他的类型学研究,如 Shosted(2006),也同样未能找到支持该假说的证据。即便如此,我们仍然鼓励读者进一步进行自己的思考。比如,如果以不同方式对语言音系系统的复杂程度进行量化,是否会影响实验结果和最终结论?如果使用不同的统计学分析方法呢?这些问题可以留待读者们思考和实操。

在研究音系学共性方面,类型学分析还可以同声学分析、发音分析等手段相结合,从而对传统的音系特征(phonological feature)[①]或理论、模型进行检验,寻找其物质(substance)基础(cf. Stevens,1972,1989;Lindblom,1990)。换而言之,就是探寻一些音系学特征、规则之所以存在的普遍原因。我们以送气辅音(aspirated consonants)的音系特征为例。艾弗拉姆·诺姆·乔姆斯基(Avram Noam Chomsky)和莫里斯·哈勒(Morris Halle)在二人合著的经典著作《英语语音类型》(Sound Pattern of English)[②]中提出,送气辅音在发声时会导致声门下压升高,因而认为它们具有"高声门下压"这一音系特征(heightened subglottal pressure feature)。值得注意的是,乔姆斯基和哈勒在论述中未提供具体实验证据,而 M. Ohala 和 J. Ohala(1972)、M. Ohala(1979)、Demolin(2004)、赖福吉(Ladefoged)和麦迪森(1996)分别以不同语言为对象对此说法进行了实验检验。但除赖福吉和麦迪森的实验之外,其他声学以及发音学分析均得出了与乔姆斯基和哈勒相悖的结论,即在如/h/的送气辅音之后,减弱的声门阻力并不会升高声门下压,反而会使其降低,这一点在浊送气辅音中尤为明显。而赖福吉和麦迪森(1996)虽然在伊博语(Igbo)发现有高声门下压的送气辅音,但是他们同样指出,声门下压升高的是因为这些语者发送气音时不仅减弱了声门阻力,更扩张了声门孔(glottal aperture)。

在这些研究中,发声器官的位置、移动以及声道不同部分的气流和压力变化被超声波

---

[①] 音系特征,亦称区别特征(distinctive feature)是用以描述音位之间对立性的初始语音单位。传统音系学使用的音系特征均为二元的,即有无该特征,用±来表示。通过一系列特征描述,可建立起音段与音段之间的关系,构成自然类(natural class)。音系学研究已经反复证明,一些语言或音系学现象,如元音间的辅音浊化,只会发生在拥有同样特征的音段上,也就是某一自然类上。

[②]《英语语音类型》(Sound Pattern of English)一书作于1968年,经常被缩写为SPE,是音系学经典著作。可以说,它是现代音系学的奠基著作之一。一定程度上划定了音系学与语音学的界限,使得音系学成为语法不可分割的一部分。尽管其中有些分析现在看来失于武断,但是其研究方法和背后的思想非常值得借鉴,建议有志于语音学与音系学研究的读者阅读此书。

仪器或探针所记录,而声学分析则通过对高清录音的频谱分析完成,常用软件有 praat 等。图 1-1 来源于 M.Ohala 和 J.Ohala(1972),是其对一段音频的声学图谱、声门下压变化以及气流变化的组合分析,展示了浊送气音/ɦ/所引发的声门下压降低和口腔气流升高。受篇幅所限,本章节将不会详细介绍发音分析和声学分析方法,读者如有需要可以参考推荐书目。而声学实验的用法以及一些听辨实验的范式则将结合余下主题,在之后的章节内进行具体介绍。

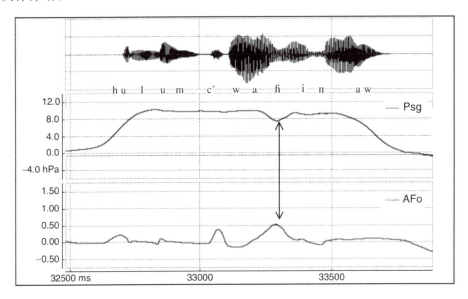

图 1-1　阿姆哈拉语[kulumc'waɦino]"大家都很吵"的声波、声门下压（Subglottal pressure,Psg）和口腔气流(Oral air flow,AFo)。气压单位为 hPa(百帕),气流单位为 $dm^3$/s。

## 2. 语音变化与音系变迁

　　语言的发音变化一直是语言学研究中的一个重要主题,自己的母语过去是什么样子、某首经久传唱的诗歌用上古语言应当如何朗诵,这些都经常引发学者们的热议。客观来说,每一次发音都是独特的,即使是同一个人将同一个单词念两遍,这两遍的声学性质也一定存在着细微差别,更不用说来自不同家庭、地域的人,即使母语背景相同,其发声习惯和生理特征也会导致语音上的不同。这些不同,通常被称作语音变动（phonetic variation）,无论多么细微,都可以成为语音学学者研究的对象。这也是一部分学者认为语音学应当算作泛语言学而非语言学分支的重要原因,即,语音学关注的是变化与差别,而非更稳定、更具有概括性的语法。然而,在历史上,每一种语言都经历了巨大的语音变化（sound change）,如英语中的元音大推移(Great Vowel Change)、汉语中的"入派三声"等,这些变迁是规律的、系统性的,因此具有音系学意义。同样,在当代,许多语音变化也是规律的、为大多数人所采用的——即使这种采用是无意识的,比如普通话中的第三声变调

(the Third Tone Sandhi),具体来说,就是两个三声字组合时(如打伞),前面的三声会变为二声,这种规律的变化同样具有音系学意义。那么,我们该如何确定我们在日常生活中所观察到的语音变化是否具有音系学意义、属于音系变迁呢?实验音系学提供了很好的研究角度。

首先我们必须指出,语音变动(phonetic variation)是语音变化(sound change)的基础。正如一个新词或新语法的传播一样,某种语音变动首先被某些人群所采用,进而在一个语言群落(speech community)开始传播,每一个听说者(listener-speaker)并不一定同时注意到或者采用该变动,但是当大多数听说者都开始采用这一变动之后,它就成为该语言或方言音系语法(phonological grammar)的一部分。从某种意义上讲,当一种语音变动不仅被广泛采纳,且达到了听辨一致时,我们就可以认为它已经成为音系语法的一部分,而不再是一种偶然的、属于个体的发音习惯。必须指出的是,对某一个变动在发声与听辨上的采纳和接受不一定同步。实验音系学研究,尤其是听辨实验的一个重要研究对象就是一个语言群落中的听说者如何对某一个音素的发音达成听辨上的一致(perceptual constancy)。

我们以较为常见的语境变动(contextual variation)为例进行说明。虽然我们通常将口语分为音段,但无论从声学还是发音角度,口语都是连续的,因而一个音素的发音必然受到其周围音素的影响,比如一个在鼻音前后的元音几乎必然鼻音化,但在不同语言中,这种变化的音系学意义不尽相同。以 Yuan 和 Liberman(2011)的语料库声学分析为例。Yuan 和 Liberman 希望用机器学习中的支持向量机(support vector machines,SVM)模型对大型语料库中的鼻音化元音和非鼻音化元音进行自动归类。他们对普通话、英语和葡萄牙语的三个语料库中的元音进行了声学分析,使用了语音识别中最常用的梅尔倒谱系数(Mel-scale Frequency Cepstral Coefficients,MFCC)对元音的鼻音化轨迹进行量化。这种参数有别于相对传统的、具有明晰语音学意义的参数,如基频值或音段时长(duration)、轻响度(intensity)等。MFCC 的提取过程更接近于机器学习,大致过程为将连续语音预加重,分帧,加窗,进行傅里叶变换,使其通过 Mel 滤波器组,计算每个滤波器组输出的对数能量,最后将结果进行散余弦变换得到 MFCC。MFCC 处理过程不依赖于信号的性质,又更符合人类听觉的掩蔽效应,因此被广为应用。Yuan 和 Liberman 将语料库中的元音分组,对 2/3 的元音进行训练,对另 1/3 进行测试。结果发现葡萄牙语模型的准确率显著高于英语和普通话,充分印证了鼻音化元音在前者中已经成为独立语素,是一种音系现象,而在后两者中还只是一种语音变动。

但有意思的是,许多听辨实验不仅验证了英语中元音的鼻音化是一种语境变动,更暗示了其作为语言变化前兆的潜质,即元音与鼻音的组合可能会变为鼻音化的元音,而这种变化又进一步受到了跟随在组合之后的辅音的影响。比如在早期的小规模语音分析实验中,语音学家们就发现了清辅音音尾与元音间的鼻音要明显短于浊辅音音尾与元音间的鼻音。Beddor 等(2007)据此实施了一个听辨实验。在实验中,Beddor 和同事将/ɛ(n)/分别放入/b_d/和/b_t/之中,构成 CVC(bed,bet)和 CVNC(bend,bent)的刺激组,并在每个环境中都对元音鼻音化程度和鼻音时长进行了编辑①,制作出一系列连续体(continuum)。他们总共使用了 48 个听辨刺激,由 8 个不同的鼻音时长〔不断用 12～13 毫秒的鼻音替换 6～7 秒的阻塞音/t/ /d/的闭合(closure)时长〕分别与 3 个元音鼻音化程度〔通过截取 mend 中完全鼻化的元音与 bed 中完全未鼻化的元音进行组合完成〕以及两个环境(/b_d/和/b_t/)组合构成。24 个美国英语母语者受邀对这些刺激进行了听辨,并判断他们听到的究竟是 CVC 还是 CVNC②。实验结果证明,一部分受试者在区分 CVC 和 CVNC 时注重的是整体的鼻音化时长,即,鼻音化元音与鼻音本身的总时长,而另一部分受试者则开始格外关注元音鼻音化本身,特别是在尾音是清辅音/t/的情况下。这个结果说明,该英语语言群落中的一部分听说者在鼻化元音上已达到了一定程度的一致性,英语中的鼻化元音可能已经从语境中的语音变动开始向音系学意义上的音素发展。当然,这种发展的势头还有待进一步的观测。读者们不妨试想一下,这样的观测可以如何进行?

一方面,我们可以加大听辨实验的规模,邀请更多受试者听辨更多 CVC 和 CVNC 的组合;同样,我们也可以研究这种变化的代际(between generation)和区域传播,如收集不同年龄段以及方言背景的人群的听辨数据,以此更详细地描绘该语音变动的传播过程和其成为语音变化的可能性。另一方面,我们也可以在更大范围内进行语音学分析,定向收录、分析不同年龄和方言背景的英语母语者所产出的 CVC 和 CVNC 词汇,研究其元音的鼻音化程度和鼻音本身的时长与尾音辅音音系学特征的关系,在听说两方面补全该语音变动的图景。

## 3. 实验韵律学

作为声调语言的母语者,笔者希望着重向读者介绍实验音系学中的一个研究方向——实验韵律学(prosody)。所谓韵律,是人类口语中由独立音段构成的更大单位(如音节)的性质,这些性质有时也被描述为超音段(suprasegmental)。它们形成了声调、语调、重音、语言节奏等重要的语言功能,既可以发挥语言学功用,如声调和词重音可以区别词义而语调和语句重音可以表达强调、对比或解决句法歧义③等,又可以表达使用者的情态(emotion and attitude),如高兴、悲伤或反讽、命令等。用以研究韵律的变量通常包括音高(pitch height)、时长(duration)、响度(intensity)和音色(voice quality)④等,对应到语音学

---

① 这种编辑可以在 Praat 中完成。
② 许多成熟的实验软件如 E-prime,Psychopy 都可以用来编写听辨实验的程式。当然熟悉 python 等编程语言的读者也可以为自己直接编写所需用的实验程序。
③ 句法歧义,通常表现为园径句型,是一种读者乍看之下会诠释出错误意义、但文法其实正确无误的句型。如英语中的"The horse raced past the barn fell"和中文中的"王经理喜欢喝法国葡萄酒的雇员",但是此类句子一旦在口语中配以语调读出来,则歧义会自然消除。
④ 又称"发声态",比如听起来更低且粗糙的嘎裂声(creaky voice)或更高、甚至女性化的气声(breathy voice)等。

性质上则是基频（赫兹或半音为单位）、时长（秒或者毫秒为单位）、声压（分贝为单位）以及其他频谱性质。当然，现在以机器学习的方式对频谱进行特征提取、分析的实验也变得非常热门，其所提取的特征未必可以与传统的语音或音系学特征对应，但是可以用于特别的用途，如 AI 情感识别等，在这里我们就不详细介绍了。作为语音与音系学研究者，我们可以说，韵律是口语（speech）的本质之一。对于韵律的音系学研究是一个庞大的课题，可以单独成书，此处笔者只以声调与语调的相互作用（interaction between tone and intonation）为例进行介绍，希望能引起读者这方面的兴趣。

声调和语调都是主要通过基频的高低表现的，前者只存在于声调语言中，是一种附着于音节的高低抑扬，用以区别词义或指使语法，后者则广泛存在于世界语言中，是交谈发声的音调，可能贯穿整个句子或语段。早期的音系学家对于声调语言中的语调有误解，认为声调语言几乎不使用语调，或只着重于使用语调中非音高的部分。但我国语言学家赵元任先生（1968）则指出，中文这样的声调语言中一样有语调，声调与语调的关系犹如"小波浪"与"大波浪"的并存与叠加，并提出了"代数和"的假说。后来的语音和音系学家在此基础上进一步对声调语言，特别是中文及其方言中的语调加以研究，从不同角度提出了更多更精细的理论、模型和猜想。在本章节中，我们将着重介绍许毅教授所提出的 Parallel Encoding and Target Approximation（PENTA）模型，以及听辨中语音与音调的相互作用。

PENTA 模型是一个从说者角度建立起来的模型，也许读者已经可以从 encoding，即编码一词中窥见一斑。早期音系学界关于语调的组织方式有顺序（sequenced）和叠加（superposed）两种猜测，而后者渐获支持。诚然，声调语言的语者面临如何处理声调与语调双重要求的难题，但是非声调语言的语者的语调使用目的也很少是单一的，很可能需要同时表达强调、情感以及态度。进而，研究的重点变为了考察这种叠加是线性的（linear）还是非线性的（non-linear），而 PENTA 模型是对这一问题的一个尝试性的解答。简而言之，线性假说认为，语者在组织语调的时候是一层层进行加工的，也就是先满足更核心的语言学功用再不断进行情态叠加，而非线性假说则认为，语者需一次性组织好其所需的所有功用，再进行表达。值得注意的是，无论是线性还是非线性的简单叠加，即无论将最终产出视作韵律结构的代数和或乘积，都无法解释现有的语音学数据。举例来说，在最平常的声调产出中，声调的调型与音节并非简单对应，而是会发生"协同发音"，即后一音节的声调调头和前一音节的声调调尾非常接近，在一些情况下，后一音节的三分之一到一半时长都会用来"摆脱"前一音节的影响（这一现象在许多声调语言中都存在，参看 Xu，1993，1997；Gandour et al.，1994 等），而如果后一音节承载了语句重音，则这种时长将会被消减，显然这种现象并不能简单地用叠加解释。因此，有语音和音系学研究者指出，语者最终呈现的韵律不仅需要满足所需的交流功用，如声调、重音等，还需要兼顾这些需求之间的关系以及发声角度的关联。PENTA 模型则满足了这些要求。PENTA 模型显示，语者首先将所有交流功用（communicative functions）同时进行编码（parallel encoding），然后决定使用什么韵律参数（melodic primitives）以及如何使用，最后由发声系统将这些编码逐一锁定为语音目标（target）进行近似实现（approximation），只是不同的目标在时间同步和发声力度方面有所不同，如图 1-2 所示。

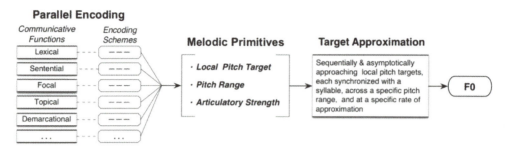

图 1-2　PENTA 模型(Xu,2004)

使用 PENTA 模型就可以很好解释之前所描述的"协同发音"问题。首先,不同音高目标之间的过渡本身就是近似实现的一部分,而语句重音会加强发声力度,使得目标的实现更快、更准确。图 1-3 是许教授所使用的一个例子。他对 4 个男性中文母语者重复 20 次的"猫米摸猫咪"进行声学分析,按音节提取基频,画出图 1-3 中的基频中轨迹。其中较粗的基频轨迹是"猫米"二字承担重音,而较细的基频轨迹则为无重音的情况。可以看出,当承担重音时,一声中的高音确实变得更高而三声确实变得更低,且上升和下降的速率都更快。

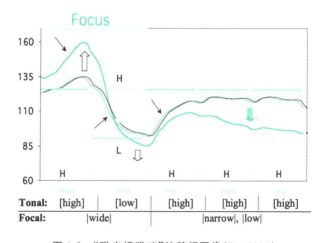

图 1-3　"猫米摸猫咪"的基频图像(Xu,2004)

那么,从听辨角度看,听者对韵律信息的译码(decoding)是否也是同时的呢?声调是否影响人们的语调判断,而语调又是否影响人们的声调听辨呢?听辨实验发现,不同的声调语言中,声调和语调的相互作用不尽相同。此处以普通话和粤语为例进行说明。传统的听辨实验发现,在粤语中,声调和语调在听辨上相互影响,而在普通话中,语调并不影响母语者对声调本身的听辨,但声调的调型一定程度上影响对于问句语调的听辨。比如 Ma 等(2006)邀请了 12 位女性母语者听辨了 108 个三字句,这些刺激项由三组六个粤语中全音调目标词分别出现在前中后三个位置上构成,并且每个都以陈述和疑问语气呈现,这些受试者通过选择相应的汉字来表示她们听到的关键词的声调。实验发现,疑问语气对句末中低声调的听辨影响很大,很多中、低声调被误听为上声。Ma 等(2011)在另一个类似的听辨实验中发现,粤语母语者十分依赖句尾音节的基频判断语调,而句尾声调如果恰好是上声或阳平,则非常影响母语者对疑问语气的听辨。与此相对,Yuan(2011)的听辨实验则表明,虽然疑问语气对普通话的声调调型也有影响,但是基本不影响母语者对声调本身的听辨;需要补充强调的是,疑问语气在第四声上最易听辨,在第二声上则最不易听辨,这可能是因为第四声调型受语调影响最大而第二声受影响最小。笔者在对普通话中轻声词语气听辨的实验中也发现了类似的结果,即轻声通常呈现降调,而疑问语气会升高该降调,使得听辨变得便利(Zhang et al.,2022)。这些结果一定程度上挑战了韵律处理的"同时性",即听说者对韵律信息的译码可能并非是同时进行的,且听说者的母语以及关注点都对译码有很大影响,并不易提出类似 PENTA 一样的模型。

由于听辨实验所得结果相对模糊,近来更多的研究者开始借助心理语言学甚至是神经语言学手段对这一现象进行研究,比如 Ren 等(2013)、Kung 等(2014)、Liu(2016)等就对受试者在听辨声调和语调时的脑电图像进行了收集和分析,以期加深对人类语言处理机制的了解。受篇幅所限,这些实验的细节就不在此进行介绍了,有兴趣的读者可以通过参考文献了解心理语言学和神经语言学的手段和应用。

## 4. Praat 软件介绍

Praat 是一个免费的开源语音分析软件,主要用于分析和处理语音信号,是语音与音韵学研究中常用的软件。Praat 的主要功能有音频的录制与编辑、音频的分析、合成和处理以及脚本(script)的编写、调整和运行。音频的编辑包括去除噪声、剪切和合并音频文件、调整音量、增加混响等。音频分析则包含了音频可视化——将音频信号转换成波形图或频谱图,以便于用户更直观地理解音频信号的特征,以及对音频信号的基频、共振峰、声强、音高、音调等性质进行分析。Praat 也提供多种音频处理工具,如滤波、放大、减弱、增强等,可以对音频信号进行多种处理。最后,Praat 支持脚本编程,用户可以编写自己的脚本来批量处理音频文件,提高工作效率。

使用 Praat 进行音频分析可遵循以下步骤。

(1)打开 Praat 软件,点击"Open"按钮选择需要分析的音频文件。

(2)点击"View & Edit"菜单中的"Editor"打开音频编辑器,可以使用编辑器进行音频剪切、合并、调整音量等操作。

(3)点击"Analyze"菜单中的"Spectrum"打开频谱分析窗口,可以分析音频的频谱信息,包括基频、共振峰等。

(4)点击"Analyze"菜单中的"Pitch"打开基频分析窗口,可以分析音频的基频信息。

(5)点击"Analyze"菜单中的"Intensity"打开声强分析窗口,可以分析音频的声强信息。

(6)点击"Analyze"菜单中的"Formants"打开共振峰分析窗口,可以分析音频的共振峰信息。

(7)点击"Analyze"菜单中的"Pulses"打开脉冲分析窗口,可以分析音频的脉冲信息。

(8)点击"Analyze"菜单中的"Prosody"可以进行音高、音调等分析。

我们进一步以频谱分析和共振峰分析为例进行说明。

(1)点击"Analyze"菜单中的"Spectrum"打开频谱分析窗口。在频谱分析窗口中,可以调整分析参数,例如窗口长度、预加重、采样率等。

(2)点击"Analyze"菜单中的"Spectrum"下的"Show spectrogram"或者使用快捷键"Ctrl+T"显示频谱图。在频谱图中,可以通过鼠标拖拽来放大、缩小和选择分析区域。

(3)点击频谱图中的"Pitch"按钮,可以进行基频分析。

(4)如果需要进行共振峰分析,可以点击"Analyze"菜单中的"Formants"打开共振峰分析窗口。在窗口中,可以调整分析参数,例如最大频率、最小距离等。

(5)点击共振峰分析窗口中的"Get formants"按钮,即可进行共振峰分析。分析结果将显示在窗口的下方。

(6)如果需要对分析结果进行后续处理,例如保存结果、导出图片、生成报告等,可以点击右键使用 Praat 提供的相关功能。

使用 Praat 进行音频合成的步骤如下:

(1)打开 Praat 软件,点击"New"按钮创建一个新的声音对象。

(2)在声音对象中录制或导入需要合成的音频素材。

(3)在声音对象中选择需要合成的部分,例如一段语音或一个音素。

(4)点击"Synthesize"菜单中的"Add synthesis…"打开合成对话框。

(5)在合成对话框中选择合成参数,例如语音合成器、语音速度、音高、声音效果等。

(6)点击"OK"按钮开始合成音频。

(7)如果需要对合成结果进行后续处理,例如保存结果、导出音频、修改参数等,可以点击右键使用 Praat 提供的相关功能。

以上是使用 Praat 进行音频处理的一些常用方法和功能,具体的操作步骤和使用方法可以参考 Praat 官方网站上的帮助文档或者相关教程。同时,Praat 还提供了丰富的脚本编程接口,可以编写自定义的脚本来实现更高级的音频处理功能。Praat 的脚本编写须用其独特的编程语言。Praat 脚本的编写方法可以在官网或者其他教程网站中搜索。目前网络上已经存在了大量有着各类功能的脚本,读者可以按需搜索,并不需要每次都从空白开始编写。在 Praat 中运行预先写好的脚本非常简单,只需遵循以下步骤:

(1)打开 Praat 软件,并选择需要处理的音频文件或文本文件。

(2)在 Praat 主界面中,点击"Open script"按钮或者在"File"菜单中选择"Open script"来打开已经编写好的脚本文件。

(3)在脚本编辑窗口中查看脚本代码,并确保代码没有错误。

(4)点击脚本编辑窗口中的"Run"按钮来运行脚本。

(5)在运行过程中,可以查看运行结果和错误信息,并进行必要的调试和修改。

(6)运行完成后,可以在 Praat 主界面中查看处理结果,并将结果保存为需要的文件格式。

需要注意的是，不同的脚本可能会对 Praat 进行不同的操作，因此需要结合具体的处理需求和数据特点来选择合适的脚本，在运行脚本之前，需要确保代码正确。此外，在运行脚本之前最好先备份原始数据，以避免处理过程中数据损坏或丢失。

最后，附上一些有用的链接：

Praat 官方网站网址：https://www.fon.hum.uva.nl/praat/。

Praat 使用手册（manual）：https://www.fon.hum.uva.nl/praat/manual/Manual.html。

Praat 英文教程集锦：https://www.fon.hum.uva.nl/praat/manualsByOthers.html。

Praat 脚本集锦及入门：http://phonetics.linguistics.ucla.edu/facilities/acoustic/praat.html。

## 小　结

本章对于实验音系学的三个研究课题，即音系学共性、语音变迁和声调与语调的相互作用进行了介绍，并通过对一些实验进行详细描述的方式向读者介绍了实验音系学的一些常用研究方法，如类型学研究、听辨实验、声学分析及其与机器学习的结合。当然，实验音系学的研究范围颇为广泛，本章节所介绍的课题中还有其他细分部分值得研究。同时，随着科技的发展，实验手段本身也在不断增多且向前发展，开展跨学科研究的可能性也在不断增强。因此，本专题旨在向读者介绍实验音系学这一科学学科的广泛内涵，希望能引起各位读者的探究兴趣。更重要的是，我们希望向读者介绍实验音系学的研究思路，即尽量量化地提出假设或理论、收集数据并利用统计学使得对假设或理论的验证更为踏实可靠。

## 参考文献

[1] AKMAJIAN A, STEELE S M, WASOW T. The category AUX in universal grammar[J]. Linguistic inquiry, 1979, 10(1):1-64.

[2] BEDDOR P S, BRASHER A, NARAYAN C. Applying perceptual methods to the study of phonetic variation and sound change[M]. Oxford: Oxford University Press, 2007:127-143.

[3] CHAO Y R. Language and symbolic systems (Vol. 260)[M]. Cambridge: Cambridge University Press, 1968.

[4] CHOMSKY N, HALLE M. The sound pattern of English[M]. Cambridge: MIT Press, 1991.

[5] DEMOLIN D. Acoustic and aerodynamic characteristics of ejectives in Amharic[J]. The Journal of the Acoustical Society of America, 2004, 115(5):2610-2610.

[6] GANDOUR J, POTISUK S, DECHONGKIT S. Tonal coarticulation in Thai

[J]. Journal of Phonetics,1994,22(4):477-492.

[7] HASPELMATH M,DRYER M S,GIL D, et al. The world atlas of language structures[M]. Oxford: Oxford University Press,2005.

[8] KUNG C,CHWILLA D J, SCHRIEFERS H. The interaction of lexical tone, intonation and semantic context in on-line spoken word recognition: An ERP study on Cantonese Chinese[J]. Neuropsychologia,2014,53:293-309.

[9] LADEFOGED P, MADDIESON I. The Sounds of the World's Languages[M]. Oxford: Blackwells,1996.

[10] LINDBLOM B. Explaining phonetic variation: A sketch of the H&H theory[M]. Speech production and speech modelling,1990.

[11] LIU M,CHEN Y, SCHILLER N O. Online processing of tone and intonation in Mandarin: Evidence from ERPs[J]. Neuropsychologia,2016,91:307-317.

[12] MA J K,CIOCCA V, WHITEHILL T L. Effect of intonation on Cantonese lexical tones[J]. The Journal of the Acoustical Society of America,2006,120(6):3978-3987.

[13] MA J K Y,CIOCCA V, WHITEHILL T L. The perception of intonation questions and statements in Cantonese[J]. The Journal of the Acoustical Society of America,2011,129(2):1012-1023.

[14] MADDIESON I, PRECODA K. Updating upsid[J]. The Journal of the Acoustical Society of America,1989,86(S1):S19.

[15] MADDIESON I. Issues of phonological complexity: Statistical analysis of the relationship between syllable structures,segment inventories and tone contrasts[J]. UC Berkeley PhonLab Annual Report,2005.

[16] OHALA M, OHALA J. The problem of aspiration in Hindi phonetics[J]. Annual Bulletin,Research Institute of Logopedics and Phoniatrics,University of Tokyo,1972(6):39-46.

[17] OHALA M. Phonological Features of Hindi Stops[J]. South Asian Languages Analysis,1979(1):79-88.

[18] OHALA J J, JAEGER J J. Experimental phonology[M]. Orlando,FL: Academic Press,1986:239.

[19] OHALA J J. Experimental phonology[M]//Annual Meeting of the Berkeley Linguistics Society,1987:207-222.

[20] OHALA J J, OHALA M. The phonetics of nasal phonology: Theorems and data[M]. New York: Academic Press,1993:225-249.

[21] REN G Q,TANG Y Y,LI X Q, et al. Pre-attentive processing of Mandarin tone and intonation: Evidence from event-related potentials[M]. Functional brain mapping and the endeavor to understand the working brain,2013:695-108.

[22] SHOSTED R K. Correlating complexity: A typological approach[M]. Linguistic Typology 2006.

[23] STEVENS K N. The quantal nature of speech: Evidence from articulatory-acoustic data[M]. Human communication: A Unified View,1972:51-66.

[24] STEVENS K N. On the quantal nature of speech[J]. Journal of phonetics,1989,17(1):3-45.

[25] XU Y. Contextual tonal variations in Mandarin[J]. Journal of Phonetics,1997,25(1):61-83.

[26] XU Y. Transmitting tone and intonation simultaneously-the parallel encoding and target approximation (PENTA) model[C]//International Symposium on Tonal Aspects of Languages: With Emphasis on Tone Languages. Beijing,2004.

[27] YIP M. Tone[M]. Cambridge:Cambridge University Press,2002.

[28] YUAN J. Perception of intonation in Mandarin Chinese[J]. The Journal of the Acoustical Society of America,2011,130(6),4063-4069.

[29] ZHANG Y,SCHMIDT E,POST B. Perception of intonation on neutral tone in Mandarin[J]. Frontiers in Communication,2022:131.

（张艺馨　香港理工大学）

# 二 音素结合的融和程度及其表现[1]

现代汉语在音节上具有高融和程度的特点,高融和程度影响下的汉语语音具有一系列重要表现。融和程度具有发音学和听觉上的基础。从语音听感的角度,可以提出音素与音素结合时的融和程度问题。融和程度指语音组合在听感上"合而为一"的程度。一个语音组合,在听感上被知觉为感知单位的数目越少,则融和程度越高。音节是一种语音组合,因此也可以按音节融和程度的不同对语言的音节类型进行分类。

## 1. 问题的提出

音素与音素结合就形成了一定形式的语音组合。各种语音组合的听感效果是否会一样?

元音与元音结合形成复元音,辅音与辅音结合形成复辅音。它们在感知中是否会有相同的听觉印象?

答案应该是否定的。以复元音和复辅音来说,它们不仅在发音上差别明显,在听感上也大相径庭。林焘、王理嘉(1992)指出:"复辅音和复元音的性质很不相同。复元音里的VV是有机的组合,音质的变化是连续的;中间没有突然转变的界限。复辅音里的CC组合比较松散,各自有自己的发音过程,音质的变化是跳跃的,中间有突然转变的界限。"[2]音质的连续或跳跃,界限转变的突然与否,这既是对发音生理的说明,也是对听觉印象的描述。一般人的看法更为"直观"。穆紫、翟光(1997)写道:"复元音听起来像是一个音,而'复辅音'是两个或几个音。""(复辅音)只是顺次地'拼出',尚未达到'合而为一'的程度。""(复辅音)听觉上也能很明确很清楚地分辨出是一连串的声音,或者说我们感知的是'两个'或者'几个'声音的连续,绝不是'一个'。"[3]这里的说法更加直接,所谓"听起来像是""听觉上"能够"分辨",都是基于直观听感形成的印象,反映的是一般人对这两种语音组合的不同听感效果。

这些直观听感效果是值得重视的,它说明不同类型的语音组合的差异不仅存在于发

---

[1] 本专题内容来自冉启斌老师所著《汉语语音新探》(中国社会科学出版社,2012年)一书中的《音素结合的融合程度与汉语语音的若干重要表现》和《音节的语音融合类型及其表现》。如引用其中内容,请使用该书获取原文和出处信息。

[2] 林焘、王理嘉.语音学教程[M].北京:北京大学出版社,1992:99.

[3] 穆紫、翟光.复辅音刍议[J].齐齐哈尔大学学报(哲学社会科学版),1997(5):64.正是由于复辅音当中几个音素的结合不像复元音的结合那样紧密,"有人主张不用复辅音这名称,而称之为'辅音群'或'辅音丛'。"(林焘、王理嘉,1992:99)"辅音群"或"辅音丛"与英语的"consonant cluster"意义相当,有的研究者也称为"辅音连缀"。

音生理的一端，也表现在语音交际的另一端，即接受者的听觉感受上。而且，语音研究也应该适时解释一般人的语音听感现象，或者至少给予一定程度的关注。

从上述复元音和复辅音的情况看来，不同类型的语音组合的主观听感效果是不相同的。用听觉印象的话来说，复元音的组合在感觉上"合而为一"的程度高，整个序列显得浑然一体；而复辅音的组合却显得很松散，没有达到浑然一体的程度。实际上这种现象不仅仅出现在复元音和复辅音上，有些其他的语音组合也存在类似的表现。例如辅音与元音的组合 CV 和 VC 在一般人的直观听感中就存在很大的差异，CV 显得浑然一体，更像是一个单位；而 VC 却显得松散一些，没有达到"合而为一"的程度，更像是两个单位拼在一起。①

所谓"合而为一""浑然一体"都只是一种对主观听感印象的描述，那么怎样从科学的角度来说明这种现象呢？我们希望提出一个"融和程度"的概念，并以此为基础来对相关的一些现象进行探讨。VV、CV 听起来像是一个单位，是因为这种组合的融和程度高，所以在听感上觉得"合而为一"，浑然一体。而 VC、CC 等组合融和程度低，所以听起来松散跳跃，像是几个单位拼凑在一起。融和程度的不同造成了不同语音组合在听感效果上的差异。

## 2. 发音上的融和程度与听感上的融和程度

如上文所述，有的语音组合融和程度高，在听感上显得浑然一体；而有的语音组合融和程度低，在听感上像是几个单位拼凑在一起。从听感印象上来说，融和程度就是指语音组合在感知上浑然一体的程度。由此论之，我们可以认为，一个语音序列被知觉为感知单位的数目越少，则融和程度越高；被知觉为感知单位的数目越多，则融和程度越低。② 融和程度是从已知事实提出的一个概念，那么融和程度的基础和依据是什么呢？

语音知觉以人的发音器官发出的声波为感知对象，听感上的融和程度应该与发音生理有一定的关系，即也应该具有发音学上的基础。这里我们先讨论发音学上的融和程度，再对听感上的融和程度进行探讨。

### 2.1 发音上的融和程度

在一定意义上，人类语言的发音一般都有"省力"的倾向。齐夫（G. K. Zipf, 1949）提出的"最省劲规律"（the Law of Least Effort）、马丁内（A. Martinet, 1955）提出的"经济原则"（Principle of Economy）等，都是讲在语言的使用当中，一方面听者需要充分地接受信息，

---

① 关于这一点后面我们还要讨论。
② 感知单位与从发音角度区分出的单位不完全相同。例如音节常常是一个整体的感知单位，但是语音学家从发音学上分析起来，一个音节却常常含有多个单位。感知单位往往比实际的音质单位大，反映了自然听觉对语音序列切分的整体性特点。

而另一方面说者又想要尽量省力。从语音层面上来讲,"省力"就是避免困难的发音,向比较容易的发音靠近。省力与否不仅是对单个语音单位而言的,语音的组合序列在发音上也存在是否方便自然、是否省力的问题。语音组合是否方便自然与协同发音的程度有关。有的语音组合协同发音(co-articulation)程度较高,讲话时就比较省力;而有的语音组合协同发音程度较低,讲话时则比较费劲。① 那么怎样的语音组合发音时方便自然,协同发音程度比较高呢?

  这里以元音和辅音的组合为例对各自的协同发音程度进行讨论。需要说明的是,发音的省力与否与发音器官的自然状态有关。所谓发音器官的自然状态,是指器官在没有负担发音任务时自然表现出来的状态。一般情况下,人的嘴、舌等均为主动发音器官和被动发音器官两部分自然合在一起。除去非正常的腭咽闭合不全及唇裂等原因,人类发音器官的自然状态是闭合而非开放的。② 从这个角度说,一个音的发出,也就是从自然状态到目标状态的运动过程。元音(V)和辅音(C)的两两组合可以有四种形式:VC、CV、VV、CC。从自然状态到发出CV,口腔的动作的变化过程是从初始的关闭到终了的打开。自然的关闭状态正好可以作为辅音C的持阻阶段,而口腔的打开同时也就伴随着除阻阶段的完成。这样的发音是很自然的,同时也是省力的,因而协同发音程度比较高。VV组合的情况与此相似,这里虽然没有辅音的持阻与除阻,但是口腔仍然必须打开,否则无法发出元音来。所以,这里声道的打开虽然是一种额外但却必须的阶段。实际上CV与VV在发音过程上是相同的,都是由自然状态的"关"到目标状态的"开"。VC组合的发音情况与这两种组合不同,它前面的V也必须经历额外的关—开的阶段,但是其后C的成阻与持阻又要求声道关闭,到最后的除阻段声道又需要打开,这样实际上经历了关—开—关—开的往复过程。CC虽然多出一个辅音,但是发音过程却与VC相同,同样需要经历关—开—关—开的过程。因此辅音与元音形成的四种组合,若从发音省力的角度划分则只有两类,即协同程度较高的一类CV和VV,和协同程度较低的一类VC和CC。

  协同发音的程度也可以称为发音上的融和程度,因为它们都指发音时器官的相互协调配合作用。值得注意的是,从生理上协同发音程度的不同分出的两类语音组合,即高融和程度的CV、VV与低融和程度的VC、CC,与从听觉上融和程度分出的两类语音组合(CV、VV/VC、CC)正好相同。这表明发音生理与听觉上的融和程度是对应一致的。③

---

 ① 语音的声学分析中"协同发音"(co-articulation)常常指语音单位之间相互影响、从而使某些声学表现发生改变的现象。这里"协同发音"程度的高低是指发音时生理器官能够相互协调的程度。

 ② 最近朱晓农先生(2004、2005)提到发音器官的"发音初始状态"(default articulatory configuration)这一概念,这时发出的音是最自然、最无标记的。本文所说的发音器官的"自然状态"与"发音初始状态"大致相同。朱晓农指出调音的初始状态是"嘴唇微开或微闭、舌位适中,发出的音为央元音ə"。(朱晓农2005:3)这一看法与本文下面的讨论本质上没有矛盾。不过我们需要理解的是,朱先生提出的调音初始状态主要是对元音而言的。对于辅音,我们以为其发音初始状态为发音器官两部分自然闭合在一起。

 ③ 实际上这与语音听觉所依赖的气流延续或中断的情况有关,详见下文。

## 2.2 听感上的融和程度

用听感印象的话来说,融和程度就是指语音组合在听感上合而为一、浑然一体的程度。一个语音组合,若从音质上听起来是连续、有机的整体,则其融和程度高;一个语音组合,若从音质上听起来松散,有跳跃和界限,则其融和程度低。从这个角度进行考虑,一个语音序列的融和程度越高,则它被知觉为感知单位的数目将越少;融和程度越低,则它被知觉为感知单位的数目将越多。

语音听感上的融和程度属于一种感知心理现象,感知心理的现象本身不容易定义。例如音节,虽然平常人甚至儿童都能够很容易地从听觉上进行判断,且不少言语行为客观上都为音节的存在提供了大量证据,但是"如何给音节下一个比较准确的定义,如何科学地说明音节的实质,以及如何确定音节之间的界限,却一直是语音学中最难解决的问题之一。"[1]音节虽然很难定义,但是能够容易地从听觉感知上进行判断,因此有人提出音节更多是一种心理现象,是一个神经程序单位。[2][3] 我们以为正是由于音节的这种心理特性,使科学地说明音节的实质变得十分困难。正和音节的特性一样,融和程度本质上也属于一种听觉心理现象,怎样对融和程度进行更加科学的说明和定义,都还需要进一步探讨和研究。[4]

不过我们以为如果能够找到融和程度的基础和依据,对于确认融和程度的存在、更好地认识融和程度这一现象也是很有益的。为什么这样的语音组合容易被认为是一个单位,而别的语音组合容易被认为是几个单位?听觉上判断一个语音序列融和程度高低所依赖的基础是什么?换言之,我们是凭什么判断出这样的语音序列融和程度高,而那样的语音序列融和程度低呢?这种判断是以哪一种因素为依据得出的?

我们以为这都与语音组合的气流状况密切相关。以 CV 和 VC 为例,发 CV 组合时,声道初始的闭合状态正好可以作为辅音 C 的闭塞阶段,C 除阻后元音 V 随即跟上,并持续发音。在 CV 组合中气流在 C 除阻之后是一直延续的。而 VC 的情况却有所不同,VC 中

---

[1] 林焘、王理嘉.语音学教程[M].北京:北京大学出版社,1992:90.林焘、王理嘉对这一问题还有更多的说明:"音节是听觉上最容易分辨的音段。""音节可以直接凭听觉来划分,并不需要专门的语音学知识。""音节虽然是我们直觉上最容易划分出来的最小语音单位,但是至今还没有能对音节的特性做出令人满意的科学解释。"

[2] 戴维·克里斯特尔(David Crystal).剑桥语言百科全书[M].任明,等译.北京:中国社会科学出版社,1995:263.

[3] 特拉斯克(R.L.Trask).语音学和音系学词典[M].北京:语文出版社,2000:255.

[4] 直觉感观的现象常常很难给出确切的原因。复元音在我们听起来中间没有明显的界限,而复辅音听起来有明显的界限,这是主观听感直觉感受到的。视觉现象也是如此,例如水与乳的混合物看起来像是一种物体,而水与油的混合物看起来却像是两种物体,也是视觉上的一种直观判断。我们以为这主要与感官上能否觉察出它们是否有明显的界限有关。两种事物的结合,如果能够感觉到它们中间有明显的界限,便容易判断为两种事物,而如果感觉不到明显的界限,便容易判断为一种事物。后面我们从气流的中断与否来讨论融和程度的基础,也是想指出听觉上的界限问题。详下文。

前面的元音 V 随着声道的打开进行发音，其后辅音 C 的成阻段、持阻段要求声道逐渐关闭，而到了除阻段则需要声道再次打开，实际上该语音组合当中由于 C 具有闭塞段，所以整个气流出现了一次间隙。VV 与 CV、VC 与 CC 虽然组合要素不同，但气流状况分别相同。前面两种组合的气流都没有出现间隙，而后面两种组合的气流则都出现了一次间隙。

讨论气流状况有什么意义呢？语音组合的气流状况虽然属于发音学上的问题，却与人的听觉密切相关。因为连续的气流意味着声音是一直持续的，而气流出现间隙则意味着声音的中断。显然，一个连贯的声音更像一个声音，而中间出现中断的声音更像两个声音。CV、VV 都是没有中断的声音，所以更容易判断为一个音；而 VC、CC 都是有一次中断的声音，所以更容易判断为两个音。

从这里可以看出，气流的连贯与否对我们将一个语音序列判断为几个感知单位具有直接的作用。一个语音组合，若其气流没有出现间隙，则表明声音是一直延续的，自然容易作为一个单位感知。而一个语音序列的气流中间若出现了一次中断，则这个序列的声音在实际上被分割为两段，自然容易被感知为两个单位。由此论之，一种语音组合气流中断的次数越多，则容易被感知到的单位就越多。气流的中断与否是引起我们在听觉上将一个语音序列判断为几个音的直接原因。

上述情形实际上可以概括为一条"辅音数量"的规则。辅音能够引起气流的中断，一个语音序列中辅音的数量越多，则气流中断的次数将越多，那么该语音序列被知觉为感知单位的数目也将越多。简而言之，语音序列当中辅音数目的多少与融和程度密切相关。辅音越多，则被知觉为感知单位的数目将越多，融和程度越低；辅音越少，则被知觉为感知单位的数目将越少，融和程度越高。

应当说明的是，以上讨论发音上的融和程度以及从气流状况来分析听觉上的融和程度，都主要是从最能体现辅音典型特征的一类音——即爆发音的角度出发的。辅音中的塞擦音与爆发音有很大的相似性，它们都具有明显的成阻、持阻与除阻阶段，与元音的组合形式 VV、CV、VC、CC 等在融和程度上与爆发音的机制和表现都是相同的。塞擦音位于别的语音之后也意味着气流的中断，也会降低该序列的融和程度。辅音中的擦音，与元音的组合形式在融和程度上与爆发音的情况也具有一致性，不过机制则有所差异。擦音没有典型的闭塞段，但是它的气流状况却与前后的元音或辅音不同，这种前后音素气流状况的明显改变造成了听感上的界限。[1] 从辅音的类别上说，爆发音、擦音、塞擦音属于所谓阻塞音（obstruent），也都是辅音特征更为明显的音。[2][3][4] 这些辅音特征更为明显的音若在语音组合中出现，则会降低该序列的融和程度。

---

[1] 擦音的情况比较特殊，不过仍然能够在一定程度上从气流状况的差异方面找到原因。因篇幅所限，笔者拟另文讨论。

[2] 哈特曼(R. R. K. Hartmann)，斯托克(F. C. Stork). 语言与语言学词典[M]. 黄长著，等译. 上海：上海辞书出版社，1981：239.

[3] 戴维·克里斯特尔(David Crystal). 现代语言学词典[M]. 沈家煊，译. 北京：商务印书馆，2000：247.

[4] 特拉斯克(R. L. Trask). 语音学和音系学词典[M]. 北京：语文出版社，2000：181.

以上的情形可以简单地概括为一条"辅音位置"规则,即在一个语音序列中,若辅音位置居后则会降低该语音序列的融和度。若以 Mel(meltability)表示融和度,X 表示任意音素,则可表示为:

(1) Mel:XV＞XC

鼻音、边音、半元音等一般也归入辅音之中,不过在发音上和声学上都与阻塞音有一定差别。这些音与别的语音进行组合时的融和程度,往往因不同的语言或组合的具体情况而异,难以简单地划一条融和程度高或低的界限,下文对具体语言的分析中会涉及这一点。①

## 3. 汉语音节的高融和程度倾向

我们认为,汉语实际上属于音节融和型语言,其音节构成几乎都是高融和程度的语音组合。汉语普通话没有复辅音,在音节末尾也只有鼻音[-n]和[-ŋ]可以出现。如果用 N 表示鼻音,则普通话的音节结构形式可以表示为[$C_0P$](N)。这个形式与日语的音节形式大致相同,其融和程度是比较高的。② 从音节融和程度的类型来说,普通话也具有比较典型的音节融和特点,它基本上都符合[$C_0P$]的形式。汉语方言的情况虽然略有不同,不过我们以为从融和程度的性质上来看与普通话并无本质上的差异。事实上,从种种情况看来我们有理由相信高融和程度正是汉语音节一种重要的内在特征。

正是因为汉语音节具有高融和程度的特点,且这种高融和程度反过来会对汉语音节产生影响,所以汉语语音具备很多重要特点。我们在《音节的语音融和类型及其表现》一文中已经指出了由于融和程度不同造成的一系列现象,包括英语与汉语鼻音韵尾的差异、汉语方言中塞音韵尾的不爆破特征、汉语中英语音译词及中国人英语发音偏误中的加音减音现象等。我们认为以下一些方面还可以为汉语语音高融和程度倾向提供更富于说服

---

① 这一类音的情况比较复杂,有的研究者认为它们是处于辅音和元音之间的一类音,例如霍凯特(1986:85,109):"鼻音或鼻连续音不是纯粹的辅性音,而是介于辅性音和元性音之间的一类音。"有的语言里"鼻音和流音(语音上像英语/m n ŋ r l/)实际上是半元音而不是辅音。"我们以为,同一个[an],在有的语言中可能融和程度较高,而在有的语言中可能融和程度较低。后文在对比英语和汉语的差异时要谈到这一点(这实际上是不同语言融和程度的不同反过来对该语言语音特征造成的影响,详后文)。这一类语音组合的融和程度实际上有因语言而异的特点,反映了它们在语音分类上的骑墙性质。笔者拟在另一篇文章中详细讨论有关擦音和鼻音、边音等的融和程度问题。

② 日语有鼻音韵尾,不过有的研究者仍然认为日语的音节都为开音节(戚雨村等 1993:51)。实际上,汉语普通话音节核心形式[$C_0P$]之后的 N 有其自身的特点,与融和程度较低语言如英语中作韵尾(coda)的 N 有较大的差别,常常并不是一个完整的鼻辅音。汉语鼻音韵尾的特点在王力先生的《汉语讲话》和徐世荣(1980)中都有叙述,他们指出汉语鼻音韵尾具有比较明显的弱化特点。其后许毅(1986)、王志洁(1997)更通过实验证实汉语鼻音韵尾并非纯鼻音。王志洁(1997)在音系分析上认为汉语音节末尾的鼻音不同于英语的韵尾(coda),而是紧贴在核元音之后的滑音。有关情况参拙文《汉语鼻音韵尾的特性及多角度研究》。

力的详细证据。

## 3.1　汉语音节的紧密程度与向心作用

　　音节的高融和程度与音节内部音素之间是否具有某种联系？答案是肯定的。音节的高融和程度反过来会对音节内部的各个音素产生影响。这主要表现在音节内部各音素结合时的特性上。按照设想,音节的高融和程度会使音节内部的各音素向音节核心靠拢,音素之间的相互结合会更加紧密。汉语音节的表现正是如此。汉语音节当中的韵母部分一般都是一个难以分割的整体部分。徐世荣(1980)指出,汉语复合元音的构成音素"结合得相当紧密",它们不同于几个音素的简单相加,而是具有新的语音特点,以至于"在大家口里、耳中的感觉简直和单元音是同等的,几乎把它当作一个语音单位了"。① 在语音应用技术中,复合元音也常常被作为一个音子来处理。朱维彬、张家騄(1999)写道:"从辨音过程来说,言语感知实验证实了,人们对汉语的感知过程是把复韵母作为一个感知单位对待的;从物理特征来说,复合韵母对应的音段无论是从时域的语音声压波形还是从频域的语图来看,从一个音位到下一个音位,是一个渐变的过程,没有突变,也就是没有明显的界限将复合韵母的音位分开。"②汉语传统的注音方法"反切",以反切上字表示被切字的声母,反切下字表示被切字的韵母和声调,这种方法也是将整个韵母作为一个整体,韵母内部的音素则一般不再细分。我们以为这一方面反映了讲汉语者的某些感知特性,另一方面也反映了汉语的韵母结合比较紧密、不太容易分割的特点。

　　音节融和型语言使音节内部的各音素向音节核心靠拢,从音节的角度来看实际上也就是音节核心对核外的音素具有很强的吸引力,即这种音节形式内部具有较强的向心作用。非常巧合的是,不少研究汉语的学者凭借敏锐的洞察力指出了这一现象。马学良等(1997)在谈到不同语言"音丛"的差异时提出:"不同语言的音丛常常具有不同的结构特征,以汉藏语言研究来说,音丛称为音组,都是一种向心结构。"③徐通锵(2003)认为汉语的音节具有音义关联的特点,他由此指出汉语音节"最重要的就是它对外的封闭性,离散性和对内的凝聚性"。他说,"对外的封闭性、离散性是就音节之间的关系来说的",而对内的凝聚性是就音节内部而言的,"即音节中各个音素化合为一个难以分割的'音块',内向于韵腹元音,以至于在凝聚中磨损了各音素的'个性'和相互拼读连接的痕迹"④。我们以为,这些学者的看法都是对汉语音节高融和程度特点的最好说明。他们虽然没有提出融和程度的概念,但是他们所提出的这些深入的看法正好与融和程度若合符契。

　　从语音的细微特性上也能看到高融和程度对汉藏语言语音的影响。瞿霭堂、劲松(2000)指出:"塞擦音在汉藏语言中是一个音而不是两个音,这与欧洲一些语言中的塞擦

---

　　① 徐世荣.普通话语音知识[M].北京:文字改革出版社,1980:57.
　　② 朱维彬,张家騄.汉语语音资料库的语音学标记及人工切分[J].声学学报,1999(3):227.这里所说的复合韵母,上文提到的徐世荣有关复合元音的论述,其中复合韵母实际上都包含鼻尾韵母。
　　③ 马学良,等.普通语言学[M].北京:中央民族大学出版社,1997:84.
　　④ 徐通锵.音节的音义关联和汉语的变音[J].语文研究,2003(3):1-2.

音无论从自然属性还是功能属性上看都是不一样的。"他们仔细论述说:"从自然属性来说,汉藏语言的塞擦音破裂减弱(气压小)、摩擦缩短、音时与单音相等;从功能属性来说,在使用汉藏语言的人的心理上,汉藏语言的塞擦音是一个音的感知,如汉藏语言中很多语言的复辅音声母早已简化成单辅音声母,但保留塞擦音,如汉语;有的语言如藏语有大量的复辅音声母,但在创造文字时,塞擦音是一个字母,而不像其他复辅音都使用字母组合来表示。从语音的配列来看,藏语安多方言牧区土语中有 cç、ɟʝ 这类塞擦音,但语音系统中却没有 c、ç、ʝ 这些音位。这同样说明塞擦音在汉藏语言中是一个音的感知,不是两个音的复合。再从动态变化的角度来看,无论在共时的连读变化还是在历时的发展变化中,塞擦音都不能像欧洲一些语言的塞擦音那样分拆成两个音。由此可见,汉藏语言的塞擦音是一种发音时没有间歇、感知上不能分析、连读中不能分开、系统中不存在相应的独立音素和复合条件、发展中不能分拆的一个音。"①这些叙述恐怕不能简单地用偶然巧合来解释,相反在我们看来,相关现象与汉语音节内的高融和程度都具有紧密关系,是高融和程度影响音节内音素特性很好的注脚。

## 3.2 汉语语音实验的有关发现

上文我们已经谈到,融和程度与音节结构有关,而反过来讲,不同的融和程度类型又会对具体的语音特性产生影响。非常有说明意义的是,一些实验结果提供了可靠而有趣的证据,这显示不同的融合程度所造成的影响在客观的发音和声学特征上也有较为明显的表现。前文我们曾提到汉语鼻音韵尾与英语鼻音韵尾的区别,许毅(1986)、王志洁(1997)都通过实验证实了二者的差异。王志洁测量了口、鼻气流的对比量,发现汉语鼻音韵尾在"鼻音度"上明显低于英语鼻音韵尾。对于汉语的复合韵母,从事语音技术处理的研究者也指出:"张家騄采用心理物理实验,……通过更深入的语音学分析,进一步指出汉语的十一个复合韵母……可以看作为和十个单元音……一样都是单独的语言单位。"②

音节内部的高融和度使得整个音节浑然、紧凑,形成一个紧密的整体,这也使得每个音节似乎具有大致相当的长度。这一点在汉语中表现得尤为明显。

起初,冯隆在研究北京话语流中声韵调的时长时发现单韵母的音节长度大致相等,他认为单元音韵母的时长对声母时长有补偿关系。其后石锋(1990)也发现了相同的现象:"北京话的单韵母音节有时长基本一致的特点。"石锋等后来的研究(石锋、廖荣蓉1986,石锋1995)进一步发现汉语音节定长不仅限于单韵母音节,复韵母音节也具有这一特点。这使得汉语和英语在音节长度上存在着很大的差别。他们认为:"音节全长中,音节调长、送气时长以及闭塞时长三者之间的调节补偿作用,使得汉语音节的长度不致相差过大,这一点与英语不同,可以作为汉语语音内部一个有规律的现象。"石锋认为造成定长的原因是"人们在发音中自然地保持整齐平衡,对于每一个音节的发音也就表现出时长大体上相等

---

① 瞿霭堂,劲松.汉藏语言研究的理论和方法[J].语言研究,2000(2):8.
② 徐彦君,等.汉语听觉视觉双模态数据库CAVSR1.0[J].声学学报,2000(1):44-45.

的趋势。"端木三(1990)更提出,现代汉语,包括所有方言,其音节的长度都是固定的。

从本质上讲,汉语的音节定长不是说每个音节具有完全相等的时长数值,它显示的是汉语每个音节长度在讲汉语者的心理上是等值的。这本质上是一种心理现象,声学时长大致相等的趋势只是对这种现象的反映。这一点和人们对汉字的感觉相似。一个汉字,无论其有无偏旁、笔画多寡,它们在阅读者的心理视觉空间上是同等的,它们都是一个"汉字"。同样地,汉语中一个音节,无论其包含多少音素,它们在感知者的心理上也具有同等的大小。

更有说明意义的是普通话协同发音研究中的一些细微发现。汉语作为高融和程度的语言,其音节向心作用更强,整个音节的结合会更加紧凑,这是我们的一种推论。而汉语语音的声学分析也得到了相同的看法。Chen Xiaoxia(1989)通过声学实验考察普通话两音节中边音与元音的协同调音作用,她指出"在汉语中,CV 式结构比 VC 式结构结合得更紧密。"并认为"这正是汉语的特点。"吴宗济、孙国华(1989)从声学角度分析普通话 CVCV 结构中不送气塞音的协同发音作用,他们也指出汉语普通话中 CV 的结合更加紧密。这些结论的得出并非偶然,而是从不同角度说明了汉语音节高融和程度的特点。

### 3.3 汉语音节类型的历时演化

汉语的音节结构在历时上经历了不同的形式。一般认为上古时期音节结构比较复杂,不仅音节末尾可以存在辅音韵尾,声母部分还可以允许有复辅音出现。郑张尚芳(1999)指出:"虽然还有少数人怀疑,但古汉语存在复辅音声母也已成了共识。"上古汉语的音节结构最复杂的形式可以是 $CC[C_0P]C$,[①]即在音节的核心形式之前可以出现两个辅音,之后可以出现一个辅音。有的学者把声调用韵尾来表示(如李方桂先生),则上古音节在核心形式之后可以出现两个辅音。[②] 从这种情况来看,汉语音节结构从上古到中古时期发生了较大程度的简化。这种简化主要表现为复辅音的消失,声母部分只有一个辅音;韵尾也只有 -m、-n、-ŋ、-p、-t、-k 等几种固定格式。如按上古音节的表述形式,中古时期最复杂的音节结构可以表示为 $[C_0P]C$。现代汉语普通话的音节结构与中古时期相比没有太大的差异,只是韵尾进一步简化,除了 -n 和 -ŋ 仍然可以作韵尾之外,阻塞辅音韵尾已经完全消失。普通话最复杂的音节形式可以表示为 $[C_0P]N$。

显而易见的是,汉语音节形式在历时发展中发生了很大程度的简化,在融和程度上也发生了一系列的调整。上古时期不但有复辅音的存在,而且也允许在音节核心形式之后出现阻塞辅音,此时汉语的融和程度是比较低的。发展到中古时期,复辅音消失,韵尾在很大程度上减少,音节形式变为 $[C_0P]C$,此时汉语的融和程度已经比较高了。到现代,汉

---

① 上古汉语的音节结构有不同的描述方法,如丁邦新(1979)描写为(C)C(C)(S)(S)VC(S 为半元音),马学良(1999)描写为(P)C(S)(m)V(f)等(P 为前置辅音,S 为后垫辅音,m 为介音,f 为韵尾)。二者虽然形式不同,但结构和包含的音素基本相同,均为声母部分可有三个辅音,其后为介音、主要元音和韵尾。这里我们按融和程度的情况把介音和主要元音合在一起,简化为 CCCPC。

② 有的学者还提出上古汉语入声韵的其有复韵尾,如李新魁(1991)。

语普通话则进一步简化,变为融和程度几乎最高的[C₀P](N)形式。从这种演变中可以比较明显地观察到一条线索,即汉语音节的融和程度不断从较低形式向较高形式发展。

现代汉语有的方言仍然保留塞音韵尾,不过由于这些塞音韵尾只闭不破,在除阻之后没有气流产生,实际上音节形式的融和程度仍然是很高的。徐通锵(2003)也指出正是由于汉语音节对外的封闭性和离散性特点,所以韵尾塞音"只能只闭不破,以保证音节的封闭性"。不过有意味的是,不少研究中仍然有塞音韵尾呈现消失趋势的报告。有塞音韵尾的方言区如赣方言、吴方言、粤方言、闽方言等都有这种现象。例如赣方言,它的塞音韵尾本身已经不全,并且在年轻人中还出现了混同现象(《汉语方言概要》)。吴方言只保留了喉塞音,且喉塞音也并不稳定(许宝华,1998a、1998b)。即使是保存塞音韵尾比较全面的粤方言,也发生了不同程度的削弱现象(参阅黄家教,1984;陈晓锦,2001等)。闽方言厦门话"虽保留-p、-t、-k 三个塞音韵尾,但据罗常培先生研究,存在着向-ʔ 转化的倾向"(马学良、戴庆厦,1989)。实际上,塞音韵尾的消失通常被看作汉语语音发展的一种总体趋势。[①]

与塞音韵尾相似,不少研究者提出汉语鼻音韵尾也处于逐渐消失的过程之中。这方面的论述很多,如陈渊泉(1972、1973、1975)、张琨(1982、1983)、陈其光(1991)、郑林丽(2001)等。拙文《汉语鼻音韵尾的消变及相关问题》(冉启斌 2005)对此有大致总结,这里不赘述。[②] 按这样的看法,汉语音节似乎会最终向着开音节[C₀P]的形式,即融和程度最高的形式发展。当然这还只是一种推测,不过从历史上已发生的变化来看,汉语音节类型从低融和程度向高融和程度发展的线索还是比较清楚的。

关于一种语言在一定历史时期演变的总体状况,有的观点认为演变是有一定的目的性的。美国历史语言学家马尔基耶尔(Yakov Malkiel)就持这种观点,他认为雅柯布森(Roman Jacobson)也观察到了这一点。他说:"(雅柯布森)看到、感觉到语言社会或许是潜意识地向着某种目的或目标前进的。这是一种有方向的目标,而不是盲目的。"这种语言演变在一定时期具有某种方向性的看法,实际上可以追溯到萨丕尔(Sapir)。萨丕尔在《语言论》中指出(1985):"每一个词、每一个语法成分、每一种说法、每一种声音和重音,都是一个慢慢变化着的结构,由看不见的、不以人意为转移的沿流(drift)模铸着,这正是语言的生命。无可争辩,这沿流有一定的方向。"[③]据此来看,高融和度倾向正是汉语语音历时演变中具有的某种方向性,是汉语语音演变中的内在沿流。

上面我们从共时和历时的角度考察了汉语音节的一些表现,发现汉语音节在结构组成、音节内部特性等方面的高融和程度倾向是比较明显的。我们以为这应该是汉语语音

---

[①] 如郑张尚芳(1990):"入声发展的总趋势是逐步走向消亡,随着不同塞尾的归并、弱化、消失逐渐并入舒声。"李如龙(1999):"塞音韵尾的消变是近代以来汉语方言音变的主要流向,但具体途径又多有区别。"

[②] 有不少学者认为整个汉藏语系语言的辅音韵尾(包括塞音韵尾和鼻音韵尾)都有消变的趋势,如陈其光《苗瑶语入声的发展》(1979)、马学良、戴庆厦《藏缅语族辅音韵尾的发展》(1989)、李敬忠《试论汉藏语系辅音韵尾的消失趋势》(1989)、陈康《彝缅语塞音尾演变轨迹》(1993)等。相关叙述较多,兹不烦列。

[③] 萨丕尔.语言论[M].北京:商务印书馆,1985:154.

的一种内在特征。透过融和程度这一视角,汉语的很多语音特性呈现出内在的相通之处,可以将不少看似独立的现象贯串起来。我们希望这一视角对于进一步了解汉语语音特性有所助益。

## 4. 汉语、英语语音在融和程度上的差异

英语和汉语在很多方面都表现出类型上的差异,二者在音节的融和程度上也代表着不同的类型。本节我们将汉语和英语进行对照,考察它们因不同的融和程度所造成的语音特性差异,实际上也是对汉语高融和程度表现的进一步补充。

汉语和英语在音节上属于融和程度不同的语言。译音词是以一种语言的语音直接表示另一种语言的语音,二语习得中的语音偏误是母语与外语语音直接接触的结果,这对于考察两种语言的语音差异是很有意义的。

用汉语语音对译英语语词经常发生的现象就是音段数目不对等,如罗杰瑞(1995)所举 Nixon 译为尼克松,实际上在[k]后增加了[ə]。Jones 译成琼斯,尾辅音后加上了舌尖元音[ɿ],Swift 译为斯威夫特,则是加上了 3 个元音,等等。音段数目的增加往往会导致音节数目的增加。增加音段的方式基本上都是在辅音之后加元音。英汉音译中有时也会出现音段数目的减少。如将 David 译成戴维,词尾[d]丢失,Victoria 译成维多利亚,中间[k]丢失,等等。但减少音段常常不一定减少音节。

第二语言的习得也反映出英语和汉语在融和程度上的差异。桂灿昆(1979)谈到初学英语的人往往把 that,bed,book 念为['zætə],['bedə],['bukə],发生加音现象。说汉语的人常常不自觉地在辅音与辅音之间加进一个元音,把 desks 读成[desikəs],把一个音节的单词读成了 4 个音节。何善芬(1987)指出了汉语学生学习英语时经常出现的语音问题,其中两点是"辅音连缀困难""加音和吞音现象严重"。这实际上和译音词的情况相似,加音常常是在辅音中间或后面增加元音。与减音现象相比,加音现象往往更容易发生。

音段数目的增加和减少往往呈现这样的情况:增加的音段一般都是元音,而减少的音段则是辅音,且增音、减音发生的位置总是在 VC、CC 这样的结构上。

一般认为,母语为汉语的英语学习者之所以出现上述的语音问题,是因为汉语语音中没有如英语音节那样的辅音连缀,也没有除-n、-ŋ 之外的辅音韵尾。的确,母语的语音系统会在外语学习中产生负向迁移。不过从融和程度的角度看,所谓加音和吞音,其实质无非是为了使融和程度低的英语音节变成融和程度高的汉语音节。因为加音总是将元音加在基本形式[$(C_0)P$]以外的辅音之后,形成一个新的 CV 结构;吞音则往往将基本形式之外的辅音吞掉,避免低融和程度的 CC 或 VC 结构出现。

加音和吞音在母语为汉语的英语学习者中不是个别情况,而是一种普遍现象。VC、CC 这样的语音结合体在英语中可以是一个音节,但是讲汉语的人往往通过增加元音使它们变成多个音节。从表面上看这是因为汉语没有相类的音节形式和它对应,它只能将对象改造为符合自身形式的结构。但是这也说明,讲汉语的人在语音感知上具有一种高融

和程度的需求。它能够对高融和程度的语音形式进行很好的感知,而当低融和程度的语音形式进入感知系统时,它总要被向着高融和程度调整。

## 4.1 汉语、英语音节之间的不同关系

汉语是高融和程度的语言,从音节内部来看,音节核心对核外的音素具有较强的吸引力;而从音节与音节之间来看,由于各个音节内部吸引力较强,音节之间的独立性则相对较大。单个音节内部紧密程度很高,而音节与音节之间离散程度却较大,这是由融和程度生发的同一个问题的两个方面。下面以汉语和英语为例来考察二者在音节之间关系上的不同表现。

音节内部的高融和程度会导致音节之间的高离散程度,这可以从两个方面来进行说明。

首先,组词时音素在音节中的归属可能不同。在英语中,由于向心作用不强,组词时几个音素形成结合,其中的某个音素可能属于一个[$C_0P$],也可能属于另一个[$C_0P$]。如 graph[græf],音素[f]属音节核心[ræ]的后接外围成分;而在 graphy[græfi]中,音素[f]则属音节核心[fi]中的基本辅音了。和英语相反,汉语音节之间由于离散程度较大,音节中某个音素总是和一定的[$C_0P$]联系在一起。如道义[tau$^{51}$ i$^{51}$]一类的序列,其中的音素 u 不会因后接 i 的出现而转属于后一个[$C_0P$]。汉语中音节之间的这种离散作用是很强的。[①]

其次,音节内部融和程度的不同导致了连读中的不同表现。在连续的英语语流中,属于不同音节的音素常常临时组合在一起,形成连读。如桂灿昆(1978)所举,"There is an old man."读起来是[ðeriz ən 'old 'mæn],但是汉语学生由于本族语的影响往往把每个音都发得清楚准确,上述句子被念成了['ðɛr-'iz-'æn-'old-'mæn]。桂灿昆把汉语形容为音乐中的断奏音(staccato),把英语形容为连奏音(legato)。我们以为汉语不能连读正是因为每个音节内部融和程度太强,使其中的音素牢牢地和与之对应的[$C_0P$]相连;而英语因为音节内部离散程度较高,外围音素往往逃脱音节内的束缚和其他音素结合,形成新的[$C_0P$]。它产生的后果是英语中"音节划分有时超越词素甚至词的界线,词或词素前后音节的界线还会发生变化。"[②]

对于汉语中为何没有连读现象,研究者们给出了很多解释。一般认为汉语音节的起首即使是零声母,也有[ʔ][ɣ][ŋ]等辅音性成分,阻止了前一音节的韵尾与后一音节的起首

---

① 这里只举普通话的情况,汉语方言中有塞音韵尾的音节,前一个音节末尾的塞音也不会与后一个音节起首的元音相拼。赵元任(1935)就指出:"假如后头有元音起头的字接连起来就有刚刚一点闭喉作用,阻止它跟下字的元音相连。比方广州'乞儿'[hat(ʔ)i],从来不读[hati]。"

② 张立玉.英语与汉语在语音结构方面的异同[J].中南民族学院学报(哲学社会科学版),1995(4):105.

相拼。①②③ 这些解释是很有意义的，不过，指出后一音节总有辅音性成分似乎仍然只是现象的说明。为何汉语中音节起首总要有辅音性成分，而别的语言没有？最近徐通锵先生(2003)指出汉语不发生连读现象是由于汉语音节具有对外的封闭性、离散性的特点，在语流中不允许连音，以避免发生音节界限的混淆。④ 我们以为徐先生的意见是很有道理的。由于汉语音节具有很高的融和程度，音节之内的音素受到很强的向心作用，不允许向音节之外脱离，从而造成音节之间很高的独立性。这样解释仍然有一点抽象，高融和程度具体是怎样影响到客观的发音特点的呢？我们以为这与讲话者的心理意识有关。汉语属于高融和程度的语言，讲汉语的人实际上具有一种高融和程度的心理意识。⑤ 正是这种高融和程度的心理意识，使得讲话人在说话时自然将每一个音节发得紧凑、"浑然一体"，从而使音节之间相互独立。如果从最低的层面来讲，也可以说是高融和程度心理意识导致的一种发音习惯。语音是说话人发出的，讲汉语的人由于高融和程度心理意识的影响而习惯于将每个音节发得紧凑独立，从而不会发生前后音节的连读。汉语零声母音节起首的辅音性成分不是不连读的根本原因，而只是为了达到音节之间相互独立而采取的一种手段。

## 4.2 汉语、英语接触中的不同表现

从语言接触中各种语言的不同表现来观察语言各自的特点，并比较它们的异同是一个很好的角度。下面从这一角度对英语、汉语融和程度的差异进行分析。

汉语和英语的语音系统中都有复合元音存在，但由于其融和度不同，它们的表现具有很大的差异。英语音节融和度低，音素的结合往往不像汉语那么浑然一体，而是相互离散。外语学习者带有母语特征的不地道发音清楚地显示了这一点。周流溪(2000)指出，英语复元音比汉语复元音在发音上更"紧"一些。这个"紧"是从发音学上说的，属于肌肉力量上的"紧"(force)，而不是"紧凑"的"紧"，也即其中的每个音素更"完整"一些。中国学生往往将英语的sway[swei]、Guy[gai]发得跟汉语的"岁""盖"一样。如果实在要类比的

---

① 赵元任.汉语口语语法[M].北京:商务印书馆,1979:17.
② 董少文.语音常识[M].北京:文化教育出版社,1955:61-62.
③ Duanmu S. A formal study of syllable,tone,stress and domain in Chinese Languages[D]. Boston: MIT,1990.
④ 徐通锵.音节的音义关联和汉语的变音[J].语文研究,2003(3):1.
⑤ 讲汉语的人的高融和程度心理意识是存在的，并且可能在儿童时期已经表现出来。心理学上关于"语音意识"(phonological awareness)的对比实验研究从侧面显示了这一点。例如丁朝蓬、彭聃龄(1998)对小学不同年级汉语儿童的英语语音意识进行了实验研究,其中有一些有意思的发现。他们以英语单词语音为材料,对汉语儿童进行了尾音素差异(end phoneme oddity)测验。尾音素差异测验检测的是儿童的音位意识,即对单词最后一个音素的分辨能力。结果发现汉语儿童对尾音素的分辨能力各个年级均很高,与英语儿童随年级升高而分辨能力升高的结果不一致。他们指出,这是由于汉语音节常常为开音节,中国儿童已习惯于将辅音与其后的元音看成一个整体,所以"当遇到英语中CVC类词时,可能较容易将最后一个辅音与前半部分分开"。可见汉语儿童对CVC中的CV而不是VC认同意识更强,我们以为这是受到汉语高融和程度语音意识影响的结果。

话,sway 的发音毋宁说与"斯卫"更接近,并不因为汉语中有三合元音[uei]而与"岁"更接近;而事实上作姓名的 Guy[gai],译音过来成了"盖伊"(《新英汉词典》"常见英美姓名表"),并不因为汉语中有[ai]这个复元音而只译作"盖"(这样的例子还有很多,这里不再举例)。这些都显示了英语复元音中的每个音素更完整,从而使得整个复元音比汉语复元音更松散的特点。

汉语中的鼻音韵母实际上与复合元音一样,其结合的紧密程度也是很高的。这里以音译词为例进行探讨。音译词以一种语言的语音直接描述另一种语言的语音,实际上是两种语言音节直接碰撞的结果。英语人名 Lorin[lɔrɪn],在汉语中翻译为洛林,也译为劳瑞恩,Crane[kreɪn]翻译为克兰,又译为克莱恩,Barnes[baːns]则翻译为班斯、巴恩斯,Burns[bəːnz]翻译为彭斯、伯恩斯,Bernadine[ˈbəːnədiːn]翻译为伯纳迪恩(见《英语姓名词典》《新英汉词典》"常见英美姓名表"等),等等。这些翻译的共同特点是,英语中元音后带鼻音韵尾的音节,翻译为汉语常常要将其中的鼻音韵尾独立为一个"恩"。汉语中是有鼻音韵尾的,但是翻译时可能并不简单地以汉语的鼻音韵尾对译英语的鼻音韵尾,我们以为这反映了英语中的鼻音韵尾与音节核心结合得比较松散的特点,译者往往因此难以用结合比较紧密的汉语鼻音韵尾对译,而需要用另外一个独立的"恩"来表示。

高融和程度的汉语和低融和程度的英语之间有一些十分有趣的事例。汉语拼音字母和英语一样使用的是拉丁字母,但由于汉语和英语分属于不同融和度类型的语言,在部分字母的称呼上正好体现出一致的类型差异。例如 F、H、L、M、S、X 等字母,汉语拼音的称呼一律是以辅音起首,把元音放在后面,读如[fo xa(xə) lə mɛ sɿ ɕi]一类的读音;而英语则刚好相反,是将元音放在起首,辅音反倒放在后面,读如[ef etʃ el em es]之类,[eks]甚至在音节核出现 2 个辅音的情况。显而易见,汉语中对这些字母的称呼都采用高融和程度的音节,英语则并不避免低融和程度音节的使用。这只能说是由英语、汉语不同的融和程度造成的结果,否则很难找到其他理由。当然英语对 26 个字母的称呼多数有融和的倾向,融和度低是一部分字母的特征。如前文所述,语音结合的高融和程度是一般趋势,具有总体的共性特点;而低融和度是次要的、起区别作用的个性特征。英语中一部分字母读音的低融和程度正是如此。

## 4.3 英语音节划分的极端情况

上文 4.1 曾讲到,在几个音节之间,汉语里一个音素的归属往往是固定的,而在英语中则可能根据前后语音单位性质的不同而发生游移。而事实比这还要极端,即使对于一个特定的词,其英语音节位置的划分也出现不同的划法。例如 linen,英国出版的 *English Pronouncing Dictionary*(第 15 版)、美国出版的《韦氏大学词典》第九版都将发音标成[ˈlin.in](其中的[.]表示音节分界,下同),《韦氏大学词典》第十版才将 linen 的发音标成[ˈli.nin]。candy 一词的音节划分,在 *English Pronouncing Dictionary*(第 15 版)中标作[ˈkæn.di];而在 *Longman Pronounciation Dictionary*(J. C. Wells 著,2000 年第 2 版)中该词的音标却是[ˈkænd.i]。这种音节划分法并未将一个辅音放在后一个元音前作为音首

(onset)，宁肯把它放在前一个 CV 之后，形成一个较低融和程度的音节 CVC，足以见得音节划分中母语者语音意识明显的低融和程度。

英国出版的《朗曼英语活用词典》(*Longman Active Study Dictionary*)在"使用说明"的 Syllables and hyphenation（音节与连字符）部分下这样写道："It helps to learn the sound of a long word if you start by saying it one syllable at a time. If you look at the entry for ability, you will see that the word is divided into four parts by little dots: a • bil • i • ty. This means that the word ability has four syllables, and you can learn to say it one syllable at a time: a bil a ty / ə'bil i ti /. Now say it right through. Remember to put the stress on /'bil/: a bil a ty."①这种对词中音节的划分，将本可形成较高融和程度的 V.CV.CV.CV 型语音组合(/ə bi li ti/)拆分、组合成支离破碎的 V.CVC.V.CV(/ ə bil i ti /)，中间形成一个孤立的元音/i/，这在讲汉语的人看来不仅有趣，而且简直有些匪夷所思。这有可能反映出英语音节不仅属于低融和度类型，而且在低融和度类型内部也是处于较低等次位置的。②

## 4.4　低融和程度内部的差异：英语与法语

这里附带提一下英语与法语在融和程度上的不同。

根据我们的了解，英语和法语的音节融和度都不高，然而同属低融和度的语言的二者之间还存在却更细微等次的不同。相对而言，法语的融和程度比英语要高一些。这方面有很多论述可以作为证据。

在语音方面，法语没有复元音，只有鼻化而没有鼻音韵尾，也没有塞擦音；它"发音紧张而有力，清楚明确"(《中国大百科全书》(语言文字卷)"法语"条)。在节奏类型方面，法语与"重音－节拍"型的英语并非同类，而是属于"音节－节拍"型。法语发音清晰有力，以至于有看法认为"不清楚的语言不是法语。"安妮·卡特勒(1991)指出："法语的音节相对来说比较规则，且界限分明。英语则不同，它的音节结构极不规则，分界也往往模糊不清。"③赵元任(1980)讲到英语发音和法语发音的差异时说："英语发音基本部位就是声音连连连连这么说下去，所以多音节的字，甚至于字与字当间儿都是接接连连的，除掉不带音的字，声音老是有的，在字当中辅音，在英文看法，辅音是两属的。在这个地方，法文倒近乎中文：不管你那个辅音本来是属上字属下字，读起来辅音总是属下的。在英文它是两属的，因为是两属的，所以声音就那末接接连连的来的。"④

---

①　这两段提到的例子来自北大中文论坛，参看网址：http://www.pkucn.com/viewthread.php?tid=133706。

②　东部 Arrernte 语（澳大利亚 Alice Springs 及其附近的方言群）也有某些类似表现，例如在该语言中 VCV 序列被划分为 VC.V 两个音节，而不是 V.CV(Breen & Pensalfini1999)。

③　安妮·卡特勒.跨语言心理语言学[J].宫琪摘,译.齐齐哈尔大学学报(哲学社会科学版),1991(6):84-86,101.

④　赵元任.语言问题[M].北京:商务印书馆,1980:171.

以上对法语语音状况及特点的种种说明都表明法语音节内的融和程度较高,其音节内部结构紧凑,音节之间节奏清晰,辅音音素在音节中的位置明确。可见,同属融和度较低的语言之间也存在内部差异。

## 小 结

音素结合时的融和程度指语音组合在听感上"合而为一"的程度。融和程度高的语音组合,在听感上被知觉为感知单位的数目越少。融和程度的高低一般都能够在声学上找到相应的依据。按照音节在融和程度上的不同表现,不同语言大致可以分为音节融和型语言和音节非融和型语言。汉语属于比较典型的音节融和型语言,汉语音节的紧密程度很高,音节内部具有较强的向心作用;由于这种高融和程度的影响,汉语音节之间的关系相对独立,一定的音素往往与一定的$[C_0P]$结合在一起。从历时演化的情况来看,汉语音节的类型也一直从低融和程度向高融和程度发展。由此可见,不同语言语音状况的差异可以从不同的角度进行考察。

最后需要说明的是,融和程度与语音的听觉心理有很大的关系,很多问题,如怎样从更客观的角度来对融和程度进行定义等,都还需要进一步的探讨和完善。

## 参考文献

[1] 安妮·卡特勒.跨语言心理语言学[J].宫琪,摘译,齐齐哈尔师范学院学报(哲社版),1991(6).

[2] 陈晓锦.广东粤语的鼻音韵尾和入声韵尾[J].方言,2001(2).

[3] 丁朝蓬,彭聃龄.汉语儿童英语语音意识与拼写[J].心理学报,1998(3).

[4] 董少文,李荣.语音常识[M].深圳:文化教育出版社,1956.

[5] 桂灿昆.汉英两个语音系统的主要特点比较[J].现代外语,1978(1).

[6] 黄家教.从"等"来看广州方言入声消失的迹象[J].音韵学研究,1984(1).

[7] 江荻.汉藏语言演化的历史音变模型——历史语言学的理论和方法探索[M].北京:民族出版社,2002.

[8] 李如龙.论汉语方言语音的演变[J].语言研究,1999(1).

[9] 李新魁.从方言读音看上古汉语入声韵的复韵尾[J].中山大学学报,1991(4).

[10] 李永燧,王尔松.哈尼语简志[M].北京:民族出版社,1986.

[11] 林焘,王理嘉.语音学教程[M].北京:北京大学出版社,1992.

[12] 林向荣.嘉戎语研究[M].成都:四川民族出版社,1993.

[13] 刘照雄.东乡语简志[M].成都:民族出版社,1981

[14] 马学良.汉藏语言的语音研究和问题[J].历史语言研究所集刊(第七十本一分)1999,70(1).

[15] 马学良,戴庆厦.藏缅语族辅音韵尾的发展[C]//语言文字学术论文集——庆

祝王力先生学术活动五十周年.北京:知识出版社,1989.

[16] 马学良,等.普通语言学[M].北京:中央民族大学出版社,1997.

[17] 穆紫,翟光.复辅音刍议[J].齐齐哈尔大学学报(哲学社会科学版),1997(5).

[18] 戚雨村等.语言学百科词典[M].上海:上海辞书出版社,1993.

[19] 瞿霭堂,劲松.汉藏语言研究的理论和方法[J].语言研究,2000(2).

[20] 冉启斌.汉语鼻音韵尾的消变及相关问题[C]//汉语史研究集刊,成都:巴蜀书社,2005(8).

[21] 王洪君.汉语非线性音系学——汉语的音系格局与单字音(增订版)[M].北京:北京大学出版社,2008.

[22] 王志洁.英汉音节鼻韵尾的不同性质[J].现代外语,1997(4).

[23] 吴宗济,林茂灿,等.实验语音学概要[M].北京:高等教育出版社,1989.

[24] 徐世荣.普通话语音知识[M].北京:文字改革出版社,1980.

[25] 徐通锵.音节的音义关联和汉语的变音[J].语文研究,2003(3).

[26] 徐彦君,杜利民,李国强,等.汉语听觉视觉双模态数据库CAVSR1[J].声学学报,2000(1).

[27] 许宝华.上海地区方言的入声及其演变[C]//李新魁教授纪念文集.北京:中华书局,1998.

[28] 许宝华.现代吴语入声变化述略[C]//范晓,李熙宗,戴耀晶.语言研究的新思路.上海:上海教育出版社,1998.

[29] 许毅.普通话音联的声学语音学特性[J].中国语文,1986(5).

[30] 许余龙.对比语言学概论[M].上海:上海教育出版社,1992.

[31] 雅柯布森.雅柯布森文集[M].长沙:湖南教育出版社,2001.

[32] 张立玉.英语与汉语在语音结构方面的异同[J].中南民族学院学报(哲学社会科学版),1995(4).

[33] 赵相如,朱志宁.维吾尔语简志[M].北京:民族出版社,1985.

[34] 赵元任.中国方言当中爆发音的种类[C]//历史语言研究所集刊,1935(5).

[35] 赵元任.汉语口语语法[M].北京:商务印书馆,1979.

[36] 赵元任.语言问题[M].北京:商务印书馆,1980.

[37] 郑张尚芳.方言中的舒声促化现象说略[J].语文研究,1990(2).

[38] 郑张尚芳.上古音研究十年回顾与展望[J].古汉语研究,1999(1).

[39] 朱维彬,张家騄.汉语语音资料库的语音学标记及人工切分[J].声学学报,1999(3).

[40] 朱晓农.汉语元音的高顶出位[J].中国语文,2004(5).

[41] 朱晓农.元音大转移和元音高化链移[J].民族语文,2005(1).

[42] 戴维·克里斯特尔.剑桥语言百科全书[M].任明,等译.北京:中国社会科学出版社,1995.

[43] 戴维·克里斯特尔.现代语言学词典[M],沈家煊,译.北京:商务印书馆,2000.

［44］ 哈特曼,斯托克.语言与语言学词典[M].黄长著,林书武,卫志强,等译.李振麟,俞琼,校.上海:上海辞书出版社,1981.

［45］ 霍凯特.现代语言学教程[M].索振羽,叶蜚声,译.北京:北京大学出版社,1986.

［46］ 肯尼思·卡兹纳.世界的语言[M],黄长著,林书武,译.北京:北京出版社,1980.

［47］ 特拉斯克.语音学和音系学词典[M],北京:语文出版社,2000.

［48］ BREEN G, PENSALFINI R. Arrernte: a language with no syllable onsets [J]. Linguistic Inquiry,1999(30):1-15.

［49］ CHEN, XIAOXIA(陈肖霞). A preliminary study of coarticulatory of /l/ with vowels in disyllable in Standard Chinese[J]. 语音研究年报,中国社会科学院语言研究所语音实验室,1989.

［50］ COMRIE B. The World's Major Languages[M]. Croom Helt Ltd,Provident House,Burrell Row,1987.

［51］ DUANMU S. A formal study of syllable,tone,stress and domain in Chinese Languages,Ph. D. Dissertation,MIT,1990.

［51］ MALMKJAER K. The Linguistics Encyclopedia[M]. London:Routledge,1991.

（冉启斌　南开大学）

# 三 音步、节奏与重音

## 1. 音步

音步是人类语言中能够自由运用的最小韵律单位。冯胜利(1998)通过选择"巴西""加拿大""巴基斯坦""布尔什维克""布依诺斯埃利斯"等外来词和"工农兵""东西南北""天地君亲师""柴米油盐酱醋茶"等并列结构排除语义、句法、语用、语境等方面的干扰,揭示了汉语纯韵律"自然音步"的基本规则。

两个音节组成一个独立的音步;【巴西 古巴】

三个音节也组成一个独立的音步,[1♯2]和[2♯1]都不能说;【加拿大 工农兵】

四字串必须分为[2♯2]格式,[1♯3]或[3♯1]都不可说;【斯里/兰卡 巴基/斯坦 春夏/秋冬 加减/乘除】

五字串只能组成[2♯3]形式,因为[3♯2]的节律不能说。【阿尔/巴尼亚 加利/弗尼亚 天地/君亲师 金银/铜铁锡】

六字串除了[2♯2/2]节律以外,不允许其他读法(两词分译的除外);【捷克♯斯洛/伐克】

七字串的节律只能是[2/2♯3],因为没有其他读法。【布依/诺斯♯埃利斯 柴米/油盐♯酱醋茶】

可见,在纯韵律系统中,双音节自成一个韵律单位(音步),三个音节也是一个独立的音步。双音节音步是汉语最基本的"标准音步",其他音步形式是变体形式,即单音节"蜕化音步"和三音节"超音步",当标准音步的运作完成以后,如果还有剩余的单音节成分,那么它可能会贴附在一个相邻的双音步上构成三音步。"蜕化音步"一般在单音节词单独使用时通过停顿或拉长等手段实现为一个音步。

一般情况下,双音节"标准音步"具有绝对优先的实现权,这对汉语语法产生了深刻的影响,甚至有些本以[1+3]或[3+1]方式组合成义的词语通常被说成[2+2]型,如:

狐假//虎威　*狐//假虎威　　乐不//思蜀　*乐//不思蜀
一衣//带水　*一衣带//水　　黄梅//戏迷　*黄梅戏//迷

口语中上面这些短语放弃了原本与其句法结构一致的[1+3]或[3+1]型韵律模式,而选择了节奏最自然的音步形式[2+2],这虽然违背了它们意义组合的层次,但说起来和谐自然多了。可见汉语有时会不惜牺牲意义的组合规则来换取韵律和谐与节奏的平衡。所以,虽然音步的实现经常要受到语义和句法的制约,但它有时也会反过来对一些语法现象产生直接影响。

汉语音步特点制约着汉语必要表义成分的省略,也可能引起非必要表义成分的冗余。

比如,汉语宾位"数量名"结构中数"一"的隐现条件就受到汉语音步特点制约。具体而言,当其前动词性成分与其后量词均为单音节时,数词"一"倾向于省略以形成三音节"超音步"或〔2+2〕式音步,如"喝一杯(冰)水"通常可以说成"喝杯水""喝杯冰水";当动词性成分或量词为双音节或多音节时,"一"一般不能省略。与必要表义成分"一"的省略相反,汉语中有些完全可以省略的属性名词仍然经常说出来,如"她相貌清秀、气质高雅,心地善良"等,这也跟汉语以双音节音步为主的音节韵律特点有很大的关系。

冯胜利(1996)指出音步必须具备以下条件:同时支配两个成分,亦即严格遵循"二分枝"的原则。"二分枝音步"的要求就是韵律节奏中"轻重抑扬"的反映。没有"轻重"就没有节奏,没有节奏就无所谓韵律。音步所代表的正是语言节律中最基本的角色,它是最小的一个"轻重"片段,所以必须是一个"二分"体。如果音步不是"二分"体,就不足以表"轻重"。音步必须二分,就意味着在韵律级层系统中音步必须由两个下属成分(音节)组成。由二分枝组成的音步在语言的任何使用系统中(口语、书面语、以至诗歌等)都是一组典型的轻重组合单位。

其实,韵律的本质就是相对凸显或相对轻重所带来的节奏变化,"凸显"和"轻重"不是相互独立的,二者相互依赖、相互对比而存在,因此研究者必须在对比关系中讨论轻与重。在自然语流中,"一强一弱""一轻一重"的节奏单元就是音步。通常情况下,一个音步可以由一强一弱两拍构成一个节奏单元,也可以由一强两弱三拍构成一个节奏单元。不同语言的相对凸显方式各有不同,时长和轻重都可以构成强弱节奏。

在汉语中,构成音步的轻重节奏单元通常对应于一个"韵律词"(冯胜利1996),很多韵律词同时也是双音词或三音节词。如此就带来了一个无法回避的问题,即这个"轻重"单元是否跟词重音有关。如果没有重音,何来"轻重"的概念?如果有重音,为什么"汉语有无重音"这一问题一直存在广泛争议?

目前对此问题的主要分歧在于汉语是否有重音,以及若汉语有重音,则重音的表现形式是什么。比如,有学者认为普通话是左重,但也有人持相反观点,或者认为左重、右重跟是否位于停顿前有关,还有学者认为普通话左重、右重和等重并存。此外,声调语言的重音实现主要是基于时长、音高还是音强也存在不同看法。

相对而言,较为普遍接受的观点可能是作为声调语言的汉语并不具备音系学意义上的词重音,至少汉语的词重音很难判断或感觉不明显,或者说汉语音步的轻重对立相对较弱。这的确符合普通话的实际情况,但并不能据此否定声调语言也有同时存在词重音的可能。

## 2. 节奏和重音[①]

汉语以双音节音步为主所造成的两字一顿的节奏单元,是普通话的主要特征;在不少

---

[①] 此专题中有关节奏和重音的内容主要选自刘春卉、李可纯与 Francis Nolan 合著的论文《论声调语言的节奏与重音模式》,原文刊发于《四川大学学报》2022年第3期。如引用其中内容,请使用封底二维码获取原文和出处信息。

方言中,双音节音步内部两个音节的强弱对比具有明显差异。

声调语言的重音及其实现方式一直存在广泛争议,节奏特点可以为此问题带来新的研究角度。声调语言的节奏特征可以反映该语言中重音的作用大小和凸显度差异。重音可以和声调共存,声调的声学特性和变调规律都跟重音的实现密切相关。

节奏指言语中可感知单位凸显的规律性。早期有学者将"规律性"解读为"等时性"(isochrony),继而提出节奏类型假说,将世界语言分为音节计时型(syllable-timed,如汉语)和重音计时型(stress-timed,如英语)。后续研究发现,人类语言中无论是发音还是感知都不存在严格的等时性。此后学界对节奏的研究转向强调整体结构相对凸显的规律性,即强弱的交替。相对凸显的交替模式往往同语言的音系特点有关,如音节结构、词汇重音、元音弱化等。随后产生的各类节奏测量模型虽然仍常常被用于验证基于等时性的节奏类型假说,但以 nPVI(Normalized Pairwise Variation Index"归一化成对变异指数")为代表的测量模型已经将相对突显的规律性作为节奏的核心概念。

## 2.1　nPVI 节奏测量模型

nPVI 以相邻单元的平均时长作为参照,计算相邻单元时长归一化后的差异性以避免语速的影响。具体计算公式如下:

$$\text{nPVI} = 100 \times \left[ \sum_{k=1}^{m-1} \left| \frac{d_k - d_{k+1}}{(d_k + d_{k+1})/2} \right| / (m-1) \right]$$

对一个有 $m$ 个音节的语段,此公式对每对相邻单元的时长差异与该对音节平均时长的比值进行加和后求取平均值,$n$PVI 值越大,表示相邻单元时长的差异性越大。nPVI 公式中的 $d$ 可以是韵母时长、元音时长、辅音时长、音节时长,甚至是基频等变量,而基于元音时长的 nPVI 最符合节奏关注相邻单位交替规律的理念。

彼得·赖福吉和基思·约翰逊(Peter Ladefoged & Keith Johnson,2010)曾对不同语言的 nPVI 进行过统计,统计数据展示了从音节节奏语言(syllable-timed)到重音节奏语言(stress-timed)的连续统,如图 3-1 所示。

从上图来看,基于 nPVI 的语言节奏类型是一个连续统,一端是音节节奏语言,另一端是重音节奏语言,普通话 nPVI 最低,处于音节节奏语言一端,而英语则更接近重音节奏语言一端。

nPVI 通过计算语流中相邻单位的时长变化,揭示语言的节奏特性。近年来对以 nPVI 为代表的节奏测量模型的争议主要在于对实验条件的控制和对测量结果的解读,比如,该模型容易受到材料选取、实验环境、个体差异等因素的影响,不同研究对同一语言的测量结果可能具有明显差异,对有些语言的分类定性存在困难,测量结果难以为节奏类型假说提供充分证据,等等。其实,在严格控制各项条件的前提下,nPVI 仍然能够反映语言的重要韵律特征,而对条件的严格控制在相近语言的比较中很容易得到满足。比如,汉语官话各方言的音系、词汇、语法差异相对较小,理论上影响 nPVI 的要素并不多,加之普通话的普及,我们还可以在统计多人数据的基础上请方言母语者对同一段材料同时使用方言和普通话发音,这样就能在很大程度上避免各类外在因素对 nPVI 实证效力的影响。如果多人平均数据和个人普-方数据的 nPVI 都显示出明显差异,就足以说明不同方言的时长分配模式确实存在差异,此时再辅之以对各音节时长变化细节的具体呈现与对音系特点的分析,完全可以较为客观地反映其节奏韵律特征。

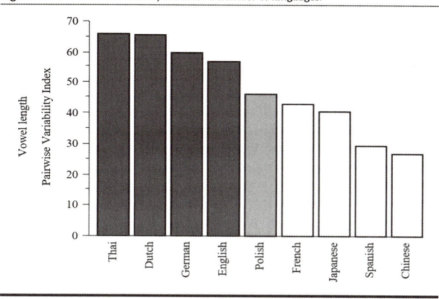

图 3-1　不同语言 nPVI 值比较①

此外,nPVI 所反映的节奏特点与该语言是否存在重音以及重音的凸显度密切相关。刘春卉,李可纯和 Francis Nolan 以 nPVI 为基础讨论声调语言的重音实现及其凸显方式,可以为相关争议提供一个新的切入口和参照点。

## 2.2　基于 nPVI 的普通话和成都话节奏差异

刘春卉,李可纯和 Francis Nolan(2021)运用 nPVI 节奏模型对成都话与普通话的节奏进行了比较,并通过多种方式保证实验结果的有效性,结果发现二者的 nPVI 值差别巨大。造成这一差异的因素主要在于成都话有以时长加长为主要特点的重音,同时,成都话的连读变调、焦点凸显等其他韵律特征也都跟其时长重音模式相匹配,这体现了成都话重音节奏的多维特点。

为保证 nPVI 测量数据的有效性,该研究从以下几个方面对实验进行了控制:

(1)计算 nPVI 随统计音节数量增加的变化趋势,确保其最后到达稳定段,避免个别音节的影响。

---

①　LADEFOGED P, JOHNSON K. A Course in Phonetics (Seventh Edition)[M]. 语音学教程(第七版)北京大学出版社,2015:264.

(2)分语体提取多人数据以避免语体差异和个体特征的影响。

(3)分普-方提取单人数据进行对照,以排除个体差异造成的影响,同时也通过韵律迁移进一步验证普-方差异。

(4)辅以各音节时长变化图以展示时长变化细节,以避免混同于非规律性时长变化所造成的nPVI值。

(5)选择韵母时长还可以排除声母因发音方法不同而导致的差异。

(6)为避免nPVI会随所选取的音节数量而发生变化,实验通过计算该语段中每个音节位置的nPVI数值将其随音节数量变化的曲线展示出来,并在走势趋稳后再持续统计数个音节以确保nPVI已到达其稳定段。

实验结果显示,普通话的nPVI值在30左右,跟其他研究者的测量结果接近,成都话的nPVI值在50左右,大大高于普通话。成都话和普通话的nPVI值在经过波动比较大的起始阶段之后,都在20～30个音节之间基本趋于稳定,其后稳定段的数值可以比较客观地反映其节奏特点。

成都话与普通话音节在时长变化幅度和变化频率差异方面的差异,可以通过各音节时长平均值较为直观地显示出来,其中一个语段的情况如图3-2所示。

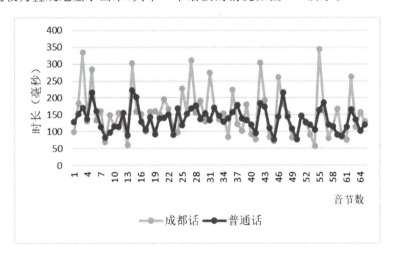

图3-2 各音节时长比较[①]

这段话中成都话的长音节和短音节都多于普通话,这自然会造成其时长变化幅度大且频率高。此外,普通话时长凸显的音节大都处于停顿边界前的位置,受到边界前延长的影响,而成都话中时长凸显的音节大都是双音节词和三音节词的首音节。

正式语体、非正式语体和个人普-方对照的测量结果均显示成都话的nPVI值明显高于普通话,比较接近英语等"重音计时型"语言。即使不承认节奏类型假说,我们也可以认为成都话和英语在时长分配的模式上接近,这是因为重音在两种语言中都普遍存在并较

---

① 该语段内容为:作为研究生,对硕士毕业论文的要求要非常清楚,一定要全面阅读各类语言学参考文献,总结前人的研究,找出其中存在的问题,提出自己的研究思路。

为凸显。Hyman(2009)提出尽管很多语言都存在重音,有些语言的重音会更加典型,在音系各个层面都被"激活"(activated)。比如在英语中,重音的规律会影响复合词、短语层面的重音分配以及句子层面的重音指派。成都话的重音与此类似,它广泛作用于词汇、短语和句子的信息结构等多个层面,只是其重音的声学参数主要体现在时长维度上。

## 2.3 成都话的重音节奏与词汇重音模式

以 nPVI 为标准,成都话的节奏特点与英语的重音节奏非常接近,但如果说成都话也是重音节奏,那就需要承认一个前提,即成都话是有重音的。说成都话作为声调语言存在重音也许很难让人接受,但不少研究者都注意到,成都话双音词和三音节词的首音节时长都明显超出其后音节,如秦祖宣《成都话二字组连读变调的实验语音学分析》等也注意到成都话的韵律词存在"首长尾短"的模式。

其实,把成都话双音节词和三音节词首音节的时长凸显特征看作词重音不仅可以解释其 nPVI 大大高于普通话的原因,也可以更好地解释成都话温柔绵软的听感特点。刘春卉、李可纯和 Francis Nolan(2021)还在与普通话 nPVI 对比的基础上论证了成都话双音节词和三音节词的首重模式及其辨义功能,并全面考察了该方言中信息焦点时长凸显、焦点前压缩和焦点后助词延展等其他促使成都话高 nPVI 的各种要素。

讨论双音节词重音模式,可以从语流中截取双音节词并对其中两个音节时长进行对比,也可以选择双音词单独录音对比,前者可能会受句法位置和信息结构的影响,后者可能会受边界停顿的影响。为了使这些外在因素的影响降到最低,需要对两种情况分别进行考察对比。

实验结果显示,语流中双音词重音模式的首重模式比较典型,它甚至可以抵消边界前延长(pre-boundary lengthening)的影响。

对双音节词①逐词单独录音后求取各音节时长平均值的实验结果同样显示,即使单说可能存在边界前延长的影响,但并不会改变首重模式。双音节联绵词和外来词都是单纯词,其重音模式完全一致。虽然成都话双音节词的首尾音节时长比会因是否出现在语流中而略有变化,但这些变化都只是量变,并不会改变其首重特点。

选择联绵词和外来词验证词汇重音模式,是因为这些词不受构词方式的影响,且外来词具有首重特点唯一可能的解释只能是词汇重音模式的套用,这足以说明该重音模式是相当稳定的词汇特征。外来词、普通话词或者其他方言词进入成都话之后,都会被改造成首重模式以与成都话固有双音词的首重特点协调一致。双音节单纯词的首重模式非常典型,但复合式合成词的首重模式并非没有例外,词汇化程度非常高的双音节词大都具有首重特点。此外,成都话三音节词也同样具有首重特点,而普通话的三音节词则通常是末音

---

① 为了避免构词方式以及词和短语界限不清等因素的影响,录音选择的是双音节联绵词和外来词"蜘蛛、枇杷、蝴蝶、石榴、蝙蝠、葡萄、柠檬、葫芦、枸杞、橄榄、玫瑰、菠萝、篱笆、蚯蚓、孔雀、蚂蚁、蟑螂、蝌蚪、可乐、披萨、摩丝、伦敦、纽约、荷兰"等。

节最长(Yi Xu, and Maolin Wang 2009)。

成都话词汇重音模式和短语重音模式具有明显差异,以动宾结构为例:成都话双音词具有词首重音,而动宾结构通常是宾语时长凸显。因此,首重与否在成都话中可以作为把词和与之同形的短语区别开来的标准。比如,"修刹车"和"快刹车"以及"我吃烤肉"和"我去烤肉"中作为名词的"刹车"和"烤肉"都是第一个音节时长明显大于第二个音节,而作为动宾短语的"刹车"和"烤肉"则都是第二个音节明显长于第一个音节。可见,成都话中的重音具有区别意义的功能,这跟英语重音的辨义功能('content, n. 内容;con'tent, adj. 满意的)具有一致性。

因此,成都话双音节词的词首时长重音可以作为区别双音词和同形短语的重要手段,其辨义功能说明成都话的时长重音具有语言学意义,这也为我们讨论词和短语的界限以及词化程度提供一个很好的视角。

成都话音节时长变化大的特征在语段中还会通过焦点时长凸显得以加强。成都话凸显信息焦点主要是在词汇重音模式的基础上进行,即加强时长重音是其凸显双音词焦点重音最主要的方式,这必然导致原本就具有首重特征的双音词前后音节时长差距进一步加大。这种焦点词重音凸显在很多语言中都普遍存在。王洪君(2004)指出非重音节不能承载强调重音,是重音节奏型语言的重要韵律原则,英语的强调重音只能在词重音的基础上实现,要强调"blackboard"只能加重、加高、加长前一音节,形成"重者更强"的格局。

除词首重音和焦点时长凸显外,成都话焦点重音前时长压缩和句末助词时长延展等因素都有助于加强成都话音节的长短变化,这刚好可以解释为什么单音节词为主的口语同样具有长短错落的节奏特点,其 nPVI 值也跟双音词为主的书面语一样明显高于普通话。

需要说明的是,成都话的重音节奏和英语的重音节奏具有明显不同:英语中的重音更多体现在音高上,音长是辅助特征,其重音节奏特点与非重音音节的元音弱化(vowel reduction)密切相关;而成都话的重音节奏特点则主要源自于重音音节的时长拉长。

## 3. 声调语言的节奏特点与重音实现方式

当节奏的研究从"等时性"转向"相对突显"时,研究者就已经注意到重音现象对于节奏特征的重要意义。Dauer(1983)指出节奏的音系关联物多数都跟词重音相关。对于普通话韵律的非量化研究,也有不少就是对重音和音步的分析。重音能够反映语言的韵律结构,而 nPVI 则是重音在时长维度上的具体表现,可以为重音在语言中的地位提供实证。

### 3.1 声调语言的节奏差异与重音特点

影响时长分配模式的因素有很多,从计算公式上看,nPVI 的数值差异可能源于以下因素:音段层面上的复辅音丛、长短元音、音段内在特征以及音段所处的位置等;词法和句法层面上的词重音和短语重音等；语篇层面上的信息结构、边界前延长、元音弱化以及特殊语气的修饰等。这些因素给解读 nPVI 差异带来一定困难。

不过，成都话属于西南官话，其声韵系统与普通话非常接近，其高 nPVI 基本可以排除音段层面的影响，二者在边界前延长、元音弱化和特殊语气修饰等方面也没有明显不同。因此，造成二者节奏差异的关键因素还在于重音模式问题，成都话的重音比普通话典型且普遍。成都话是典型的左重语言[①]，具有固定的词重音，重音通常有规律地出现在双音节词或三音节词的首音节上，以时长作为载体的词重音在多个双音节词连用时会形成多个"长＋短"单元，词内"长＋短"又刚好跟词间"短＋长"循环交替，再加上句法重音或焦点凸显对词重音的强化，必然会使得计算相邻音节时长变化的 nPVI 值相对较高。

根据 Mok(2009)的研究，普通话的 nPVI 值高于粤语。在此基础上结合我们对成都话和普通话的测量结果，可以得出三者在 nPVI 数值上存在如下关系：

成都话＞普通话＞粤语

成都话更接近典型的重音计时型语言，而粤语更接近典型的音节计时型语言。可以说，nPVI 差异反映了不同语言中"重音"的地位和作用：粤语是公认的没有重音的语言，普通话是否有重音存在争议，成都话则重音普遍且凸显，存在明显的时长重音。跟其他官话方言相比，成都话听起来绵软舒缓，甚至有人说成都话就是西南地区的"吴侬软语"，这些感性印象的产生可能正是源自成都话的节奏特点。

声调和重音可以并存于同一个语言系统中，只是由于声调的影响，重音通常不能单独体现为音高的升高，而主要体现为时长的延长，但是成都话在 nPVI 所反映的时长分配模式上跟借助于其他声学特征的重音语言是很接近的。

时长作为词重音载体，虽然跟英语的音高、音强重音具有明显不同，但它同样具有辨义功能和标记节奏的功能。声调语言选择时长重音的主要原因可能是音高已经作为声调载体用以区别意义。

## 3.2 重音模式与词化程度

成都话的重音模式和词化程度密切相关，词化程度高的复合词大都具有首重特征，如"成都""四川""晓得""安逸""巴适"等。除大量偏正式和并列式复合词外，那些因转喻或隐喻而词汇化的词通常也具有首重的特点，如动宾式名词"刹车""烤肉"等词化程度较高、与同形短语意义差别明显的词也呈现出首重特征。此外，首重特征的存在与否和词类也没有必然联系，成都话的所有词类普遍具有这一特征。

不过，由于词和短语界限的模糊性，成都话中有些双音节组合并不符合首重的特点，或者这一特征不明显且存在个体差异。张一舟(2011)也指出成都话中动宾式、主谓式、非动趋式的补充式组合的第二音节往往重读。对于这种情况，我们可以把它们处理为有条件的例外，也可以根据首重标准把它们看作准短语，因为词汇化程度高的复合词大都符合

---

[①] 成都话双音词普遍左重且前后音节时长差异显著，这跟普通话具有明显不同。

首重特点,而未完全词汇化的双音节准短语未必如此。

成都话的首重模式可以为汉语词和短语的分界提供一个很好的观察角度。我们发现成都话中符合首重模式的非动宾式词语比动宾式组合要更为普遍,比如,"省俭"是首重,而"省事""省心"则不然,这说明人们更倾向于把后者看作动宾短语。再如,四川方言中的"洋盘""巴适""晓得""伸展""脑壳""抄手""婆娘"等非动宾式词语都为首重,而"成器""抹黑""遭孽"等动宾组合则通常是后重。这说明成都话中双音节动宾组合大多还是作为短语处理的,只有词化程度高的少数动宾式动词和意义转指的动宾式名词才被识别为词,符合首重的词汇重音模式。这也正是成都话的时长重音模式可以用来区别同形的词和短语的重要原因。

### 3.3 时长重音与变调方式

时长重音还会通过变调方式体现出来。Harry van der Hulst(2014)指出声调也是一种重音的音系表现,汉语方言的韵律结构通常由声调的变化体现出来。

成都话的连读变调以后字变调为主。根据陈荣泽(2011)的研究,后字变调是西南官话中最主要、最典型的变调。秦祖宣(2015)指出,成都话除上声位于非叠音词二字组的左侧时变为高平调外,其余变调均发生在二字组的右侧。我们认为这种变调模式跟成都话"首长尾短"的词汇重音模式密切相关,因为首音节时长较长,能充分实现其底层声调,尾音节时长较短,难以完全实现其底层声调,所以成都话的连读变调大多发生在右侧,和普通话除轻声外的变调发生在左侧相反。

我们前面讨论过成都话可以用时长重音区分词和短语,张一舟(2011)认为成都话可以根据第二音节是否变调来区别"挂面""画像""泡菜""运气""地震"等多义组合,即当第二音节变调时是词,当第二音节不变调时是短语。端木三(2014)发现这种变调模式也见于以上海话为代表的北部吴语。

其实,连读变调、时长重音是对同一语言事实的两种不同的分析方式。端木三(1993)、蒋平(2005)等都讨论过重音节保调、非重音节变调的现象。此外,根据意西微萨·阿错(2020)对藏语和李兵(2011)对不同阿尔泰语的多项研究,藏语和其他一些阿尔泰语也存在类似的前长后短、前字保调后字变调的情况。成都话的时长重音和重音节奏是否受到其他语言的影响,还值得我们进一步研究。

用重音来分析变调现象更具普适性,且不必考虑具体声调变化模式的差异。成都话的连读变调模式可以看作时长重音导致的副产品,即非重读音节的时长不足以实现其完整调型,倾向于变调,重读音节则保持原调,这跟吴语是完全一致的。因此,时长重音在音系层面上作用于变调规律,非重读音节通常会因时长较短而发生变调,跟变调方式相比,时长重音更为根本。

总之,语言的节奏特点和重音模式密切相关。基于nPVI节奏测量的结果显示,成都话比普通话更加接近"重音计时型"语言,具有明显的轻重交替。该节奏特点刚好对应于"重音"这一韵律特征在成都话音系中的凸显。成都话的重音在词汇、句法和信息结构等各个层面都有充分体现。不过需要指出的是,成都话轻重音交替的节奏特点和双音词首重特点虽然都较为普遍,也较为典型,但仍具有一定的相对性和非强制性,而且节奏韵律特点相对隐性,即使出现偏离也很少会跟元音偏误和辅音偏误一样引人注意或被作为纠偏对象。此外,时长重音的突显在西南官话中具有一定的普遍性,只是在成都话中可能更为典型。其他汉语方言也可能存在重音,不同汉语方言中节奏与重音的关系都值得进一步研究。

## 参考文献

[1] 陈荣泽.西南官话的两字组连读变调与轻声[J].西藏民族学院学报,2011(2).

[2] 端木三.音步和重音[M].北京:北京语言大学出版社,2016.

[3] 端木三.重音理论及汉语重音现象[J].当代语言学,2014(3).

[4] 冯胜利,王丽娟.汉语韵律语法教程[M].北京:北京大学出版社,2018.

[5] 冯胜利.北京话是一个重音语言[J].语言科学,2016(5).

[6] 冯胜利.论汉语的"自然音步"[J].中国语文,1998(1).

[7] 蒋平.荔浦方言的轻重音与连读变调[J].方言,2005(3).

[8] 秦祖宣.成都话的连读变调与韵律结构[J].汉语学报,2015(2).

[9] 秦祖宣.成都话二字组连读变调的实验语音学分析[J].语文学刊,2015(8).

[10] 王洪君.汉语非线性音系学(增订版)[M].北京:北京大学出版社,2008.

[11] 王洪君.试论汉语的节奏类型—松紧型[J].语言科学,2004(3).

[12] 意西微萨·阿错.藏语重音问题讨论[A]//冯胜利、马秋武主编.韵律语法研究(第六辑)[C].北京:北京语言大学出版社,2020.

[13] 李兵,李文欣.鄂伦春语双音节词重音实验语音学报告[J].民族语文,2011(3).

[14] 于珺,Dafydd Gibbon.节奏研究的语料库及研究方法探讨[J].当代语言学,2016(1).

[15] 张一舟.四川方言几种连读音变现象研究[J].语言研究,2011(04).

[16] 钟奇.汉语方言的重音模式[D].新加坡:新加坡国立大学,2007.

[17] 周韧.争议与思考:60年来汉语词重音研究述评[J].语言教学与研究,2018(06).

[18] ARVANITI A. Rhythm, Timing and the Timing of Rhythm[J]. Phonetica, 2009,66(1-2):46-63.

[19] BOLINGER D. Pitch Accent and Sentence Rhythm[A].//ABE I, KANEKITO T, Forms of English: Accent, Morpheme, Order Cambridge MA: Harvard University Press,1965:139-180.

[20] DUANMU S. The Phonology of Standard Chinese[M]. 2nd ed. Oxford: Oxford University Press,2007.

[21] GRABE E, LOW EL. Durational variability in speech and the rhythm class

hypothesis[M]//GUSSENHOVEN C, WARNER N. Laboratory Phonology 7, Berlin: Mouton de Gruyter,2002.

[22] LOWE L, GRABE E, FRANCLS N. Quantitative Characterizations of Speech Rhythm: Syllable-Timing in Singapore English[J]. Language and Speech,2000, 43(4).

[23] GRABE E, LOW E L. Durational Variability in Speech and the Rhythm Class Hypothesis[M]. //GUSSENHOVEN C, WARNER N. Laboratory Phonology 7, Berlin: Mouton de Gruyter, 2005:515-546.

[24] NOLAN F, JEON H S. Speech rhythm: a metaphor? [J]. Philosophical Transactions of the Royal Society B-Biological Sciences,2014,369(1658): p. 20130396.

[25] RAMUS F,NESPOR M,MEIILER J. Correlates of Linguistic Rhythm in the Speech Signal[J]. Cognition,1999,73(3).

[26] HULST H. The Study of Word Accent and Stress: Past,Present,and Future [A]// HULST H. Word Stress Theoretical and Typological Issues Cambridge: Cambridge University Press,2014:3-55.

[27] LEHISTE I. Isochrony reconsidered[J]. Journal of Phonetics,1977,5(3).

[28] PIKE K. The intonation of American English [M]. Ann Arbor: The University of Michigan Press,1945.

[29] KYRIAKOPOULOS K, KNIU K, GALES M. A deep learning approach to automatic characterisation of rhythm in non-native English speech[C]//Interspeech, No. 9,2019.

[30] KYRIAKOPOULOS K, KNIU K, GALES M. A deep learning approach to automatic characterization of rhythm in non-native English speech[A]// Proceedings of Interspeech,2019:1836-1840.

[31] HYMHN L. How (Not) to Do Phonological Typology: The Case of Pitch-Accent[J]. Language Sciences,2009,31(2-3).

[32] WHITE L, MATTY S L. Calibrating Rhythm: First Language and Second Language Studies[J]. Journal of Phonetics, 2007,35(4):501-522.

[33] WHITE L, MATTT S L, WIGET L. Language Categorization by Adults Is Based on Sensitivity to Durational Cues, Not Rhythm Class[J]. Journal of Memory and Language,2012,66(4):665-679.

[34] MOK P. "On the Syllable-Timing of Cantonese and Beijing Mandarin"[J]. 中国语音学报,北京:商务印书馆,2009(02):148-154.

[35] LAPEFOGED P, JOHNSON K. A Course in Phonetics[M]. 6th ed. Boston,MA: Wadsworth Publishing,2010.

[36] DAUER R. Stress-timing and syllable-timing reanalyzed[J]. Journal of Phonetics,1983(11):51-62.

[37] CUMMING R. Perceptually Informed Quantification of Speech Rhythm in Pairwise Variability Indices[J]. Phonetica,2012,68(4):256-77.

[38] DUANMU S. Rime Length, Stress, and Association Domain[J]. Journal of East Asian Linguistics,1993,2(1):1-44.

[39] ZHOU W, SONG H, DOLAN F, et al. Style-specific Rhythms of Mandarin in 4 Different Genres[J]. 中国语音学报,2019(12):75-81.

[40] XU Y, WANG M. Organizing Syllables into Groups—Evidence from F0 and Duration Patterns in Mandarin[J]. Journal of Phonetics,2009,37(4).

（刘春卉　四川大学）

# 四 汉语语音修辞的基础

语音修辞是修辞学的重要内容之一。语音修辞可以从两个角度着手研究,一是语音修辞的基础,或者说语音修辞的条件;二是语音修辞的表现。语音是语言的物质外壳,也是语言音乐美的基础。应该说,汉语语音修辞的种种表现正是以汉语语音的音乐美等方面为基础的。具体来说,汉语语音修辞的基础主要表现在音义相关、音节分明、音韵和谐三个方面。

## 1. 音义相关

语言是音义结合的符号系统。一般认为,语言中音义之间的关系是任意的、不可论证的、没有道理可讲的。这就是所谓的"语言符号的任意性"。

人们最早关注的不是语言符号的音义关系,而是名称和所代表的事物之间的关系,即名和实的关系,例如古希腊有"自然派"和"规约派"之争,中国先秦有"以名举实"和"约定俗成"之辩。"自然派"和"以名举实"说认为,名称和所代表事物是有内在联系的,因为是这个事物,所以叫这个名称;"规约派"和"约定俗成"说则认为,名称和所代表的事物是民众共同规约的结果,因为大家都叫这个事物这个名称,所以这个事物就叫这个名称。西欧中世纪流行的一种观点认为,名称是通过概念这个中介指示事物的。在现代语言学中,研究者更关注的是语音和语义之间的关系。语义不是事物本身,而是事物在人头脑中的反映,但由于语义和事物之间有比较直接的联系,因此可以认为语音和语义的联系,仍然和名实关系有关。

语言符号的任意性可以解释人类语言的多样性。但任意性不等于没有理据,我们之所以不知道某个音和它所代表的事物或人头脑中概括的意义之间的联系,不是因为它们没有联系,而是我们没有找到这种联系。即使是符号初创时期,也很难想象命名者会没有依据地随意而率性地给事物命名。

应该说,在语言中,音义之间的联系并不全然是任意的,而是密切相关的。汉语音义的相关性主要表现在以下三个方面,这三个方面都和语音修辞有联系。

### 1.1 语音象征语义

王希杰在《修辞学通论》中提到,许多人都注意到了语音同语义和感情色彩之间的某些联系,也就是所谓的"语音象征"(Sound symbolism)。例如,在汉语中,开口度大的、声音响亮的 a、ao、ang 韵字比较适于表达高亢的感情;开口度小的、声音细微的那些韵字,就难以表达豪放的激情,而适于表现低沉、悲哀的情感。在英语中,S 的发音可以使人联想到许多类似的声音,如风声、水声、蛇的嘶嘶声等。而 M 字母是低沉的鼻音,象征着海啸声、昆虫声、鸽子的嘟哝声,等等。语音象征语义,是人类语言的常见现象,尽管具体形式不同,但原则都是相同的。比如指示代词的音义之间存在着象征关系,在一个语言系统中,开口度大的往往用于指示远距离,汉语"那"和英语 that 都是如此,开口度小的往往用于指示近距离,汉语"这"和英语 this 都是如此,尽管汉语和英语指示代词的具体形式不同,但在开口度和距离的关系上是一致的。

在汉语中,语音象征语义比较常见,比如某些动物因其叫声而得名,而拟音词的音义关系更是具有跨语言音义相通的共性现象。

语音象征语义,对语音修辞有很大的影响。比如"因声附义"现象,有的学者将其视为一种辞格,这其实也是一种语音修辞现象,即给动物的叫声附加一定的意义,比如把蝉的叫声附义为"钱",把夜猫子的叫声附义为"后悔"等。当然这些动物的叫声本来并不具有人类所认知的意义,只是在特定情景中,听动物叫声的人由于心理世界的制约赋予动物叫声以意义,使动物叫声和语义临时建立起象征关系。语音和语义的象征关系还是一种造词的手段,这种造词的方法是基于语音修辞基础的。比如,有人把狗叫做"汪星人",把猫叫做"喵星人",这就是利用狗和猫的叫声命名的,"汪"的声音象征着狗的意义,"喵"的声音象征着猫的意义,于是出现了"汪星人"和"喵星人"这样的基于语音修辞的词语。

## 1.2　语音干涉语义

语音和语义是语言符号的两面,是不可分割的。最理想的状态是语音和语义完全对应,即一个音只代表一个义,一个义只有一个音,如果这样,交际所产生的误会基本上可以消除。但这种理想状态显然是不存在的,关键问题是,语音虽然理论上是无限的,但实际上是有限的。具体而言,人的发音能力、听辨能力都是有限的,因此语音事实上是有限的,而意义是无限的,由于新现象、新事物、新知识层出不穷,语义无论在理论上还是在实际上都是无限的。有限的语音和无限的语义,成为语言符号的内在矛盾。解决这种矛盾的方法,就是让一个语音负载多个意义,这样可以大大减轻记忆的负担,因此这也是人类语言运作的基本方法。在人类语言中,多义词、同音词都是用一个音表达两个或两个以上的意义,这是普遍情况。相反,一个意义用多个语音表达的情况则是少见的。这就是人类语言中很少出现绝对同义词/等义词的原因。

理论上,用有限的语音表达无限的语义,会给语言带来极大的麻烦,造成诸多的含混、模糊、歧义、误解等等,但在实际的语言交际中,这些情况并不经常出现,因为语境具有定位功能,可以消除这些消极因素。尽管如此,语音有限性和语义无限性之间的矛盾,仍然会使语音对语义造成干涉。

对语音修辞来说,语音对语义的干涉主要体现在同音联想上。同音联想有积极的,也有消极的,语音修辞的目的就是要引导积极的同音联想,避免消极的同音联想。

积极的同音联想主要表现在对吉利语的运用上。吉利语不一定符合物理世界的情形,但在心理世界中具有极其重要的作用,吉利语反映了人追求美好和平安的愿望,比如在春节期间打碎东西,人们会说"碎碎平安";再比如倒贴"福"字,寓意为"福到了"。因此,不能简单粗暴地把吉利语等同于迷信,而应该将其作为一种语音修辞加以积极引导。积极的同音联想还表现在语言的游戏功能方面,语言除了具有传递信息的功能外,还具有游戏功能,即人们可以运用语言进行类似游戏的表达活动。

消极的同音联想主要表现为,当说话人用一个词语或句子表达某一中性意义的时候,听话人会联想到同音的消极意义。比如"分梨"本来表示"切分梨"的中性意义,但容易使人联想到消极的"分离"意义,因此有许多人吃梨的时候是不分开吃的。由于消极的同音联想容易在心理世界产生负面影响,因此语音修辞的一个要求就是要避免消极的同音联想。有时候,一个语言形式会同时具有积极同音联想和消极同音联想两种情形,不同的联想在不同的地区或群体中会形成不同的亚文化特征。举例而言,"沉"在笔者的母方言中有积极的同音联想,因为"沉"和"成"同音,"沉"有成功的积极联想意义;但在一些江河纵横的地区,航船之上时特别忌讳说"沉",因为"沉"有"沉没"的消极联想意义,有些地区甚至连同音的"陈"都不能说不能用。

总之,由于语音干涉语义现象的存在,语音修辞要求大力引导积极的同音联想,极力避免消极的同音联想,这样才能使交际向着良好的方向发展。

## 1.3 语音抑制语义

作为语言符号的两面,语音和语义是不可分的。"语义"这一术语有广义和狭义之分,广义的语义指一切意义,狭义的语义专指语法意义。对语言符号来说,所谓"语义"显然是广义理解的一切意义,那么符合逻辑的结论就是,语言符号中和语音相对的语义是多样的、复杂的、多层次的。在词汇学和语法学中,广义的语义(或意义)有词汇意义和语法意义的分别,一般认为实词既有词汇意义,又有语法意义,而虚词只有语法意义,没有词汇意义。这样看来,尽管语音都能够表达语义,但语义的表现程度是不同的,实词的语义程度较强,虚词只有语法意义,语义程度较弱。对实词来说,语音和语义都是凸显的;对虚词来说,语音虽然可能有某种程度的削弱,但仍然还是凸显的,而语义则是抑制的,因此可以认为虚词中存在语音抑制语义现象。

语音抑制语义的现象在虚词中的表现还不是最典型的,最典型的是在语音修辞中的表现,主要是衬词的运用。有一些词自身并无意义,只起着协调音节的作用,这就是所谓的衬词。当然这里所说的"并无意义"指的是没有词汇意义或既没有词汇意义也没有语法意义,而非"不具备任何意义",否则就和"没有不表达语义的语音"的结论矛盾了。其实,衬词所具有的意义是"程序意义"。所谓"程序意义"和"概念意义"是相对的,其作用是增强交际的关联性,减少听话者为理解而付出的努力。衬词发挥的作用正在于此,说话人运用衬词来协调语音或上下文,一方面方便自己表达,另一方面则有利对方接受,从而提高交际的关联性。

书面语和口语的衬词其实是有差别的。书面语的衬词主要出现在韵文中,像"来""啊""那个""哎嗨哎嗨哟"等,衬词的运用是韵文的一个特点。对韵文来说,衬词是必要的,因为衬词能使语音和谐,甚至能达到语音优美婉转的效果。和韵文衬词不同的是,口语衬词既有积极的一面,也有消极的一面。口语衬词往往是一种习惯,不同的人有不同的衬词习惯,这不仅是修辞的课题,也是社会语言学应该积极研究的课题。口语衬词本来是说话人边说边想的产物,当一个语块(chunk)说完,另一个语块尚未组织成功的时候,说话人往往会用"啊……""这个……""是不是……"等衬词临时补充两个语块间的空缺,久而久之,就形成了固定的衬词习惯。如果衬词的运用过于频繁,成为听话人关注的内容,就有可能影响正常内容的表达,比如,有的教师在上课时频繁运用衬词"啊",几乎每两个语块之间都出现一次"啊",这种情况一旦引起学生关注,就会影响教学效果,有的学生甚至会记录老师一节课说了多少个"啊"字。因此对语音修辞来说,首先要区分韵文的衬词和口语的衬词,韵文的衬词作为语音修辞的内容是积极的,而口语的衬词,有些是积极的,有些是消极的,消极的口语衬词需要尽力避免。

## 2. 音节分明

### 2.1　汉语是音节分明型语言

　　音节是听觉上能够辨别的最自然的语音单位。在英语中,有的音节是容易辨别的,如 be 是一个音节,bigger 是两个音节,university 是五个音节;有些音节不容易辨识,如 film,有人认为是一个音节,有人认为是两个音节。在汉语中,音节都是容易辨识的,一般一个字就是一个音节,因此一个人不需要多少专业知识就可以轻松地识别音节,如"车"是一个音节,"图书馆"是三个音节,"符拉迪沃斯托克"是七个音节。

　　音节的观念是从西方引进的,但西方学者在音节的确定上却莫衷一是,主要是因为印欧语系的语言音节不像汉语音节那样分明。为此,西方学者提出了种种音节理论,有"元音说""呼气说""响度说""肌肉紧张说"等。

　　汉语音节则是分明的,一般有几个字,就算几个音节。唯一的系统性的例外是,儿化音和前面的音合并为一个音节,如"花儿"算一个音节,"马扎儿"算两个音节。从汉字字形看,以前有一个字读两个音甚至三个音的情形,如"千瓦""厘米""海里""英尺"用一个字表示,"图书馆"用一个字表示,但现在都已经废弃不用了。总体来看,汉语音节和"字"基本上是一一对应的,"字"是分明的,音节也是分明的。

　　英语等印欧语系的语言音节不够分明,但词是分明的,词和词之间有空格,就是所谓的"分词书写",因此判定一句话有几个词,是非常容易的。汉语恰巧相反。汉语音节分明,但词不够分明,词和短语之间的界线是比较模糊的,如"羊肉""鸡蛋"很像是词,但词典一般并不收录,语法上也往往归为短语。湖南师范大学彭泽润教授一直提倡汉语"分词书写",而且亲自实践,身体力行,出版了若干本用"分词书写"形式写作的著作,但响应者并不多。这一方面和传统习惯有关,对于习惯使用非分词书写的读者,分词书写给人以不习惯之感；另一方面和汉语本身的特点有关，即汉语词和词之间本身就不是分明的。要数出一段文字中包含多少个音节是容易的，要数出这段文字包含多少个词却是不容易的；对英语来说，要数出一段文字中包含多少个词是容易的，要数出这段文字中包含多少个音节却是不容易的。由此可见，汉语是音节分明型语言，英语是词分明型语言，两种语言在音节和词的分明性上呈现出某种程度的互补性。

由于汉语音节分明，说汉语的人在接触其他语言时，常常根据汉语音节的习惯记录其他语言，而汉语记录下的音节，未必是实际的音节情形。例如 English 一词只有两个音节，但说汉语的人可能会根据汉语音节习惯将其记录成四个音节，如"阴沟里洗""应给利息""因果联系""硬改历史"等等。这其实也属于语音修辞范畴，是通过音节改造和音节附义的手段赋予语言调侃和诙谐色彩，从而取得好的表达效果。

## 2.2　音节在汉语中的重要性

音节是汉语中极其重要的要素，它不仅是语音的重要内容，也极大地影响着词汇、语法、修辞等。

现代汉语词汇最重要的特征就是双音节词占优势，这是现代汉语异于古代汉语的主要特征之一。一般认为，现代汉语虽然某种程度上保留了单音节词，甚至有些词类倾向以单音节词为典型特征，但这并不是主流，只有双音节词是现代汉语词汇的主流，凡是符合双音化趋势的词汇往往能在现代汉语词汇系统中立足，反之则不然。现代汉语也存在相当一部分三音节词，但也不是主流。至于四个音节或更多音节的词汇，人们就倾向于在日常生活中使用这些词汇的双音节模式简称词。20 世纪末，手机作为新事物出现时，人们还曾以"移动电话""步话机""大哥大"等称呼之，当时正规场合多用"移动电话"，口语多用"大哥大"；但后来这些词汇都逐渐成为历史，"移动电话"还偶有使用，"大哥大"则基本被淘汰了，只有"手机"保留下来，并逐渐成为汉语基本词。这是因为"手机"作为双音节词，有不可替代的音节优势，于是在竞争中最终胜出。

音节在现代汉语语法中也非常重要。语法学家很早就注意到了音节对语法的制约作用，比如动宾结构，可以是 2＋2（阅读报纸、收割麦子），可以是 1＋1（读报、割麦），可以是 1＋2（读报纸、割麦子），但不能是 2＋1（阅读报、收割麦）；再比如 2＋1 是定中结构（筹备费），1＋2 是动宾结构（筹经费）。哈佛大学冯胜利教授所提倡并推动的韵律语法也极其重视音节在语法中的作用。徐通锵的"字本位"语法，多被认为"语文不分"，即"字"是书写单位，语法是语言要素，实际上，如果把"字"理解为音节，那么"音节本位"的汉语语法绝不是没有道理的。因此，音节对汉语语法的作用和影响是十分巨大的，需要着力研究。

音节也影响着修辞。王希杰在《修辞学导论》中指出汉语音乐性的一个重要表现，就是音节的搭配，又主要表现在单双音节的配合上，其中双音节和四音节，是自足的，具有均衡稳定感。单音节和三音节是相对不自足的，具有运动变化感。音节影响着修辞格，许多修辞格都是和音节有关的，比如对偶，要求上下句音节等同；排比，要求并列的几项音节相同或大体相同。句式的选择，也往往和音节有关，长句和短句的主要差异之一就体现在音节上,长句是音节数量多的句子,短句是音节数量少的句子;整句和散句也和音节差异有关,组成整句的几个部分音节相同或大体相同,组成散句的几个部分没有这样的要求。词语的修辞有时也涉及音节问题,尤其是作家改笔,常常有改单为双或改双为单的情形。

## 2.3 音节对语音修辞的影响

由于音节在汉语中的重要性,语音修辞不可避免地受到音节的影响。换言之,音节在语音修辞中具有举足轻重的作用。音节对语音修辞布局的影响主要表现在以下三个方面。

一是匀称。汉语相同的指称对象,常常可以用不同的音节表达。例如施耐庵《水浒传》第 44 回有对和尚的描述:"一个字便是僧,两个字是和尚,三个字鬼乐官,四字色中饿鬼。"意思就是说,"和尚"这一对象可以分别用单音节、双音节、三音节、四音节记录。有趣的是,上述描述性话语都用六个音节,在叙声结构一致的基础上,完全凸显音节的作用,这是汉语音节重要性的很好体现。就多项并列结构而言,并列各项力求匀称,如果是单音节,则并列各项最好都是单音节,双音节、多音节也是如此。比如,"编导演灯服道效"是单音节并列,"编剧、导演、演员、灯光、服装、道具、效果"是双音节并列,只要始终保持匀称,就是好的语音修辞。如果本来可以做到匀称,却把单音节和双音节混合起来,从而造成不匀称,就不是好的语音修辞。

二是尾重。语言有自由的一面,也有不自足的一面。就某一指称对象而言,有时候比较自由,可以用不同音节表达,有时不自足,只有一两种音节表达方式。比如中国五大宗教"天基佛道伊",作为单音节并列可以做到匀称,但如果是全称则无法做到匀称,"天主教、基督教、佛教、道教、伊斯兰教",这就需要按照其他原则安排。一般地,国家相关部门常常按照意义的原则排列,或者根据人数,或者根据重要性。如果单纯从语音修辞的角度看,按照尾重的原则安排是比较合适的,即前面音节少而后面音节多,"佛教、道教、天主教、基督教、伊斯兰教"是最合理的安排。这种尾重原则具有跨语言的共性,根据刘丹青在《语言类型学》中的总结,关系从句多在后面的原因可能跟重成分后置有关,而通常比较简短指示词、数词总在前边则跟它的轻成分属性有关。指示词一般都是简短的,因而通常前置。

三是均衡。均衡表现在节律的安排上。节律,就是节奏的规律。节奏是宇宙间的普遍规律,这是语言节律的基础。就汉语节律而言,音节的安排是节律最重要的表现,近体诗中的五言诗和七言诗,多按照 2+2+1、2+2+2+1 的音顿模式形成节律,每一个音顿由两个音节所组成,又以两个音顿为一个组合。这种 2+2 的音顿结构模式是从古至今最普遍的一种节律模式。可以说,由于音节均衡所导致的节律模式塑造了汉语的韵文,使韵文充满了音乐美。

总之,音节对语音修辞有着非常重要的影响,这和汉语音节的分明性、音节的重要性是分不开的。

## 3. 音韵和谐

音韵是汉语语音中声母、韵母、声调的合称,也用来泛指古代汉语的语音系统。汉语音韵的和谐,也影响了语音修辞。

### 3.1 声韵相对分明

汉语音节由声母、韵母和声调三部分组成,声母和韵母是音段成分,声调是超音段成分。声母和韵母作为音段成分的两个部分,是相对分明的:一方面,尽管声母和韵母是一个整体,但音感上还是容易分别的;另一方面,声母和韵母的分别,毕竟不如音节和音节的分别那么明显,音节的分别不需要专业基础,但声母和韵母的分别需要一些基本的语音知识。

最早将声母和韵母进行分别的是汉代的经学家。先秦经书中一些难字的字音,到汉代时已不易辨识了,经学家为了让读者知晓先秦经书难字的字音,就把一个字分为两部分,用容易辨识的两个字表示这两个部分,从而给难字注音,这就是"反切"。一个字的两部分,前一部分就是声母,后一部分就是韵母,这样声母和韵母就被分别出来了。声母和韵母的分别,是汉语音节分明的必然产物,单音节字分成两个部分,是很自然的事情。

从普通语言学视角看,音节的分析是以元音和辅音的对立为基础的,汉语也可以按照普通语言学的方法进行元音和辅音分析,但从声母和韵母的分别入手进行分析,既可以体现汉语音节的特点,又可以体现音节分析的多样性,因此这是汉语音节最有优势的分析方法。此外,声母和韵母的分别,也具有区域类型学特征,林焘、王理嘉在《语音学基础》中指出,音节结构简单明了是汉藏语系语言的共同特点,汉语音节的结构框架(C)+(V)V(V)+(N,P)对其他一些属于汉藏语系的语言也是适用的。因此,对汉藏语系来说,它们有共同的语音基础,因此也应该有共同的语音修辞基础,在这方面还需要加强研究。

### 3.2 汉语声调具有旋律性

声调和语调都是超语言的语音成分。声调和语调的区别在于,声调区分意义,语调区分语气。语调在人类语言中是普遍的,因为任何句子都必定带有语气。声调则是因语言的不同而不同的,汉语有声调,不同的声调可以区分不同的意义,英语没有声调,一个单词不论用什么样的调说出来,都只区分语气,不区分意义。像汉语这样的语言是声调语言,像英语这样的语言是非声调语言。

根据语音学的研究,声调语言在人类语言中并不罕见。汉藏语系的语言普遍都有声调。印欧语系只有北欧、东欧一些语言有声调,绝大多数语言都没有声调。南亚语系、南岛语系有些语言有声调。非洲班图语和美洲印第安语很多都有声调。

声调语言又包括两种类型,一种是高低型的,如非洲和美洲的语言大都属于高低型声调语言;一种是旋律型的,如汉语属于典型旋律型声调。林焘、王理嘉在《语音学基础》中指出,旋律型声调语言除音的高低外,还根据音的升降变化区分声调。声调的音高和时间本来就是函数关系,旋律型声调的音高随着时间的推移或升,或降,或平,或高,或低,或呈拱形,或呈波形,画出来很像音乐中的旋律线,听起来也有较强的音乐性。汉藏语系语言的声调一般都是旋律型的,北京话只有四个声调,其中有升,有降,有高,有低,有平,有曲,就很具有旋律性,听起来很像是具有音乐性的语言。汉语声调的旋律性是汉语语音修辞的基础,汉语的音乐美在某种程度上是和汉语声调的旋律性分不开的。

## 3.3 音韵对语音修辞的影响

由于汉语音韵的特殊性,汉语语音修辞不可避免地受到音韵的影响。主要表现在以下三个方面。

一是联绵。联绵历来是汉语语音修辞的重要内容。联绵主要涉及联绵词的选择搭配问题。联绵词分为三种:双声联绵词、叠韵联绵词和非双声叠韵联绵词。前两种联绵词涉及声韵问题,双声是声母相同,叠韵是韵母相同,这是汉语声韵相对分明的特征所造成的语音修辞形式。双声叠韵是很早就存在的词汇形式,同时也是很早就存在的语音修辞形式,从双声叠韵的历史来看,古人已经不自觉地把声韵区分开了,汉语声韵的相对分明性可见一斑。从汉语语音修辞的研究现状看,许多学者都注意到了联绵词的语音修辞功能。王希杰在《汉语修辞学》(修订本)中把联绵和摹声放在一起论说,认为在单音词占优势的古代汉语中,联绵词作为双音节词具有特殊的修辞作用,是语音美的重要表现手段。在《修辞学导论》中,联绵被作为独立的问题分节论说,王希杰更进一步认为,虽然现代汉语双音词占优势,联绵的语音修辞作用已经不如古代汉语那么明显,但仍然是语音美不可忽视的内容。

二是平仄。汉语声调古今不同,地域有别。从中古音到普通话,汉语声调经历了"平分阴阳、浊上归去、入派四声"的变化,从中古的八个声调逐渐演变为现代汉语普通话的四个声调。从方言的情况看,少则有三个声调,多则有十多个声调。但总体看,汉语声调都可以分为两大类,一类是平声,包括阴平、阳平,也可能有更细微的平声差异;一类是仄声,包括上声、去声、入声,这三类都有阴阳之分,有些还有更细微的声调差异。语音修辞对声调的基本要求是:平仄交错。只有平声和仄声交替出现,才能实现语音的变化美和曲折感,而只有平声或仄声,则是单调、枯燥的。在近体诗和对联中,有"忌孤平"或避免"三平尾"的原则,就是要求避免只有平声、没有仄声。在现代汉语中,有些变调现象在某种程度上就是为了避免全部仄声,比如"我很想买五把好雨伞"都是上声,但变调后上声、半上、阳平交错出现,从而避免了全部仄声。平仄交错,是创造汉语音乐美的基本手段。

三是押韵。相同或相近的韵母在一组小句的句末重复出现,就是押韵现象。押韵凸显的是音节的韵母,音节的声母则被抑制,也就是说,在押韵中,声母是无关紧要的,韵母则因重复出现而得到凸显。押韵在人类语言中也是比较普遍的现象,英语也有押韵的情形,而且还有"头韵""元韵""尾韵"等类别。英语的押韵是重复音素造成的,不一定在句尾,也可能在句首或句中。汉语押韵都在句尾。在汉语中,押韵是韵文的特征,尤其是诗歌的特征。古代和近代汉语中,诗歌都是押韵的。在现当代汉语中,诗歌已经不再严格要求押韵,但如果诗歌押韵,仍然能够产生循环往复的音韵美感。另一方面,押韵也不是韵文的专利,一些小品、曲艺、顺口溜、俗文学等也都讲求押韵。由于押韵具有韵律的美感,且上口入耳,容易记忆,因此也成为记忆重要知识点的辅助手段。王希杰先生在几部重要的修辞学著作中都谈及了押韵问题,特别是在《修辞学导论》中指出:"长音有宽敞、迂缓、沉静、广大、闲逸等韵味与情趣,而短音则有急促、急剧、狭小等韵味和情趣。清音能引起'小、少、强、锐、快、明、壮、优、美、贤、善、静、虚、轻、易'等联想,而浊音能引起'大、多、弱、钝、慢、暗、老、丑、愚、恶、动、重、难'等联想。不同的韵,是与人们的不同的感情相联系着的。因此,用韵的时候应当注意到韵的审美功能、感情色彩和心理联想的方向。"此处王先生把押韵和情感表达联系在一起分析,颇有见地。总之,押韵是汉语语音修辞的重要方面,是在汉语音韵和谐的基础上产生的语音修辞手段,体现了汉语语音修辞的特征。

汉语语音修辞有着深厚的语音学基础,汉语的语音有其独特的一面,也有符合人类整体语音原则的一面,这些方面对汉语语音修辞都起到了塑造作用。人类语言具有音乐遗迹,戈德伯格在《语言的奥秘》中指出我们语言中音乐的一个重要遗迹可以追溯到intonation(语调)这一名称那里去。这是一个可以独自讲话(或唱歌)的词。语言远远超过我们所理解的东西,它既可以是唱的也可以是讲的。像汉语这样的语言,以及使用人数较少的瑞典语,都能使音调的差异成为语言的一个重要因素。汉语中一个词随着音调的改变,意思也要发生变化。他认为当我们学一门新语言时,不仅我们的本族语发音系统(我们的语音学)会阻碍我们的进步,我们的音调背景(即我们自己语言中的音乐性)也会起同样的作用。为了很好地学会一门外语,我们不仅应当学习该语言的词及词的结构,还应当学习这种语言大概的旋律特点。语言的音乐性反映在语音上,而语音的诸多特征是导致语音修辞的根本基础。汉语的语音修辞正是在音义相关、音节分明、音韵和谐这些语音特征的基础上产生的,认识这些语音特征,有助于更好地把握语音修辞,从而使语音修辞的研究更上一层楼。

## 参考文献

[1] 符淮青.词义的分析和描写[M].北京:语文出版社,1996.
[2] 戈德伯格.语言的奥秘[M].太原:山西人民出版社,2003.
[3] 林焘,王理嘉.语音学基础[M].北京:北京大学出版社,1992.
[4] 刘丹青.语言类型学[M].上海:中西书局,2017.
[5] 罗邦柱.古汉语知识辞典[M].武汉:武汉大学出版社,1988.
[6] 沈家煊.名词和动词[M].北京:商务印书馆,2016.
[7] 万云,郑心灵.简说辞格"因声附义"[J].修辞学习,1993(5).
[8] 王希杰.汉语修辞学(修订本)[M].北京:商务印书馆,2004.

[9] 王希杰.修辞学导论[M].杭州:浙江教育出版社,2000.

[10] 王希杰.修辞学通论[M].南京:南京大学出版社,1996.

[11] 王希杰.修辞学新论[M].北京:北京语言文化大学出版社,1993.

[12] BLAKEMORE D. Are apposition markers discourse markers? [J]. Journal of Linguistics,1996(32).

(宗守云 上海师范大学)

# 五 汉语词汇中的非理复合词[①]
## ——一种特殊的词汇结构类型:既非单纯词又非合成词

【非理复合词是汉语词汇在历史发展中,一些来源于多个语素却又不能按一般语义结构规则分析的词,它主要有四个来源:两个不同层次的成分长期相邻使用,形成跨层次凝合词;从一个常用词语中选取部分音素或音节组合成等义的新形式,形成缩略词;从一个熟习的词语中略去所要表达的词,让剩余部分表示被略去的意义,形成隐缺词;用不对应成分替换一个词的某个部分,产生一个与原词整体意义对应的词,形成非理仿词。】

汉语词的结构分析,通常以字为单位展开。在多数情况下,一个汉字代表一个语素,单语素构成单纯词,语素与语素构成复合词,偶尔也有两个或多个汉字作为一个语素的情况。一般说来,语素与语素根据一定的规则组合成词,整个词的意义和它的构成语素之间有直接关系,语素之间的关系也是可以分析的。但是,在历时演变中,一些词语的内部语义结构和外部形式之间,失去了对应,出现了一些由多个成分组成、却又不能按常规作语义结构分析的词语。对于这类词,向熹先生在讨论"超层次的复合词"时曾举了数例作了分析[②],我们从结构分析的角度出发,把非单纯结构又不能按常规分析的词称为非理复合词,并试图对这类词汇成分作出描写。

从来源上看,非理复合词大致可以分成以下几类。

## 1. 跨层次凝合词

不同意义的语素按一定规则组合成复合词,但有时一些语素在某个语法环境中会以固定的顺序组合在一起表示固定的意义,成为一个具有特定语法意义的成分,久而久之,凝合成词。在汉语中有不少通过这个途径产生的词,以下是一些被收入《现代汉语词典》中的凝合词,它们产生的时代不一,但至今还常使用,如:

不比 不必 不曾 不但 不独 不如 不无 不屑 不宜 不致 从而 否则 可不 可谓 可以 何不 何必 何曾 何谓 无比 无不 无非 无怪 无须 无需 毋宁 毋庸 然而 然则 因而 再不 在乎 在于 至于 所以

这类词的形成原因在于,在一些局部可替换的多层短语中,经常变换的成分与变换的剩余成分在结构关系上不对应。像"不必去"这一词组中,本是副词"不"否定状中关系的"必去",是用两个状语作双重限定的双层复合结构,其中中心语"去"可以用同类动词替

---

[①] 本专题来自俞理明老师的论文《汉语词汇中的非理复合词——一种特殊的词汇结构类型:既非单纯词又非合成词》,原文刊发于《四川大学学报》2003年4期,曾被人大复印资料2003年第11期全文转载。如引用其中内容,请使用封底二维码获取原文和出处信息。

[②] 向熹.简明汉语史(上册)[M].北京:高等教育出版社,1993:515.

换,组合出"不必行""不必说""不必相信"等。这样,在一个 A+BC 的组合中,处于上位的 BC 中(如"不必去"中的"必去")的 C 是一个自由度很大、经常被替换的独立成分,剩余的 B 就和 A 成了这个组合的基础成分,因而引起语法结构的重新分析,即把剩余成分 AB 作为一个词,把 A+BC 认识成 AB+C 的结构。这样的结果,似乎是语法关系上不处于同一层次的 AB 在反复连用、凝合成词,但其实是局部替换中剩余成分在语感上的一体性导致的重新分析。这个过程,可以图示如下:

$$A+(B+C 或 D、E、F、G\cdots\cdots) \longrightarrow AB+(C 或 D、E、F、G\cdots\cdots)$$

对词语成分的误认也会引起跨层凝合,如《诗·伐檀》中"河水清且涟猗"一句,朱熹《诗集传》说:"猗,与兮同,语词也。"但"猗"作语气词的用例很少,后人不了解,而它在节律上又与"涟"构成一个音步,于是把它和"涟"放在一起理解,字也写作"涟漪"。"猗"从一个附在全句之后的语气词,成为形容词"涟"的后附成分,结构关系也变了。

## 2. 层内偏合

连词等起关联作用的词,连接同一语法层次中的词或词组,在同一层级的两个语言成分之间起粘合作用。由于关联成分在语义上提示上文未了,还有下文,与后一成分的关系更紧密。一些连词就在这样的情况下,和经常出现在它后面的词凝合,如:

以后　以近　以来　以免　以内　以期　以前　以上　以外　以往　以下　以远　以至　以致　之后　之前

其中"以后""之前"等词语中的"以""之"等是没有自立能力、靠前后成分夹持而出现在话语中的。但是,由于连词前的成分的相对完整性和它本身提示下文的作用,加上某些关联组合中后续成分也比较固定,在音律等因素的支持下,它就疏远了前面的成分,和后面的成分合成一个语言单位。这样凝合成的词语,最初仍需有前加成分,如"……以内""……以外"等;经过进一步发展,这样的词可以不要前加成分而单独成立,如"以前""以后"等,彻底完成了层内偏合的过程。这个过程可以图示如下:

$$B 或 C、D、E、F\cdots\cdots + \& + A \longrightarrow B 或 C、D、E、F\cdots\cdots + \& A \longrightarrow \& A$$

## 3. 合音缩略词

由于习惯性的语流加速,有时两个密切相连的音节会缩合造成一个新音节,这是合音缩略词。这一过程,是从原有的两个音节中选取部分音素组成一个与原形式不同的、单音节的新形式。古代汉语中,一些常用的虚词成分,包括一些跨层成分,多发生合音缩略。合音缩略词,有时新造一字来记录,有时则借用另一个字来表示,如:

不可//叵　何不//盍　之于//诸　之乎//诸　不要//别　三十//卅

还有一些合音缩略词只见于口语,而没有书面的记录形式,如:

今吴中乡妇呼阿母,声急则合而为嬤,轻躁之子呼先生二字,合而为裹,但未有此字耳。(明陆容《菽园杂记》卷七)案:至今浙江宁波话"阿母"常说成 am。呼唤母亲时再加一语气词作"阿母欸",三个音节在口语中说成 ammei 两个音节。

现代口语中,这类情况仍然时有发现,如北方一些方言把"干什么"说成"干吗"甚至"嘛",四川话中的"做啥子"在用于表示不满或愤怒时,说成"zua子",这些都是同类现象。这种词的特点在于用一个音节(一个汉字)表示两个语素,与一般汉语记录中词大于或等于汉字的习惯不同。由于在多数情况下表意的汉字要么记录一个语素,要么记录一个语素的部分,所以,通常通过书面对汉语词语的分析,我们总是以音节(字)为最小单位展开的。然而,在这里我们看到汉语中还有非单一结构的单音词,即可以作内部语义结构分析的单音词。

## 4. 选字缩略词

由于交际省便的要求,一些较长的词或词组在反复使用中发生缩略。说话人采用原词语中部分字来代表这个整体,受话人通过代表形式的提示结合自己的语言经验把它还原成原词语来理解。不论原词语是词还是词组,缩略后都成为一个词。由于缩略词的代表成分选用不是以语法或语义结构为基础,所以缩略形成的词从字面上看往往是无理的。[①] 如:

何为/为　何所/所　何缘/缘　何等/等

这类缩略词在古代文献中分布很广,比如"牛郎织女"被说成"牛女";"绮襦纨裤"说成"绮襦""纨裤""绮纨";"同日而语"说成"同日""同语"。不仅一般词语,一些专用名词也有缩略的现象,如《论语》《孟子》二书称作"语孟"或"论孟",《史记》《汉书》称"史汉";人的姓名也有缩略的,如把司马迁和班固两人合称为"班马",单独称司马迁为"马迁",把杨得意称为"杨意",等等。这种现象已受前人注意:

今之称复姓者,皆从省文,如司马则曰马,诸葛则曰葛,欧阳则曰欧,夏侯则曰侯,鲜于则曰于……唐永贞元年十二月,淳于姓改为于,以音与宪宗名同也,至今二于无复可辨。(宋费衮《梁溪漫志》卷三)

有的成语也是通过缩略形成的,如:《尚书大传》卷三:"爱人者,兼及其屋上之乌。"后来在这句话的基础上缩略,产生了成语"爱屋及乌",字面上是"喜爱房屋连及乌鸦",但实际意义还是它的本义,即"喜爱一个人而兼及他的住房乃至房上栖息的乌鸟"。成语本身

---

[①] 本文对缩略采用比较严格的形式判别标准,主张缩略后形式中的每一个成分都应该来自它的原型,所以,我们认为"三好""五讲四美三热爱"等不是缩略,而把"何不"说成"盍"则应该是缩略。同时我们也主张缩略只是从一个词语的原型中选取部分有代表作用的语音成分来代表这个词语的整体,而不是选取其中在结构或意义上有代表作用的成分组合而成。有关论述可参拙文:《汉语词语缩略概论》[M]//汉语史研究集刊(第二辑),成都:巴蜀书社,1999;《词语缩略中的任意性基础和约定作用》[J],语文建设1999(6);《词语缩略的界定及其理论诠释》[J],四川大学学报,哲学社会科学版,2000(2)。

也可以被缩略，比如"守株待兔"说成"守株"或"守兔"。由于语素形式的省缺，从字面上看，缩略后的形式在字面上往往无法涵盖原形式中的各局部意义，却并不影响对整个词语意义的表达。可见，缩略代表成分并非选用有代表意义的语素。缩略词的这种非理性的特点，常常造成字面意义相悖，比如"如"有"不如"的意思：

> 母欲立之，己杀之，如毋与而已。（《公羊传·隐公元年》）何休注："如即不如，齐人语也。"

现代汉语中，缩略普遍运用，产生了缩略词素。一些常用的缩略成分，由于类比作用，在不同的词语中得到了广泛的使用，与原词语中部分成分在意义上形成对应关系，比如"委"表示"委员"或"委员会"，"大"表示"大会"或"大学"，等等，应该看到，这些词素的形成是较早产生的缩略词在语用中被普遍仿拟的结果，并不是在缩略之初就是以这些成分作为词素来构词的。由于缩略词素的产生，现在常见的缩略词可以分成两类，一类是原发的缩略词，如"严打"（严厉打击刑事犯罪活动）"推普"（推广普通话），这类缩略词没有形成确定的可供仿照的模式，更明显地表现出表意的不明确性和形式的不可分析性；一类是仿照原有的缩略格式，对词语中的相同成分采用相同的代表形式，形成可分析的缩略词，通常人们是从这种角度来认识缩略词的。在不少情况下，一些缩略词虽然有一个可供摹仿的模式，但是其中的一些成分尚未形成约定意义，所以从字面上理解起来也是有困难的，如："打非"（打击非法出版物，仿"打假"）"普九"（普及九年制义务教育，仿"普法"）等等。缩略词的构成成分即便都已词素化，在理解的过程中也会出现问题，比如在成都，"成师"指成都师范学校，"川师"指四川师范大学，同一"师"在类似的语境中所指对象不同。反之，类似的名称有时也不能以同样的方式缩略，如在上海，"华师大"指华东师范大学，而不能指华中师范大学；在四川，"西航"指西南航空公司，而不指西北航空公司。对缩略词的结构和意义的可靠分析只能通过形式的还原才能得出。

掌握词语缩略的规则，有助于弄清一些从字面上看语义结构不清的词语的构成理据，如宋代欧阳修《归田录》卷二说："宗室女封郡主者，谓其夫为郡马；县主者为县马，不知何义也？"袁文《瓮牖闲评》卷三也同样表示疑惑："驸马者，天子之婿也，以副马给之，故称驸马。不知所谓郡马、县马者何义？"汉代在"公主"之下有"郡公主""县公主"的封号，六朝以后略称为"郡主""县主"，作为皇族庶出或别支的妇女封号。在封爵系统中公、郡、县依次递降，公主、郡主、县主形成一个系列。魏晋以后俗称公主的丈夫为"驸马"，郡公主、县公主的丈夫本应作"郡驸马""县驸马"，但"郡公主""县公主"已经缩略成了郡主、县主，所以它们也通过缩略构成双音的"郡马""县马"，与双音的"驸马"相类，也正与公主、郡主、县主相配。缩略掩盖了它们的造词理据。

## 5. 隐缺词

在汉语词语中有一种特殊的形式，就是在一个完整的习用词语中把其中表意所需的部分隐而不说，用剩余部分来表示这个隐去的内容，不论它的结构是否完整、表意是否合理。陈望道先生《修辞学发凡》中称这种特殊形式为藏词，后来有的学者根据它们所处的位置分别称为藏头词和歇后词。隐缺词和缩略词有一些相似的地方，它也是在一个常用形式的基础上略去部分成分构成的，也不考虑保留部分结构和意义的完整性，但是，这类词语代表形式的取舍不是任意的，而是有定的，如：

友于，指"兄弟"，出自《书·君陈》："友于兄弟。"三国魏曹植《求通亲亲表》："今之否隔，友于同忧。"

居诸，指"日月"，时光。《诗·柏舟》："日居月诸，胡迭而微。"孔疏："居、诸，语助也。"唐韩愈《符读书城南》："岂不念旦夕，为尔惜居诸。"

倚伏，指"祸福"，出自《老子》五章："祸兮福所倚，福兮祸所伏。"唐徐夤《招隐诗》："鬼神只瞰高明室，倚伏不干栖隐家。"

而立，指"三十岁"，出自《论语·为政》："吾十有五而志于学，三十而立，四十而不惑，五十而知天命，六十而耳顺，七十而从心所欲，不逾矩。"宋严有翼《艺苑雌黄》："顷有人年七十余，置一侍婢，年三十。东坡戏之曰：'侍者方当而立岁，先生已是古稀年。'"

秋胡戏，指"妻"，出自古代故事秋胡戏妻，见刘向《列女传》，历代话本戏剧中多用为素材。《金瓶梅》二十三回："只嫂子是正名正顶轿子娶将来的，是他的正头老婆秋胡戏。"

七大八，指"小"，小老婆。俗语"七大八小"本指众多纷杂大小不一的样子。明徐翙《春波影》三出："我眼里见了多少人家七大八，不似这个真是能诗能画。"

乘龙快，指"婿"，女婿。朱琳《洪门志·隐语》："婿，称乘龙快。"

城隍老，指"爷"，父亲。城隍老爷，传说中守护城池的神，旧时各地例有神庙供祭。《民俗》二十三、二十四期《序闽歌甲集》："让我拿所知的苏州话举出数例，譬如说：'这个人的父亲做了官，纳了一个妾。'这句话太直捷了，不妨改作'俚格（他的）"城隍老"（爷）做仔"秃头判"（官），结仔一个"七大八"（小＝妾）'"

猪头三，指"牲"，谐"生"，指生人、外行人或不懂世面不会处事的人《沪苏方言记要》："猪头三，此为称初至沪者之名词。'牲''生'谐音，言初来之人，到处不熟也。"

相较于原型词语，变化后的词语中，保存的形式略去了意义，而保存的意义则略去了形式，它在形式和意义上取舍相反，有很强的典故性，接近于猜谜。虽然我们可以找到不少这类例证，但是大多使用不广，具有很强的区域性和时限性。用这种方法造成的词语，在结构上往往是残缺、无理的，只有通过复原并重新取舍才能正常理解它的语义结构。

## 6. 非理仿词

仿词是用一个同类词素替换原词中的相应词素，构成一个新词，如仿"阔人"而作"窄人"之类。在修辞层面上构成的这类成分大多是临时性的成分，它影响汉语词汇的使用，而并未给汉语词汇增加新的成分。但是也有一些词是用这个方法造成的，比如把"空中小姐"缩略成"空姐",后来仿造出了"空嫂""空哥"。词语在仿造过程中,往往伴随着对其中词素义的重新理解,如"空姐"指飞机上的女服务员,其中的"姐"来自"小姐",是对年轻女子的敬称。但是在仿造的时候,却把它理解为另一个意义"未婚年轻女子",与已婚的中青年妇女称"嫂"、年轻男子称"哥"相对,仿造出了"空嫂""空哥"。而"空嫂"同时还与"军嫂"有仿拟关系,但"空嫂"的"嫂"与"军嫂"的"嫂"不同,只宽泛地表示已婚,并不指某类人的妻子。"空哥"的"哥"也不是同父母所生的年纪较大的男子,所以,尽管称谓中"哥""嫂"相对,但"空嫂"与"空哥"大多只是同行或同事,并无婚恋关系。仿词的产生,与语言运用中的趋时心理有密切关系。有一段时间,北京流行"面的",一时以"的"为基础的仿词十分盛行:"摩的""板的""马的"等;还出现了与"空姐"对应的仿词"的哥""的姐""的嫂"等。这类仿词在仿造过程中,虽然对其中的语素意义作了重新认识,但是从整体结构上看,仿造是在比较严格的同类对应前提下进行的,所以仿造出的词在结构和意义的分析上看,是合乎常规词语结构的。

有些仿词的情况就不同了,大约是造词者在仿造过程中对原词的认识只限于这个词的整体,只考虑它的整体对应性,所以其中的替换并未遵循同类替换的原则,这就导致新生的仿词在结构上与原词出现很大差别。如在台湾的方言中,仿"太保"而造的"太妹",它的语义结构与"太保"就不一样,"妹"表示少年女子,"保"并无相对的少年男子的意思,但它被"妹"替换了。类似的词还有仿"酒吧"的"啤吧""水吧""茶吧""果吧",来自英语 bar 的"吧"原指小酒馆,在这些"～吧"中,喝的不必是酒,也可以是茶水或饮料(其中"果"还是一个缩略成分,指的是果汁)。同时,另一类"吧"也出现了:"爵士吧""迪吧""书吧""网吧""话吧"等等,在提供饮料的同时,还有一项主要服务,虽然在形式上还比较相似,但语义结构已不同于前一类"～吧"。因此有时造成了一些无法直接分析的词语,这些词语具有非理性。

旧时军人被称为"丘八",这是把"兵"字拆分后形成的一个单纯词。但是,在后世的仿造中,人们把它当成是一个合成词,造出了一些新形式:

> 那个粗壮汉子惊奇地问:"你们带这些本本做什么?"罗四维冷冷地说:"读书人不带书带什么?"有人笑问道:"你们是丘九? 是学生哥?"林珊也笑着说:"我们是丘十,是教书的。"这两句惹得大伙笑起来,空气缓和得多了。(李英敏《夜走红泥岭》)

五四以后流行说"工农兵学商",学排在兵之后,所以,仿"丘八"造了一个"丘九"称学生。对话中又有人开玩笑把教师称为"丘十"。在重庆一带的方言中,还有一个"丘八"的仿词"丘二",目前在当地口语中,这个词中的"二"已弱化,意思是雇工。"丘二"一词在较早的四川作家作品中时有出现:

> 早知道这样,我不该退了佃当丘二!(沙汀《催粮》)

> 我走什么运,还不是当跑腿的丘二吗?(马识途《京华夜谭》六)

"丘二"来自"丘八大爷"。过去当雇工与当兵在劳动强度、不稳定性以及社会地位方面有不少相似之处,因此,军人称"丘八大爷",雇工承"大爷"排行称"丘二"。还有一条跟"丘八"有关的仿词,1998 年在成都市抚琴小区邻接青羊小区处有一家退伍军人开的"丘三川菜馆",在店堂当门的屏风上有一首打油诗,说到店名的来由:"当兵当到头,丘八变丘三。"据四川大学中文系李佳同学调查(这是林丽同学提示的,谨致谢),这是把"丘八退伍"解作"八减五为三",因戏称"丘三"。

非理仿词在古代汉语中也有实例,如反问语气的"何~"与陈述语气的"无~"构成同义关系,像表示反问的"何知"就是"无知","何有"就是"无有",所以,"何所"有它的同义形式"无所","无所"又产生了它的反义形式"有所";"何以"有它的同义形式"无以","无以"又有它的反义形式"有以"。从结构上分析,"何所"表示"所……何",是一个谓语前置的结构,"何"是一个谓词,而仿造的"无所""有所"中的"无"和"有"就不能作这样的分析,通常把它们分析成动词,而把"所……"作为它们的宾语;"何以"是一个介宾结构,"何"作介词"以"的宾语,但是,"无以""有以"中的"无""有"无法作这样的分析,只有作整体理解,因为它们是在仿似中通过不对应替换进入这个词,从而构成了非理关系。

非理结构的词语,是历时变化的产物。从来源上说它们不是单语素词,却又具有整体特征,不能像一般合成词那样作结构分析。这些词语是汉语词汇共时分析中的难点,论者每以"固定词语不可分析"避而不谈。但是,科学的分析不应该回避研究中所面临的任何问题,在汉语词汇结构的分析研究中,应该对处在共时面中的所有的词汇成分作出处理,既然所有的汉语复合词都是通过"固定"形成的,而且这些复合词大多可以被分析,那么对于其中不易分析的成分,就不应弃而不论,而是需要深入研究并提出解决的办法。从现代汉语词汇的共时平面上看,在汉语的合成词与单纯词之间还有一类由词汇历时变化造成的非理结构的词语,它们由合成词变化而来,却具有单纯词那样形义整体对应的特性,不能对其作语义结构分析,以往构词分析中无法适当处理的词汇成分,基本上都可以归入这一类别中。另外,一些单音词也含有合成因素,它们在词源分析中可以作结构上的溯源。这都是目前词汇研究中尚未受到重视的问题,希望本文的这些想法对汉语词汇的结构分析起到促进作用。①

## 参考文献

[1] 曹炜.现代汉语词汇研究[M].北京:北京大学出版社,2003.
[2] 董秀芳.词汇化:汉语双音词的衍生和发展(修订本)[M].北京:商务印书馆,2011.
[3] 董秀芳.汉语的词库与词法(修订版)[M].北京:北京大学出版社,2016.
[4] 符淮清.现代汉语词汇[M].北京:北京大学出版社,1985.
[5] 刘红妮.汉语跨层结构的词汇化研究[M].上海:学林出版社,2019.
[6] 刘叔新.汉语描写词汇学[M].北京:商务印书馆,1990.

---

① 本文所讨论的部分现象,前人从修辞的角度作过讨论,它们的产生也确实与修辞有关。但是,我们认为,既然这些成分已经进入了汉语词汇,是汉语词汇大家庭中的一部分,其中有的还有较高的能产性,直接影响了汉语词汇,尤其是汉语常用词汇的面貌,因此从词汇的角度对它们作必要的研究,对它们的结构特征作出描写,在构词法中给它们适当的位置是合理的。

［7］　史有为.汉语外来词［M］.北京：商务印书馆，2010.
［8］　俞理明.汉语缩略研究——缩略：语言符号的再符号化［M］.成都：巴蜀书社，2005.
［9］　朱彦.汉语复合词语义构词法研究［M］.北京：北京大学出版社，2004.

（俞理明　四川大学）

# 六 复合词语义的曲折性及其与短语的划分[①]

如果一个语言结构所表达的意思不能直接从其字面义(包括成分义和成分之间的结构义)得到,则该结构具有语义上的曲折性。语义的曲折性体现在两个层面上,即成分义和整体义的关系层面和成分义之间的关系层面。曲折性是复合词语义的首要特性,是复合词和短语划分的决定性标准。

## 1. 语义的曲折性

### 1.1 什么是语义的曲折性

何为语义的曲折性(indirectness)？简而言之,如果一个语言结构所表达的意思不能直接从其字面义(包括成分义和成分之间的结构义)得到,我们就说该语言结构具有语义上的曲折性。如"黑板",其字面义是"黑色的板",而它真正表示的意思是"可以在上面写字的平板",是一种教学用具,具有专指性,因此我们说"黑板"这个语言结构具有语义上的曲折性。

语言结构中,语义的曲折性体现在两个层面:(1)成分义和整体义的关系层面,曲折性体现为成分义的组合不等于整体义,即整体义在成分义组合的基础上发生了变化,如"黑板";(2)成分义之间的关系层面,曲折性体现为形式上的直接成分没有语义上的直接关系,如"书空"(即用手在空中书写,是一种练习写字的方式),"书"形式上的直接成分是"空",而从语义上来看,"书"的直接成分应是施事"人"和受事"字","书"与"空"并没有直接的语义关系。"黑板"的曲折性发生在第(1)个层面,"书空"的曲折性既体现在第(2)个层面,也体现在第(1)个层面,因为并非一切在空中书写的行为都可以叫做"书空",它专指一种习字方式,词义不能从词素义及其相互关系上直接推知。

语义的曲折性是复合词语义的首要特性。对汉语而言,单音节单纯词只有一个组成成分,不存在内部语义曲折性的问题；多音节单纯词的组成成分都不负载语义,也不成结构,因而也不存在语义的曲折性问题；合成词中的派生词,其规则性多半很强,成分之间的关系多数是透明的,"词根义＋词缀义"多半就可以得到整个词语的意义,这些特点与短语非常接近,其语义的曲折性程度也是很低的,所以曲折性也不是派生词语义的首要特性。汉语词汇单位语义的曲折性,主要体现在由成分复合构成的复合词和固定语上。人们早

---

[①] 本专题为朱彦老师的同名论文,原文刊发于《世界汉语教学》2005年第1期。如引用其中内容,请使用封底二维码获取原文和出处信息。

已注意到成分义和整体义之间的曲折性,并把它作为复合词区别于短语的一个重要方面。成分义之间的曲折性在过去引起的注意相对较少,不过杰弗里·利奇(Geoffrey Leech,1974)曾对此进行过很好的论述,并介绍了一些精彩的例子①。实际上,词素义层面的曲折性也是复合词与短语相区别的一个重要表现,吕叔湘曾说过:"外界事物呈现无穷的细节,都可以反映到人的脑子里来,不可能不保留一部分,放弃一部分。""像'谢幕'那样的字眼,就放弃了很多东西,只抓住两点,'谢'和'幕'。说是'放弃',并不是不要,而是不明白说出来,只隐含在里边。……语言的表达意义,一部分是显示,一部分是暗示,有点儿像打仗,占据一点,控制一片。"②对于复合词来说,由于词长音节数极其有限,这种"以点控面"的状况就显得尤为突出,词素之间隐含的语义内容更多,也就是说,成分义这一层面的曲折性比短语程度更高。因此可以认为,复合词与短语在语义上的分别,在语义曲折性的两个层面上都有体现,不仅成分义和整体义之间的曲折性可作为复合词与短语区别的判断标准,成分义之间的曲折性也可以用来区别两者。

下面将论述词素义关系层面上的曲折性,以及曲折程度的度量办法,并在此基础上提出我们对复合词和短语划分问题的看法。

## 1.2 述谓结构式和语义框架

复合词词素义之间的曲折性可用基于述谓结构式(pedication)的语义框架进行直观表述。述谓结构式原是利奇(1974)用来描写句子的语义结构的,朱彦(2003a,2003b)引用这一分析方法对一个相对封闭范围内的所有复合词的语义结构进行了详尽的描写,实践证明这种引入是可行的,述谓结构式能很好地体现复合词词素间语义的曲折性,并且能作为提取构词语义框架的基础。述谓结构式由论元和谓词构成,如:

(1) 地震  地:震　　　　　(2) 白云  云〈云:`白〉
(3) 球幕  幕〈幕,像,球〉　(4) 托梦  (a,托,b,c),在……中,梦

(1)~(4)例中,"地""云""球""幕""梦"以及 a、b、c 都是论元(不必详细补充其语义内容的论元或谓词,本文用字母表示),"震""白"是谓词,且是一元谓词,(3)中的"像"是二元谓词,但这个谓词在复合词表层结构中隐含了。(4)中的"托"是三元谓词。":"是一元谓词与论元间的分隔符,","是二元、三元谓词与论元间的分隔符。(2)(3)中的"〈 〉"表示降格述谓结构,降格述谓结构中必须有论元或谓词与结构之外的某个成分互参,即所指相同,"`"即表示互参。(4)的"( )"表示从属述谓结构,从属述谓结构受制于谓词,(a,托,b,

---

① Leech 指出复合词组成成分的语义架接(semantic bridge)常常很模糊、间接,对许多 X—Y 复合词来说,对两者关系最普遍的概括或许只是"X 和 Y 有某种关系"。他举的几个例子是:hunger strike(以绝食为武器的斗争)、gunboat diplomacy(依赖于炮舰的外交)、Shotgun wedding(在新娘的父亲用猎枪威胁未来的新郎的情况下举行的婚礼)、topless dancer(穿着没有上身的服装跳舞的人)、topless bar-service(由穿着没有上身的服装的女招待服务的酒吧)、Wagnerian heroine(瓦格纳写的歌剧中的女主角)、Wagnerian heroine(像瓦格纳写的歌剧中的女主角那样的女主角)。

② 吕叔湘.语文常谈[M].北京:读书·生活·新知三联书店,2018:73-74.

c)即是被谓词"在……中"所支配的从属述谓结构。关于复合词述谓结构分析的相关理论以及分析步骤、原则和意义等,请参看朱彦(2003a,2003b)。

述谓结构式可以转化为语义框架(semantic frame),具体如下所示:

      述 谓 结 构 式    语 义 框 架

(1a)地震   地:震      地—震

(4a)托梦 (a,托,b,c),在……中,梦 (a—托—b—c)—在……中—梦

"地震"的框架是一种简单框架而"托梦"的框架则是一个复合框架。需要说明的是偏正式复合词的框架,如:

      述 谓 结 构 式   语 义 框 架

(2a)白云   云〈云,`白〉   云—白

(5)寒心   心:寒     心—寒

我们认为,"白云"和"寒心"的框架是一样的,都是"事物—性状"。之所以"白云"是偏正式而"寒心"是述宾式,是因为从语义框架生成复合词时,"白云"还经历了一个降格(downgrade)的过程,即把"白"降格为"云"的特征。框架是在述谓结构式的基础上抽取出来的,比述谓结构式简约,我们将在框架的基础上讨论复合词语义曲折性的有关问题。

## 1.3 框架的语义层次和词素的语义跨度

复合词的语义框架是有层次的。如下所示:

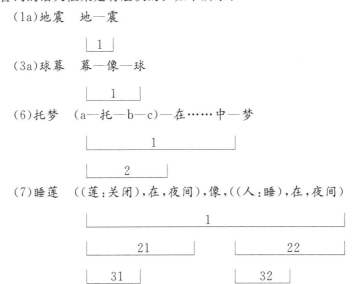

从上图很容易看到,"地震"的语义框架只有一层,我们称为单重框架,同类的还有"白云、球幕"。"托梦"的语义框架有两层,而"睡莲"有三层。两层以上的语义框架称为多重框架。根据框架组成状况,很容易度量出词素之间语义关系的曲折程度,也就是度量在框架内的两个词素间语义跨度(semantic span)的大小。我们的判断标准是,在语义框架中,如果两个词素相隔的距离越远,即它们之间出现的其他语义成分越多,跨越的语义层次越

多,这两个词素之间的语义跨度越大,它们的语义曲折程度越高。因而,上面四例的语义曲折程度应呈如下的递增趋势:

(1a)＜(3a)＜(6)＜(7)

(7)的"睡"和"莲"之间的语义关系跨越了第一、第二两个语义层,它们的语义跨度最大,曲折程度最高。(6)的"托"和"梦"之间的语义关系只跨越了一个语义层,曲折度稍低。(3a)和(1a)的两个词素都在同一语义层上,但是(3a)的"球"和"幕"之间隔了一个成分"像",(1a)的"地"和"震"是直接语义成分,所以(3a)的曲折程度大于(1a)。

## 2. 语义的曲折性与复合单位的词汇性

复合词与短语的判定,一般从语音、语法、语义三个角度来考虑。印欧语如此,汉语亦如此。从语音角度看,英语复合词(compound)只有一个主重音,并且成分之间有音渡(juncture)。汉语复合词有的有轻声、儿化①;从语法角度看,英语复合词有着不同于句法结构的词素序,成分间不能被其他外部因素隔开,成分不能单独被修饰或发生屈折变化。②③ 在汉语复合词当中,词素序与句法结构几乎没有差别,成分一般不能作同形替代,不能扩展。从语义上看,英语和汉语复合词都负载被特别化的意义(specialized meaning),整体意义一般不能由组成部分的意义直接推出。换句话说,复合词的语义多具有曲折性。在判别复合词的这三方面标准中,语音、语法标准都有对两种语言不适用的地方(如主重音、屈折、词素序对汉语不适用,而轻声、儿化对英语不适用)。而语义标准,即语义的曲折性,是对英语和汉语都适用的,大多数语言的复合词恐怕都具有语义上的曲折性特点。换句话说,语义的曲折性,对于判别一个复合单位是否成词具有跨语言的普适性。语义标准往往不好把握。尽管学者们对判别汉语复合词和短语的方法多有探索,然而从根本上说,运用的还是从同形替代法和扩展法④基础上衍生、发展出来的方法,如王洪君(1994)、沈阳(1997)、陈保亚(1999)⑤等。透过各种方法不难发现,它们的背后都隐藏着一个最终把关的标准,这就是语义的曲折性,换句话说,语义的曲折性才是一个复合单位成词与否的最终决定性标准。比如,可以通过平行性周遍对比把词——即不能作平行周遍对比的单位

---

① 吴方言在复合构词过程中还有变调现象。
② ANDERSON S R. Typological Distinctions in Word Formation[A]// SHOPEN T. *Language Typology and Syntactic Description III*: *Grammatical Categories and the Lexicon*. Cambridge: Cambridge University Press,1985:40-43.
③ HOWARD J, ETIENNE A. *Word, Meaning and Vocabulary*[M]. London and New York: Cassell,2000.
④ 这两种方法都是陆志韦(1937,1957)首先提出来的,他后来主张运用扩展法,放弃同形替代法,然而扩展法与同形替代法之间实际上存在着密切联系,并且从陆志韦的实际研究看,他并没有背离同形替代法的基本精神。对此,陈保亚(1999:76-93)已作了很好的分析论述,可参阅。
⑤ 陈保亚. 20世纪中国语言学方法论[M]. 济南:山东教育出版社,1999:355-360.

找出来：

| | | | |
|---|---|---|---|
| 很红 | 很红 | 白菜 | 白菜 |
| 特别红 | 很绿 | 甜菜 | 白毛 |
| 非常红 | 很黄 | 绿菜 | 白发 |
| 相当红 | 很白 | 熟菜 | 白马 |

……

只要语义上允许，"很红"可作无限多项的平行周遍对比，而"白菜"不行。所以"很红"是词组，"白菜"是词。可是，"我们怎么知道'白菜'和其他言语片断在构造上不平行？……这就涉及意义的问题，即我们心里知道'白菜'的意义并不是直接成分按照偏正关系组合而形成的意义，或者'白菜'和与之相比的格式在语义上不平行。"①可见，这还是要回到语义的曲折性问题上来。因此我们认为，语义的曲折性才是判定一个复合单位是否成词的根本的、最重要的标准。一个复合单位，即使没有轻声、儿化现象，即使能扩展，能进行多次同形替代，能进入多项平行性周遍对比，即使构成成分都能独立，只要符合曲折性原则，就是词汇单位。

由此，我们认为，在划分复合词与短语时，与其绕一个大弯，经过多方形式论证再回过头来让语义的曲折性作最终的检验，还不如一开始就从语义的曲折性入手来得直接。只要我们拥有比较好的、可操作的方法来衡量出曲折程度，要判断一个单位成词与否并不困难。本文即主张从语义的曲折性出发，为复合词与短语的判定作出新的尝试。

## 3. 基于曲折性的复合词的判定

### 3.1 复合词判定的总体思路

复合词的界定可以有两种路子，一种路子是根据最宽泛的标准，把所有的复合单位都当作词，而后分别建立从严的标准区分出不同典型度的词；另一种路子是根据最严格的标准，把所有的复合单位都当作短语，而后分别建立从宽的标准按典型度区分出各类词（参见沈阳，1997）。两种路子的最终目的都是在从典型词过渡到典型短语这一连续统上划分出词向短语过渡的各个不同阶段。

前人为区分复合词和短语，曾使用过多种方法，其中比较成功的划分都是多种方法综合运用的结果，如王洪君（1994）、沈阳（1997）。吕叔湘先生（1959）早已指出，"如果我们企图用一个并且只有一个手段来划分所有的词，显然是不可能。"本文拟采用多种标准综合运用的办法来区分复合词和短语。需要指出的是，从不同的研究角度出发，采用不同的标准为主可以得到不同的词，如正字法的词、语音的词、语法的词、词汇的词等。语义是词的

---

① 陈保亚.20世纪中国语言学方法论[M].济南：山东教育出版社，1999：355-360.

灵魂,词汇研究的核心,我们要界定的是词汇的词,界定的主要标准也应该是语义标准。

本文采用的分词标准有五个。(1)词长,把双音节复合单位都当作词,是最宽泛的词①。(2)语义跨度标准,根据词素间语义跨度的大小把复合词分为三个典型度阶,奠定复合词典型度的基本格局。(3)词义是否在词素义的基础上发生了变化。(4)是否具有定型性、复呈性(见3.3)。(5)词素能否独立,在几个典型度阶之间进行微调,最后得到一个从典型复合词过渡到典型短语的连续统。综合采用多个标准,必须有先后顺序的讲究。一般说来,操作性强的放前面,操作性弱的放后面,对分类的基本格局产生根本影响的标准放前面,而只具有对基本格局中一些异质性成员作局部调整、变动作用的放后面。在我们的五个标准中,(1)(2)的可操作性都很强,而且能对复合词的界定产生全局性、根本性的影响。(1)~(4)都是词汇学标准,以保证我们界定出来的典型词是词汇词。

## 3.2 复合词典型度的基本格局——典型度阶

按照词素间语义跨度的大小,双音节复合单位可以初步划分成三个由典型的词逐渐向典型短语过渡的阶层,可以称为复合词的典型度阶(typicality hierarchy)。

### (一)典型阶(典型复合词)

语义框架是多重框架的词,其词素自不同的语义层,相互之间的语义跨度比较大,这类词都是典型的复合词,可归入典型阶。典型阶中的复合词包括以下小类:

(1)语义框架是二重框架的词。例如:

快餐、暗杀、必修、常见、畅销、复习、渴望、敌视、奇袭、复印、罕见、欢送、坚信、将近、恳求、朗诵、牢记、首创、统招、严打、酷爱、港币、闺女、家畜、空军、空姐、牛虻、水草、山猫、蜂巢、立场、泊位、住房、流域、漏斗、出口、阵亡、空降、滑雪、漏网、台球、客厅、茶馆、药铺、机场、会场、矿区、祭坛、后卫、库存、鼻饲、外销、梦想、产婆、导演、定购、反贪、扩建、节育、促销、乞援、猎犬、足球、手鼓、冰食、马戏、宝库、电钮、面膜、冰刀、烟枪、鱼饵、茶叶、渡船、拓片、教鞭、抹布、饰品、打针、挂钩、季刊、月钱、旬刊、导向、话题、计生、皮带、油墨、蛋卷、豆浆、粉笔、毛线、米饭、胶卷、代理、播放、嘲笑、警告、伴奏、混纺、更正、瞄准、缩小、放松、革新、贬低、恼恨、教学、仿冒、割据、拔取、拆洗、弃取、人立、蜂出、蛇行、波动、鼎立、箕踞、粉碎、创新、冒险、超常、抗旱、吃苦、扶优、脱贫

(2)语义框架是三重、四重框架的词。相比起上一类,这类词数量很少,例如:

---

① 已有多位学者主张以音节数,尤其是双音节数来判断一个单位是否是词,如吕叔湘(1979)认为从词汇的角度看,双语素的组合多半可以算一个词,即使两个成分都可以单说。邢福义(1996)主张以双音节作为"定词基准"。冯胜利(1997,2001)认为汉语的标准韵律词是双音节的,复合词首先必须是一个韵律词。沈阳(1997)认为从最宽泛的角度看,两个成分都能独立的复合单位,如"水电、小鸟、鸡蛋、羊毛"等,也都可以看作复合词。王立(2003:174-175):双字格是汉语构词的基本模式。

病房、走势、折秤、睡莲、七律、画到、办学、天牛、旅馆、旅店、出超、入超

(3)缩略词及其他难以描述语义结构的词。

缩略词是把一个多音节结构压缩成一个音节数较少的(通常是双音节)结构,音节压缩的同时其意义也被压缩,因而缩略词的语义框架往往是多重框架,自然应归入典型阶,如"水客、女足、附中"等。另外,还有不少难以进行述谓结构描述的词,有的是理据不明的词,如"把戏、合同、利用、纳闷、比方、便宜、别扭、打架、吵架、吹牛、打仗",有的是由跨层结构词化(lexicalize)而来的词,如"否则、因而、关于",①有的词如用述谓结构描述可能会引起争议,如所谓的名量式复合词"车辆、银两、船支、皮张、厂家",重叠式复合词"星星、妈妈、滔滔、袅袅",复合量词"架次、人次、人年"等。这些词都是词化程度非常高的词,无疑应属于典型的复合词。

## (二)次典型阶(次典型复合词)

语义框架是单重框架的词,如果两词素在框架中被别的成分隔开,就是次典型的复合词。主要包括以下几类:

(1)"事物—关系—处所"框架产生的,两词素分别是"事物"和"处所"的词。例如:

　　侧面、顶点、路口、底谷、底蕴、楼道、水雷、地线、地铁、地书、地址、海药、海关、家具、家教、上颌、北周、上苍、内政、外空、内阁、外宾、上月、史前、笔下、身后、地下、额外、辽东、淮南、国际、民间、港商、港客、华侨、牙龈、头癣、肝炎、灯火、轨枕、窗帘、床单、手镯、背包、海峡、弹药、花园

(2)"事物1—动作/关系—事物2"框架产生的,两词素分别是"事物1"和"事物2"的词。例如:

　　桑蚕、蜜蜂、货郎、木匠、史官、鱼鹰、衣蛾、盐泉、国王、班长、烟民、影迷、儿歌、女书、蜂蜜、马车、客车、命案、报社、家畜、风筝、电灯、水磨、气锤、风钻、轮船、难民、球幕、带鱼、瓢虫、鱼雷、金曲、轿车、麻雀、针鼹、财主、房东、泥腿、矿山、齿轮、帆船、腰椎、蔗糖、人心、花蕊、骨胶、鼻翼、书眉、瓶颈、钢琴、街容、海面、岁首、风力、水能、皇后、金额、温度、笔套、人祸、蛛网、蚕丝、妖雾、果树、火山、祸水、目光、笔迹、古迹、树阴、火灾、灯饰、口岸、苋菜、柏树、鲫鱼、匪徒、洪水、谗言、技巧、奴隶、牙齿、刀俎、爪牙、板眼、左右、轨道

## (三)非典型阶(非典型复合词)

语义框架是单重框架的词,如果两词素在框架中没有被别的成分隔开,之间存在着直接语义关系,就是非典型的复合词。这主要包括:

(1)"事物—性状"框架的词。例如:

---

① 董秀芳.词汇化:汉语双音词的衍生和发展[M].成都:四川民族出版社,2002:73-292.

白领、大街、黑板、赤字、红包、大路、少妇、陈醋、荒地、良种、劣马、谬种、贵族、害虫、益友、坏蛋、长处、快速、高潮、低谷、甜菜、难题、冷饮、狂风、白酒、大使、哑炮、墨菊、名牌、本能、盲人、盛典、常识、甘心、狠心、多情、空前、气短、胆怯、锋利

(2)"事物—动作"框架的词。例如：

居民、旅客、流寇、来宾、动物、脱兔、舞星、动身、放心、流水、逆流、飞机、开水、鸣镝、流矢、飘带、成人、移位、变质、服气、变形、升温、开幕、满意、出名、发迹、日食、地震、病人、断层、寡妇、焦点、掉价、倒嗓、脱钩、贬值、降价、发炎、漏税、露面、肠断、下痿

(3)"事物—动作/关系—处所"框架产生的，两词素分别是"动作/关系"和"处所"的词（我们在研究过程中没有发现由"事物"和"动作/关系"构成的词）。例如：

在下、出世、通天、拢岸、到位、到底、至上、入围、进口、出口、下海、出台、进站、出席、出站、出境、出门、出面、登陆、落地

(4)"事物1—动作/关系—事物2"框架产生的，两词素分别是"事物1"和"动作"或者"动作/关系—事物2"的词。例如：

导师、观众、猎人、耕牛、蛙虫、乘客、民用、目睹、国产、弃妇、抽屉、宠物、据点、布局、煎饼、囚徒、能耗、家访、组稿、合资、保底、充电、贷款、创汇、择业、文身、炒股、转型、待业、跟踪、庇代、导体、传媒、国防、法定、国营、军用、对岸、乡思、味觉、可口、爱国、变心、怀古、动人、懂事、及格、触电、怕人、失主、患者、负伤、类药、像样、领土、国有、合伙、绣花、成品、化石、产量、产妇、结果、发电、成型、化脓

综上所述，复合词的典型度阶可标示为以下轴线：

(一)典型阶——典型复合词　　(二)次典型阶——次典型复合词　　(三)非典型阶——非典型复合词(亦词亦语)——典型短语

从轴的左端到右端，复合词的典型度逐渐减小，短语的典型度逐渐增大。一个双音节复合单位，如果处于典型阶，则是典型的复合词；如果处于次典型阶，则是次典型的复合词；如果处于非典型阶，则是非典型复合词，即处于一种亦词亦语的中间状态。这样下来，双音节复合单位都划入词的范围之内，只不过其间有典型度的不同。

三个典型度阶的划分可能会有悖于语感之处，比如人们可能会觉得处于次典型阶的"爪牙"比典型阶的"教学、拔取、瞄准"更像词，同处于非典型阶的"快速"比"亮光"更像词。之所以会有这样的语感，是因为我们在判断一个复合单位是不是词时，往往不自觉地受到诸多不同的分词标准的干扰。比如，认为"爪牙"比"教学、拔取、瞄准"等更像词，运用的是词义是否在词素义基础上有所改变这一标准。"爪牙"在现代汉语里用来比喻坏人的党羽，并非指爪子和牙齿，词义在词素义组合的基础上产生了隐喻义，所以它比"教学"等更像词。"快速"的"速"在现代汉语里不能独立，是不成词语素，而"亮光"中的两个成分都可独立成词，因而"快速"更像词。所以，三个阶的划分总的来说还显得比较粗疏，可以利用另外的标准在每个阶层之间再作筛选和调整。

## 3.3 典型度阶之间的调整

### (一)词素义和词义的关系

从词义与词素义关系的层面看,词义曲折性的一个重要表现就是,词义是非组合性的(non-compositional),也就是说,两个语素要组合成词,而不是组合成短语,整体义一般要在成分义的基础上有所变化。语义变化最常见的几种形式是:(1)部分语义弱化或脱落;(2)发生了隐喻引申或转喻引申;(3)由转类(即不改变外部形式而由一类词变为另一类词)而引起的语义转变(董秀芳,2002:40);①(4)发生了特指和泛指现象。这些语义变化都使得语素组合体的形式与意义之间的关系由直接变得曲折,从而更"像"词。所以,我们可以从语义变化的角度入手,对处于次典型阶和非典型阶的词语进行再一轮筛选。

(1)两个词素中,有一个词素的语义已脱落,对整个词义不再起任何作用,这样的词是典型词。按照这个标准,次典型阶的"窗户、国家、面孔、干净"类词可以调整进入典型阶。

(2)词义不是词素义按语义框架组合而成的意义,而是基于字面意义的隐喻义和转喻义,这样的词是典型词。"冰炭、领袖、矛盾、浪潮、爪牙、刀俎、关键、高潮、低谷、坏蛋、下海、肠断"等词,在现代汉语中使用的不是其字面义,而是字面义基础上的隐喻义,"把手、将军、赤字、白领、红包"等词,在现代汉语中使用的也是其转喻义而非字面义,这些词可以从次典型阶、非典型阶调整进入典型阶。"骨肉、羔羊"等词的字面意义偶有使用,但在绝大多数情况下使用的是它们的隐喻义,这类词也可调整进入典型阶。至于"把柄、点火、加油、潮流、结晶、高峰、尖端、难题"类词,它们都有隐喻义,但字面义与隐喻义同样常见,这类词保持原状,不作调整。

(3)语素组合成词以后,意义发生了转类现象,这样的词是典型词。按照这个标准,"空洞、锋利、盲目"等词可以从非典型阶调整进入典型阶。

(4)语素组合成词以后,意义发生了特指或泛指的变化,这样的词是典型词。按照这个标准,"大墙、黑板、黄瓜、凉水、山水、天地"等词可以从次典型阶、非典型阶调整进入典型阶。

### (二)定型性和复呈性

还需要说明的是,有些双音节复合单位是新词新语,它们寿命短、应用面窄、陌生化程度高,不具备词的定型性和复呈性的特点。定型性指具有"稳定的语音形式和意义","'稳定'具有重要的社会客观性而排斥个人的主观性。""定型性必同时带来复呈性,或者说,与复呈性互为因果。'复呈'是普遍地、大量地在言辞中呈现,是自然涌现或几乎无意识地用到言辞中的,不是有意识的搬借。"②言语的词和语言的词尽管处于不同的层面,在语义的

---

① 董秀芳.词汇化:汉语双音词的衍生和发展[M].成都:四川民族出版社,2002:40.
② 刘叔新.汉语描写词汇学[M].北京:商务印书馆,1990:29-31.

曲折性这一重要特质上并无不同。但如果我们坚持无论其内部语义有多么曲折，言语的词都不能算词（至少不能算作典型的词），就可以把按照上面的标准得出来的典型词和次典型词当中一般人很难见词知义的新词语移入（三）阶，降为非典型复合词。例如：

浮聘、预研、联评、暗贴、共育、内嫁、两抵、混岗、滞途、漏柜、练摊、内招、地陪、试水、陪看、包保、订印、惜购、执养、师库、电币、扶资、学路、试口、投向、布标、套改、骗销、访销、补强、导富、调优、割接、保教、放调、分包、迁建、调减、清退、护懒、评残、失稳、支重、治软、高聘、闹肥、卖风、菜福、更金、吃私、买生、外脑、家台、棚霸、森警、集头、醋心、客属、省手、侨情、影眼、邮婚、标步、贸源、国合

定型性和复呈性不是划分复合词和短语时一个非有不可的标准。

## （三）成分的独立性

最后，我们还可以运用成分能否独立的标准，对非典型阶中剩下的词进行最后的筛选，如果两词素在现代汉语的句子中都能单说，那么这样的非典型词可以调整进入短语类，尽管依照一般人的语感，它们仍然是词。根据这一标准，"亮光、大街、大路、大地、荒地、大米、白云、老人、陈醋、胆怯、地震、爱国、输血"等双音节组合可以从非典型阶调整进入短语类。当然，如果因其双音节的韵律特征而保留在词里，也并无不可。所以，成分的能否独用在我们对双音节词和短语的判定中实际上不是一个非有不可的标准，这一标准的使用只是把非典型阶内的词再进一步分化罢了。

## 小　结

从上文的分析中，我们可以得出以下认识。

（一）语义的曲折性包括两个层面，一是成分义和整体义之间关系的层面，二是成分义之间关系的层面，两个层面都应受到重视。

（二）语义的曲折性是复合词的重要特性，对于检验一个复合单位是否成词具有决定性作用。我们完全可以直接从语义的曲折性入手，从一个新的角度划分复合词与短语。

（三）对于复合词来说，由于词素义之间的曲折性可以通过词素在语义框架中的语义跨度的大小这一可操作的标准来直观度量，我们可以把词素义之间关系的曲折程度作为分辨复合词词汇性的重要依据，为复合词分出典型、次典型、非典型三大块。

（四）复合词和短语的划分，不宜使用单一标准。所以我们的划分，以语义曲折性为主要标准，辅以长度、词的定型性和复呈性以及词素的独立性等其他标准，以保证划分的结果更符合语感，更贴近客观实际。

综上所述，语义的曲折性是词汇学研究中一个重要的概念，曲折性概念的提出及曲折程度的直观化、形式化，有助于复合词内部语义问题研究的深化，甚至还可以认为，曲折性是区分复合词和短语的最终标准。因而，对语义曲折性问题的深入研究是具有一定的必要性和重要性的。然而，语义的曲折性必须用直观的、模式化的方式来展现，以便曲折性研究更客观、更便于操作，否则语义的曲折性仍然是一个见仁见智、难以捉摸的东西。

## 参考文献

[1] 陈保亚.20世纪中国语言学方法论[M].济南:山东教育出版社,1999.
[2] 董秀芳.词汇化:汉语双音词的衍生和发展[M].成都:四川民族出版社,2002.
[3] 冯胜利.汉语的韵律、词法与句法[M].北京:北京大学出版社,1997.
[4] 冯胜利.汉语韵律句法学[M].上海:上海教育出版社,2000.
[5] 冯胜利.从韵律看汉语"词""语"分流之大界[J].中国语文,2001(1).
[6] 胡明扬.说"词语"[J].语言文字应用,1999(3).
[7] 黄月圆.复合词研究[J].国外语言学,1995(2).
[8] 杰弗里·利奇.《语义学》(李瑞华等译)[M].上海:上海外国语教育社,1987.
[9] 黎良军.汉语词汇语义学论稿[M].桂林:广西师范大学出版社,1995.
[10] 刘叔新.汉语描写词汇学[M].北京:商务印书馆,1990.
[11] 陆志韦.构词学的对象和手续[J].中国语文,1956(12).
[12] 陆志韦等.汉语的构词法[M].北京:科学出版社,1957.
[13] 吕叔湘.汉语里"词"的问题概述[M]//吕叔湘文集(第二卷).北京:商务印书馆,1995.
[14] 吕叔湘.语文常谈[M].北京:生活·读书·新知三联书店,1998.
[15] 吕叔湘.汉语语法分析问题[M]//吕叔湘文集(第二卷).北京:商务印书馆,1995.
[16] 沈阳.现代汉语复合词的动态类型——谈语言教学中的一种词汇语法单位范畴[J].语言教学与研究,1997(2).
[17] 王洪君.从字和字组看词和短语[J].中国语文,1994(2).
[18] 王立.汉语词的社会语言学研究[M].北京:商务印书馆,2003.
[19] 邢福义.汉语语法学[M].吉林:东北师范大学出版社,1996.
[20] 周荐.复合词词素间的意义结构关系[J].语言研究论丛(第六辑),天津:天津教育出版社,1991.
[21] 朱彦.汉语复合词语义构词法研究[D].上海:华东师范大学,2003.
[22] 朱彦.汉语复合词的语义结构分析[J].现代中国语研究,京都:朋友书店,2003.
[23] 朱彦.复合词的格关系[J].语言教学与研究,2004(5).
[24] ANDERSON S R. Typological Distinctions in Word Formation [M]// Timothy Shopen. Language Typology and Syntactic Description III: Grammatical Categories and the Lexicon. Cambridge: Cambridge University Press,1985.
[25] JACKSON H, AMVELA E Z. Word, Meaning and Vocabulary [M]. London and New York: Cassell,2000.
[26] LEECH G. Semantics. Penguin Books.(语义学)[M].李瑞华,等译.上海:上

海外语教育出版社,1998.

[27] PACKARD J L. The Morphology of Chinese:A Linguistic and Cognitive Approach[M]. Beijing:Foreign Language Teaching and Research Press,2001.

(朱彦　北京大学)

# 七 新词语论争与语言文字规范理念

词汇是语言诸要素中最活跃的因素,是语言中最能跟上社会发展变化节奏的成员。语言中新词产生、旧词消亡、词义变化等都是社会发展变化的结果。美国学者布赖特(W. Pride)在他的《社会语言学》(1964)中提出了"语言和社会结构的共变"理论:当社会生活发生渐变或激变时,作为社会现象的语言会毫不含糊地随着社会生活进展的步伐而发生变化。自进入近代以来,中国社会发生了翻天覆地的变化,新事物、新现象、新观念不断涌现,记载这些新内容的新词语也相应地大量出现。尤其是最近40多年来,中国社会发展的速度几乎超过了历史上任何一个时期,但新词语的数量到底有多少是难以统计的。于根元(1998)说,当代汉语新词大量出现,每年以数百条的速度增加,从1978年至1998年二十年间约有7000条比较固定的新词诞生。沈孟璎编著的《中华人民共和国60年新词新语词典》收录了1949年至2009年出现的新词新语约7800条以及相关相近新词新语400余条。苏新春(2002)统计了1987年至2000年出版的19部新词语词典共收新词6万余条,不计重复也有37000余条。侯敏等人经过精心筛选,共搜获2006—2014年9年间的年度新词语5580个,平均每年约620个。新词语的出现速度之快甚至超出了很多人的接受限度,由此产生了很多关于新词语规范与否的争议问题。

## 1. 新词语的生成特点

当代语言生活中新词语的生成表现出三方面的特征,一是造词的类型化,二是事件的概念化,三是语言的游戏化。

### 1.1 造词的类型化

新词语本应该是一个一个地造出来的,但是当代新词语却是一类一类、一群一群地造出来的。某个新词语出现以后,很容易产生连锁反应,从而产生一批类似模式的新词语。比如"X哥"类新词语,第一个产生的是"犀利哥",大致产生于2010年2月末,我们于2014年3月初利用网络搜索到"X哥"类词语共233个,如"保证哥、红娘哥、极客哥、孔雀哥、碰瓷哥、新闻哥"等。类型化造词有一些固定的模型,李宇明(1997)称之为"词语模",由模标和模槽两部分构成,模标是固定的,通过在模槽中填入语言材料就可以生成新词语。当代通过类型化造词的"词语模"非常多,形式也多种多样,模标可以在词语的前部,也可以在词语的后部,有时甚至看不到具体的模标。如"裸X""雷X""X体""X死""X立方""X二代""XAA""XVV""ABC"等。目前造词能力比较强的类型化模式主要有"X门""X族""被X""微X""山寨X"等。造词类型化甚至表现出立体化的特征,从横向和纵向两个维度都表现出类型化造词的特性,从而大大加强了造词的能力,如"X 哥"中的"X"可以被无限替换而造出大量的以"哥"为词缀的新词语,同时"哥"本身又处在"哥、弟、姐、妹、爸、妈"等亲属语义场中,从而可以从纵、横两个维度造出大量新词语,表现出明显的立体化特征。

## 1.2 事件的概念化

所谓事件的概念化,通俗地说就是用一个新词语概括某一社会事件或现象。我们已进入信息化时代,各种信息呈爆炸式铺天盖地向我们袭来。时间有限,空间有限,人脑有限,资源有限,为了信息传递的高效便捷,为了信息记忆的长期存储,为了能最大化实现信息价值,新词语很容易成为信息载体。侯敏(2011)提到"周老虎",指陕西省镇坪县农民周正龙,他拍摄的所谓野生华南虎照片公布后立即受到网民和专家的质疑,后经调查,照片是用拍摄的年画伪造的,因此被戏称为"周老虎"。如今人们一般把"周老虎"与不诚实联系在一起。这个新词语背后就有这样一个社会事件。一些新词语不仅仅客观地记录事件本身,而且还对事件进行了概念化,蕴含了人们的某些主观情感态度,一般都带有某种负面情绪。这类新词语的数量很多,因为当代中国正处于社会转型时期,各种消极现象大量存在,而在网络非常发达的今天,这些消极现象又非常容易暴露出来。

## 1.3 语言的游戏化

把语言看作游戏是维特根斯坦(Wittgenstein)在语言哲学上的一个重大理论贡献。维特根斯坦说,"语言游戏一词的用意在于突出语言的述说乃是一种活动,或者是一种生活形式的一个部分"。(韩林合,1996)新词语的创造也是一种活动,这种活动有很鲜明的时代特色,很多新词语的创造过程就是一种带有很明显调侃意味的娱乐活动。如"范跑跑、郭跳跳""董暴雨、周至尊""被富裕、被冠军""猪坚强、猪超强"等,都带有明显的调侃性、游戏性,都是以调侃的方式表达了对某个人的某种行为的否定,或者对某些社会负面现象的调侃,也有纯粹搞笑娱乐的意味。这些新词语初看似乎不太合乎汉语表达习惯,但深究起来就会发现它们趣味无穷,充分发挥了汉语的游戏功能。当代中国处于社会的重大转型时期,新词语的游戏成分正体现了社会转型时期民众的思想状况、精神风貌、是非观念和价值标准。当代中国,民众思想得到极大的解放,不再拘泥于传统的中规中矩的生存方式,而社会阶层分化越来越明显,社会消极现象非常多,巨大的生活压力导致草根民众要努力寻找发泄郁闷的途径,于是新语言模式创造的无准入性和网络使用的方便性使创造新词语成为缓解压力的重要途径。草根民众具有很强的创造新词语的冲动和欲望,而民众在新词语创造过程中往往以一种调侃的方式巧妙地融入了自己对社会事件和现象的态度与情感,这就使新造词语具有很强的游戏性。

我们已经进入了一个语言狂欢的时代,各种新颖独特甚至千奇百怪的新词语层出不穷,这是社会发展进步、语言生活丰富多彩的表现;但层出不穷的新词语同时也对民众的语言使用习惯和语言文化心理构成了极大的挑战,因此新词语规范问题成为当代语言生活中的热点问题,引起了社会各界的广泛关注。

## 2. 当代新词语规范论争

对于新词语,有人钟爱有加,也有人恨之入骨。爱之者认为新词语适应了新的社会生活,也是语言发展和有活力的表现,应该顺其自然接受它们;恨之者则认为有些新词语的构造不符合汉语的传统理据,破坏了汉语的纯洁性,扰乱了正常的语言生活,应该遏制新词语的泛滥或对其使用进行规范。目前争议比较大的主要是字母词和网络新词语的规范问题。

### 2.1 字母词规范的论争

一般认为,字母词指包含有西文字母的词语,从表现形式上看大致可以分成五个类型:一是外文缩略语,如"CEO、CT、DNA、VIP"等;二是汉语拼音缩略语,如"RMB、PSC、WSK"等;三是由阿拉伯数字和西文字母混合而成的,如"3D、MP3、Win98、MP4"等;四是由汉字和西文字母混合而成的,如"A 股、AA 制、B 超、维生素 C"等;五是由阿拉伯数字、西文字母和汉字混合而成的,如"4S 店、4D 影院"等。字母词在当代语言生活的各个领域中广泛存在,其原因可以概括为三点。第一,简洁,即符合语言使用的经济原则。有些字母词如果用汉字词还真不容易表达,如"4S 店",是一种包括整车销售(sale)、零配件(sparepart)、售后服务(service)、信息反馈(survey)等内容的"四位一体"的汽车销售店,要将其概括成准确反映全部信息内容而又简洁的汉语词来进行表达确实很难。第二,国际化,即方便与国际接轨。很多字母词就是英文字母的缩略,在国际交往中使用这些字母词基本没有什么交流障碍,可以减少翻译的环节,如"BBC、CBD、IOC"等。第三,符合时代潮流,在当今中国文化转型和全球化语境之下,很多人特别是年轻人都乐意接受外来文化,使用带有明显外来特色的字母词恰是这种开放心理和追赶潮流意识的体现。

当然,字母词大量或不当使用也存在明显的弊端,主要体现在两个方面。第一,冲击了国人的文化心理。尽管字母词的使用有其可行性甚至必要性,但字母词毕竟是外来的东西,中国人初看之下总会觉得有点怪模怪样的,与汉字词组合在一起时更有不伦不类之感。第二,会产生一定的交际障碍。由于各种原因,很多字母词尽管很常见,但使用者并不完全清楚其含义,比如"SCI(科学引文索引)、ITS(智能交通系统)、EMS(邮政特快专递)、CPI(消费者价格指数)、CATV(有线电视)"等。2003 年上海就曾发生过字母词使用的纠纷,当时上海的机票上只印字母词"上海 PVG"和"上海 SHA"来指称"上海浦东机场"和"上海虹桥机场",导致一名乘客弄错了机场从而错过了航班。在商议退票无果的情况之下,该乘客将航空公司告上法庭,最终获得机票的全额退款。在此之后,民航总局(现中国民用航空局)也做出了改进,如今国内出售的航空机票的起飞地和降落地都用了中文标识,以方便广大旅客识别。总之,字母词的使用有利有弊,这就引发了社会各界的争论。

周健(2001)概括了世纪之交我国外文字母词使用的四种问题：一是滥用，即在无须使用或不该使用的地方使用外文字母词语；二是误用，对所使用的外文字母词语做了错误的翻译、解释或所用的外文字母词语本身就是错误的；三是缺注，对所引用的外文词语既不做翻译，也没有任何说明解释；四是格式不当。《北京日报》(2001年5月14日)发表《我们的语言出了什么问题?》，《人民日报》(2004年4月20日)发表《请尊重我们的母语》，这些文章认为，有些报纸上外文字母词充斥字里行间，给阅读造成很大困难，不利于汉语的健康发展，甚至可能会消解了中国文化精深而丰富的内涵，在潜意识中损害人们的民族感情。但也有人认为，字母词的使用有其客观必要性，对此不必过于恐慌，要用理性的心态来看待。2001年6月，"纪念《人民日报》社论《正确地使用祖国的语言，为语言的纯洁性和健康而斗争!》发表50周年"座谈会在北京举行，与会专家学者一致认为汉语应与时俱进，要正确认识外来语。原国家语委副主任王均认为，不能误解语言"纯洁性"的意思，走到"语言净化主义"的极端上去。语言是随着时代、随着社会的发展而发展的，因而，对于规范，也要有动态的观点、发展的观点。关于如何规范字母词的使用问题，《中国教育报》记者顾雪林和潘国霖于2004年采访了相关领域的多位专家学者，专家们的基本观点是不排斥字母词，但也不能滥用字母词。

2012年，《现代汉语词典》"字母词风波"更是把字母词问题推向了社会舆论的风口浪尖。2012年6月商务印书馆出版发行《现代汉语词典》(第6版)，在正文后面的附注中收录了239个"字母词"。此事引发了某些人的不满，8月28日，一百多名"学者"在北京聚会，联合签名举报《现代汉语词典》违法，此信被分别送到了新闻出版总署和国家语言文字工作委员会。这封举报信称，《现代汉语词典》(第6版)收录"NBA"等239个字母词，违反了《中华人民共和国国家通用语言文字法》、国务院《出版管理条例》(国务院第594号令)等法规。这个事件引起了社会的极大关注，8月29日至8月30日，人民网强国论坛邀请了反对《现代汉语词典》收录字母词的李敏生、宇文永权、王永民和《现代汉语词典》的修订编纂方江蓝生、厉兵、周洪波进行面对面的辩论，并与网友进行在线交流。李敏生表示在词典中把英语词汇作为正文，用英文替代汉字，从现实的作用和长远的影响来看，是汉字拉丁化百年以来对汉字最严重的破坏，这会危及中华文化的安全，是一场自毁长城的文化内乱，也是中国文化空前的灾难。《现代汉语词典》修订主持人江蓝生认为，字母词是中外文化交流的产物，字母词的产生有其必然性、合理性，不应该禁止，实际上也禁止不了。一方面，当然应该对字母词的使用进行适当的引导和规范，如果任其滥用，将会对阅读造成极大障碍，破坏语言文字的规范使用；但另一方面，担心字母词会淹没汉字，造成汉字文化的大灾难，则是毫无根据的。对字母词的负面影响要有科学认识，不能忽视，也不应扩大化。

总之，字母词已经进入了我们的语言生活，在短期内是不可能禁止得了的。但字母词又因其外形的非本土性触动一部分人敏感的神经，从而导致纷争。从长远来看，对字母词的使用进行科学合理的规范和引导也是必要的，这有利于汉语的健康有序发展。

## 2.2 网络词语规范的论争

网络词语简单说来就是与互联网和计算机相关的词语,一般分为广义和狭义两种理解。广义的网络词语可以分成两类:一是与网络和计算机相关的专业术语和特别用语,如硬件、软件、主页、服务器、在线等;二是网民在聊天室、论坛、博客、微博上的常用词语和符号,如灌水、大虾、恐龙、菜鸟、酱紫等。一般讨论的网络词语常常指第二类,也就是狭义的网络词语。狭义的网络词语由于其构成形式和表达语义的独特性,被一部分人追捧,同时也被另一部分人所诟病。

随着互联网的不断普及,网络词语的使用越来越广泛,对网络词语的争议也越来越大,各大主流报纸不断发表文章表达对此问题的忧虑。《拯救世界上最美丽的语言》(《中国教育报》2006年4月13日)、《网络语言对中学生的冲击不容忽视》(《新华日报》2006年4月26日)、《网络语言:令人堪忧的"另类蓝藻"》(《中国文化报》2007年8月7日)、《莫让网络语言污染汉语》(《福建日报》2005年11月9日)等文章认为,外来文化与网络语言的冲击,以及使用汉语者自身的放任和苟且,让汉语陷入空前的危机,汉语的严肃性和规范性正在受到挑战,游戏与随意改写正在割裂汉语的文化传承脉络。

尽管有很多人担心低俗的网络词语会造成极坏的社会影响,但也有人觉得网络语言没那么恐怖,不必太过担心。《对网络语言不必宏大解读》(《长沙晚报》2015年1月26日)、《不必对网络语言过度紧张》(《中华读书报》2015年2月11日)、《汉语是网络语言污染的吗?》(《中华读书报》2015年3月4日)、《开放时代,不妨包容"屌丝"的网络语言》(《济南日报》2015年1月27日)等文章认为,不必对网络语言进行宏大解读,拔高网络语言对汉语的破坏能力,网言网语只不过是大河中的几滴水,不会影响主流语言方式,当然其潜移默化的污染也不可视而不见,主流文化传播平台必须做好示范。

无论是支持也好,反对也罢,这些关于网络词语使用的言论其出发点都是好的,都是为了维护祖国语言的健康发展,但理性的讨论应该就事论事,如果带上某种情绪或偏见来讨论,往往不利于问题的解决。网络词语作为一种新生的语言现象,是当代社会网络发展的必然结果,我们无法拒绝民众对它的使用,但同时也应该看到它的一些不足,完全接受固不可取,全面禁止亦不现实。网络词语是一种全新的表达形式,从表达效果来看,既有积极的语用意义,也有消极的负面影响。网络词语的积极意义主要体现在三个方面:一是具有调侃的表达风格,充分发挥了语言的娱乐功能;二是形式简洁,使用方便快捷;三是契合年轻人追新求异的心理特点,易于流行。网络词语也有很明显的消极意义,主要体现在四个方面:一是打破了传统的词语构造理据,冲击了传统的规范理念;二是低级粗俗的网络词语破坏了汉语的优雅与高尚;三是对中小学语文教学带来了一定的冲击;四是部分低俗网络词语的流行不利于未成年人正确价值观的形成。

如果对近年来流行的网络用语进行客观理性的分析就会发现,网络用语的形成方式大多符合中国传统的语言发展规律和使用习惯(李宇明,2013)。网络用语具有语言游戏的特点,这种以汉语为对象的消遣方式古已有之,并不是现代网络社会的独创。这种语言游戏主要通过谐音、拆字合字、用典的方式实现语义上的创新。不过，语言游戏不适用于一些正式文体，绝大多数人都明白这一点。人类的语言发展都有其阶段性，发展前期会出现种种不稳定因素。现在的网络用语数量巨大，也存在良莠不齐的现象，需要我们宽容面对，积极研究，正确引导。总之，网络词语正以不可阻挡的态势进入当代语言生活，我们无法拒绝，也没必要拒绝。诚如陈章太（2011）所言："网络语言主要在网民群体中使用，对社会语言生活影响不会太大，而且这些影响是暂时的，对此不用太担心。我以为，对待网络语言，宜持宽容、引导的态度。"

## 3. 语言文字论争的文化解读

当代中国正处于一个文化转型时期，一元文化向多元文化转型、精英文化向平民文化转型成为文化发展的基本趋势，在文化转型过程中难免有很多问题存在争议，新词语规范问题即为其一。

所谓文化转型是指一种新的文化形态替代旧的文化形态，而现代意义上的文化转型往往是指由传统文化转变到现代文化。耿志云（2008）认为："近代中国的文化转型，其基本含义是指中国文化由古代转化到近代。具体来说，是由基本封闭的，与大一统的中央集权的君主专制制度相联系的，定孔子与儒学为一尊的，压抑个性的古代文化，转变为开放式的，与近代民主制度相联系的，自由与兼容的，鼓励个性发展的近代文化。"鸦片战争以来，帝国主义的坚船利炮打开了中国的国门，中国传统手工作坊文化被迫让位于西方现代科技文化，在这个物质文化转型过程中自然滋生了一种崇拜西方的文化心理。新文化运动以来，中国思想界对传统文化进行了深入反思，各种西方思潮趁势涌入中国，从而出现思想文化百家争鸣的局面。改革开放以来，中国的物质文明、科技文化的发展突飞猛进，特别是随着教育水平和国民素质的提高，无论官方层面还是民间层面的国际交流都得到了很大发展，从而令中国人更好地了解到其他国家的政治制度、经济模式、教育理念、语言文字、文学艺术、伦理道德、社会习俗等等。中国人的思想观念、文化意识得到了极大的解放，由此出现了多元文化并存的局面。

中国近代以来，物质文化的进步确实带来了生活的方便和舒适，但是精神文化的转型却带来了思想的纠结和灵魂的冲撞，从而令很多人出现了文化两难的困惑，一方面钦羡乃至崇拜西方文化，另一方面又美化甚至迷醉传统文化。诚如周有光（2004）所言，"中国是一个正在勉强进入现代、而又恋恋不舍古代的社会。"中国近现代社会已逐步成为"市民社会"，势力庞大的市民群体要求一种具有世俗精神的大众文化为其服务，并最终与为少数人服务的精英文化分庭抗礼，因而社会文化结构呈现为一种金字塔式的格局，精英文化虽高居塔尖，但只是少数派；大众文化虽居塔底，规模却很庞大。

在文化转型的今天，不同文化的碰撞和争执自然在所难免。语言文字因为与每个人都相关，每个人都可以说得上话，所以很容易成为这种对立和冲突的汇聚点，有关字母词和网络词语规范与否的争执都与此有关。这些纷争的焦点大都是拿文化说事，其本质原因就是文化观念的差异。近年来语言文字领域有好几个争议的焦点,除了字母词和网络词语之外,还有汉字的繁简问题、推广普通话和保护方言的关系问题等,不断有人提出要恢复繁体字,要采取强有力的措施保护方言,最主要的理由就是保护文化,保护传统文化和地方文化。

到底什么是文化的丢失?汉语中出现了几个字母词就是自毁文化长城吗?网络词语能毁掉我们的汉语吗?简化字就不能传承中华文化吗?部分人产生这样的忧虑一方面是因为未能对语言文字本身进行科学理性的分析,另一方面是因为在心理上还没有接受文化转型这一大的社会背景。其实无论是字母词的出现、网络词语的运用还是简化字的使用,都不足以造成文化的内乱。字母词的使用恰恰体现了汉文化的兼容并包,也是当代文化转型时期的必然产物。实际上,汉语在几千年的发展过程中一直与其他民族语言进行着交流和融合,字母词的出现是当代民族文化交流速度加快的表现。网络词语的流行也不会破坏汉语的纯洁与健康,相反这正是汉语充满生机和活力的体现。邢福义(2011)指出:"有人惊呼网络语言破坏了汉语的纯洁性,我一向反对这一观点。任何新生事物在发展时都会是多种多样的,汉语有强大的生命力,不好的东西经过一段时间的新陈代谢自然会被淘汰。"

我们认为,保护文化的思想和行为都是值得肯定的,但是在文化转型时期,应该秉持开放的文化观念。字母词代表外来文化,在中华文化中可以有一定的生存空间;网络语言代表时尚文化,是当代多元文化中的重要组成部分;简化字承载着大众文化,作为全国通用文字是有法律依据的,也符合绝大多数人们的现实需要,繁体字更多的承载着精英文化,具有一定的使用领域,二者并不矛盾。普通话是全国通用的交际工具,体现了国家文化,方言是区域性交际工具,体现了地域文化,二者各有其独特价值,体现了国家文化和区域文化之间的关系,并不抵牾。多元文化和谐共处,这是时代的必然选择,也符合党和国家提倡的文化大发展大繁荣的方针政策。如今,过分痴迷于单一文化的观念已经不合时宜,打着维护文化的口号而对语言文字问题进行非理性的指责是一种非科学的行为,对文化的保护和传承并没有好处,对语言文字的健康发展也没有好处,甚至可能会使人无所适从,最终导致文化的内核被冲淡、被忽略。

## 4. 语言文字规范的理念

语言文字规范工作自古就有,但轰轰烈烈的语言文字规范化运动则是近百年的事,进入新时期以来,随着经济社会的发展,城镇化进程不断加快,国际交流日益增多,网络虚拟空间逐步扩大,语言文字信息化脚步越来越快,语言生活发生了巨大变化,语言文字的使用情况表现出复杂、多元、多变的态势,不断出现的新的语言文字问题对语言文字规范工作提出了新的挑战。冷静思索,其实很多问题和争议存在的根本原因往往是各人心中的规范观念不同,所以有必要对语言文字规范理念做深入的科学阐释,促使社会形成一些共识。

## 4.1 语言文字规范应有国家观念

语言文字往往具有特定的民族文化特征。法国大文豪罗曼·罗兰说:"语言,是种族的特征,是血肉关系中最密切、最不容易泯灭的部分。"从国家意识的角度来看,语言文字是维系国家统一和民族团结的最重要的纽带,语言文字规范体现了国家的核心利益。统一的语言文字能提升国家凝聚力,有利于国家形成统一的文化。汉语自古多方言,而且不同方言语音差异非常大,甚至无法交流,但是不同方言区的人都使用统一规范的汉字,这种规范汉字所具有的强大的向心力使得任何一种方言都不能脱离汉语的轨道,所以中国历史基本保持着一种统一的状态。中国历史上的所谓"合久必分",往往是不同政治集团利益斗争冲突的结果,而"分久必合"则是文化向心力的作用,规范统一的语言文字在这种向心文化中扮演了重要的角色。封建帝王和士大夫都非常清楚地认识到了语言文字在国家统一中的作用,所以历代王朝都非常重视语言文字的规范统一。秦始皇统一天下之后就把"书同文"作为其治国首策。汉灵帝曾组织力量碑刻《熹平石经》,以规范字形,汉朝还将文字规范与官员的考评与选拔联系起来。唐朝专门设立了书学博士,以三体石经、《说文解字》《字林》等为参照进行文字教学,并用于科举考试。此后的科举考试中,有"明字"一科(刘福根,2000)。北魏孝文帝改革也有"断诸北语,一从正音"的规范语言使用的措施。元代统治者规定,学校教学要使用以大都(即北京)语音为标准音的"天下通语"。清代康熙年间官修了《康熙字典》,雍正六年曾下诏明令,地方官不可只讲本人的方言,而要熟习和推广朝廷的官话。以上种种举措说明,历朝历代都将语言文字规范工作置于非常高的地位。语言文字规范工作从来就不只是方便交际那么简单,而是带有明显政治或行政的目的。许慎所言"盖文字者,经艺之本,王政之始"(《说文解字·叙》),深刻地反映了语言文字规范的本质,语言文字的规范统一是国家统一的前提条件。

到了近代,在挽救国家危亡、探索民族自强运动中,国人认识到语言文字的规范统一与民族的独立自强有着密切的联系,所以清末民初的"切音字运动""国语运动""白话文运动"等,都汇入到救亡图存的滚滚历史洪流中。新中国成立后,国家强力推动之前的语言文字规范工作,在推广普通话、整理并推行规范汉字、制定和推行汉语拼音方案等方面取得了巨大的成就,为在全国范围内扫除文盲打下了坚实基础,使全民文化水平得到了快速提升,也使今天人口大规模流动和市场经济快速发展成为可能。所以说,语言文字的规范不仅仅是方便交际这么简单的事,这在本质上关系到国家的强盛和民族的未来。胡明扬先生(1983)认为民族语言规范化是一个民族在政治上高度统一、经济上迅速发展的必然要求,也是"民族意识增长,民族文化高涨的自然而直接的表现"(罗常培、吕叔湘《现代汉语规范问题》)。一些如今工业化水平很高西方发达国家从17世纪资产阶级登上政治舞台起就开展了广泛的民族语言规范化的工作。民族语言规范化绝不是一个单纯的语言问题,而是一个推动政治、经济和科学文化发展的重要因素。

当代中国已经进入了一个文化多元、观念多元的时代,在语言文字规范领域也产生了很多新的争议,但如果我们能站在国家和民族利益的高度来看待语言文字规范问题,很多争议可能就比较好解决了。比如,推广普通话的问题,现在有些人认为,我们的普通话推广已经成就卓著,所以今天的工作重点已经不是推普而是保护方言了,因为很多方言正在慢慢地走向衰亡。保护方言对于文化的传承确实很重要,但是在今天国际政治形势错综复杂的背景之下,我们应该看到,普通话承担的不仅是全民交际工具的作用,更重要的是维护国家统一和铸牢中华民族共同体意识这一重要作用。我们从不否定方言的重要文化价值,也不反对在一定范围内使用方言,但是从国家核心利益来考虑,普通话和规范汉字一样,具有强大的文化凝聚作用,对维护国家统一具有极其重要的作用,所以加强普通话的规范推广工作在今天仍然非常重要。

## 4.2 本体规范重于使用规范

所谓语言文字的规范就是人们对规范语言文字的规范使用,具体涉及两方面内容:第一,规范的语言文字,即全社会形成一套约定俗成、稳定规范的语言文字体系;第二,规范地使用语言文字,即人们对已有规范语言文字体系按照约定俗成的方式规范使用。前者属于语言文字本身的规范问题,即本体规范;后者属于人们使用语言文字的态度观念,即使用规范。

语言文字本体规范指使用某种语言文字的人所应共同遵守的语音、词汇、语法、书写等方面的基本标准。这种规范标准是刚性的,是语言规范的管理者可以有所作为的,本体规范的成功与失败体现的是管理者对语言生活管理水平的高低。比如,对词语的异读、变调、儿化、人名地名的读音,对词语搭配组合的基本规则,对文字形音义的确定等,管理者应该在学界研究的基础上总结规律,为社会提供一个规范使用的科学标准,而且这些标准也应随着社会的发展而不断进行改进。国家语委已经公布的《汉语拼音方案》《通用规范汉字表》《人名拼写规则》《汉语拼音正词法基本规则》《现代汉语常用词表》《出版物上数字用法》《标点符号用法》等就是这方面的规范标准。目前本体规范的步子不是太快而是太慢,还难以满足社会的需要,管理部门应该支持相关人士尽快研制适应各行各业需要的科学合理的规范标准。

与本体规范的刚性要求不同,语言文字的使用规范应该宽松对待,以柔性的引导为主。目前很多语言文字规范之争几乎都是使用规范的问题。在现实语言生活中常常有一些突破已有语言规范的创新或变异现象,这些创新往往和传统的使用习惯不符,怎么处理语言的创新现象也就成了一个争论不休的话题。比如,关于新词语和网络语言的问题、字母词的使用问题、新的语法组合问题,有人说这是语言不规范的表现,有人则认为这恰恰是语言充满活力的表现。苏培成(2010)认为:"应该怎样对待语文的变异呢?一律吸收或者一概拒绝都是不可行的。一律吸收就会使语文芜杂不堪,良莠不齐;一概拒绝就会使语文失去活力,停滞不前。正确的做法是对变异进行评价和选择。"

语言的规范标准是在人们约定俗成的基础上确立的,所以在使用过程中自然具有一定的灵活性,在对待是否符合规范的问题上也就带有一定的主观性。语言使用规范的本质是特定社会群体对有悖于传统习惯的社会语言使用现状能否接受的一种态度和限度,能接受或者在接受限度内就是规范的，否则就是不规范的。不同群体对语言新用法或变异的接受度是不一样的，一般说来，对语言文字的传统理据比较熟悉的人、年龄比较大的人对传统的东西更加热爱，传统习惯根深蒂固，因此对创新或变异现象的接受度比较低；相反，年轻人往往更容易接受新的变异现象，也乐意创造新的变异现象，他们正是在这一创造的过程中获得一种成就感和满足感。语言学工作者没有必要把自己的好恶强加给社会，也不宜充当"语言警察"，动辄指责某些用法不规范。20世纪80年代中期以来，有人批评"的士""巴士""卡拉OK""流脑""的哥""T恤"等新词语，觉得它们影响了祖国语言的纯洁和健康，应该坚决取缔；有人认为，把"洗澡""鞠躬""教育"等拆解为"洗个澡""鞠个躬""教而不育"破坏了意义和结构的完整统一，有时还使句子显得不够庄重。但语言生活的事实证明，这样的规范是没有意义的，这些词、这些用法在今天都已经被接受了，与其强迫公众不得使用这些词，还不如不要管，以免使语言文字规范工作丧失公信力。今天大量出现的新词语、新用法又何尝不是这样呢？这些新兴的语言现象都是语言使用的问题。其实语言系统本身具有自我调节的能力，不需要我们过多干预，那些有表现力的变异形式一定会沉淀下来为大众所接受，而那些不符合大多数人接受习惯的变异形式往往只是昙花一现、稍纵即逝。詹伯慧先生(1999)说得好，考虑语言规范化问题，最根本的出发点是为应用而规范，绝不是为规范而规范。

## 4.3 工具性优先于文化性

语言文字既具有工具特征也具有文化特征，所以语言文字规范既要考虑其工具特征也要考虑其文化特征，工具特征主要考虑交际的方便，文化特征主要考虑使用者的文化心理。近年来很多有关语言文字规范的争论都来源于未能有效处理好工具特征和文化特征的关系，比如，有人认为简化字没有文化底蕴甚至隔断了中华文化，有人认为使用字母词是崇洋媚外的表现，有人认为很多新词语和网络语言体现出一种低俗文化，不难看出，上述观点都是拿文化说事。语言文字具有很重要的文化特征，这是不容置疑的，但怎么处理语言文字的工具性和文化性的关系并不是一个简单的课题，二者孰轻孰重、孰先孰后，特别是当二者相悖时是优先考虑工具性还是文化性，这是在理论上必须讨论清楚的问题。

语言文字在其产生之初，只有一个功能，就是用来交际，而其文化功能是在长期的使用过程中逐渐衍生出来的辅助性功能。语言文字的交际功能是与生俱来且永远存在的，而其文化功能则是后天获得并可以改变的。比如汉字，对于使用汉字的人来说，其基本交际功能不管何时何地都不会改变不会消失，但是其文化功能则可以随地点时间而改变。汉字到了日本就承载了日本文化，汉字到了韩国就承载了韩国文化，即使在中国，汉字在不同历史时期所承载的文化也是有时代差异的，从最初的巫术文化到封建社会的皇权文化直至今天的大众文化，汉字所承载的文化内容在不断地变化。可以说，失去了某些显著文化特征的语言文字仍然是语言文字，仍然能被全民作为交际工具来使用。也正因如此，不同文化背景的人可以使用同一种语言文字作为交际的工具，不同文化背景的语言文字也可以相互翻译，但失去了基本交际作用的语言文字就不再是严格意义上的语言文字了，不再能作为全民交际的工具,只能被少数人作为艺术来欣赏,就像玛雅文字等一些已经消失的文明的文字一样,它们的性质其实就是一种出土文物,与陶器等其他物质性出土文物一样,虽然承载了深厚的人类文化,但其交际作用已经消失殆尽,只能被少数人作为研究之用。

毋庸置疑,语言文字的工具性优先于其文化性,所以在考虑语言文字规范问题时,如果工具性和文化性发生冲突,应该优先考虑其工具性。譬如汉字的繁简问题,有些人认为,简化字不美观,甚至隔断了中国文化的根,应该恢复繁体字,至少部分恢复繁体字。对此种说法,国家语委前副主任傅永和先生在一次访谈中说,这是把文字的工具性和文化性混为一谈了。傅永和先生在一次访谈中提出,汉字在演变过程中向两个方向发展:一是交际工具的方向,作为工具,不管是交际工具还是其他生产工具,人们的主要期望就是趋简,越简便越好,就像农具一样,都是越来越简便;二是书法艺术的方向,这与作为工具的发展要求不一样,作为书法艺术,要求汉字保留传统的结构、笔势、黑白度等,越充分越好,这体现着我们汉民族的美。书法和交际工具不可混为一谈,书法按照交际工具的要求是不行的,同样,交际工具也绝不能按照书法的要求,汉字越来越符号化是其作为交际工具的必然要求。对于字母词和网络语言等,如果我们认识到它们首先是一种交际工具,从方便交际的角度来考虑它们的规范时,就会在语言自身的框架下就事论事,而不会把强烈的民族情绪和文化情绪带入语言文字规范工作中来,这样才有利于问题的有效解决。

## 4.4  "于今有理"优先于"于古有据"

关于语言文字规范的理据,一般有两种观点,"循古"和"从今"。所谓"循古"就是根据以往的经典形式来制定今天的规范标准,也就是"于古有据";所谓"从今"是根据现代人的使用习惯来制定规范标准,主要是"约定俗成"。从历史事实来看,任何一种语言文字从古至今都已经发生很大的变化,以后也一定还会发生很大的变化,所以,"约定俗成"派在语言文字规范的理论论争中一直是占上风的。两千多年前的老祖宗荀子的"约定俗成"理念就一直是语言文字规范的核心指导思想:"名无固宜,约之以命,约定俗成谓之宜,异于约则谓之不宜。"(《荀子·正名》)。现代很多专家学者也在"约定俗成"这个大框架内阐述过语言文字规范的理念。

从理论上认识"约定俗成"的意义似乎不难,但实际操作起来却并不容易。"约定俗成"的具体内涵包括哪些要素?"约定俗成"是无章可循的吗?规范工作在"约定俗成"面前就是无能为力的吗?这些问题需要进一步阐述。武汉大学赵世举先生在一次访谈中提出:约定俗成,并不是放任自流,想怎么样就怎么样。语言文字是公共产体,是公共的交际工具,使用者必须遵从共同的规范标准才能把自己的意思表达清楚,从而让接受者能够理解。目前人们对约定俗成的认识有两方面的局限性:第一,认为"俗成"一定是在现实中要有,反过来只要现实中有的就是对的;第二,把规范制定过程中的理据性等同于"于古有据",古代有的就是理据,古代没有的就不是理据。我们认为,规范的理据应该包括两个层面,一方面是"于古有据",因为语言文字是继承性的;另一方面有必要强调"于今有理",某些语言文字现象尽管古代没有,但从现代的科学性和使用性这些角度来讲,它具有明显的交际价值,这也是理据,是科学的理据,是现实需要的理据。

我们很认同赵世举先生的观点,在语言文字规范中,"于古有据"不能全盘否定,"约定俗成"也要科学对待,尽可能吸收"于今有理"的成分,最好能把二者有机结合。但如果二者发生冲突,还是应该尊重"约定俗成",特别是应该尊重"于今有理"的"约定俗成"。汉字简化中有一批同音或近音替代字,如"先後"的"後"用同音字"皇后"的"后"替代,"械鬥"的"鬥"用近音字"烟斗"的"斗"替代,"乾燥"的"乾"用"天干"的"干"替代。有人认为,这样的简化非常不科学,严重违背"于古有据"的原理,在繁简转换中造成了很大的麻烦,应该恢复这些繁体字。但我们认为,在这里应该优先考虑"约定俗成"。在今天的汉字系统中找不到要恢复繁体字的根据,现在大家已经接受并习惯了这些简化字,如果再改回去老百姓肯定不答应,因为这会徒增人们记忆的负担,而且还会产生新的混乱。诚如费锦昌先生(2004)所言,大陆老百姓已经在简化字系统中生活了几十年,无论从习惯上还是从观念上都把读写简化字视为天经地义,哪怕改动其中一两个字也可能在社会语文生活中掀起或大或小的波澜。沈家煊先生打了一个很好的比方,电脑的键盘也有设计不科学的地方,但你能改吗?且不说更改的成本非常大,还可能引起新的混乱。比如,"叶公好龙"的"叶",根据古音应该读"shè",但现在大家都习惯于读"yè",而且现代汉语其他地方的"叶"都读成"yè",所以读成"yègōng"能保持语音的系统性,这是"于今有理"的约定俗成,也符合语言文字总是在不断发展演变这一客观规律。语义和语法也在不断变化,合理地接受今天人们约定俗成的语言使用习惯是一种明智的选择,否则规范将会成为一纸空文。19世纪50—60年代,有人认为"代表团所到之处,受到热烈的欢迎"不规范,因为受到欢迎的是人而不是地点,"打扫卫生""恢复疲劳"也不符合逻辑,应该说成"打扫垃圾""恢复精力",但现实的语言生活告诉我们,语言本身的内在理据有时敌不过人们使用语言的习惯力量,积非成是在语言生活中是一种很常见的现象,根本不影响今天的语法系统,"约定俗成"在这里明显占了上风。

总之,语言文字规范的具体问题错综复杂,梳理起来也是千头万绪,但都离不开应用二字。从应用角度来看,语言文字的规范包括两个层面:社会大众语文生活层面和特殊领域语文生活层面。我们所讨论的规范理念主要针对社会大众的语文生活,至于某些特殊行业、特殊领域的语言文字规范问题则另当别论。

## 参考文献

[1] 陈章太.语言规划研究[M].北京:商务印书馆,2005.
[2] 戴昭铭.规范语言学探索[M].上海:上海三联书店,2003.
[3] 郭龙生.中国当代语言规划的理论与实践[M].广东:广东教育出版社,2008.
[4] 郭熙.中国社会语言学[M].杭州:浙江大学出版社,2004.
[5] 李宇明.新时期语言文字规范化问题研究[M].北京:语文出版社,2020.
[6] 李宇明.语言文字规范理论与实践[M].北京:语文出版社,2020.

[7] 刘楚群.新词语构造与规范[M].北京:中国社会科学出版社,2021.
[8] 罗常培,吕叔湘.现代汉语规范问题[M].上海:上海人民出版社,1998.
[9] 施春宏.语言在交际中规范[M].北京:中国经济出版社,2005.
[10] 苏培成.当代中国的语言改革和语文规范[M].北京:商务印书馆,2010.
[11] 王建华.21世纪语言文字应用规范论析[M].杭州:浙江教育出版社,2000.

(刘楚群　江西师范大学)

# 八 词化、短语化和空词

## 1. 词化及词化方式

词化(lexicalization)是指在语言系统中将概念转化为词的过程,这与认知方式相关,不同的语言可能有不同的词化方式。"词化"也经常用于指某个语言形式从非词演变为词的过程,最常见的是从短语或从句法结构演变为词,这种情况通常也会用"词汇化"指称。为了讨论问题的方便,本专题分别用"词化"和"词汇化"区别这两种情况。前者指的是在语言中用词指称某种概念,即用"词"这样一种最小的能够独立运用的语言单位来指称特定的语义或语义组合,它是就词的产生而言的,是相关符号从无到有的过程。后者指的是短语、缩略语甚至一些跨层次结构等大于词的语言单位后来凝固成词,它是就语言符号的发展而言的,是语言单位语法性质发生变化的过程。

概念的词化方式主要包括分析型表达法(analytic expression)和综合型表达法(synthetic expression)两大类。二者的区别可以通过汉语和英语的比较较为直观地显示出来:

  drown＝淹＋死  poison＝毒＋死  kill＝杀＋死
  raise＝举＋起  impede＝阻＋住  cure＝治＋好
  devaluate＝贬＋低 flatten＝弄＋平  unscrew＝旋＋松

汉语中动作行为结果或方式等的表达大多独立于动词,通过状语或定语等附加成分来表示,属于分析型表达,而英语中动作行为的结果或方式等有不少并未从动词中分离出来,而是跟动作行为本身的概念化为一个整体,词化为一个单纯动词,属于综合型表达。

英语中有很多单纯型动词可以同时包含动作和方式、原因、方向等意义,而同样的意义在汉语中多用复合词或者短语来表达。不过,这些概念在上古汉语中可能跟英语一样用单个动词表示,如:

  缢＝吊＋死＝hang  逾＝超＋过＝exceed  断＝折＋断＝break
  闻＝听＋见＝hear  视＝看＋见＝see   毕＝完＋成＝finish

其实,跟综合型动词类似,上古汉语中的很多名词也同时包含性别、年龄、外形等属性特征,如表示"公牛""母牛""阉割过的牛""四岁的牛"分别用"特""牝""犗""牭"等不同的词表示。当然,任何一种语言的词化都可能存在分析型和综合型两种不同的方式,只是总体比例和选择倾向各有不同。举例而言,不同性别的动物在英语中词化为一个综合型名词就比在汉语中更加普遍,但使用频率不高的词语也同时存在一些分析型表达方式,如:

  综合型:man/woman boy/girl actor/actress waiter/waitress
      bull/cow cock/hen

分析型：male doctor/female doctor　　male student/female student
　　　　　　he-bear/she-bear　　male dolphin/female dolphin
　　跟综合型概念相对应的分析型表达方式可能采用多种不同的句法结构，如：
　　动补结构：聚集一起（assemble）
　　动宾结构：脱掉衣服（undress）
　　状中结构：跌跌撞撞地走（stagger）
　　使动结构：使他感兴趣（interest）
　　比较结构：多于，比……多（outnumber）
　　比况结构：像母亲般地照料（mother）
　　连动结构：去商店买东西（shop）
　　兼语结构：给……看（show）
　　词化方式还会受到文化和生活习惯的影响。如以"烤"为主要烹饪方式的语言可能存在多个以不同对象或方式相区别的，且带有综合表义特征的近义动词，如"bake，toast，roast，broil，grill，barbecue"等。同样地，汉语中不少烹饪动词通常表示综合型概念，如"煨、炖、焖、熬、炝、汆、涮、焯、煲、烩、熘、烹、煸"等，这些动词要翻译成英语通常需要借助于复杂短语或句子。其实，汉语中也存在少量其他带有综合表达特征的动词，这些动词可以对应英语中的短语或句子，如"挑、扛、碾、捻、掐"等。
　　整体来说，跟汉语相比，英语中具有综合型表义特征的词语更多，可以体现在不同词类和不同的语义场中，这类词的语义容量较大，通常包含多个附加义素项，显示出综合性较强的特点；而汉语则通常需要借助于短语或句子表达对应的概念，体现出分析性较强的特点。

## 2. 能指形式短语化的原因及其影响[①]

　　这里的"短语化"特指某一概念的能指由词形式替换为短语形式，即原本用一个词来表达的概念后来用一个短语来表达。与"短语化"相对立的一个概念是"词汇化"，即短语、缩略语甚至一些跨层次邻接成分固化为词。因此，短语化可以看作逆词汇化现象。
　　短语化主要包括由抽象概念的词化所引起的具象词短语化、由词语假借引起的短语化和由义素脱落引起的短语化。

### 2.1　具象词的短语化

　　伴随抽象概念的词化而产生的具象词短语化是上古汉语短语化最常见、最典型的情况。上古汉语中有很多融合了属性特征的名词和融入了动作主体、客体、情貌或方式的动

---

[①] 本节内容主要选编自刘春卉《论短语化》（《宁夏大学学报》2016年第5期）。

词,这些词的共同点是概括性不强,通常带有比较强的具象性特征,比如,指称"马"的"骊、騩、駓、驄、騏、騆、骝、騢、雒、骆、駬、骚、駥、騟、驃、駓、駒、驪、驒、騂"等多个名词,融入了受事的"鼓"和"引""沫""浴""洗""澡"等动词,本文称之为具象词。这些具象词所表示的概念后来大都用短语来表达。

具象词短语化往往伴随着相关抽象概念的词化,因为表示抽象性状特点的形容词和表示抽象动作行为的动词被独立认知并在语言中获得独立的能指形式正是具象词短语化的前提或基础,二者是相伴随而产生的,否则短语化就无从实现。抽象概念词化之后,那些原本综合表义词语的所指大多被分解认知,其能指通常会换用短语形式进行指称,我们可以称之为具象词短语化。

具象词短语化的内在原因是人类抽象思维能力的提高使得性状、动作行为等一些抽象的概念能够脱离具体实物被独立认知,并进一步在语言中实现词化。抽象概念词化之后,那些原本由于性状特征不同而被分别命名的同类事物的各种特殊名词以及由于主体、客体、情貌或方式不同而相互区别的具象动词都可能被分解认知,其所指也就可能用短语形式进行指称。

根据被替换词的词性,通常可以把具象词短语划分为名词的短语化和动词的短语化。

名词短语化主要表现为定中短语化。人们早已注意到,上古汉语中同类事物往往会由于颜色或形貌等方面的差异而具有不同的名称。比如,《说文解字》中就有多个指称"牛"和"马"的名词用于区别不同的毛色、年龄和性别等,这些具象词的所指后来逐渐被定中短语替换而变成历史词或发生意义转移。由于这里被取代的名词往往是融合了某种属性特征的具象词,所以我们称之为具象词短语化。

除名词外,具象动词的短语化也很常见。根据相关短语的结构类型,动词短语化可以分为主谓短语化、动宾短语化、状中短语化或动补短语化等类型。主谓短语化的如《说文解字》中的"狠,犬行也""象,豕走也"等,"狠""象"所表示的动作行为与动作发出者融为一体。这类依附于具体事物的动作行为具有更强的形象性,同一类动作行为往往因施事不同而分别用不同的词来表示。后来随着抽象思维能力的提高,大多数动作行为开始脱离相关主体而被独立认知,这些具象动词也就逐渐被相关的主谓短语所取代。同理,在上古汉语中,一种动作行为作用于不同的对象也通常用不同的单音词来表示。比如,洗不同的部位要用不同的词来表示:

沬,洒面也。　洗,洒足也。　澡,洒手也。　沐,濯发也。

浴,洒身也。　漱,荡口也。　盥,澡手也。

这些动词所表示的是与受事融为一体的动作行为,它们之间的差别仅仅在于所洗部位不同。这类动词由于融入了受事,往往语义自足,不必带宾语。再如"一鼓作气""引而不发"中的"鼓"和"引"也都是这样的自足型动词。随着思维抽象化程度的提高,这些动词所表示的意义后来大都用动宾短语表示,而这些动词则发生了意义转移或成为双音节复合词的构词语素。

除了这些与施事或受事融为一体的具象动词之外,还有一些动词则融合了与动作行为相关的情状或方式。例如:

趫,独行也。　趚,低头疾行也。　迟,徐行也。　彶,急行也。　微,隐行也。
徐,安行也。　达,行不相遇也。　赿,行难也。　趌,怒走也。　赶,举尾走也。

这些动词是动作行为与相关情状或方式结合在一起被综合认知并概念化的结果,也带有一定的具象性特征。后来这些词语大多被相应的状中短语或动补短语所替代。

具象词的短语化受制于人类认知思维能力的发展。抽象概念的词化与具象词短语化这两种现象通常会在某一时期集中出现,因为当抽象思维能力提高到一定阶段时,人类就可以把属性特征和动作行为从所依附的具体事物中抽象出来单独词化,原先笼统把握和综合认知的对象就有可能被分解认知并分别词化,这样,原先一些用词概括的对象就可以用短语来表示了。比如,《说文解字》和《释名》中收录了很多具象词,与之对应的释义短语也比较丰富完善,这说明当时应该是短语化大规模发生的重要时期,很多词和即将取代它们的短语并存并逐步被后者取代。因此,可以说具象词短语化是人类抽象思维水平发展到一定阶段在语言中的显性体现,是当时语言发展的重要特征。

总之,具象词短语化往往伴随着相关抽象概念的词化,表示抽象性状特点的形容词和表示抽象动作行为的动词被独立认知并词化是具象词短语化的前提或基础,二者是相伴随而产生的。否则,短语化就无从实现。

## 2.2　词语假借引起的短语化

有时出于某种语用或修辞目的,某个词可能被借用来表示别的概念,而且借用的频率很高,后来为了彼此区别,人们可能会为该词原先所表达的概念重新命名,而这种重新命名的方式,很可能就是为之添加限定语,使其能指形式由词变成偏正短语。词语的假借使用所引起的短语化通常仅局限于个别词语。比如,河南确山一些地方话把"白开水"叫做"茶",与之对应的"喝白开水""热水瓶""白糖水""红糖水""烧开水""倒开水"等也分别叫做"喝茶""茶瓶""白糖茶""红糖茶""烧茶""倒茶"等。最初把"白开水"称为"茶",很可能是为了附庸风雅,因为"茶"毕竟比"开水"要高级文雅一些,而且泡茶也离不开白开水,所以借用"茶"来转指"白开水",这也符合人们的认知特点,属于一种转喻思维。然而,"茶"被借用来表示"白开水"之后,如何来表示"茶"原先所指称的"用茶叶做成的饮料"这一概念呢?最好的办法当然就是为已经转指了"白开水"的"茶"添加一个限定语,称之为"茶叶茶"了,所以,该方言中"喝茶"就得说成"喝茶叶茶"。

无独有偶,吴语区的有些地方话把"吃药"说成"吃茶",其原因可能是忌讳"药",所以选择了相对委婉的字眼来转指或避讳,而且他们也把真正的"茶"叫做"茶叶茶"。

可见,"茶"被借用来表示其他概念后,人们通过添加语义冗余的限定成分构成定中短语来表示它原先所指称的对象,这可以看作由词语假借所引起的短语化。

用"茶"转指"白开水"或"药"与其他词语的转指或转喻有较大区别。后者大多发展为一词多义,并不需要为原来的概念另造一个能指。如用"面"转指"面条",而"茶"转指相关事物后,人们却用"茶叶茶"这个包含了冗余限定成分的短语来表示它原先所指称的对象。这可能是因为很多词语转指的事物跟它们原先所指称的事物尽管密切相关,但出现的场合不同,在语境中大都能够明确所指。如"吃面"与"揉面",而"茶"与"白开水"经常共现于同样的语境当中,而且它们都经常跟"喝""倒"等动词搭配,如果用同一个词指称,很难在语境中明确所指,所以人们不得不为之重新命名。

这类短语化的原因和方式跟一些由汉字假借所引起的本字再造很相似,即原先的能指被借用来表示其他所指,原先的所指要么与新的所指共用一个能指,要么为它创制一个新的能指,而创制新能指最便捷的方式,可能就是在原字的基础上添加一个区别性成分,如"溢""箕""燃"等字就是在"益""其""然"等被借用来表达其他概念后又添加义符而造出的新字,而且这些添加的义符对表意而言,通常是冗余的信息,因为原字已经通过象形或会意的方式很好地表示了相关意义,有时本字中甚至可能已经存在同样的义符,如"水"之于"溢"、"火"之于"燃"。在这一意义上,"茶"短语化为"茶叶茶"的原因或得名之由与很多假借字完全一致。因此,我们也许可以把这里的"茶"叫做假借词,以区别于词汇语义上的转指、转喻以及修辞学上的借代修辞格。

## 2.3 义素脱落引起的短语化

由义素脱落引起的短语化也是个别或零星发生的。有些词的个别义素在发展过程中可能脱落,这样人们在表达它们原先所指称的概念时就需要添加上一个相关成分来补充表达这个原本包含于该词中的意义。现代汉语中这样的例子为数不少,如"女保姆""黑墨水""异性恋""第一课堂"等就分别是"保姆""墨水""恋爱""课堂"等词因某个语素义脱落而短语化的结果。

保姆是"受雇为人照管儿童或为人从事家务劳动的妇女",其基本语义已经包含了[＋女性]这一义素,所以不需要、也不能够从性别方面来进行修饰,否则,要么不合逻辑,要么重复啰唆。然而,由于社会发展以及媒体炒作等方面的原因,"男保姆"这一说法在现代汉语中出现并流行开来,而它的广泛使用也就意味着"保姆"一词[＋女性]义素的脱落。这自然带来一个后果,那就是在表示"保姆"原先的意义时需要添加上这个性别义素,称之为"女保姆"。因为没有了性别意义的"保姆"已经上位概念化了,必须要用"女保姆"这个三音节词来指称它原先的所指,并与"男保姆"对立以取得相关词汇系统的新平衡,这是语言系统自我调节的结果。

同样地,"课堂"本来就是指在教室进行的教学活动,但由于"第二课堂"的出现使得"课堂"成为上位概念,人们在需要区别二者时不得不把原先"课堂"的能指形式短语化为"第一课堂"。与之类似,"黑墨水""异性恋"也都是由于"墨水""恋爱"词义当中相关义素的脱落而造成的短语化现象。此外,"米粥""长裤"等也属于此类短语化现象。

由义素脱落所引起的原词上位概念化是这类短语化产生的根本原因,短语化的方式是添加限定语构成定中短语,而且所添的限定语通常就是跟脱落的义素同义或近义的成分,因此限定语跟中心语本义之间一般构成冗余关系。

义素脱落而造成的短语化与词语假借所引起的短语化有所不同。后者原词与短语没有形成上下位概念,因为原词的所指通过转喻发生了转移,即原词已经转指了其他类事物,跟它原本的所指并不同类,如确山方言中的"茶叶茶"不是"茶"(开水)的一类,二者尽管相关,但彼此之间并不存在归属关系。前者原词和取代它的短语形成上下位概念,如"女保姆"是"保姆"的一类,属于"保姆"的下位概念,或者说"保姆"由于[＋女性]义素的脱落而上位概念化了。

义素脱落是这类短语化产生的主要原因,而义素脱落的原因则通常是某个特殊短语的出现,而且构成该短语的各词语义之间具有矛盾性。这种矛盾调和的结果往往是中心词作为矛盾焦点的义素脱落,而义素脱落把该词提升为上位概念,这自然也打破了相关词汇系统之间的平衡。为了重新建立平衡,只能用与脱落义素同义或近义的词充当原词的限定语,从而构成短语来表示该词原先的意义,并与那个引起原词义素脱落的短语并列作为下位概念以建立起新的平衡。

这类短语化虽然不可能大规模产生,但也并不罕见。除了上述词语外,还有其他一些,如"热烫""热焊""上浮"等就是由"冷烫""冷焊""下浮"所引起的原词"烫""焊""浮"的短语化,而且这些短语还有凝固为词的趋势。

需要指出的是,并非所有构造成分之间具有矛盾关系的短语在引起其中某词义素脱落后都会促使该词短语化,有时这种义素脱落只是暂时的,脱离这个短语之后该词仍然会回归到原来的意义。如"布袋木偶""塑料台布"就没有引起"木偶"和"台布"的短语化,尽管在这两个短语中"木"和"布"因为分别与限定语"布袋""塑料"相矛盾而脱落,但由于这里的"木偶"和"台布"是偏正式复合词,"木"和"布"是显性限定成分,而不是隐性的蕴涵义素,如"热"之于"烫",所以一旦脱离与之矛盾的限定语,就会回归本义。

具象词短语化与抽象概念的词化通常会在某一时期集中出现,而由假借或义素脱落所造成的短语化则带有一定的偶然性和个别性,不会引起大量词语替换,一般体现为语言内部个别要素的调整适应,不过,这两类由语用原因造成的零星散存的短语化却也一直没有间断过,而且它仍会随着语言的发展继续发挥作用。

## 2.4 短语化对语言系统的影响

短语化也会对语言系统产生重要影响。具象词的短语化体现为某一阶段的大规模词语替换,这势必会引起语言系统的大调整,很多具象词的能指形式被相关短语替换而逐渐变成历史词或发生意义转移。具象词退出言语活动的前提是抽象概念的词化,这些抽象概念的词化与具象词的短语化以及具象词的消亡是相互制约的。具象词短语化有时会引起原词的意义变化或转移,这主要分为三种情况:一是原词上位概念化,如"洗";二是原词意义发生转移,如"特";三是原词变成双音节复合词的构词语素,如"牡"。这类与词化相伴而行的短语化体现为某一阶段的大规模词语替换,比如《说文解字》和《释名》中收录了很多具象词,与之对应的释义短语也比较丰富完善,这说明东汉时期应该是短语化大规模发生的重要时期,很多词和即将取代它们的短语并存,并逐步被后者取代。

由词语假借或义素脱落所引起的短语化具有一定的偶然性和个别性。它们大多是由于某种语用目的致使某词意义发生转移或改变,后来为了明确表示该词原先所指称的概念，人们不得不重新想办法，其中一个很常用的办法就是为原词添加限定成分，构成偏正短语。尽管这些由假借和义素脱落所造成的短语化一般不会引起大规模的词语批量替换，而只是体现为语言内部个别要素的个别调整适应，这种调整通常会巩固词汇系统的平衡与稳定，因为原词转指其他事物或某个义素脱落往往会打破语言相关系统的平衡。比如，确山方言用"茶"指称"白开水"之后，"茶"原来的所指称就没有了专用的符号，而"茶"与"白开水"的句法语用条件极其相近，在语境中很容易造成混乱。为了彼此区别，人们就用短语"茶叶茶"来指称原义，而"茶叶茶"的出现又形成并巩固了相关词汇系统新的平衡态势，这跟假借字所造成的本字再造在某种程度上具有一定的相似之处。与之类似，由义素脱落引起的短语化也通常伴随着冗余成分的使用，如"冷烫""黑墨水"等。

虽然词汇化是中古以来汉语更为典型也更为常见的发展趋势，但短语化的进程从来没有停止过，即使在近现代汉语当中，短语化仍然不乏其例，而且它跟词化和词汇化都具有密不可分的关系。首先，概念在语言当中的词化是短语化的基础或前提，没有词化也就无所谓短语化。不过，当语言发展一定阶段之后，词化和短语化也可能相伴而生，互为因果，正如抽象概念的词化所引起的具象词短语化一样。其次，随着语言的进一步发展，短语化又为词汇化提供了必要的条件：具象词短语化促进了语法规则的丰富和完善，短语的类型更加复杂多样，很多固定搭配、因隐喻或转喻而发生了意义转移的短语和共现频率高的跨层次结构都可能逐渐固化成词，而汉语双音化又加速了词汇化的进程。

## 3. 词化和短语化的不对称性

词化和短语化的不对称性包括两方面的内容，一是汉语内部存在不对称性，二是不同的语言之间具有较大的不一致性。为方便比较，这里主要从短语化的角度展开讨论。

对汉语而言，这种不对称性表现在很多具象词都短语化了，但有一些今天仍在使用。比如，前述表示"行"或"走"的具象词大都短语化了，但很多融入相关情态或方式的"看"类动词在现代汉语中仍在使用，如"瞄、盯、瞟、窥、睹、瞅、眺、瞪、瞥"等。

由于汉语复合词跟短语的界限不十分清楚，如"斜视、鄙视、逼视、平视、凝视、窥视、俯瞰"等都是偏正式复合词，在意义合成方式上它们与同样结构的短语并没有本质区别，所以为了避免争议，本节主要以单纯词为考察对象。

不同语言之间的不对称主要体现在两个方面：一是词与短语交叉对应，即某个概念在一种语言中用词指称，在另一种语言中用短语表示；二是词化或短语化的程度高低或范围大小不同。

有关词与短语交叉对应，主要表现为不同的语言在表达同一概念时对词和短语取舍有别。比如，前述汉语中有很多动词表示不同情态或方式的"看"，英语也同样存在不少"看"类的动词，如"gaze、glare、peep、glance、stare、gape、squint"等，这些动词都融合了"看"这一动作所伴随的各种眼神、情态和方式。不过，汉、英两种语言中的"看"类动词并不彼此对应，汉语中某些"看"类动词所表示的意义在英语中要用短语表达，而英语中的某些

"看"类动词所表示的意义在汉语中要用短语表达,换句话说,汉语和英语在表达同样的意义内容时对词和短语的选择不同,二者交叉对应。如"凝视、平视、俯瞰、眺望、瞻仰"等在英语中要分别用短语表示,而"ogle、gape、gawk、goggle"等翻译成汉语时也要用短语才能表达清楚。

有关语言短语化的程度高低或范围大小,主要取决于该语言概念系统整体所呈现的特点,而不是个别概念。尽管汉语和英语的短语化程度在某些概念的表达方式上并没有明显差异,如上述"看"类动词,但二者在很多其他概念的表达方式上却呈现出明显对立。总体来说,现代汉语短语化程度相对较高,词化程度较低;而英语短语化程度较低,词化程度相对较高。有不少人都注意到汉语和英语在词化或短语化程度上的这一差异,如"pork、beef、mutton"在汉语中都是用短语"N+肉"表示。再如,英语中"cackle、chortle、chuckle、giggle、grin、guffaw、laugh、leer、titter、sneer、snicker"等"笑"类动词综合表达了笑的方式、情态和状貌,相关意义在汉语中一般用动词短语表达,即通常是把"笑"作为一个构词语素放在"嘲、讥、嬉、狞、苦、暗、耻、痴、憨、奸、欢、微、大、狂"等限定性语素之后构成复合词,或者通过添加限定语构成不同短语以区别各种笑的情态特点。

何善芬(2002)从使役关系、偏正关系、动宾关系和动补关系等多个角度比较了英汉动词的词化差异,指出英语动词多用词化表达法,而汉语动词则更多地依赖非词化表达法。非词化表达法其实就是短语化的表达方式,而且其分类比较所依据的标准也正对应于短语形式的结构功能。比较不同语言的词化程度,看的是某一时期整个词汇系统的总体倾向,并不排除少数例外。王宇(2001)系统比较了英汉烹饪词汇,发现汉语这类动词的词化程度高于英语。如"煮"类动词除"煮、煨、炖"外,"焖、熬、炝、汆、涮、扒、烀、焯、煲"等在英语中都需要用短语甚至句子才能表达清楚。

选择词来表达某些常用概念可以使表达过程经济快捷,却会因词汇量大而增加记忆负担,选择短语来表达相关概念能够减轻词汇记忆方面的压力,却会造成表达形式的冗长复杂。可见,无论选择词还是短语来表达某些概念,均各有利弊。词化程度高有利于表达形式的简单便捷,而短语化程度高则有助于提升词汇学习的效率。任何语言都不可能完全词化,否则词汇量将不可计量,英语中有些不常用的概念也采用短语表达。如"驴肉""马肉"等使用率较低的概念在英语中是用复合词或短语来表达的。因此,即使在词化程度较高的语言中,短语化也大量存在。不过,短语化的实现通常要受制于相关概念在人们生活中的地位或使用频率,使用频率较高的常用词可能会由于可以简化表达式而拒绝短语化。

用短语取代词来表达某些概念尽管在句法上相对复杂些,但可以根据语法规则无限类推,有很强的再生能力,在理解和记忆方面占有较大的优势。

总之,汉语和英语在短语化方面存在一系列的不对称性,既包括词和短语的交叉对应,也包括短语化的程度差异,所以不能笼统地把这两种语言概括为"分析"与"综合"的对立。此外,汉语和英语相互翻译时也要充分考虑到二者在词化和短语化方面的不对称,减少彼此之间的负迁移。

## 4. 空词及其词化问题[①]

空词也叫空符号，指的是一个概念在语言中没有对应的能指形式。王希杰把广义的符号分为三种：符号、潜符号、空符号。潜符号本身是符号，是还没有被开发出来使用的符号，空符号自身还不是符号，却是可以被符号化的符号。[②]

有许多事物千真万确地存在着，却没有相应的语言符号。傅雷（1908—1966）把巴尔扎克的一本小说译为《贝姨》，序言中说法语的 cousine 在汉语没有对应的词，只好译作"姨"。吕叔湘在《由"rose"和"玫瑰"引起的感想》(1984)中说："如果翻译一本小说，遇到主人公有一位 cousin，你译成'表弟'，后来发现他是女性（代词 she），就改译做'表妹'，后来又发现她年纪比主人公大，又改做'表姐'，再翻下去又发现原来她比主人公长一辈，又改做'远房姨妈'。再后头又发现她不是主人公母亲一边的亲戚而是他父亲一边的，又只好改做'远房姑妈'。其实也靠不住，她也有可能是主人公的'远房婶娘'。要是这位 cousin 在那里只是昙花一现，神龙见首不见尾，父系母系、年长年幼、辈分性别，全然不知，只知道其人是主人公的 cousin，你把他翻译成什么好呢？伍建光老先生（如果我没记错）创造了一个名词叫做'表亲'可以勉强对付一气，管住了四分之三，母系的全部，父系的一半。可是再一想，既然辈分、性别等等全都不知道，那就翻成'表姐'或'表弟'也都不能算错，正如把形状不详的 rose 翻成'玫瑰'一样。"[③] 汉语中没有同 cousin 对应的词，也没有与同时指称玫瑰、月季、蔷薇的 rose 对应的词，可以看作"空词"。

词是能指和所指的结合体。没有能指的所指和没有所指的能指都不是词，可以叫做"空词"。空词有两种：一是有所指而无能指的空词，现代汉语的声韵调搭配组合而成的音节中，有的没有意义，就是有能指而无所指的空词；二是有能指而无所指的空词，汉语某些方言中的词，在普通话中没有相应的词，外语中的某些词在汉语中没有相应的词，这些就是有所指而无能指的空词。我们主要讨论第二种。

任何一种语言中都有空词，而且数量很大。也许有人觉得是因为交际活动中并不需要，所以才没有出现对应的词。事实并非如此，有许多空符号所表示的事物是人们日常生活所不可缺少的，如前面提到的亲属称谓。

安妮·谢泼德（Anne Sheppard）在《美学：艺术哲学引论》中写道："在这里，我们不应当被'美丽的'（beautiful）这个英语词语所表示的狭隘范围引入歧途。在英语中，可以把风景、女人、马以及花朵描述成美的，但是，男人被描述成'英俊的'（handsome），乳牛或者酒却被描述成'好的'（fine）。如果审美欣赏对象的范围只限于包括英语中'美丽的'这个词语恰巧可以适用的那些对象，那么，这种对象范围就非常狭隘了。实际上，英语中并不存

---

[①] 此节主要选编自王希杰《汉语词汇学》（北京：商务印书馆，2018 年）与《潜词和空符号的再认识与空符号学》（《文化与传播》2012 年第 2 期），如引用此节内容，请通过该书或该文获取原文及出处信息。
[②] 王希杰.潜词和空符号的再认识与空符号学[J].文化与传播,2012(2):53.
[③] 杨自俭,李瑞华.英汉对比研究论文集.[M].上海:上海外语教育出版社,1990:140-141.

在表示一般的审美赞扬(aesthetic commendation)的术语,而是存在由相互联系的术语组成的一个语族:'美丽的''漂亮的''可爱的''好的''英俊的'。这个问题并不是英语所特有的问题。"①英语中没有这样一个词(术语)表示空档、空缺、空位、空词的意义。

"空词",我们最先还叫做"空符号"。例如:

  汉语  英语
  Φ  aunt
  Φ  uncle
  羊  Φ(sheep/goat)
  鸡  Φ(A hen / B cock(rooster)/ chick)

符号Φ表示的是空词。英语中的 sheep/goat 和 hen/cock(rooster)/chick,没有表示上位概念(羊和鸡)的词。英语的"aunt、uncle"在汉语中表现为许多个词,但是没有上位概念,没有表示这些上位概念的词,因此也就是"空词"。

需要注意的是,"潜词"和"空词"的概念不能混淆。潜词虽然没有被使用,但它是存在的,一旦获得必要的条件就可以显化。潜词具有所指和能指,如汉语里,"中医、中药、蒙医、蒙药、藏医、藏药"等是显词,但"维医、维药、哈医、哈药、布医、布药"等可能是潜词,它们具有能指和所指,所指就是维吾尔族的医药、哈萨克族的医药、布依族的医药等。因此,潜词是词,潜词与潜义也是词汇学的研究对象。

空词只具有所指,而并无能指,它其实并不是符号。不管一种语言是如何发达,词汇多么丰富,空符号现象都是必然存在的。有许多学者讨论汉语中称谓语的缺位或空档现象时经常举的例子就是学生对女教师的丈夫的称谓,其所指是十分明确的,但缺少能指,也很难成为语言事实,因为没有社会需要,再好的方案也不可能演变成为语言事实,这是社会心理社会现实的反映。

因此,空词是应当有而事实上没有,有词义却无词形,而潜词有词形,也有词义。潜词是词,空词其实不是词。潜词可以直接显化,空词必须先获得词形。潜词的开发与利用很容易,而为空符号去寻找适合的能指则可能非常困难,这从前面提到的小说《贝姨》的翻译中不难看出来。

空词在两种语言或方言的比较中最为明显。永宁纳西族语言中,没有相当于汉语中父亲、母亲的词。永宁纳西族语言中的:

  阿木:兄、姐、嫂、姐夫及姑、舅、姨表姐夫和表嫂
  牙布:兄、堂兄、姐夫及表姐夫等
  格日:弟、妹夫、堂妹夫及姑、舅、姨表妹夫等
  各咪:妹、弟媳、堂弟媳及姑、舅、姨表弟媳等

这些词在汉语中是空词。汉语中的"稻、谷、糠、米糕、米粉、米饭、稀饭、糍粑"等词在印欧语中则是空词。空词的词化,是词汇发展中的一个不可忽视的现象。

空词对交际的影响也是应当加以研究的。交际者解决空词的方法多种多样。只懂得

---

① [英]安妮·谢波德.美学艺术哲学引论[M].艾彦.译.沈阳:辽宁教育出版社,1998:83-84.

母语的人对空词的感觉往往不是很敏锐。掌握两种或两种以上语言的人,则通常对空词特别敏感。空词是跨文化交际中的难点,也是不同民族相互交流的障碍。汉语中"龙、凤、麒麟"等对印欧语系语言来说,是空词。中国人自称"龙的传人",西方称中国为"中国龙",西方人把中国的龙比附为西方的那种会喷火的怪物,于是就对中国产生恐惧感,无意间助长了"中国威胁论"。如何让西方人准确地理解汉语的"龙",减少对中国的误会,这是一个难题。中国人过羊年,英美人遇到了麻烦:是 sheep 年,还是 goat 年? 空词是跨文化交际中的障碍,是不同文化之间误解的重要原因之一。

空词是翻译和跨文化交际中的一个问题。汉语中的某些词在欧洲语言中没有相应的词,也是空位。在讨论语言和言语的时候,方光焘先生经常说,法语中有三个词分别指称"语言""言语""言语作品",索绪尔就非常方便。英语中只有两个词。汉语中没有相对应的三个词,运用"语言"和"言语"及"言语作品"是不得已。法语中有区别的词,汉语中没有相对应的词,就是空位。

王希杰(2004)提出语言的研究不但要研究实符号,也应当研究空符号(空词):有哪些空词? 为什么会出现空词? 空词会给思维和交际带来什么不便之处? 人们是怎样绕过空词来思维和交际的? 空词在外语教学中的影响与对策?[①]

发现问题比解决问题难。空符号的研究首先是发现空词的问题。法显大师远赴印度与玄奘大师西天取经,都是去寻找空词。玄奘大师主持佛经翻译工作,就是把从印度带来的空词汉语词化,运用汉语材料给它们能指。

跨文化交流中最容易发现空符号或空词的存在,而且由于翻译不准确可能导致冲突和误解,这类冲突误解也证实了加强相关研究的必要性、重要性及迫切性。王希杰(2012)甚至提议建立空符号学:

> 空符号学可以是经验的学问,研究历史上空符号的出现与符号化的过程及其经验教训。鲁迅说中国是一个大染缸,外来名词进入中国就变味了。这其中就与空符号的符号化中的某些偏差有关。……
>
> 建立空符号学既是语言学界,特别是外语学界当仁不让的事情;也是外事工作者、文化工作者的共同任务。如何在汉语中给外来的概念一个比较合适的能指? 如何把中华文明特有的概念在外语中寻找到比较合适的能指? 这是中国走向世界过程中必须解决好的一个问题。
>
> 为外国概念寻找汉语的能指,这一工作已经做了许多许多,取得许多的成果,也总结出许多的经验教训。相比之下,中华文化特有的概念如何在外国语言,特别是西方语言中赋予比较适合的能指,是一个新的任务,需要加大投入。
>
> 空符号研究可以丰富语言学理论。空符号符号化过程中,往往出现混乱现象,从混乱走到规范,这是语言符号任意性的表现。……语言规范化工作,其实有相当大的部分是在研究空符号的符号化过程中的能指如何选择和确认的问题,或者说是空符号选择合适的能指的一个过程。这其间必须考虑的有时间、地域因素,也有社会风气

---

[①] 仇小屏,种玖英.灵活的语言——王希杰语言随笔集[M].台北:万卷楼出版社,2004.

和民族心理问题。

为空词寻找合适的能指,即实现空词的词化,是非常困难的事情,但也是非常重要和非做不可的事情。尤其是在跨地域、跨民族、跨文化交际日益频繁的今天,发现空词并实现词化,不仅是一个学术问题,而且是一个政治、经济、文化问题,是一个关系到战争与和平的问题。

语言是人类的精神家园。空词既然还不是词,就不能充当人类的精神家园,因为不能用语言符号指称的事物是不可言说的。要扩大言说的范围,就应当研究空词,发现空词的过程就是向未知领域进军的过程,是增加新知的过程。空词的词化伴随着人类文明的演化与进步,人类文明的发展过程,其实就是空词不断词化的过程,因为语言的边界就是人类认识的边界。

## 参考文献

[1] 陈秀娟.英汉"走"类动词的词化模式及词化程度的比较[J].辽宁大学学报,2006(2).

[2] 何善芬.英汉语言对比研究[M].上海:上海外语教育出版社,2002.

[3] 刘春卉.论短语化[J].宁夏大学学报,2016(5).

[4] 陆志韦.汉语的构词法[M].北京:科学出版社,1957.

[5] 王希杰.汉语词汇学[M].北京:商务印书馆,2018.

[6] 王希杰.潜词和空符号的再认识与空符号学[J]文化与传播,2012(2).

[7] 王希杰.修辞学通论[M].南京:南京大学出版社,1996.

[8] 王宇.英汉烹饪词汇语义对比研究——兼谈英汉饮食文化差异[J].解放军外国语学院学报,2001(2).

[9] 章华霞.英汉"笑"类动词的语义成分及词化模式分析[J].淮南师范学院学报,2006(2).

(刘春卉 四川大学)

# 九 语义语法研究

意义是语言研究的核心问题,形式和意义的匹配是语言研究的根本任务。人们逐渐认识到,抛开语义很难透彻解释语法形式产生的根源。格语法、认知语法和功能语法等不同流派试图从语言外部寻找语法形式产生的机制。"语义语法观"从不同语法流派的研究嬗变与争鸣中、从不同类型语言的语法研究探索中逐渐发展起来。

语义语法体系在汉语语法研究中的产生和发展,与汉语语法的隐晦性和灵活性有密切关系。汉语表示语法意义较少使用屈折形态,而广泛使用虚词、语序、韵律及分布等手段。这些手段和屈折形态相比显得更加隐晦,因此从语义入手对句法形式进行分析,是一条适合汉语特点的研究道路。汉语语法研究在此理论背景之下,广泛关注各类语法现象,深入挖掘汉语语法特点,逐步形成不同于形式学派的一套语义分析方法,并逐渐发展成一套语法分析系统,与句法分析、语用分析共同构建起汉语语法研究的多维研究进路。

正如布龙菲尔德所说:各种有意义的形式的配列构成了一种语言的语法。语义语法主张形式和意义互参互证,通过对语义的分解和分析,寻找句法形式的理据和根源。这里所讲的"语义",是指词进入句子以前的概念义和进入句子以后的各种语法意义。

## 1. 语义特征

语义语法首先要讨论词汇概念相关的各种语义问题,词语的语义特征对语法结构和组合关系的影响是语法研究的重要内容。汉语中一些同构形式的变换式并不平行,其根源在于动词的语义特征有差异,例如:

     A     B     C
(1)墙上挂着地图——地图挂在墙上——*墙上正在挂地图
  领口绣着兰花——兰花绣在领口——*领口正在绣兰花
  台上坐着主席团——主席团坐在台上——*台上正在坐主席团
(2)台上唱着戏——*戏唱在台上——台上正在唱戏
  外面下着雪——*雪下在外面——外面正在下雪
  心里想着事——*事想在心里——心里正在想事

例(1)和例(2)A组句式相同,但它们的变换句式却不相同,例(1)可变换为B组句式而不能变换为C组,例(2)可变换为C组而不能变换为B组。看似同构的两组句子通过变换呈现出内部差异,例(1)A表示静态意义,例(2)A表示动态意义,"V着"的动静二重属性来源于动词语义特征的差异。

词的语义特征的分解和分析成为语义语法分析的基础性问题,语义特征分析促使语法研究向语义深层的细粒度分析推进。本节将从语义特征分析入手讨论词汇语义的相关问题。

## 1.1 语义特征的内涵

在语义研究的不同情境下,"语义特征"这一概念有不同的表述方式,在语法研究中常使用"语义特征",而在词汇语义研究中多使用"义素"。"义素"和"语义特征"在很多情况下不作区分,但二者的内涵是有区别的。

"义素"是指构成词义的最小语义单位。义素作为构成意义的成分,不需要以对比为前提。"语义特征"是指一组意义存在关联的词之间相同和不同的语义要素。语义特征的作用就是对比这种意义上的异同。通过下面的例子区分"义素"和"语义特征"这两个概念。

乔木:[＋木本][＋植物][＋高大][＋主干分明]

灌木:[＋木本][＋植物][＋矮小][＋丛生]

通过义素描写的方法进一步统一为:

乔木:[＋木本][＋植物][＋高大][＋主干分明]

灌木:[＋木本][＋植物][－高大][－主干分明]

上例中,"乔木"一词由四个义素构成,分别是[＋木本]、[＋植物]、[＋高大]和[＋主干分明];"灌木"一词的意义也由四个义素构成,分别是[＋木本]、[＋植物]、[－高大]和[－主干分明]。"乔木"和"灌木"相同的语义特征是[＋木本]和[＋植物],不同的语义特征是[高大]和[主干分明]。

通过以上示例可见,"义素"的内涵重在表示意义的构成要素,"语义特征"的内涵重在表示不同意义之间的区别特征。"语义特征"的对比在不同的研究领域会有不同的侧重,词汇语义的对比主要是为了呈现词义之间的语义对比,即揭示词所表示的概念之间的差异;而语法语义的对比则是为了说明句法结构和组合关系成立与否及其语义依据,这个时候所说的语义特征,往往不在词义的义素中呈现。比如:

(3)a 观鱼、吃鱼、买鱼

b 都大学生/研究生/博士了

c 来客人了/客人来了

例(3)a 中的三个"鱼"分别具有[＋活的]、[－活的]和[±活的]三种不同的语义特征,但这样的语义特征不会在"鱼"这个词的释义中专门进行说明。同样,能够进入(3)b"都 NP 了"结构的名词项 NP,一般应具有"推移性"的语义特征;(3)c 中的两个"客人"分别具有[－有定]和[＋有定]的语义特征。这些语义特征需要在不同结构或同一结构中的一组词的对比中体现,而不会在各个词的词义解释中呈现。

由此可见,语法语义所关心的"语义特征"既受到结构本身特点的制约,也受到具有替换关系的其他词的制约,即在组合关系和聚合关系两个维度受到双重制约。语法语义中分析出的"语义特征"大大超出一个词本身构成其概念意义的要素的范围,理论上是这个词所能出现的所有可能世界中一切特征的集合,数量上趋近于无限、范围上趋近于无穷。

这既是语义语法分析的优势,也是其缺点。

## 1.2 语义特征的提取

不论是词在词义层面的语义特征,还是词在组合和结构中的语义特征,都不是显性的,需要通过一定的方法突显出来。语法研究中的语义特征提取主要是为了说明组合关系或分化同义结构,因此语义特征的提取往往也发生在成分替换或结构变换的情境下,并通过对比进行突显。

### 1.2.1 替换法

这种方法通常用于解释一些非常规组合,如"很+NP""NP+了"等现象。一般而言,受程度副词修饰的是形容词,后带体标记的是动词,名词不与程度副词或体标记共现。"很+NP""NP+了"等现象违背了上述常规,因此有必要对能够进入这两种组合的NP进行语义分析。哪些名词能够进入这两种组合而哪些不能,这个操作实质上就是替换。如:

    A        B

(4)大姑娘了,要注意言行——?勤奋姑娘了,要注意言行

  老战友了,还用介绍吗——?老农民了,还用介绍吗

  百把斤的猪了,哪能随便卖——?黑毛的猪了,哪能随便卖

(5)我黑眼睛黄皮肤——?我黑眼睛黄皮肤了

  小张这人热心肠——?小张这人热心肠了

例(4)和例(5)通过正反两种情况的替换,凸显出能够进入"NP了"结构的名词的语义特征是[推移性](也有研究称为[顺序义]),也就是说,这些名词隐含着一种序列推移发展的含义。例(4)A组的名词具有[顺序义]特征因而可以带"了",而例(5)A组的名词不具有[推移性]因而不能加"了"。即使抽离句法环境,单看"NP了"结构本身,上述结论也同样成立。

提取语义特征的一般操作是通过替换造成可接受度的差异对比,从而突显组合或结构对相应成分的选择限制,这种选择限制实质上就是某种语义特征的有无。替换法要遵循的原则是保证"变化最小",即将替换的变化限制在"最小对立对"中,如例(4)"百把斤的猪"替换为"黑毛的猪",只有体现中心语性状的定语变了,句中其他成分一概不变,才能保证这次替换不受其他变量影响。而例(5)可以视为"了"和零形式的替换,因此"添加"也作为"替换"的一种情况合并讨论。

### 1.2.2 变换法

一些句法现象的解释涉及语序或句式的变化,固定语序的"替换法"不能奏效,需要采取变换语序、改变句式的方式来突显语义特征。例如下面这组歧义结构和同义句式的分

化,就可以通过结构或句式变换对比出差异。

(6)a 屋里摆着酒——酒摆在屋里\屋里正在摆酒

　　山上架着炮——炮架在山上\山上正在架炮

　b 在火车上写字——字写在火车上\火车上在写字

　　在舞台上唱戏——*戏唱在舞台上\舞台上在唱戏

　　在领口绣兰花——兰花绣在领口\*领口在绣兰花

例(6)a组通过句式变化分化出歧义结构的两种意义,行为动词"摆"和"架"因为同时具有[过程义]和[附着义]的语义特征,因此可以表示动作进行和状态持续两种意义。(6)b组则通过句式变换分化出同义句式"在+LocP+V+N"的内部差异,具体而言,在"在+LocP+V+N"句式内部存在着两种意义：一是在某处发生某个动作行为或事件,处所是这一事件的宏大背景,如"在火车上聊天\写字\唱戏\看报纸""在舞台上唱戏"；二是动作行为使事物附着在某处,处所是事物附着的终点,如"在火车上喷漆\写字\贴传单""在领口绣兰花"。

根据变换的不同表现可以进一步分析动词语义特征的差异。例如动词"唱"不具有[附着义]只具有[过程义],只能表示动作进行、事件发生。动词"写"既有[过程义]又有[附着义]特征,可以表示动作进行和状态持续两种意义。动词"绣"既有[过程义]又有[附着义]特征,但是其[过程义]与"领口"这一处所不兼容,因为也不能进入后一变换式。

在更多情境下,需要将替换法和变换法综合运用,将一些不易识别的句式差异突显出来。如两种非常相似的双及物句式"S+给 N1+V+N2"和"S+V+N1+给 N2",常常被认为都是表示物品的转移,如例(7)：

(7)妈妈给他寄了一套冬衣——妈妈寄了一套冬衣给他

　　我给明明送了一件礼物——我送了一件礼物给明明

但如果替换为其他动词再进行变换,情况就有所不同：

(8)a 护士给宝宝打了一针疫苗——*护士打了一针疫苗给宝宝

　b 后卫踢了一记长传给杨晨——*后卫给杨晨踢了一记长传

例(8)a的动词可进入"S+给 N1+V+N2"句式,不能进入"S+V+N1+给 N2",而b句动词则恰恰相反。说明"S+给 N1+V+N2"和"S+V+N1+给 N2"这两个句式,除了具有共同的转移义还存在其意义上的不同。"S+V+N1+给 N2"句式表示物品的转移,"给 N"在最后表示物品转移的终点；"S+给 N1+V+N2"句式不仅表示物品的转移,还表示指人名词的受益。因此,能够进入"S+给 N1+V+N2"句式的动词需要具有[+使受益]的语义特征。

### 1.3　各词类语义特征

词与不同的词搭配或进入各种结构时,其语义特征既受到词类共性的制约,也受到结构和搭配对象的要求。各个词类下面的各级层次往往体现其在句法功能或语义特征上的聚类,但是有限的分类难以覆盖语法问题中需要描述的各种语义特征,因此需要针对具体问题进行语义特征分析,以便描写和解释各种语法现象。这里简单介绍名、动、形三大词类的语义特征。

### 1.3.1　名词语义特征

名词表示事物或概念。典型名词往往占据空间,在认知上体现出离散型特征,因此语义特征常与数量、空间、生命度等范畴有关,如[±集合]、[±有生]、[±指人]、[±实体]、[±有定]等。不同的句法位置和搭配关系对名词的语义有不同要求,比如施事性较强的主语位置,对名词常常有[+有生]或[+指人]的特征要求;具有[+集合]特征的名词不能和"们"及数量成分搭配;句子中的主语名词常常是[+有定]的,宾语名词则可以是[-有定]的,如"客人来了([+有定])－来客人了([-有定])",因此表示[-有定]的"一量名"较少出现在主语位置上,而更多出现在宾语位置上,如"*一个人来了－来了一个人"。

在"绿色的念头愤怒地睡觉"这个例子中,与"睡觉"搭配的名词应当有[+有生]特征,与"愤怒地"搭配的名词应当是[+指人]名词,"绿色"修饰的中心语应当是[+指物]的[+实体]名词。在排除语用修辞的情况下,句子之所以不被接受,是因为主语名词"念头"与搭配成分之间语义不兼容。

除了句法成分对名词语义特征的常规要求以外,在一些超常规结构中,针对名词的语义分析往往更加突显名词的非典型特征,如"NP了"(老同学了)、"很NP"(很绅士)、"N1就是N1"(孩子就是孩子)、"N+N"(杀手气质)等。通过众多研究,可以逐渐提取出[+推移性]、[+属性义]等非典型语义特征。

### 1.3.2　动词的语义特征

动词表示行为、事件或变化。动词往往占据时间,在认知上体现出连续性特征,因此动词的语义特征往往与时体、动态、结果、界限性等范畴有关,如[±自主性]、[±变化性]、[±终结性]、[±持续性]、[±动态性]、[±有界性]、[±使成性]等。这些语义特征决定和制约着动词的形态和功能,尤其是与其他成分搭配的能力。

比如能够进入施事主语句(包括祈使句)的动词往往具有[+自主性]、[+动态性]等特征,如祈使句"站起来/等一等/别说话"都能成立,而"*晕过去/*别记住/*快明白"之所以不成立,是因为其动词不具有[+自主性]、[+动态性]的特征。①

比如能够与表示进行的"正在""正"共现的动词应当具有[+持续性]和[+动态性]。从反面来看,表示事物质变的[+变化性]动词和具有[±有界性]特征的动词往往不能重叠。

---

① 有一些具备[-自主性]和[-动态性]特征的动词也可进入祈使句,如"忘了这件事吧""去死吧"等,是因为有语用因素在其中起作用。"去死吧"不是典型的祈使句,而主要是突显言者的主观态度;"忘了这件事吧"不是让听者忘记,而是不再介怀。

一些特殊句式对动词语义特征也有相应要求,如施事主语句中有一部分能形成主宾颠倒句式,如"这项工程改变了乡村面貌-乡村面貌改变了""这部电影感动了观众-观众感动了""海盗沉了一条船-船沉了"等,能够进入此类现象的动词应具有[＋使成性]特征。再如,能够进入存现句及其变换式的动态动词具有[＋附着性]特征,如"墙上挂着一幅画-一幅画挂在墙上"等。

### 1.3.3 形容词的语义特征

形容词表示事物的性质、状态。形容词的意义往往与程度、界限和量化等范畴有关,常见的语义特征有[±性质]、[±状态]、[±关系]、[±可控]、[±极量]、[±互补]、[±界限]等,这些特征制约着形容词的功能和形态。

例如,具有[＋性质]特征的形容词往往具有[－有界]特征,因此可以和"很""非常"等程度副词共现,也可以重叠如"大方-大大方方""漂亮-漂漂亮亮"等,这都可以表示某种程度的限定。相反,状态形容词和重叠过后的性质形容词,如"雪白""嫩绿""笔直""美美""大大""漂漂亮亮""大大方方"等,都已经具备程度特征,因而不能再被程度副词限定。

再如,能够进入祈使句"A(一)点儿"的形容词,一般都具有[＋可控]的语义特征,也就是形容词 A 所表示的性状是主体能够控制的,否则不能进入该句式。

(9)远点儿/近点儿/老实点儿/谦虚点儿/勤快点儿/热情点儿

\* 好点儿/坏点儿/方便点儿/年轻点儿/富裕点儿/热闹点儿

## 2. 语义角色

词和词在句子层面的语义关系主要体现为语义角色之间的关系。语义角色分析与句法成分分析共同构成语法分析的两个重要维度。判断句法结构关系时无法离开语义关系的判定,比如主谓、动宾等结构关系除了语序这一形式依据之外,最重要的语义依据就是主语和谓语、动语和宾语的施受关系。

"语义角色"是指围绕谓词展开的相关词语,在句中所承担的语义任务及其与谓词的语义关系,也被称为"语义格""题元角色""论旨角色"等。语法研究的一项重要任务便是讨论各类语义角色如何取得句法表层的成分和位置,也就是语义关系和句法关系之间的制约和影响,通过语义关系的分析对句法现象进行解释。

### 2.1 语义角色的类型

语义角色体现事件参与者与谓词的不同关系,按照在事件中的不同功能,大致可以分为主体、客体、与事、时空和境况等不同类型(税昌锡、邵敬敏,2019),在每一种大的类型下又根据事件类型和参与程度的差别,细分为不同小类。

(1) 施事：指动作行为的发出者。这里的行为主要由行为动词充当，可以是已然事件也可以是未然的情态或意愿，如"<u>小猫</u>在吃鱼""<u>太阳</u>出来了""<u>你</u>要好好休息""<u>这件事</u>令人感动"等。

(2) 经事：指心理活动或情感变化的经历者。对应的谓词主要是心理动词、情感动词，如"<u>他</u>恨自己不争气""<u>她</u>感谢这及时的帮助""<u>我</u>认识大刘""<u>他</u>明白其中的原委"等。

(3) 起事：指性质、关系及变化的主体。这里的谓词主要是系动词、状态动词和形容词等，对主体进行说明或描述。如"<u>他</u>是学生""<u>胜利</u>属于人民""<u>这样</u>等于没说""<u>这里</u>有不少柴火""<u>王冕的父亲</u>死了""<u>麦穗</u>黄了"等。

上述三类语义角色的共性在于都是事件的起点，在句法上无标记的实现为主语，有标记的实现为其他句法成分，如"出<u>太阳</u>了""<u>大刘</u>我认识""王冕死了<u>父亲</u>"等。三者的差异在于对应谓词的[动作性]、[自主性]和[可控性]逐渐降低。

(1) 受事：指施事发出动作行为的承受者，因谓词所表动作而产生质变、形变、位移、转移及产生、存在、消失等等广义的影响，往往标志着事件的终点。如"小猫在吃<u>鱼</u>""猎人的<u>狗</u>被咬死了""我把<u>花瓶</u>打碎了""<u>衣服</u>洗完了"等。

(2) 感事：与经事相对应，指及物性心理动词和情感动词的所及对象，如"他恨<u>自己不争气</u>""她感谢<u>这及时的帮助</u>""我认识<u>大刘</u>""他明白<u>其中的原委</u>"等。

(3) 止事：与起事相对应，指系动词、及物性状态动词和变化动词的所及对象，如"他是<u>学生</u>""胜利属于<u>人民</u>""这样等于<u>没说</u>""这里有<u>不少柴火</u>"等。

(4) 补事：指受事或经事等与客体相关的内容及情况，如"大家叫她<u>小龙虾</u>""他恨自己<u>不争气</u>""请小张转达<u>问候</u>"等。

这四项语义角色的共性在于都是谓词所表动作、行为、变化和属性所及的客体，在句法上无标记的实现为宾语，有标记的实现为句中其他成分，如"<u>衣服</u>洗完了""<u>道理</u>都明白"等。这四项的差异在于受影响程度逐渐降低。

(1) 共事：指与施事协同对事件施加影响的参与者，是事件的另一起点或动力源，如"我和<u>同事</u>讨论过这个问题""你跟<u>他</u>一起去"，当切换观察视角时，共事有可能上升为施事，如"<u>老李和老张</u>多年未见了""<u>小张和小王</u>结婚了"。

(2) 与事：双及物事件中的间接成分、对比事件中的对比对象，以及其他由介词引入的客体成分，如"我给<u>他</u>一句忠告""妹妹比<u>哥哥</u>懂事""她向<u>我</u>道歉""别总跟<u>父母</u>借钱"。

这两项语义角色的共性在于，都是事件除了主体和客体之外的第三方参与者，前者在事件中的作用更接近施事，句法位置通常在主语附近；后者更接近受事，句法位置通常是做介词宾语或者双及物结构中的间接宾语。由于这两类语义角色往往需要介词引入句子，因此所涉谓词被称为"准价动词"，如"拔河、并存、吵架、重合、搭档、打架、对峙、告别、共存、合影、互动、会面、结婚、来往、赛跑、谈心、握手、约会"等（准二价），以及"对调、交换、交流、商量、谈论、讨论、议论"等（准三价）。

（1）时间：指与事件相关的时点或时段，句中可以实现为状语或主语，如"咱们六点见""这些天一直下雨"。

（2）处所：指与事件相关的地点或位置，句中可实现为宾语，更多的时候构成介宾短语做状语或补语，如"他家住城西""在北京开会""走向未来"等。

（3）数量：指谓词所表动作行为发生的动量或持续的时量，句中可实现为补语、宾语，如"跳绳跳了半小时""去过好几次长城""等了三天"。

（4）工具：指施事发出动作所凭借的事物，可实现为动词宾语或介词宾语，如"抽烟斗""写毛笔""用大碗吃饭""使喷壶喷"等。

（5）材料：指施事发出动作所使用的原材料，事件中的材料往往会发生消耗或形态、性质的变化，可实现为主语、宾语或介词宾语，如"生米煮成熟饭""木头上刷清漆""用颜料给图片上色"。

（6）方式：指动作行为所采取的手段和方法，可实现为主语、宾语、状语或介词宾语，如"定期存三年""唱花旦""直直地走""用真诚打动观众"。

（7）原因：指导致事件发生的依据、凭借和根源，可实现为宾语、介词宾语，如"躲避处罚""依据排名依次录取""按规定办事""因故取消"等。在一些词语内部的词根之间，也有表示原因的语义角色，如"任人唯贤""救火""救灾""避雨""逃难"等。

（8）目的：指动作、行为的目的，可实现为宾语、介词宾语，如"跑材料""打扫卫生""为中华之崛起而读书"等。

以上八种语义角色的共性在于，提供事件发生的时空、环境、物质、因果等背景信息，在句法上大都可以通过构成介宾短语充当谓词的状语、补语等成分。

## 2.2 语义角色的句法实现

一个谓词所涉及的语义角色的数量和类型由其所表达的事件框架决定，但一个谓词的语义角色不会总是全部出现在句子中。语义角色实现为句法成分，除了要受到事件框架本身的限制，同时还会受到句法结构、表意需要和语用规则的制约。

### 2.2.1 事件框架的限制

事件框架对语义角色在句法表层的实现产生限制。一些语义角色相互对应，属于同一事件框架，就有可能在句法表层同时实现，如施事和受事、起事和止事、经事和感事等；而有一些语义角色本身属于不同类型的框架，其在句法表层就难以共现。

一般来说，动作动词的框架中涉及的事物或条件更多，因此在施事实现为主语的句子里，能够与受事、工具、材料、时间、地点、原因、目的等语义角色共现。

而在起事实现为主语的句子里，谓词常常是表示属性、关系或变化的动词，自主性较弱，所涉其他语义角色较少，句子成分通常比较单纯。

而共事、与事等语义角色,通常出现于存在第三方参与者的事件框架中,如双及物事件框架(我给他一句忠告)、比较事件框架(妹妹比哥哥懂事)、交互事件框架(小张和小王结婚了)等。

由于所有事件都会涉及时空条件,所以时间、处所这两类语义角色几乎可以和所有主客体语义角色共现。

### 2.2.2 句法位置的选择

不同的句法位置对语义角色有不同的选择限制。现代汉语句法成分和语义角色没有强制性对应关系,但是存在句法语义匹配的优先等级。一般来说,事件逻辑顺序与句法结构顺序一致的语义角色是相应句法位置的优先选项。

主语位置优先选择的语义角色是施事、经事、起事三类语义角色。这三类语义角色都是事件的起点,语义结构顺序与句法结构顺序一致。

其次是受事,在施事不进入句子时,受事可以直接进入主语位置形成无标记被动句,如"衣服洗完了"。如果施事也进入句子,受事在占据主语位置的同时,可以通过介词"被"提供一个位置给施事,形成有标记被动句,如"衣服被他洗完了"。

由于汉语话题化现象比较普遍,时间、处所、工具、材料、方式等语义角色都可以通过话题化的方式进入主语位置,与施受事等角色并行不悖,构成大小主语并存的情况,比如"春节人们要回家团聚""北京大家都去过""叉子我用着不顺手""生米他给煮成熟饭了""定期储蓄老年人比较常用"等。

宾语位置优先选择事件框架中标记终点的语义角色,如受事、感事、止事等,都是无标记地充当宾语。而时间、处所、数量、工具、材料、方式、原因、目的等语义角色,几乎都可以进入宾语位置。汉语动宾结构呈现出特别丰富、多样的语义关系。其中,时间、处所、数量三类语义角色,只限于极少数动词时可以直接进入宾语位置,如"过春节""去北京""等三天",这要求动词和宾语具有相同的意义范畴。起事角色在一部分动词之后可以作宾语,如"变天了""王冕死了父亲""沉了一条船""舞台上闪着光"等。

而同样处于谓词之后的补语,优先选择的是时间、处所和数量三类语义角色,且大都需要介词引入。其他语义角色几乎不能进入补语位置。

状语位置是对谓词的修饰限定,时间、处所、数量、工具、材料、方式、原因、目的等语义角色是无标记的状词性成分,直接充当状语或通过介词充当状语是优先配置。施事、受事等主体性角色则通过介词"被"和"把"等引入状语位置。

### 2.2.3 语用因素的影响

影响句法语义配置的语用因素主要是信息传递的需要,体现为话题化和经济性等机制。话题化赋予语义角色进入主语位置的能力。一般而言,主体类角色(施事、经事、起事)是无标记的主语,除此之外的其他能够成为主语的语义角色,都是通过话题化进入主语位置。如"春节人们要回家团聚""北京大家都去过""叉子我用着不顺手""生米他给煮成熟饭了""定期储蓄老年人比较常用"等,都属于通过话题化使非主体类语义角色实现为主语。

语义角色在实现为句法成分的时候,还会受到来自句式的制约。例如双及物句式一般要求三价动词才能进入该句式,而三价动词会对受事和与事两项语义角色产生直接和间接的影响,比如"我给他一本书"中,三价动词"给"对受事"书"产生直接影响,对与事"他"产生间接影响。但一些二价动词也会进入双及物句式,产生"溢价"现象,比如"蹭了他三顿饭""占了单位不少便宜""卖他不少东西"中,动词"蹭""占""卖"都是二价动词,但都能够进入双及物句式。这种"溢价"现象的出现,当然需要动词本身在语义上具备一定的条件,比如在"蹭饭""占便宜""卖东西"的事件框架中,都含有施、受事之外的第三个参与者即动作行为的对象,为进入双及物句式提供了语义基础。另一方面,双及物句式为动词"溢价"、语义角色"扩容"提供了两个宾语位置的环境条件,在使用过程中从典型三价动词逐渐扩大到其他动词。可以说这是一个语义、句式和语用因素综合作用的结果。

## 3. 语义指向

语义指向,可以理解为句中某一句法成分跟句中或句外其他成分在语义上的直接关联。语义指向是词和词之间不同于句法结构关系和语义角色关系的又一种语义上的关系,是基于句法关系进行的语义分析,因此既是句法的一种分析视角,又是语义的一种分析视角。语义指向关系与句法结构关系的不一致,客观上为词语之间的陈述和说明提供了超越句法关系的结构的灵活性和意义的可能性。

句法成分之间的语义指向偏离不仅存在于汉语之中,如:

(10) a. 他开心地朝我们走来。

b. He came towards us happily.

(11) a. 他在黑板上圆圆地画了一个圈。——b. 他在黑板上画了一个圆圆的圈。

例(10)中汉语和英语的句子都存在语义指向和句法结构关系的偏离,"开心地(happily)"在句法上修饰谓语中心"走来(come)",但在语义上都指向主语"他(he)"。因此语义指向的问题并非汉语独有,但是汉语中某些带有"构式价值"的语义指向偏离的确和其他语言存在差异,比如例(11)中的两句话在汉语中的意义是很不一样的,这说明语义指向偏离具有句法上的意义,而这种差异并不一定会在跨语言对比中平行出现。

汉语中语义指向的问题在句内和句外均有体现。句内指向问题主要是定语、状语和补语三种修饰性成分与被修饰成分之间存在指向偏离的情况。句外指向问题体现在句子之外的时空背景中,相关信息的指向也存在偏离或歧解。

## 3.1 语义指向的类型

### 3.1.1 句内指向

句内成分之间可能存在不同于句法结构关系的语义关系,尤其体现在一些修饰性成分的多种指向性上,既可以指向句法上与之匹配的成分,也可以指向句中其他成分。

1)状语的语义指向

状语在句法上一般指向谓语中心语,但也可能指向句中其他成分,如例(10)a 和(11)a,分别指向主语和定语。还可能指向其他状语内的成分,如"他把范师傅高高兴兴地忽悠瘸了""老徐把纸一张一张糊到墙上",状语"高高兴兴"指向句中另一项状语"把范师傅"中的介词宾语"范师傅"(范师傅高高兴兴),状语"一张一张"指向把字结构的宾语"纸"(一张一张纸)。

2)补语的语义指向

补语有前指谓语中心,如"你走得太快了"中,"太快"指向中心语"走"(走太快了)。有前指主语,如"他喝醉了"中,补语"醉"指向主语"他"(他醉了);还有后指宾语,如"他花光了钱"中,补语"光"指向宾语"钱",经过句式变换成为把字句"他把钱花光了"中,补语"光"指向介词"把"的宾语"钱"。在动词拷贝结构中,第二个动词的补语可能指向句中多个成分,如:

(12)他洗衣服洗完了。("完"指向谓语中心"洗")
他洗衣服洗累了。("累"指向主语"他")
他洗衣服洗破了。("破"指向宾语"衣服")

保留宾语句中,补语的多种语义指向是值得关注的现象。如"老张喝醉了酒""小王吃饱了饭""我们打赢了隔壁班"的补语都指向主语。而"牛骨头砍钝了刀""电影看哭了妹妹"的补语指向宾语。

3)定语的语义指向

定语可后指定语中心,如"他度过了一个漫长的假期"中,"漫长"指向中心语"假期"(漫长的假期);"他度过了一个充实的假期"中,"充实"指向主语"他"(他充实);"赶了一天的路"中,"一天"指向动词"赶"(赶一天)。

### 3.1.2 句外指向

句中成分的语义并不都在同一句中完成,也可以在邻近句子中或是较远的上下文中,还有可能在背景知识中而并不出现在语言表层。如:

(14)a.这是蓄意伤害。
b.森林被违规砍伐。

c. 我听到一些<u>别有用心</u>的谣言。

例(14)中,"蓄意""违规""别有用心"的指向都在句外。这种指向与因语用因素造成的承前省略或蒙后省略不同,无需补足或说明,主要作用在于点明事件或事物的某种性质特征,指向的对象不是语义关心的焦点。

### 3.2 语义的多重指向

词的多义、句法成分之间结构关系的多重可能以及多事件参与者等情况,都会造成某些成分语义指向的多重可能。

#### 3.2.1 词的多义造成的多指

动词的多义性会造成词语之间指向的多种理解,如"孩子在院子里放风筝"中,由于"放"的意义有"放置"和"放飞"两种理解,"在院子里"就有不同的语义指向。作"放置"理解时,"在院子里"指向孩子,也可指向风筝(孩子在院子里∧风筝在院子里)。"放"作"放飞"理解时,"在院子里"指向孩子,而不指向风筝(孩子在院子里∧风筝不在院子里)。

还有一些动词的多义性,会造成句内成分之间指向关系的成立或取消。如"我很怀疑老张撒了谎"中,由于"怀疑"有"猜测"和"疑惑"两种意义,作"猜测"理解时,"老张"和"撒了谎"之间的语义指向成立(老张撒了谎);"怀疑"作"疑惑、不相信"理解时,"老张"和"撒了谎"之间的语义指向被取消(老张没有撒谎)。

副词的多义性常常造成句中成分指向的多指性,如:

(15)a. 一个铜板就买两份报。

b. 三个人就吃了四两饭。

在类似(15)这样的句子中,详细句意应如何理解可能与"就"的意义有关系,a 句可以理解为"一个铜板只买了两份报"(报纸比较贵),也可以理解为"一个铜板就可以买两份报"(报纸比较便宜)。b 句同理,"三个人只吃了四两饭"(吃得少),"三个人就吃掉了四两饭"(吃得多)。

#### 3.2.2 结构关系造成的多指

类似"只""还""也""又""最"等范围副词和"不""没"等否定副词在句中的指向呈现多重可能,也会导致语义的多重指向。如:

(16)a. 小王羽毛球打得最好。

b. 我只去过北京孔庙。

c. 明天小张也去学校。

d. 我不是坐飞机去南方出差。

例(16)a 句中"最"有多重指向,指向"小王"时,表示在一群人中小王羽毛球打得最好;

指向"羽毛球"则表示在多种运动中,羽毛球是小王打得最好的运动。例(16)b中的"只"可以指向"北京",表示"只去过北京孔庙,没去过其他地方的孔庙";也可以指向"孔庙",表示"只去过北京孔庙,没去过北京其他地方"。(16)c中的"也"指向"明天"时,隐含的意义是"今天小张去了学校";"也"指向"小张"时,隐含"明天还有其他人去学校"的意义;"也"指向"学校"时,隐含"明天小张去学校也去其他地方"的意义。例(16)d的否定词"不是"在句中有多重指向的可能,后指隐含三种意义,"不是坐飞机,而是坐火车""不是去南方,而是去北方""不是去出差,而是去旅游"。前指可以表示"不是我坐飞机去南方出差,而是别人坐飞机去南方出差"。

在这一类现象中,关键副词的多重语义指向隐含着某种比较意味,即在组合关系中的某一项目及其可替换项目之间的比较。这种语义指向的多重理解,实质上是潜层的聚合关系为表层的组合关系提供理解上的可能性。

一些关系名词如丈夫、妻子、弟弟、妹妹、爸爸、妈妈等,在句中有多个潜在关系项时,也会出现语义的多指现象。如:

(17)刘芳看望被丈夫打伤的李红。

句中"丈夫"的语义存在多重指向的可能,"刘芳"和"李红"都能成为"丈夫"的关系项。

### 3.2.3 事件多义造成的多指

在多个参与者出现的事件场景中,句中成分的指向会出现歧解,如:

(18)a.阿姨把孩子抱进了屋。

b.彤彤在地板上摘菜。①

例(18)a中"进屋"可以指向孩子(孩子进屋),也可以同时指向阿姨和孩子(阿姨进屋∧孩子进屋)。(18)b句中"在地板上"的语义指向可能是"彤彤"(彤彤在地板上),也可能是"菜"(菜在地板上),还可能同时指向二者(彤彤在地板上∧菜在地板上)。这样的语义多指现象与词义和结构无关,而与事件参与者在事件中活动空间的多种可能性有关。

语义指向的分析涉及句法成分之间的语义关系,其范围可在句内也可在言外,语义指向是意义理解和话语分析的重要基础。

语义语法研究中,语义范畴问题也需要关注。语义范畴在语法研究中有几种不同的理解。第一种理解认为语义范畴从属于语法范畴,即由隐性语法形式表示语法意义所构成的范畴,区别于显性语法形式所表示的语法意义,但都属于通过某种形式表达语法意义的范畴。第二种理解是将语义范畴独立于语法范畴。这种观点主张基于汉语独特的语法特点,将表示语法意义的各种词汇、句法和语用手段和狭义的形态手段进行区分,形成区

---

① 税昌锡,邵敬敏.汉语语义语法论稿[M].杭州:浙江大学出版社,2019:62.

别于传统语法范畴的语义范畴。第三种理解认为语义范畴产生于语法范畴,也就是区分表示语法意义的形态手段和句法手段,前者即形态学意义上的传统语法范畴,后者即语义范畴。上述三种对语义范畴的理解有其不同侧重,但共性在于都区分了由形态手段表示的语法意义和由形态手段以外的其他方式表示的语法意义,也就等于区分了语法范畴和语义范畴。

语义范畴概念的建立有赖于对语法范畴的理解。语法范畴是指通过形态表示的语法意义,比如印欧语中常见的语法范畴时、体、态、性、数、格。在形态丰富的语言里,语法意义往往通过屈折形式来表示。而对汉语来说,形态手段能够表示的语法意义是非常有限的,但是为了和理论体系对应整齐,我们还是将语义范畴界定为由非形态手段表示的各种语法意义,如名词相关的数量范畴、时间范畴、方所范畴、指称范畴;动词相关的存在范畴、关系范畴、致使范畴、处置范畴;形容词及副词相关的属性范畴、性状范畴、否定范畴等等。理论上来说,语言需要表达的语义范畴可能是难以穷尽的,这也是这个问题研究的难点。

语义语法研究的出发点,在于汉语特殊的语法表征形式不同于形态型语言。从汉语类型与特点出发是语义语法研究的初衷和归宿,这决定了相关研究必定是在"意义类型-表征形式"之间寻找匹配和对应的规则,最终希望能够达成"意义类型-表征形式-句法约束"三者之间在意义、选词和句法特征上的对应关系。

## 参考文献

[1] 郭锐.概念空间和语义地图:语言变异和演变的限制和路径[J].对外汉语教学,2012(08).

[2] 黄正德.汉语动词的题元结构与其句法表现[J].语言科学,2007(04).

[3] 胡明扬.语义语法范畴[J].汉语学习,1994(01).

[4] 刘丹青.语义优先还是语用优先——汉语法学体系建设断想[J].语文研究,1995(02).

[5] 陆丙甫.从语义、语用看语法形式的实质[J].中国语文 1998(5).

[6] 陆俭明.语义特征分析在汉语语法研究中的运用[J].汉语学习,1991(1).

[7] 潘国英.名词的语义特征和同语格的实现[J].修辞学习,2005(2).

[8] 邵敬敏."语义语法"说略[J].暨南学报(人文科学与社会科学版),2004(01).

[9] 邵敬敏,赵春利.关于语义范畴的理论思考[J].世界汉语教学,2006(1).

[10] 邵敬敏,周芍.语义特征的界定与提取方法[J].外语教学与研究,2005(1).

[11] 石毓智.汉语的主语与话题之辨[J].语言研究,2001(02).

[12] 石毓智.语言研究的系统观[J].解放军外国语学院学报,2018(05).

[13] 孙天琦,李亚非.汉语非核心论元允准结构初探[J].中国语文,2010(01).

[14] 孙天琦.谈汉语中旁格成分作宾语现象[J].汉语学习,2009(03).

[15] 税昌锡.汉语语义语法论稿[M].杭州:浙江大学出版社,2019.

[16] 徐杰.语义上的同指关系与句法上的双宾语句式——兼复刘乃仲先生[J].中

国语文,2004(04).

[17] 徐通锵.语义句法刍议——语言的结构基础和语法研究的方法论初探[J].语言教学与研究,1991(03).

[18] 袁毓林.一价名词的认知研究[J].中国语文,1994(04).

[19] 袁毓林.形容词的语义特征和句式特点之间的关系[J].汉藏语学报,2013(07).

[20] 詹卫东.确立语义范畴的原则及语义范畴的相对性[J].世界汉语教学,2001(2).

[21] 张庆云.说"语义特征"[J].外语与外语研究,1994(4).

[22] 朱德熙.自指和转指——汉语名词化标记"的、者、所、之"的语法功能和语义功能[J].方言,1983(01).

(樊洁　西华大学)

# 十 汉语复句研究

复句是包含两个或两个以上分句的句子。复句的分句之间相对独立、相互依存。所谓相对独立,指的是每个分句都有"句"的性质和地位,甲分句不是乙分句里的一个成分,乙分句也不是甲分句里的一个成分。试比较:

(1)陈琳晋级,父母高兴。
(2)陈琳晋级,已成事实。
(3)我不主张,陈琳晋级。

例(1)"陈琳晋级"和"父母高兴"之间没有包含与被包含的关系,它们都是分句,组成一个复句;例(2)"陈琳晋级"是"已成事实"的主语,不是一个分句;例(3)"陈琳晋级"是"不主张"的宾语,也不是分句。

所谓相互依存,有三个方面的意思:

第一,甲分句和乙分句互有关系。比如例(1)"陈琳晋级"和"父母高兴"之间存在因果关系,前者是因,后者是果。

第二,甲分句和乙分句往往由特定的关系词语或者可以通过添加特定的关系词语联结起来,形成特定句式。如例(1)可以添加关系词语表达为"因为陈琳晋级,所以父母高兴",构成"因为 p,所以 q"特定句式。

第三,甲分句和乙分句可以互相依赖而有所省略。例如:

(4)因为他连升两级,所以他整天乐呵呵的。

例(4)两个复句的主语都用"他",可以省略其中一个,变换为:

(4')因为 ø 连升两级,所以他整天乐呵呵的。
(4″)因为他连升两级,所以 ø 整天乐呵呵的。

作为句子,复句在口头上都具有"句"的基本特征,即有一个统一全句的语调,句末有一个终止性停顿。书面上用句号、问号或感叹号表示。

复句关系分类、复句关联标记和复句语序等问题一直是复句研究的热门话题。

## 1. 复句关系分类研究

复句关系分类是复句最重要的分类,一般采用层级分类,第一层是大类,是比较宏观的分类,主要有二分、三分和四分三种观点。

先谈二分法。黎锦熙在《新著国语文法》中首次提出等立复句和主从复句的概念;高明凯(1948)将汉语复句以语义地位是否平等为依据,分为并列和主从两种;王力(1985)也将复句分为等立句和主从句;丁声树(1961)同样按照语义地位是否平等将复句分为并列与偏正两类;赵元任(1979/2015)将复句分为由并列句子组成的复合句及由主要的句子和从属的句子组成的复杂句;刘月华等(2006)也将复句分为偏正和联合两大类。"现代汉语"教材也多采用二分法,如黄伯荣、廖序东主编《现代汉语》、胡裕树主编《现代汉语》等。然而,二分法也存在一定的争议。如邢福义(2001)认为这种二分系统存在不少问题:

首先,解释不清事实。试比较以下四例:

(5)他不仅不后悔起用郎平,而且下决心锤炼她。

(6)他不仅不后悔起用郎平,却反而下决心锤炼她。

(7)除非你答应结婚,否则我不理睬你!

(8)除非他临时有事,否则他肯定会来!

(5)(6)两例都有递进关系,但前后分句都是平等联合,不分主次的吗?例(6)加上转折词"却反而"明显强调了后分句是正意之所在。(7)(8)同是转折词"除非……否则……",例(7)正意在前分句"除非你答应结婚";例(8)正意在后分句"他肯定会来"。按照一般说法,偏正复句是前偏后正,这显然解释不了丰富复杂的语言事实。

其次,缺乏形式依据。

联合复句与偏正复句的分类借鉴了西方语言学的复句分类法,在借鉴的过程中,联合与偏正已蜕变为一组意义概念(李晋霞、刘云2017)。张拱贵(1983)也认为:"复句分联合偏正两类,是按分句之间在意义上的联系区分的。"林裕文(1987)曾从结构上对偏正复句和联合复句的区别进行过探索,认为偏正复句有封闭性,偏正关系不能延长,一般只能二分;联合复句是非封闭性的,联合关系可以延长,可以多分。张斌(1998)清楚地说明了上述差异:

(9)棉花纺成纱,纱织成布。

(9')棉花纺成纱,纱织成布,布做成衣服。

(10)因为风太大,所以比赛改期了。

(10')因为风太大,所以比赛改期了,我在家休息。

由例(9)到(9'),增加了分句,也延长了联合关系,可三分,是联合复句;由例(10)到(10'),增加了分句,但未延长偏正关系,只能二分,是偏正复句。但这一标准对于确定联合关系而言不具有普遍性,有的明显属于联合复句的句式却是封闭性的,只能二分。例如:"不是p,而是q"这一句式,无论扩展成"不是……而是……而是……",还是"不是……不是……而是……",还是"不是……不是……而是……而是……",都只能采用二分法。类似的还有"不但……而且……""不是……就是……""与其……不如……"等,这些句式也是联合复句,可以延长,但也只能二分。(邢福义,2001;王维贤等,1994)。由此可见,要从结构形式上将二者区分清楚是相当困难的。

王维贤等在《现代汉语复句新解》中构建了一个全新的"二分法"体系,他认为:"二分法是按照某种特点的有无把对象分为两类,然后再对分出的小类逐层按这个原则加以二分,直到所希望达到的划分层次。这种分类每次都用一个明确的标准,划分的结果,层次清楚。"他首先按照关联词语的有无把复句分为意合句和形合句,然后把形合句分为单纯的形合句和非单纯的形合句,再把单纯的形合句分为条件的和非条件的,继而把条件的再分为一般条件的和非一般条件的,把非条件的再分为选择的和非选择的,把一般条件的再分为必要条件的和非必要条件的，把非一般条件的再分为假设的和非假设的，把选择的再分为相容的和非相容的，把非选择的分为简单并列的和非简单并列的。上述王维贤的分类思路，是以关联词语所反映的逻辑语义关系为基础，以关联词语为划类标准，利用层层二分法建立一个有层次的复句类型系统。按照这种分类，例（7）和（8）都是条件句，避免了哪是偏句、哪是正句的争执。另外，这种分类也可以避免遗漏某些句式，如王维贤将"否则"归为非单纯的复句，原因是关联词"否则"既表条件又表转折，与单纯表示一种关系的关联词有明显区别，而传统的"二分法"忽略了这种句式。王维贤构建的这一新"二分法"存在的不足主要是分出来的层次和类别过多，导致不少本应属于同一层的复句被分到了不同层级。

再谈三分法。邢福义在《汉语复句研究》中将复句首先分为因果类、并列类和转折类，确立了"三分法"的体系。邢福义（2001）认为，复句的关系分类是建构复句系统的基础性工作，复句关系分类的着眼点是分句与分句之间的关系。这种三分系统得到了多方面的验证，有其分类的合理性。首先，可以得到形式上的验证，凡是分句间存在因果性，并且在形式上使用了或者可以转换出"因为……所以……"的，是因果关系；凡是分句间具有并举罗列的关系，没有因果或者逆转性的联系，形式上使用了或者可以添加上"既……又……"等等的，是并列关系；凡是分句间存在逆转性，并且在形式上使用了逆转性标志"但是、否则"等的，是转折关系。其次，三分法有其心理认知方面的依据。丁力（2006）指出："并列类复句在思维表述上具有一致性，在主观信赖程度上具有非制约性；因果类复句在思维表述上具有一致性，在主观信赖程度上具有顺向制约性；转折类复句在思维表述上具有对立性，在主观信赖程度上有时具有逆向制约性，有时具有非制约性。"最后，根据三分系统可以推断出复句的演变规律。李晋霞、刘云（2007）揭示并证明了复句类型演变的一般趋势：并列>因果>转折。

二分和三分都是允许的，A和非A的二分法是矛盾概念分类法，分为A、B、C的三分法是并列概念分类法，其中任何一类跟其他两类是对立的。邢福义采用并列概念分类法将"转折类"从"联合-偏正"两大类中独立出来，并且将其提到了重要的地位。三分系统始终贯彻分类的同一律，既抓住了关系词语和逻辑语义在复句分类中的作用，又辩证地看待语言事实和逻辑基础之间的关系，使得分类的结果不但符合语言事实，而且具有全面性和概括性。

教材中使用三分法的，有邢福义、汪国胜主编《现代汉语》和兰宾汉、邢向东主编《现代汉语》。

然后谈四分法。邵敬敏（2007）提出了首层四分的复句分类系统，他指出：在主观世界里，一个现象或一个事件可以作为认知的出发点，与另外一个现象或事件形成一定的语义联系。这个联系主要有两类。

第一，比较关系。人们在看待两个现象或事件时，必然会进行比较，并且会得出一个结论，那就是两者或者是"平等"（均衡），或者是"轻重"（主次）的关系。如果是平等，前后实际上是无序的，可以互换位置；如果前后属于或轻或重，则一般情况下不可以换位。由于语言是线性排列的，所以，可能是"前轻后重"，也可能是"前重后轻"。比较的结果，形成了"平等关系"与"轻重关系"。

第二,事理关系。也就是两个现象、事件内在的逻辑事理关系,可能是符合事理的,也就是说,按照常规、常理、常态、常识,从 X 可以推导出 Y 的结论;也可能是违反事理的,即按照常规、常理、常态、常识,从 X 推导不出 Y 的结论,却出现了 Z 的反结果。这就构成了"推理关系"和"违理关系"。所以,邵敬敏(2007)根据语义特征首先将复句分为平等、轻重、推理、违理四类。

所谓"平等复句",是指两个或两个以上的现象或事件所构成的单纯的空间关系。前后分句的关系是平等的,即两个(或者更多)事件(分句)的地位是基本平等的,且基本上排除了时间顺承的因素。如果不考虑语用上的特殊需求,并列项原则上可以互换位置,不但句子成立,而且句义不变。

所谓"轻重复句",是指两个(或者更多)现象或事件的地位虽然没有时间因素,只有空间关系,但是地位不是平等的,分句与分句之间隐含着某种比较关系,也就是有轻重主次之分,从前句可以推导出后句来。并列项原则上不可以互换位置,如果换了前后位置,句子就可能不成立,或者句义变了。

所谓"推理复句",是指如果有两个在时间上属于前后发生的现象或事件,则既有时间因素,又有事理关系。从前者 X,可以推导出 Y 来;或者说,先有了 X,就可以按照常规、常理、常态、常识,得出 Y 的结论。

所谓"违理复句",是指前者 X 的存在(不论真伪),按照推理本应该可以推断出 Y,却违背推理、常规、常态、常识,得到相反的结论 Z。违理复句具有跨时空的特点,换言之,这类复句有的跟时间有关,有的跟空间有关。

邵敬敏主编《现代汉语通论》采取的正是这种四分法。这种分类方法与二分法和三分法最大的不同是,将第一层级的并列类复句分成了平等和轻重两类,前者并列项可以互换位置,后者不可以,有形式上的区分,但是将连贯复句排除在了并列类之外,归入了推理复句。但实际上,有的连贯复句表达的两个事件之间很难说存在推理关系,如"先有人找他,接着有人找我。"分句间具有先后相继的关系,但罗列的两个事件之间并不存在推理关系,如果将其归入并列类,似乎放到平等和轻重中都不太合适,所以,第一层中的并列类要不要再细分?怎么分?还可以再讨论。

邢福义(2001)指出:一级复句类只是划出一个大范围,分析复句类别重点放在二级复句类别上面。常用"现代汉语"教材中复句的分类情况见表 10-1。

表 10-1  常用"现代汉语"教材中的复句分类情况

| 主编 | 书名 | 出版社 | 第一层 | 第二层 |
| --- | --- | --- | --- | --- |
| 胡裕树 | 现代汉语 | 上海教育出版社(1995 年增订本) | 联合<br>偏正 | 并列、连贯、递进、选择、因果、条件、让步、转折 |
| 黄伯荣<br>廖序东 | 现代汉语 | 高等教育出版社(2002 年增订三版) | 联合<br>偏正 | 并列、顺承、解说、选择、递进、转折、条件、假设、因果、目的 |

续表

| 主编 | 书名 | 出版社 | 第一层 | 第二层 |
|---|---|---|---|---|
| 钱乃荣 | 现代汉语 | 江苏教育出版社（2001年修订本） | 联合偏正 | 并列、连贯、递进、选择转折、因果、顺推、让步、条件、目的 |
| 张斌 | 新编现代汉语 | 复旦大学出版社（2002年第一版） | 联合偏正 | 并列、顺承、递进、选择、解注、因果、假设、条件、转折、让步、目的 |
| 刘叔新 | 现代汉语理论教程 | 高等教育出版社（2002年增订三版） | 联合偏正 | 并列、连贯、递进、选择、因果、条件、让步、转折 |
| 齐沪扬 | 现代汉语 | 商务印书馆（2007年第一版） | 联合偏正 | 并列、连贯、递进、选择、因果、转折、条件、让步 |
| 北京大学中文系现代汉语教研室 | 现代汉语 | 商务印书馆（2012年增订本） | 联合偏正 | 并列、选择、递进、连贯、分合、转折、因果、假设、条件、目的、相承、时间 |
| 邢福义 汪国胜 | 现代汉语 | 华中师范大学出版社（2003年第一版） | 并列 因果 转折 | 并列、连贯、递进、选择、因果、目的、假设、条件、转折、让步、假转 |
| 兰宾汉 邢向东 | 现代汉语 | 中华书局（2014年第三版） | 并列 因果 转折 | 并列、连贯、递进、选择、因果、目的、假设、条件、转折、让步、假转 |
| 邵敬敏 | 现代汉语通论 | 上海教育出版社（2001年第一版） | 平等 轻重 顺理 违理 | 并列、连贯、递进、选择、补充、因果、条件、转折、让步、目的 |

综上，各家第二层次分类大同小异，最多12类，最少8类。正如邵敬敏（2007）指出的：第二层次的复句类型，少数采取"双视点"命名，比如说"因果"就是双视点，前因后果，两两呼应，也揭示了前后分句之间的语义关系，是比较准确的名称；但绝大多数复句类型都是采取"单视点"，比如"条件""假设""让步""转折"就都是单视点，前三个立足于前一分句，而且角度不同，后一个却立足于后一分句。可是，"假设"可以是让步，也可以不是让步；"条件"可以是转折，也可以不是转折。这样就导致同一个复句，如果视角不同，结论就会不同，必然带来归类的混乱。关键在于，这样的分类命名违背了逻辑上的同一律。例如：

(11)如果天下雨了，我们就不出去了。

(12)即使天下雨了，我们还是要出去。

例(11)着眼于"如果"，可以说它是"假设"，也可以说是"条件"；如果着眼于后句的"就"，也可以看作"顺承性推理"，因为按照常理，"天下雨"很容易推出"不出去"的结论。例(12)着眼于"即使"，可以看作"让步"，也可以看作"假设"，甚至于看作"条件"；如果着眼于后一分句,则又由于"天下雨"按照常理不可能推出"要出去"的结论,所以可以看作"逆承性转折"。邢福义和邵敬敏的复句体系采取的是双视点分类,即第一层分句间的语义关系加上第二层分句的语义特征,如"因为 p,所以 q"和"如果 p,就 q"首先都是因果句,前者是实言因果句,后者是假设因果句。邢福义(2001)指出:复句分类必须具有同一性和彻底性。传统首层分为联合和偏正的二分系统没有坚持划分原则和划分标准的同一性,将依据分句之间的关系和依据其中一个分句的语义特征混在了一起,其实只有依据分句之间的语义关系,才能在所有复句中将相应标准贯彻起来,使分类具有彻底性。另外,分类结果必须具有切实性和全面性。所谓"切实性",指分类结果切合语言事实,没有明显相悖之处。如有的教材把"即使"句叫作假设句,这就造成了一种错觉,即凡是"即使 p"都是指假设的事。事实并非如此。例如:

(13)康伟业这枚键坠,唯一的遗憾是有两道若隐若现的条纹,即便是这样,至少也值人民币万元以上。(池莉《来来往往》)

这里的"即使 p"就是实言的,而不是假言的。

"全面性",指分类结果能统括所有事实,没有重大遗漏。传统二分系统难以统括"否则"句,或者只能勉强归入"否则"句,这就导致"两不管"现象的存在。邢福义三分系统依据双视点标准将其归入"假转句",即假言转折句。邢福义(2001)还特别强调:"二级类别是非封闭的。就是说,只要有特定的形式标志,就可以增加新的类别。"当然,如果没有特定的形式标志,仅凭意义,很难构成一个复句类别。如"时间复句"在汉语复句体系中的地位就非常尴尬,通行教材中只有北京大学中文系现代汉语教研室编的《现代汉语》中有"时间复句"。李晋霞(2022)认为,汉语时间复句形式识别困难,所以具有非典型性。综上所述,具体复句的范畴地位和类别都跟复句形式标记有关,很大程度上取决于有没有形式标记和有什么样的形式标记。所以,复句关联标记一直是复句研究的焦点。

## 2. 复句关联标记研究

复句关联标记,也叫复句关系词语,是根据联结分句、标明相互关系、形成复句格式的共同特点聚拢来的一些词语。主要包括句间连词,他们通常连接分句,不充当句子成分,如"因为、所以、虽然、但是、不但、而且"等;关联副词,它们一般既起关联作用,又在句子里充当状语,如"就、又、也、还"等;助词"的话";超词形式,如"不但不、总而言之"等。复句关联词语的作用是标明复句的关系,是复句关系的形式表现。关于复句关联词语的研究成果非常丰硕,有的侧重描写,如邢福义(2001)对各类复句关联词语的用法进行了详细、系统的描写分析,还进一步考察了某些关联标记的跨类现象,既有跨大类的,如"并列类+转折类""因果类+转折类""因果类+并列类"等;也有跨小类的,如"假设+因果""并列+递进""让步+转折"等。周刚(2002)也描写了汉语复句关联词语的套用问题,从不同的角度把关联词语的套用分为三类六种,然后描写了关联词语的套用能力。姚双云(2008)利用汉语复句语料库对现代汉语复句关系标记的搭配模式、搭配距离、搭配频率以及关系标记的连用与异类搭配等进行了详细的描写分析。还有学者侧重解释,将复句关联标记放在不同的理论背景下进行考察,下文将对此进行详细介绍。

## 2.1　复句关联标记的语法化研究

近年来,越来越多的学者开始关注复句关联标记的来源,考察其语法化动因、机制及其过程。有的从整体上或者针对多成员的语法化问题进行探讨,如周刚(2003)概述了从上古至现代汉语连词产生和发展的历史。马清华(2003)探讨了关联标记语法化的方式,主要有以下几种:负荷膨胀、文义赋予、同义渗透、相似扩张等。杨永发、莫超(2007)从语法化的角度,将复句连词分成并列式、附加式、压缩式三种类型,探讨了十多个因语法重新分析凝结而成的复句连词。

有的具体探讨某个关联标记的语法化,如汪维辉(2002)在大量分析、考证具有典型意义的古代汉语语料的基础上,考察了"所以"由上古时代的代词"所"加介词"以"结构演变为连词的轨迹,得出结论:"所以"开始用作结果连词最晚不会晚于汉末魏晋,南北朝则是其演变的过渡阶段,至迟到世纪上半叶完全变成结果连词,跟现代汉语的用法一样。李晋霞(2010)认为,结果连词"以致"是连贯连词"以"与"招致"义动词"致"的跨层形式。语义相宜和"致"的宾语的复杂化是其演变为结果连词的条件。姚双云(2010)考察了"结果"由名词到连词的语法化过程和诱因。余志鸿(1999)从语言接触的视角看假设标记"呵"和"时"的语法化,认为它们都是蒙古语假设标记的音译。马贝加(2002)描写了动词"要"的语法化过程,认为假设连词"要"来源于表主观愿望义的助动词"要"。持相似观点的还有古川裕(2006)。江蓝生(2002)分析了假设助词"时"和"後"语法化的句法环境和内部机制,揭示了"时"与"後"语法化的过程。江蓝生(2004)运用翔实的语料考察了假设标记"的话"的来源,认为"的话"的词汇化是在话语层面的两种句法位置上完成的:一是在"说NP/VP 的话"动宾短语中,当修饰语 NP/VP 是中心语"话"的内容,二者具有同一性时,原短语结构的语义重心前移,"说 NP/VP 的话"近似于"说 NP/VP";二是"NP/VP 的话"短语摆脱"说……的话"框架中动词"说"的制约,前移至句首做话题主语,"的话"被重新分析为后附的话题标记,然后扩展为假设标记。张丽丽(2006)认为假设连词"使""令"来源于使令义动词"使"和"令",并考察了其语法化的过程[①]。

## 2.2　复句关联记的类型研究

运用跨语言比较的视角,从句法位置及其前后小句关联标记配套等方面考察汉语复句关联标记的类型及其成因的研究也备受关注。有的是针对整个汉语复句关联标记展开讨论的,如徐杰、李莹(2010)比较了汉英关联标记位置,并解释了其类型差异的原因,认为:汉语中的关联标记之所以能出现在"谓头"语法位置上,是因为汉语句子中心的特殊

---

[①] 具体论证过程请参看原文,原文可通过专题末页的二维码获取。

性;在双主语句式和动词复制句中,复句关联标记位置的复杂性则是由句子结构递归导致"谓头"语法位置的多层次性造成的表面现象。周刚(2001)将汉、日、英三种语言的连词语序进行对比,并就自然语言的倾向共性,提出两项假设:一是连接话语包括小句、句子和段落时,不使用后置后续连词;二是先行连词与介词的位置相一致,与动宾语序和谐。具体来说,先行连词与动宾语序有如下可能性逻辑关系:A. VO 语序也使用前置先行连词;B. VO 语序不使用前置先行连词;C. OV 语序也使用后置先行连词;D. OV 语序不使用后置先行连词;E. VO、OV 语序都有,既使用前置先行连词,又使用后置先行连词。英语属于 A 型语序,日语属于 C 型语序,汉语则属于 E 型语序。

有的是以某一类复句关联标记为对象进行考察的,如储泽祥、陶伏平(2008)考察了汉语中因果复句关联标记的位置和标记模式,认为汉语因果复句的关联标记模式可以分为居中粘接式、居端依赖式和前后配套式三类,其他语言因果复句的关联标记模式基本上包括在这三类之中,而汉语因果复句标记模式的特征是"模式齐全,标记前置"。王春辉(2010)考察了汉语条件句标记及其语序类型,指出汉语以连词前置于条件小句为优势语序,这种语序模式与汉语的 VO 语序及使用前置词的语言类型特征相和谐。董秀英(2009)通过对 40 种语言和 43 个汉语方言点的 189 个假设标记添加位置和小句语序的关联进行考察,发现假设标记添加位置的前后差异与不同语言小句的语序类型是和谐的,VO 型语言倾向于使用前置标记,OV 型语言倾向于使用后置标记,并且这种语序和谐特征在汉语方言中也有不同程度的反映,具体表现是具有 OV 语言倾向的西北方言其后置假设标记也更为丰富。详细的考察和论证过程如下:

徐杰(2001:182)概括了句法形式上所能采取的生成句子的四种手段方式:①加进没有词汇意义而只有语法功能的所谓"虚词";②重新安排某语法成分在句子中的位置;③重复某语法成分;④删除某语法成分。这四类句法手段可以分别简称为"添加""移位""重叠"和"删除",它们在不同自然语言中跟不同的语法范畴匹配时会有不同的实例化方式。

句法操作手段要在一定的句法位置上实现,徐杰(2005:223)通过对"疑问"等全句功能语法范畴的研究,认为句法操作手段有三类("添加""移位""重叠"),句法操作的位置有三个("句首""谓头""句尾"),三种句法操作手段和三个句法操作位置组配起来,理论上可以得到下列九种可能的匹配方式:(见表 10-2)。

**表 10-2 句法操作手段和句法操作位置理论上可能的匹配方式**

| 句法位置 | 句法手段 | | |
|---|---|---|---|
| | (A)添加 | (B)移位 | (C)重叠 |
| (x)句首 | (Ax)句首添加 | (Bx)句首移位 | (Cx)句首重叠 |
| (y)谓头 | (Ay)谓头添加 | (By)谓头移位 | (Cy)谓头重叠 |
| (z)句尾 | (Az)句尾添加 | (Bz)句尾移位 | (Cz)句尾重叠 |

但由于句首和句尾是空位,不可能进行重叠、移位操作。因此在排除无法实现的情况之后,自然语言的全句功能语法范畴的句法操作应该有五种(见表 10-3)。

表 10-3　句法操作手段和句法操作位置逻辑上可能的匹配方式

| 句法位置 | 句法手段 | | |
|---|---|---|---|
| | （A）添加 | （B）移位 | （C）重叠 |
| （x）句首 | （Ax）句首添加 | | |
| （y）谓头 | （Ay）谓头添加 | （By）谓头移位 | （Cy）谓头重叠 |
| （z）句尾 | （Az）句尾添加 | | |

句首、句尾和谓头三个位置之所以对全句功能范畴敏感,是因为它们正好都是不同意义下的句子中心语所占据的位置,其中句首和句尾是中心语 C 占据的位置,而谓头则是中心语 I 所占据的位置。C 是带有标句词的句子中心语,I 是不带标句词的句子中心语,由于汉语的句子中心 I 是个没有语音形式的"谓素",因此汉语中表达全句功能范畴的句法标记也可以位于谓头位置。而句子中心语位置之所以对全句的功能范畴反应敏感,则是因为句法短语与其中心语之间的"承继"关系（percolation）,即整个句法短语的语法特征应该跟其中心语相同或相近（Cole and Sung,1990;徐杰,2010）。

即便是具有跨语言普遍性的句法语义范畴,也应该只能在三个句子敏感位置中的某一种上,在有独立存在意义的语法条件约束下运用三类句法手段之一来进行处理。各语言中的相关现象都是这个潜在能力在各自条件下实例化的结果,都应该是对这个封闭系统的有限选择。

复句关联记的类型研究的一个重点问题是假设句的句法操作,具体来说,有以下三个要点值得关注。

（1）添加和添加的位置。

跨语言的比较研究发现,在句中添加一个语法成分是表达假设的最普遍的句法手段,我们把这个语法成分称作假设标记,包括连词、关联副词、助词,以及一些还没有完全凝固的短语词和一些附着形式,添加的位置有三个,即句首、谓头、句尾。

句首就是句子的起首,是一个空位,常常成为添加的位置。句尾是句子的收尾,也是空置的,只能进行添加操作。

谓头,是一个语法位置,在线性语序上,大体就是谓语起头的那个位置,在形式语法理论中就是句子中心语所占据的位置,如果有必要,助动词等可移入该位置（徐杰,2010）。

图 10-1　句子的 X 阶标图式

图 10-1 中,I 在不同语言中可能有不同的表现形式,如英语等形态型语言的句子中心语包括时态和一致态等功能要素,需要实体词汇项支撑。有助动词时,助动词可以占据这个位置,充当这个实体词汇项。而汉语的句中心只是一个没有外在语音形式的功能项"谓素",它没有时态和一致态等功能项,因此它不需要实体词汇项的支撑（徐杰,2010）。

谓头跟句首、句尾一样对全句功能语法范畴（指的是那些属于整个句子的功能特征,如"疑问""否定"等）的句法操作比较敏感,在不同语言中能够诱发各种句法手段的运用,即可以在该位置进行添加、重叠、移位等句法操作。

我们从已有文献中查找到40种语言是通过添加标记来表达假设的,从系属上看,这些语言分布在南亚语系、南岛语系、汉藏语系、印欧语系等;从语言类型上看有SOV型、SVO型和VSO型等。

(2)谓头移位。

谓头移位常见于英语和德语中,是一种值得特别注意的假设句句法操作类型。英语的假设句可以通过把谓语动词或其中的一部分,如助动词"had、should、were"等移到主语前来表达,助动词在一般陈述句中位于主语之后谓语的开头部分,即谓头语法位置或者句子中心I位置,如果"had、were"等就是句中的谓语动词,就把谓语动词直接移到句首;如果"had、should、were"等是谓语中的一部分,则只移该助动词,主要动词不动。例如:

A. Had$_i$ I t$_i$ the time, I would go with you.
B. Were$_i$ I t$_i$ in your place, I wouldn't do it.

综上所述,不同语言假设句的句法操作有四种类型(表10-4)。

表10-4 假设句的句法操作类型

| 假设句的句法操作类型 | 句首添加 | 谓头添加 | 句尾添加 | 谓头移位 |
|---|---|---|---|---|
| 代表语言 | 英语、德语 | 庚语、克蔑语 | 日语、羌语 | 英语、德语 |
| | 汉语 | | | |

不同语言的假设句表面上千差万别,实际上仅仅是对有限的三个句法位置和三种句法手段的不同选择而已,其差异主要是由词汇的选择不同造成的。

(3)假设标记添加的位置与动宾语序的和谐。

自然语言主要运用添加手段表达假设,并且根据我们的调查只有汉语和部分中国境内少数民族语言存在谓头添加,并且这些语言都具有句首添加操作。为了便于分析,我们将句首添加和谓头添加的假设标记合称为前置标记,句尾添加的标记称为后置标记。从添加的位置来看,不同语言的假设标记有三种类型:前置标记、后置标记、既有前置又有后置标记。在语序类型学中,一种语序之所以被重视,被用作类型参项,无非因为它与其他许多句法结构乃至形态结构有关。主动宾的位置向来是被语言学家注意的,因为它是小句的主干成分。在各种语序中,约瑟·哈罗德·格林伯格(Joseph Harold Greenberg)最重视的是小句的语序,在他总结的45条共性中,与小句语序有关的有15条。所以,我们以假设标记添加的位置和小句的语序为参项,考察它们之间的关系,考察的结果如表10-5所示。

表10-5 不同语言假设标记的位置和小句语序列表

| 语种 | 假设标记 | 标记位置 | 小句语序 |
|---|---|---|---|
| 汉语 | 如果、如果说、要、要是、假如、若、若是、如若、如、假使、假设、假定、果、诚、假如说等 | 前置 | SVO |
| | 的话、时、的时候、者、後、吧、呢、么等 | 后置 | SVO |

续表

| 语种 | 假设标记 | 标记位置 | 小句语序 |
|---|---|---|---|
| 英语 | If | 前置 | SVO |
| 德语 | wenn、falls du | 前置 | SVO |
| 法语 | si | 前置 | SVO |
| 意大利语 | se | 前置 | SVO |
| 俄语 | если | 前置 | SVO |
| 日语 | nara | 后置 | SOV |
| 黎语 | la:i$^3$ | 前置 | SVO |
| 亿佬语 | ʑau$^{13}$ sl$^{13}$、zu$^{21}$ ko$^{33}$、tɕa$^{55}$ zu$^{21}$ | 前置 | SVO |
| 克蔑语 | pɔ$^{31}$ | 前置 | SVO |
| 村语 | zi$^5$ kuə$^5$ | 前置 | SVO |
| 布赓语 | ʑu$^{31}$ ko$^{31}$ | 前置 | SVO |
| 布兴语 | kam pi、kam | 前置 | SVO |
| 炯奈语 | ʃei$^{22}$ kɔ$^{53}$ | 前置 | SVO |
| 克木语 | ʔan | 前置 | SVO |
| 莽语 | na$^{51}$ | 前置 | SVO |
| 义都语 | poŋ$^{55}$ | 后置 | SOV |
| 赛德语 | asi、nasi | 前置 | VOS |
| 邹语 | hotsi | 前置 | VOS |
| 排湾语 | nuta | 前置 | VOS 或 VSO |
| 阿眉斯语 | anu | 前置 | VOS 或 VSO |
| 布农语 | mais | 前置 | VSO |
| 鲁凯语 | lu | 前置 | VOS 或 VSO |
| 耶眉语 | anu | 前置 | VSO |
| 浪速语 | tʃo$^{55}$ | 后置 | SOV |
| 鄂温克语 | jaaring | 后置 | SOV |
| 羌语 | tu/tuʁa、ɕi/tɕhi、-tɕ ʁa/-tɕ | 后置 | SOV |
| 藏语 | na$^{53}$ | 后置 | SOV |
| 彝语 | ko$^{33}$ nɯ$^{33}$ /i$^{44}$ nɯ$^{33}$ | 后置 | SOV |
| | a$^{21}$ dɿ$^{33}$ dɿ$^{34}$ | 前置 | |
| 景颇语 | la$^{33}$ ma$^{33}$ wa$^{33}$ | 前置 | SOV |
| | jaŋ、to$^2$ | 后置 | |

| 语种 | 假设标记 | 标记位置 | 小句语序 |
| --- | --- | --- | --- |
| 毕苏语 | va$^{31}$ | 后置 | SOV |
| | thi$^{55}$ ne$^{33}$ va$^{31}$ | 前置 | |
| 满语 | tɕ'i, pa | 后置 | SOV |
| 哈尼语 | ɣ$^{33}$ ŋo$^{31}$ | 后置 | SOV |
| 阿侬语 | La$^{55}$ zɿ$^{31}$ na$^{31}$ | 后置 | SOV |
| 白语 | jõ$^{44}$ sua$^{44}$ | 前置 | SOV |
| | tsi$^{55}$ | 后置 | |
| 羌语姚坪话 | tɕa$^{55}$ zu$^{31}$、zu$^{31}$ ko$^{51}$ | 前置 | SOV |
| | ko$^{33}$、so$^{33}$/ko$^{33}$ | 后置 | |
| 梁河阿昌语 | zau$^{33}$ ʂɿ$^{33}$/zau$^{33}$ | 前置 | SOV |
| | kun$^{33}$ | 后置 | |
| 勒期语 | tsa | 前置 | SOV |
| | tʃaŋ | 后置 | |
| 载瓦语 | taŋ$^{31}$ kə$^{55}$ | 前置 | SOV |
| | tʃaŋ$^{55}$ | 后置 | |
| 仙仁土家语 | tɕa$^{55}$ ʂɿ$^{33}$、zu$^{33}$ ko$^{54}$、tɕa$^{54}$ zu$^{3}$ | 前置 | SOV |

根据格林伯格(1984)的研究,带有名词性主语、动词和宾语的陈述句中主语、动词和宾语的相对语序在逻辑上有六种可能,即 SVO、SOV、VSO、VOS、OSV、OVS。在这六种可能之中,前三种通常作为优势语序出现,且前两种分布最广,后三种根本不发生或极少见。我们共考察了40种语言,其中 VSO 型语言2种,SVO 型语言15种,SOV 型语言18种,VOS 型语言2种,VSO 或 VOS 型语言3种。除了赛德语和邹语,其他32种语言都属于所谓的优势语序。结果发现假设标记的位置和小句语序关系密切,SVO 型语言倾向于使用前置标记,VOS 型和 VSO 型语言倾向于使用前置标记,SOV 型语言倾向于使用后置标记。如果把 VSO、VOS 和 SOV 看作在假设标记的位置参项上处在对立的两端,则 SVO 更靠近 VOS,但在两者之间有点摇摆,主要使用前置标记,有时也用后置标记,尤其是汉语这种更不典型的 SVO 型语言。格林伯格(1984)已经注意到了 SVO 型语言摇摆不定的类型特征,所以他总结的15条跟主宾语有关的共性中,竟没有一条涉及 SVO 型语言。SVO 型语言在语序上更靠近 VOS 语言,说明宾位在语序类型上比主位更起作用。如果不考虑小句的主语,仅仅看动词和宾语的语序,世界语言可分为 VO 型语言和 OV 型语言两种类型。调查结果显示,如果一种语言是 VO 型语言,那么这种语言就有前置假设标记,目前尚未发现是 VO 型语言但从不使用前置假设标记的情况。据此,我们可以提出一个理论假设,这个理论假设可以用蕴含命题的方式提出:VO 型语言⊃有前置假设标记。

VO 型语言⊃有前置假设标记,这条蕴含共性也包含三种情况:是 VO 型语言,有前置假设标记,如英语等;不是 VO 型语言,没有前置假设标记,如日语等;不是 VO 型语言,有前置假设标记,如彝语等。不存在是 VO 型语言,但没有前置假设标记的情况。以上结论用四分表可表示如表 10-6 所示。

表 10-6　蕴含共性"VO 型语言⊃有前置假设标记"的四分表

| ＋VO 型语言,＋前置假设标记,如英语等 | ＋VO 型语言,－前置假设标记,无代表语言 |
|---|---|
| －VO 型语言,＋前置假设标记,如彝语等 | －VO 型语言,－后置假设标记,如日语等 |

按道理,应该存在 OV 型语言⊃有后置假设标记这条蕴含共性,即是 OV 型语言,有后置假设标记,如日语等;不是 OV 型语言,没有后置假设标记,如英语等;不是 OV 型语言,有后置假设标记,如汉语等。理论上讲不存在不使用后置标记的 OV 型语言,这里存在一个可以解释的特殊情况,仙仁土家语是 SOV 型语言,但是没有后置假设标记,由于自身缺乏假设标记,其假设关联标记 tɕa$^{55}$ ʂɿ$^{33}$ "假使"、zu$^{33}$ ko$^{54}$ "如果"、tɕa$^{54}$ zu$^{33}$ "假如"等全部借自汉语的前置假设标记。这种跟其语序类型不和谐的假设标记是语言接触造成的。

另外,还有些特殊情况,有的 SOV 型语言除了有后置假设标记还有前置假设标记:一种是既有后置假设标记,也有前置假设标记,两者构成框式连词,但前置假设标记往往可以省略,后置假设标记不能省略。例如白语中的"jō$^{44}$ suɑ$^{44}$…tsi$^{55}$"、梁河阿昌话中的"zɑu$^{33}$ ʂɿ$^{33}$…kun$^{35}$"、彝语中的"a$^{21}$ dɿ$^{33}$ dɿ$^{34}$…i$^{44}$ nɯ$^{33}$"、景颇语中的"la$^{33}$ ma$^{33}$ wa$^{33}$…jaŋ$^{33}$"、羌语姚坪话中的"tɕa$^{55}$ zu$^{31}$…ko$^{33}$"、勒期语中的"tsa$^{33}$…tʃaŋ$^{55}$"、载瓦语中的"taŋ$^{31}$ kə$^{55}$…tʃaŋ$^{55}$"等。无论是框式连词,还是前后置假设标记互补,只要是 SOV 型语言,都有后置假设标记,并且前置假设标记有的直接借自汉语,有的是受汉语影响产生的,这也是符合 OV 型语言⊃有后置假设标记蕴含共性的。

跨语言来看,假设标记的位置符合语序和谐理论,则前置假设标记跟 VO 型语言和谐,后置假设标记跟 OV 型语言和谐。格林伯格(1984)提出了两个重要概念:优势语序与和谐语序。其中和谐指的是:在类似的结构中,对应的成分也倾向于使用同样的语序。格林伯格关于语序和谐的思想对语言类型学的发展影响很大,很快引起了广泛的重视和研究。后来 Dryer(1992b:87)把和谐理论直接表达为"核心-从属语"理论(the Head-Dependent Theory):"动词类型是核心,而宾语类型是从属语,也就是说,一对成分 X 和 Y 中,当且仅当 X 是核心而 Y 是从属语时,它们采用 XY 顺序的可能性,在 VO 型语言中远远会超过 OV 型语言中。"即 VO 型语言里,中心成分都在从属语之前;OV 型语言里,中心成分都在从属语之后。他们的看法在学界影响很大,"核心居首""核心居末"参项即来自此(Comrie,1990;刘丹青,2004;刘丹青,2005a;陆丙甫、金立鑫,2015)。

这种类型和谐特征在汉语方言中也有不同程度的反映,刘丹青(2001)指出,吴语呈现出一种次话题优先的特征,主要表现是受事话题化比普通话常见得多,而受事常见的位置是主语后动词前的次话题位置,形成了 STV 的小句结构。这样的方言显得离典型的 SVO 型语言已不远,出现了向 SOV 型语言靠拢的趋势。相应地,吴语中也出现了与 OV 型语言和谐的、后置假设标记比较发达的语言现象,如上海方言中后置假设标记就有"末、是、咾、个闲话、仔"等多个(钱乃荣,2003:302-303)。

再比如,西北的一些汉语方言,如甘肃、青海等地的方言由于受藏语等 SOV 型语言的影响,基本语序出现了向 SOV 型语言的转变,其假设标记也是后置的,跟 OV 型语言和谐,如甘肃临夏话的"[ʂɿ：42]"、宁夏固原话"赛[sɛ44]"、陕北晋语沿河方言的"起、动、动起、价、动儿价、咾"等(谢小安、华侃、张淑敏,1996:278;黄伯荣,1996;邢向东,2006)。

"要""要是""的话"主要用于口语中,普通话有这类用法,方言中用的也较多,其位置分布多跟普通话相同,由于篇幅所限,方言中的这类假设标记我们没有列举。汉语方言假设标记及其位置整理如表 10-7 所示。

表 10-7 汉语方言假设标记及其添加的位置列表

| 汉语方言 | 假设标记 | 前置 | 后置 |
|---|---|---|---|
| 荣成 | 当发、不着 | + | |
| 沂水 | 着 | | + |
| | 一子、掭着、换了、不着 | + | |
| 临沂 | 几赶、不着 | + | |
| | 着 | | + |
| 淄川 | 着 | | + |
| | 不着 | + | |
| 汶上 | 一赶、得子 | + | |
| | 个、讪 | | + |
| 金乡 | 但是、得是 | + | |
| | 喽 | | + |
| 户县 | 着 | | + |
| 离石 | 动了 | | + |
| 汾阳 | 动了 | | + |
| 太谷 | 动了 | | + |
| 忻州 | 动了 | | + |
| 五台山 | 动了 | | + |
| 府谷 | 起、的话、时价 | | + |
| 神木 | 起、动、的话、时价 | | + |
| 绥德 | 动弹、起、动起、的话、哆 | | + |
| 佳县 | 动儿价 | | + |
| 吴堡 | 价、的话 | | + |
| 清涧 | 咾、的话、哆 | | + |
| 延川 | 哒、咾、的话、些、来些、去来 | | + |
| 晋语志延片 | 嚷 | | + |
| 厦门 | 阿 | + | |

续表

| 汉语方言 | 假设标记 | 前置 | 后置 |
| --- | --- | --- | --- |
| 新泉 | 紧 | + | |
| | 一般、时 | | + |
| 白流江流域 | 时 | | + |
| 同心 | 哪、吵 | | + |
| | 说……（去）、但 | + | |
| 固原 | 但 | + | |
| | 赛 | | + |
| 新疆汉话 | 但、但是 | + | |
| 包头 | 若发 | + | |
| 临夏 | [sɿ:⁴²] | | + |
| 福州 | 着、若是讲、若、若是 | + | |
| 粤方言 | 若果 | + | |
| 廉江 | 讲 | | + |
| 阳江 | 设若、若係 | + | |
| 吴方言 | 倘忙 | + | |
| 上海 | 末、是、咾、个闲话、仔 | | + |
| 宁波 | 是话 | + | |
| 海门 | 若话 | + | |
| 苏州 | 嘿 | | + |
| 南昌县（蒋巷） | 是 | | + |
| 祁阳 | 禾是 | + | |
| | 等 | + | |
| 遵义 | 嘞、舍、呀 | | + |
| 贵阳 | 嘞话么、嘞话舍 | | + |
| 林州 | 了、动了 | | + |
| 浚县 | 嘞话 | | + |

通过跨语言、跨方言的比较，可以发现假设标记的位置与动宾语序类型有关，前置标记跟 VO 型语言和谐，后置标记跟 OV 型语言和谐。

## 2.3 复句关联标记的认知研究

以认知语法理论为背景的汉语复句关联标记的研究，主要体现在关联标记使用的认知域和主观性上。复句的语义关系具有二重性,既反映客观实际,又反映主观视点。邢福义(2001:516)指出:"客观实际是基础,提供构成语义关系的素材,主观视点是指针,决定对语义关系的抉择。对于复句格式的形成来说,主观视点是第一位的起主导作用的东西,而客观实际则是第二位的被主观视点所牵引的东西。……可以认为,主观视点直接决定复句格式,客观事件通过主观视点影响复句格式,反过来说,复句格式直接反映主观视点,间接反映客观实际。"

复句认知域的研究以沈家煊(2003)为代表,"行、知、言"三个概念域的区分有利于系统而又概括地说明各种类型的复句所表达的语义关系。

### 2.3.1 复句三域

认知语言学对语义的分析区分不同的认知域,Sweetser(1990)指出语义的发展可能涵盖现实事态域、主观认识域以及言语行为域。沈家煊(2003)将这三个概念域概括为行域、知域、言域。"行"指现实的事态行为,也包括社会行为规约的事理,行域义主要体现句子的命题内容与现实的对应关系,具有客观性,命题有真假之分;"知"指的是主观的知觉和认识,包括推理、评价、揣测、判断等,知域义体现言谈双方的知识状态,是主观性较强的语义成分;"言"是用以实现某种意图的言语行为,如命令、许诺、请求、宣称、疑问等,体现说话人的主观意志,其主观性比知域还要强。"行、知、言"三域的区分有利于说明复句中由关联词语表达的语义关系,这种区分适用于各种类型的复句,其中因果复句、假设复句、让步复句、并列复句的相关例句如下所示。

(1)因果复句。

　　A. 张刚回来了,因为他还爱小丽。【行域】

(张刚爱小丽是他回来的原因,符合事理上的因果关系。)

　　B. 张刚还爱小丽,因为他回来了。【知域】

(因为他回来了,所以我推测张刚还爱小丽。这个结果是我主观推测出来的。)

　　C. 晚上还开会吗? 因为礼堂里有电影。【言域】

(因为晚上礼堂要放电影,所以我问你晚上还开会吗? 原因从句是做出"提问"这一言语行为的原因,所以"因为"是言域义。)

(2)假设复句。

　　D. 如果明天下雨,比赛就取消。【行域】

(假设条件明天下雨,那么条件满足的话就会引出比赛取消的结果。条件—结果符合事理逻辑。)

　　E. 如果比赛取消了,昨天就下雨来着。【知域】

(如果知道比赛取消,那么我推断出昨天下雨,结论是我的主观推测。)

　　F. 如果比赛真的取消,太阳就从西边出来了。【言域】

(如果比赛取消,那么我宣告太阳就从西边出来了。具有宣告声称的语力。)

(3)让步复句。

　　G. 尽管有危险,他还是没有退却。【行域】

(尽管有危险,他依旧没有退却。是对现实行为的描述。)

  H.尽管他没有退却,还是有危险。【知域】

(尽管他没有退却,我还是推出有危险的结论。)

  I.尽管有危险,你们还是给我下井干活去!【言域】

(尽管有危险,我还是命令你们下井干活,强调命令。)

  (4)并列复句。

  J.她上班要么坐地铁,要么打的。【行域】

(她上班的行为,要么坐地铁,要么打的。)

  K.要么路上挤,要么她不想来了。【知域】

(根据我的知识,我推断要么路上堵,要么他不想来了。)

  L.要么留下,要么赶快走!【言域】

(根据目前的状况,你按我的命令,要么留下,要么走。)

### 2.3.2 三域的区别

  三域的区别主要体现在三个方面,分别是句式变换、知域与回溯推理、言域与言语行为。

  (1)句式变换。

  行域义可以在两个分句之间加一个"是",使复句变为单句,知域义和言域义不能这么变。

  A'.张刚回来了是因为他还爱小丽。

  B'.＊张刚还爱小丽是因为他回来了。

  C'.＊今天晚上还开会吗?是因为大礼堂要放电影?

  (2)知域与回溯推理。

  知域涉及知识和推理,所以要介绍一下推理方式。逻辑学认为推理主要有两种,归纳和演绎,然而,在日常生活中,人们运用更多的是"回溯推理"。

  演绎推理根据一个已经被证实为真的大前提和已有条件,推出一个一定为真的结论。

  大前提:人都有一死。

  小前提:苏格拉底是人。

  结论:苏格拉底会死。

  这是行域的推理方式,其结论一定为真。而知域是回溯推理,即给定大前提和结论逆推小前提,知道苏格拉底死了,联想到人都有一死,所以推测苏格拉底有可能是人。这样的结论不一定为真,仅仅是主观的推理。例如:"张刚还爱小丽,因为他回来了。"知道张刚回来了,所以我推测他还喜欢小丽,这是据果断因,也就是回溯推理,应该在知域理解。

  大前提:因为张刚还爱小丽,所以回来了。

  小前提:张刚回来了。

  推论:张刚还爱小丽。

  在行域里理解的因果类复句,如果保持关联词语位置不变,变换分句位置,就可以在知域中理解。

（3）言域与言语行为。

对于言域而说，只要一个句子能促成一种行为，它就属于言域，言语行为主要包括指示、承诺、疑问、宣告等，最容易判别的就是祈使句和疑问句，因为祈使句常用来请求或命令，疑问句常用来提问，但不绝对。

M. 如果大王真心想招聘贤能之人，就请从我开始吧！

N. 假如每一秒钟移动一次，共需要多长时间呢？

除此，属于言域的复句，关联词语后面往往可以加"说"字。

O. 如果（说）你喜欢旧家具，那儿有一个旧货市场。

### 2.3.3 三域的联系

三个概念域既有区别又有联系，其中行域是最基本的，然后引申出意义虚化的知域，再到意义更虚的言域。从行域到知域再到言域的过程，就是语义不断虚化、说话人主观性不断增强的过程。

主观性差异是考察同类复句关联词语差异的重要视角，具体研究时往往结合"行、知、言"三个认知域。如李晋霞、刘云（2004）从"既然"和"由于"主客观认知域的对立倾向出发，把"行域"归入客观域，"知域"和"言域"归入主观域，并通过随机调查100例的方式，得出"既然"比"由于"更为主观的结论；李晋霞（2011）用同样的方法考察了"因为"和"由于"，得出"因为"比"由于"更主观的结论，并且这一结论能够得到其他形式上的验证。赵宗飒、姚双云（2016）在从语体视角比较"因为"和"由于"的差异时指出：口语中"由于"以释因功能为主，而"因为"的用法极为活跃，还浮现出互动功能。释因功能的"由于"主要用于"行域"，而互动功能的"因为"多用于知域与言域。

连词一般被视为表达小句或者句子之间的时间关系或逻辑语义关系等真值义的手段，其实，这种基于书面语研究所得出的认识只反映了连词的部分功能。口语对话中，有些连词也可以表达非真值义，成为话语标记或者语用标记。如方梅（2000）通过对实际会话的分析，将连词的功能区分为真值语义表达和非真值语义表达两类，并着重讨论了非真值语义表达的话语功能以及认知基础。非真值语义表达的连词出现语义弱化，而被用作组织言谈的话语标记，主要有两方面的功能：话语组织功能和言语行为功能。具体而言，话语组织功能包括前景化和话题切换两个主要方面，言语行为功能包括话轮转接和话轮延续两个方面。并且，连词的语义弱化也不是任意的，在先事与后事、条件与推断、原因与结果等几对关系当中，只有表示后事、推断、结果的连词具有非真值语义的表达功能。而且，发生语义弱化的连词是那些从概念的角度看属后，从小句顺序上看也属后的连词。"属后"的连词具有较强的启后性和语篇上的延续性。汉语里默认两个概念原则：第一，语序上在先的事件是先发生的事件。第二，原因是有标记的，结果是无标记的。这两个概念原则的共同作用是连词语义弱化、进而衍生为单纯的话语标记的概念基础。这一现象反映了认知模式对小句承接方式和话语关联形式的影响。时间顺序原则不仅体现在汉语小句关联的无标记顺序上（包括从先事到后事、从条件到推断、从原因到结果的自然顺序），而且映射到话语组织标记上,使得表示后事、推断和结果的关联词语真值语义负载较少,更容易虚化为负有语篇组织责任的话语标记,从而具有相对较强的语篇关联作用。方梅(2012)指出,由于会话合作原则的作用,相对于前项连词而言,话轮起始位置更偏爱于后项连词,因为言谈参与者会尽量在形式上体现出自己与对方的言谈内容具有意义上的关联性。并且,相对于行域和知域而言,言域用法对会话结构的依赖性更强,是会话中的浮现义,如"而且"表追加;"但是"表质疑等,删除连词也不影响命题意义表达,言域用法的逻辑语义已经弱化,其功能仅仅是体现言者的语力。言域用法表达的是命题外的内容,既不表达事理关系,也不表达推理关系,这一点与话语标记相同,但是,言域义的连词仅仅体现言者的语力,不参与话轮的组织和话题的组织,这一点有别于话语标记,应属于语用标记。连词在话轮中的位置是影响连词意义和功能的重要因素。姚双云(2015)指出:话轮之首的连词,多用于开启话轮与抢占话轮;话轮之中的连词,多用于延续话轮;话轮之尾的连词,多与话轮转换有关。姚双云(2018)还基于大规模口语语料库,调查了68个常见连词在话轮尾的分布情况。数据表明,有8个连词能较为自由地居于话轮之尾形成非完整复句。连词居尾在话语中的互动功能主要有话轮转换、他启纠偏、询问信息三种。句法位置、使用频率、语体倾向是制约连词居尾的三个重要因素。

目前关于复句关联标记研究的视野越来越开阔,由现代汉语普通话,扩展到了汉语方言、古代汉语和少数民族语言。一些学者在研究汉语普通话的关联标记时,不仅关注书面语言,而且关注口语;研究格局也越来越高,在考察某个具体关联标记时,往往将其放在普通语言学的大框架下进行跨语言研究,如江蓝生(2002;2004)不仅分析了假设标记"时""後"和"的话"的来源,并且指出由时间范畴到假设范畴,由言说动词到假设标记是世界语言普遍的语法化路径,在这方面汉语跟世界其他语言有共同的语用认知规律。汉语方言和口语中关联标记的研究已成为新的关注点,未来有望将复句关联标记研究推向一个新的高度。

## 3. 复句语序研究

除了关联标记,语序是复句的又一重要形式。复句语序只涉及传统二分法中的偏正复句或者主从复句,指偏正复句中两个分句的相对位序。Diessel(2001)分析了语义对状语从句语序的制约,具体表现为"条件＞时间＞原因＞结果/目的"这一等级序列。该序列中,越靠前的从句,越倾向于前置;越靠后的从句,越倾向于后置。

在汉语语法研究中,传统观点认为偏正复句的常规语序是"前偏后正"。如王力(1985:64)指出,在中国语里,普通的主从句的从属部分总是放在主要部分的前面,只有目的式和结果式是例外;赵元任(1979/2015:66)也指出,副词性小句出现在句子的头上,除非是作为追补的话;黎洪(2012:145)以汉语事实为基础得出了如下结论:汉语偏正复句中偏句前置的优先序列为"假设—转折—条件—因果—目的"。李晋霞、刘云(2019)研究发现:汉语偏正复句在内部语序上呈现出明显的倾向性规律,具体表现为"假设—条件/转折—因果—目的"这一等级序列。该序列中,越靠左的偏正复句,偏句前置的倾向越大;越靠右的偏正复句,偏句后置的倾向越大。该文与黎洪(2012)结论基本一致,整体看来,目的复句之外的偏正复句都是以"前偏后正"为优势语序。

针对某类偏正复句进行语序考察的成果主要集中于因果复句、目的复句、条件复句和假设复句,下文将依次对这几种情况进行详细介绍。

因果复句。Biq(1995)发现,原因从句后置在汉语口语中占绝对优势,在书面语中也是优势语序。Wang(2006)发现汉语书面语中,时间、条件、让步小句倾向于前置,而原因小句倾向于后置。宋作艳等(2008)指出在汉语和英语中,原因从句后置都是优势语序。肖任飞(2009)发现,在小说、报刊、科技语体中,"因—果"复句比"果—因"复句用得多,但在口语语体中,"因—果"复句比"果—因"复句用得少。

目的复句。尹洪波(2011;2017)对目的小句进行了深入分析。尹洪波(2011)细致揭示了目的小句的位置规律:第一,VO型语言的目的小句全都后置于主句后,而OV型语言则前置和后置的数量大体相当;第二,整体来看,目的小句后置于主句为人类语言的优势语序;第三,非"为"类的情况单一,几乎都是后置;第四,"为"类的情况比较复杂,存在"一律后置""一律前置""前置后置皆可"三种情况。对于"为"类小句偏爱前置这一有悖共性的现象,可以通过将目的小句分为"状语性"和"补语性"两类予以解释。尹洪波(2017)对求免义目的小句进行研究,认为这类目的小句通常负载新信息,因此几乎总是后置于行为小句。丁健(2014)从目的关系的心理表征入手,对"意图"和"预期结果"这两个概念进行了区分,并认为这种差别是造成汉语目的小句不同语序的根本理据。

条件复句。王春辉(2010)认为,条件小句前置是汉语条件句的优势语序,也是人类语言的共性,这是由条件小句本身的对比性及假设性决定的。王春辉(2014)专门讨论了后置倾向凸显的"除非"条件小句,认为这是由"除非"表示"例外条件"的语义特征、来源句式以及"只有"对"除非"的替代等因素造成的。

假设复句。董秀英(2019)对北京大学CCL语料库中王朔作品中的"如果"句进行了穷尽搜索,共得到337个例句,经过统计发现,假设小句位于结果小句之前的约占94%;假设小句句位于结果小句之后的有18例,约占6%。前者是优势语序,后者是劣势语序。优劣之别一般理解为频率上的高低之别,频率高的"优"于频率低的(陆丙甫、金立鑫,2015:122)。并且认为语篇衔接是制约假设句语序的重要因素。当前假设复句语序研究对劣势语序关注较少,汉语中较早对其进行专题研究的是张炼强(1992a、1992b),他将假设小句位于结果小句之前的假设句称为常式,位于结果小句之后的称为变式,并从指代、省略等篇章衔接手段方面考察了假设小句不可后置和必须后置的句法语义条件。董秀英(2022)考察了两类后置元语用假设小句的情况:第一,假设小句是结果小句的预设义;第二,假设小句是结果小句的隐含义。预设义和隐含义都是暗含在结果小句之中的,无须表达出来,之所以用显性的语言形式,即元语用假设小句表达出来,其动因是说话人为了避免争议,增强语篇的说服力;而将其后置于结果小句,则是为了使语篇更连贯。具体考察和论证过程如下。

## 3.1 后置元语用假设小句的类型

### 3.3.1 假设小句是结果小句的预设义

预设(presupposition)是句子的背景信息,是句义得以形成的基础和前提。如果一个句子 a 的肯定和否定形式都以另一个句子 b 的肯定形式为前提,则 b 是 a 的预设。有的假设小句是结果小句的预设,一般指的是假设小句假定结果小句断言的对象存在或者曾经存在。例如:

A. 但是性格上的缺点不能抹杀哲学上的成就,如果有成就的话(《读者》;CCL)。

B. 吴松桥是在刘桂英疯了的时候收留她的,这样的好心人死后应该有一座好坟,这样的好心人来世应该有好报,如果有来世的话(《作家文摘》;CCL)。

即便否定 A 的结果小句,变换为"但是性格上的缺点能抹杀哲学上的成就,如果有成就的话",假设小句作为结果小句的预设依然存在。如果假设小句为假,那么结果小句便没有意义。如果"有成就"为假,那么,无论说"但是性格上的缺点并不能抹杀哲学上的成就"还是"但是性格上的缺点能抹杀哲学上的成就"都没有意义。B 句也是如此。

一般情况下,说出某个命题,就意味着其预设是真的,否则,说出的这个命题便没有意义。所以,上述假设小句可以从结果小句中推导出来。

### 3.3.2 假设小句是结果小句的隐含义

隐含义(implicature)指的是不在词或者句法结构的表层出现,而是隐含其中的意义,是超越字面意义的意义,可以根据会话合作原则推导出来。例如,根据适量准则(Maxim of Quantity)——合作原则中的一条次则可传递或推导出隐含义。适量准则包含两个方面,一是提供的信息要"足量",二是提供的信息"不过量"。其中"足量"是第一性的,"不过量"是第二性的。比如,如果所说的话涉及一个由大到小排列的量级 $<X_1, X_2, X_3, \ldots, X_n>$,那么说出 $X_2$ 时隐含着 $\sim X_1$,说出 $X_3$ 时,隐含着 $\sim X_1$ 和 $\sim X_2$;依次类推,说出 $X_n$ 时隐含着 $\sim X_{n-1}, \sim X_{n-2}, \cdots, \sim X_1$。也就是说,说出量级上的某一项时,隐含着该项左边的各个较大和较强的项不成立(沈家煊 2015:68-69)。

有的假设小句是结果小句的隐含义,一般指的是假设小句否定结果小句表述的对象具有更高的量级,从语言形式上看,其表达形式多为"如果不是+更(更加)+结果小句中某个具有量级的词语"。例如:

C. 儿童常常是不大感觉到物质环境的艰难的,因此,穷孩子常和富家的孩子一样快活,如果不是更加快活的话(林语堂《论老年的来临》;BBC)。

D. 爱情上的背叛与政治上的背叛一样地可怕和可鄙,如果不是更可怕与更可鄙的话(王蒙《爱情三章》;BBC)。

根据适量准则,说出某物具有某种量级就隐含着其不具有更高的量级,即说出"一样快活"隐含着"不是更加快活";说出"一样的可怕和可鄙"隐含着"不是更可怕和更可鄙"。

假设小句可由结果小句推导出来。

## 3.2 后置元语用假设小句的功能

后置元语用假设小句一般形式比较短小，不符合重成分后置原则，而且其语义可以从结果小句推断出来，不需要用显性的语言形式表达出来，似乎是冗余成分，但冗余形式不符合语言的经济性原则，同时也违反了会话合作原则中的第三条次准则"简练或避免啰嗦"，说话人之所以有简单形式不用，而选择复杂的形式，其语用动因是避免争议，增强语篇的说服力。

### 3.2.1 增强语篇的说服力

第一，假定断言的对象存在，弱化自己的观点，避免争议。

一般说话人说出一句话就意味着其断言的对象是存在的，即预设是真的，但在特殊情形下，预设义也可以被否定。例如：

汪先生："我年轻的时候，是有名的规矩人，从来不胡闹。"汪太太轻蔑的哼一声："你年轻的时候？我——我就不相信你年轻过。"（钱钟书《围城》）

"我就不相信你年轻过。"是对"我年轻的时候，是有名的规矩人，从来不胡闹"这句话断言对象的否定，即预设义的否定。

同样，结果小句断言的对象一般是存在的，当说话人预测受话人有可能质疑自己时，使用后置元语言假设小句假定其断言的对象存在，同时也意味着有不存在的可能，减弱了对自己观点的肯定程度，避免过于武断而引起不必要的争议。

第二，假定断言对象不具有更高的量级，弱化自己的观点，避免争议。

语言中大多数表示数量或程度的词语都会有一个下限义和一个上限义。例如（引自沈家煊,2015:63）：

甲：今天天气暖和吗？
乙：a. 暖和，还有点热呢。（肯定的是"至少暖和，不冷"）
　　b. 不是暖和，还有点热。（否定的是"只是暖和，不热"）

a 中"暖和"的意思是"至少暖和"，是其下限义；b 中"暖和"的意思是"只是暖和"，是其上限义。对数量和程度词语来说，上限义是靠适量准则推导出来的隐含义，比如，如果把"热"说成"暖和"便没有提供足量的信息，违背了适量准则，而说话人一般会遵守"合作原则（包括适量准则）"，听说人也相信说话人不会违背"合作原则（包括适量准则）"，所以根据适量准则，当说话人说"暖和"时，受话人可推导出其义是"只是暖和"，即其上限义。但有时即使受话人将话语中含有量级的词语理解为上限义，仍认为其不足量，进而对其进行否定和修正。如上文答语b，其实是对问话中的"暖和"量级的否定和修正。或者由于条件的变化，说话人意识到自己之前的表述不足量，而对其进行否定或修正。例如：

等见到孟雅平，她才觉得这次访问有点不合适。她很瘦，很黄，三十岁的样子，普普通通，放在人海里一点也不显眼……方芳惊愕了。猛然间，后悔了，不是什么"有点不合适"，

而是十分冒昧、十分唐突、十分荒谬。(谌容《懒得离婚》)

上文中,方芳刚见到孟雅平时觉得这次访问有点不合适,初步交谈后,她感觉用"有点不合适"来描述这次访问还不足以表达自己当时的感受,所以下文对"有点不合适"进行了否定,并用"十分冒昧、十分唐突、十分荒谬"对原来的量级进行修正。

同样,假设句的结果小句中含有量级的词语一般被理解为上限义,即说出"X"意味着"只是X",当说话人预测到受话人有可能认为自己断言的量级不够时,会通过添加假设小句假定其不具有更高的量级,当然,这也意味着其具有更高量级的可能。通过模糊表达,说话人可以减弱对自己观点的肯定程度,避免与受话人的冲突。

元语用假设小句后置而不是前置于结果小句,则跟篇章连贯有关。

### 3.2.2 增强语篇的连贯性

元语言假设小句是对结果小句的进一步说明,在语义上只跟结果小句相关,跟上文没有多大关系,放在结果小句之后能够使语篇更连贯。我们将下文中的例 A 和例 C 放在更大的语境中来看,可能会更清楚些:

A. 对维特根斯坦的自我中心主义,麦吉尼斯有时表示反对,但常常给予辩护。例如维特根斯坦说,规则对他必须例外,世界必须重新塑造以适合他的天赋。麦吉尼斯只是委婉地说,维特根斯坦有"唯我主义"的倾向。但是性格上的缺点并不能抹杀哲学上的成就,如果有成就的话(《读者》;CCL)。

C. 那么,幼者和老者是应该过着美满的生活的:这一点很重要。幼者确比较微弱无力,比较不能照顾自己,可是在另一方面,他们却比老人更能够过着一种缺乏物质上的舒适的生活。儿童常常是不大感觉到物质环境的艰难的,因此,穷孩子常和富家的孩子一样快活,如果不是更加快活的话(林语堂《论老年的来临》;CCL)。

A 结果小句与上文具有转折关系,假设小句是结果小句的预设,但跟上文没有什么关系;例(4)结果小句和上文之间是因果关系,上文主要是说儿童跟老人相比,常常不大感觉到物质环境的艰难,也就是说物质的缺乏不会导致其不快活,所以自然而然得出"穷孩子常和富家的孩子一样快活"的结论。如果将假设小句前置于结果小句,则打断了语篇叙述的连贯性。例如:

*(A')……麦吉尼斯只是委婉地说,维特根斯坦有"唯我主义"的倾向。如果有成就的话,但是性格上的缺点并不能抹杀哲学上的成就。

?(C')……儿童常常是不大感觉到物质环境的艰难的,因此,如果穷孩子不是比富人家的孩子更加快活的话,也是一样快活。

(A')不可接受;而(C')假设小句前置后,语义重心发生了变化,假设小句是对上文的让步,但让步对象并没有出现,所以语篇连贯性大打折扣,可接受度降低。

目前复句语序研究关注度较高的是优势语序,对劣势语序或者变异语序往往是一带而过,缺少细致系统的考察,各类复句劣势语序的类型及产生的原因尚不清楚,还有待深入探究。

## 参考文献

[1] 北京大学中文系现代汉语教研室.现代汉语(增订本)[M].北京:商务印书馆,2012.

[2] 储泽祥,陶伏平.汉语因果复句的关联标记模式与"联系项居中原则"[J].中国语文,2008(5).

[3] 丁健.汉语目的小句语序模式的认知理据[J].世界汉语教学,2014(1).

[4] 丁力.复句三分系统分类的心理依据[J].汉语学报,2006(3).

[5] 丁声树等.现代汉语语法讲话[M].北京:商务印书馆,1961.

[6] 董秀英.假设句句法操作形式的跨语言比较[J].汉语学报,2009(4).

[7] 董秀英.跨语言视角下的汉语假设句研究[M].北京:科学出版社,2020.

[8] 董秀英.汉语后置元语用假设小句的类型与功能[J].汉语学报,2022(2).

[9] 方梅.自然口语中弱化连词的话语标记功能[J].中国语文,2000(5).

[10] 方梅.会话结构与连词的浮现义[J].中国语文,2012(6).

[11] 高明凯.汉语语法论[M].北京:商务印书馆,1986.

[12] 古川裕.关于"要"类词的认知解释——论"要"由动词到连词的语法化途径[J].世界汉语教学,2006(1).

[13] 郭中.近三十年来汉语复句关联标记研究的发展[J].汉语学习,2014(5).

[14] 贺阳.汉语主从复句的语序变化与印欧语言的影响[J].长江学术,2008(4).

[15] 胡裕树.现代汉语[M].上海:上海教育出版社,2011.

[16] 黄伯荣,廖序东.现代汉语[M].北京:高等教育出版社,2002.

[17] 江蓝生.时间词"时"和"後"的语法化[J].中国语文,2002(4).

[18] 江蓝生.跨层非短语结构"的话"的词汇化[J].中国语文,2004(5).

[19] 黎洪.汉语偏正复句句序变异研究[D].合肥:安徽大学,2012.

[20] 黎锦熙.新著国语文法[M].北京:商务印书馆,2001.

[21] 兰宾汉,邢向东.现代汉语[M].北京:中华书局,2014.

[22] 李晋霞,刘云.汉语偏正复句的优势语序与其语义制约[J].汉字汉语研究,2019(3).

[23] 李晋霞,刘云.复句类型的演变[J].汉语学习,2007(2).

[24] 李晋霞."以致"的语法化[J].华中学术,2010(2).

[25] 李晋霞.汉语时间复句的范畴地位[J].语言研究,2022(1).

[26] 李晋霞,刘云."由于"与"既然"的主观性差异[J].中国语文,2004(2).

[27] 李晋霞.论"由于"与"因为"的差异[J].世界汉语教学,2011(4).

[28] 林裕文.偏正复句[M].上海:上海教育出版社,1987.

[29] 刘叔新.现代汉语[M].北京:高等教育出版社,2002.

[30] 刘月华,等.实用现代汉语语法[M].北京:商务印书馆,2006.

[31] 陆丙甫、金立鑫.语言类型学教程[M].北京:北京大学出版社,2015.
[32] 马贝加."要"的语法化[J].语言研究,2002(4).
[33] 马清华.关联成分的语法化方式[J].中央民族大学学报,2003(3).
[34] 齐沪扬.现代汉语[M].北京:商务印书馆,2007.
[35] 钱乃荣.现代汉语[M].南京:江苏教育出版社,2001.
[36] 邵敬敏.建立以语义特征为标志的汉语复句教学新系统刍议[J].世界汉语教学,2007(4).
[37] 邵敬敏.现代汉语通论[M].上海:上海教育出版社,2001.
[38] 沈家煊.复句三域"行、知、言"[J].中国语文,2003(3).
[39] 宋作艳、陶红印.汉英因果复句顺序的话语分析与比较[J].汉语学报,2008(4).
[40] 王春辉.汉语条件句小句间的语序类型[J].世界汉语教学,2010(4).
[41] 王春辉.汉语条件句标记及其语序类型[J].语言科学,2010(3).
[42] 王春辉."除非"引导的条件句[J].首都师范大学学报(社会科学版),2014(1).
[43] 王力.中国现代语法[M].北京:商务印书馆,1985.
[44] 王维贤等.现代汉语复句新解[M].上海:华东师范大学出版社,1994.
[45] 汪维辉."所以"完全变成连词的时代[J].古汉语研究,2002(2).
[46] 肖任飞.现代汉语因果复句优先序列研究[D].武汉:华中师范大学,2009.
[47] 邢福义.汉语复句研究[M].北京:商务印书馆,2001.
[48] 邢福义,汪国胜.现代汉语[M].武汉:华中师范大学出版社,2003.
[49] 徐杰,李莹.汉语复句关联标记的位置与两种相关的特殊句式[A]//语言学论丛(第四十一辑).北京:商务印书馆,2010.
[50] 姚双云.复句关系标记的搭配研究[M].武汉:华中师范大学出版社,2008.
[51] 姚双云.连词"结果"的语法化及其语义类型[J].古汉语研究,2010(2).
[52] 姚双云.连词与口语语篇的互动性[J].中国语文,2015(4).
[53] 姚双云.口语中的连词居尾与非完整复句[J].汉语学报,2018(2).
[54] 杨永发,莫超.语法重新分析与关联词的构成[J].西北师大学报(社会科学版),2007(2).
[55] 尹洪波.汉语目的小句的标记、位置及其解释[J].语言科学,2011(4).
[56] 尹洪波.求免义目的小句的句法语义分析[J].语言教学与研究,2017(5).
[57] 余志鸿.元代汉语假设句的后置标记[J].语文研究,1999(1).
[58] 张斌.新编现代汉语(第1版)[M].上海:复旦大学出版社,2008.
[59] 张斌.汉语语法学[M].上海:上海教育出版社,1998.
[60] 张拱贵.关于复句的几点分析[J].语言教学与研究,1983(3).
[61] 张炼强.假设从句后置的条件(上)[J].逻辑与学习,1992(1).
[62] 张炼强.假设从句后置的条件(下)[J].逻辑与学习,1992(2).
[63] 张丽丽.从使役到条件[J].台大文史哲学报,2006(65).
[64] 赵元任.汉语口语语法[M].吕叔湘,译.北京:商务印书馆,1979.

［65］ 赵宗飒,姚双云.从语体视角看"因为""由于"的差异性[J].当代修辞学,2016(1).

［66］ 周刚.连词与相关问题[M].合肥:安徽教育出版社,2002.

［67］ 周刚.连词产生和发展的历史要略[J].安徽大学学报(哲学社会科学版),2003(1).

［68］ 周刚.汉、英、日语连词语序对比研究及其语言类型学意义[J].语言教学与研究,2001(5).

［69］ BIQ Y O. Chinese causal sequencing and Yinwei in conversation and press reportage[J]. Berkeley Linguistic Society,1995(21).

［70］ DIESSEL,H. The Ordering Distribution of Main and Adverbial Clauses:A Typological Study[J]. Language,2001,77(3).

［71］ WANG Y F. The information structure of adverbial clauses in Chinese discourse[J]. Taiwan Journal of Linguistics,2006,4(1).

(董秀英　河南大学)

# 十一 篇章语法与汉语篇章语法研究①

## 1. 研究理念

篇章语言学是以语言运用为导向的研究,关注交际-社会因素对言谈过程的制约和对语言产品的影响;关注交际-社会因素对言谈过程的制约,形成自身独立的一个门类——会话分析(conversation analysis);关注交际-社会因素对语言产品产生的影响,形成自身独立的一个门类——篇章语法(discourse grammar)。

篇章语法分析是以语法范畴为出发点、针对跨句语篇的语法现象的分析。它关注不同语法范畴和语法手段在语篇当中的地位和功能,关注交际互动因素对语言表达方式乃至语法手段的塑造。在一些文献(尤其是20世纪80年代前后的文献)中,话语分析(或语篇分析,discourse analysis/text grammar)与篇章语法是可互换使用的术语,如Brown和Yule所著 *Discourse Analysis*。②

以篇章-功能为导向的语法研究有两个目标。其一是描写,说明使用者如何运用语言形式。语言中存在着大量的表达"内容"相同而表现"形式"不同的表达方式,比如指称一个对象,可以用名词短语、光杆名词,也可以用代词,说话人在怎样的情形下选择使用不同的表达方式?其二是解释,回答"语言结构形式何以如此"的问题。比如代词,人类语言中普遍存在这个范畴,代词的普遍性是由什么机制决定的?

功能语法学家从三个方面寻求对所描述现象的解释。第一,认知视角的解释;第二,社会或互动视角的解释;第三,历时演变的解释。这三个方面事实上是相互联系的。功能语法学家认为,语言表达形式的多样性源自交际中不同的功能需求,不同需求之间的相互竞争塑造了语言的结构形式。

基于上述基本理念,篇章语法研究者特别强调研究对象的自然性,研究自然发生的语言材料(naturally occurring data)——真实的篇章和自然的言谈。不仅重视言内语境(linguistic context)同时也重视言外环境(extra-linguistic context),并且强调语言形式的选择不只是一个单向的表达过程,更是一个交际参与者相互制约的互动过程。基于"语法乃言者着力之码"(grammars code best what speakers do most)这一理念,认为语言成分的使用频率对理解语法结构的动因至关重要。

---

① 本专题为方梅老师的同名论文,原文刊发于《中国社会科学》2005年第6期。如引用其中内容,请使用封底二维码获取原文和出处信息。

② BROWN G, YULE G. Discourse Analysis[M]. Cambridge: Cambridge University Press, 1983.

汉语篇章语法研究的专著近年来有屈承熹的 *A Discourse Grammar of Mandarin Chinese*[①]，研究范围包括小句(clause)的某些部分、复句以及段落，认为篇章语法跟话语分析有如下区别：(1)话语分析一般来说注重交际，而篇章语法较注重结构。(2)话语分析既研究口语也研究书面语，而篇章语法主要考虑书面语。(3)话语语法既强调小句结构在语法层次上的话语结构，同时也强调话语层次上的结构。作者还认为，句法在代词化、反身化、体标记(aspect marking)等方面还未得到充分的研究，而这些问题都可以在篇章语法里得到较好的解释。这本书一方面吸收了汉语篇章语法的主要成果，另一方面也是作者对自己多年研究的总结。其中有关汉语话题的原型分析法、汉语主从关系和前景结构之间的关系、体标记的篇章功能以及段落和超段落的分析特别具有启发意义。

## 2. 信息流

### 2.1　名词性成分与认知状态

信息流(information flow)是功能主义语言学家广泛使用的一个概念，功能语言学家认为，语言核心的也是最基本的功能就是将信息由言者/作者传递给听者/读者。不论从言者/作者还是听者/读者的角度看，信息在表达或理解方面的难易程度都是不同的。从言者的角度说，要使所言之不同方面处于注意焦点(focus of consciousness)或者离开注意焦点；从听者的角度说，要关注对方所述内容是同于还是异于自己的预期和已有知识。在交际过程中，不同的概念在人大脑中的认知状态是不同的，信息的传达必然涉及言者与听者的动态认知状态。从言者的角度说，为了使听者关注重要的内容，在处理旧信息(即言者认为听者已知的信息)与处理新信息(即言者认为听者未知的信息)的时候会采用不同的编码方式。一般来说，言者认为听者已知的信息，即旧信息，编码方式简单；言者认为听者未知的信息，即新信息，编码方式繁复。这个由简到繁的等级可以表述为：

零形式＞代词＞光杆名词＞代词/指示词＋名词＞限制性定语＋名词＞描写性定语＋名词＞关系从句

若言者/作者认为听者/读者能够将一个指称形式的所指对象与其他对象区别开来，他就会采用最为俭省的形式，比如代词、零形式。反之，则需要采用较为复杂的结构形式，比如关系从句。指称结构形式的差异，反映了言者/作者对该成分所指对象信息地位的确认。使用哪一种形式指称一个对象，反映了语言使用者不同的言语策略。

在交际过程中，不同的概念在人大脑中的认知状态是不同的，那些言谈当中已经建立起来的概念处于活动(active)状态，是听者已知的信息(或称旧信息)。而有些概念在谈话

---

[①] CHU C. A Discourse Grammar of Mandarin Chinese[M]. New York: Peter Lang Publishing, 1998.

的当前状态尚未建立起来,不过,听者可以通过背景知识推知它的所指,这种信息处于半活动(semi-active)状态,可以在言谈的过程中被激活,这类成分称作易推信息(accessible information),如果从"新"与"旧"或"已知"与"未知"这个角度看,易推信息处于连续统的中间:

  旧信息＞易推信息＞新信息①

  易推信息的理解有赖于听者的知识系统,大致包括下面几个方面:(1)人类共有知识,如亲属关系、肢体与人之间的所属关系。(2)言谈场景规定的知识内容,如谈话现场只有一个钟,可以说"把钟拿下来"。(3)言者和听者共有的知识,如"下午的物理课不上了"。一个名词性成分的所指对象被听者理解时,难易程度是不同的。这种难易程度称作易推性(或可及性,accessibility)。易于被理解的易推性较强,反之,易推性较弱。指说话人自己易推性较强,而言谈当中的修正内容易推性较弱:

  第一人称＞第二人称＞第三人称＞回指性名词＞已述命题内容＞现场环境＞共有知识＞言谈修正内容

  易推性较强的成分,在交际中听者/读者对它加以辨识所花费的时间相对较短,反之,则时间较长。

  Xu Yulong(许余龙)对汉语回指的研究把指称表达形式(referring expresses)分成三类:高易推性标记(high accessibility markers)、中易推性标记(intermediate accessibility markers)和低易推性标记(low accessibility markers)。零形代词、反身代词、单数指示词属于高易推性标记。当代词和指示名词性词组充当宾语时,它们的所指对象属于中易推性标记。② 如果一个成分的易推性很强,完全可以采取零形式。陈平的研究从篇章结构的角度来研究所指对象(referent)是如何引进汉语的叙述文的,又是如何通过不同回指手段进行追踪(tracking)的。研究显示,零形回指和其他回指形式的选择主要依赖话语-语用信息。③

## 2.2　轻主语限制与线性增量原则

  轻主语限制与线性增量原则是针对句子的编排来讲的。信息结构在句法方面的表现被一些学者归纳为"重心在尾原则"——置复杂的结构在句尾,以及"轻主语限制"——句子的主语倾向于一个轻形式。就名词性成分来说,轻形式也是一个连续的概念,代词相对较轻,关系从句相对较重:

  代词＞光杆名词＞代词/指示词＋名词＞限制性定语＋名词＞描写性定语＋名

---

  ① CHAFE W. Discourse, Consciousness, and Time: The Flow and Displacement of Conscious Experience in Speaking and Writing[M]. Chicago: University of Chicago Press, 1994.

  ② XU Y. Resolving Third-Person Anaphora in Chinese Text: Toward a Functional-Pragmatic Model[M]. Hong Kong: Hong Kong Polytechnic University Dissertation, 1995.

  ③ CHEN P. Referent Introducing and Tracking in Chinese Narratives[M]. Los Angeles: UCLA dissertation, 1986.

词＞关系从句

对一个陈述形式而言,无标记模式是从旧信息流向新信息。主语以旧信息为常,宾语以新信息为常。Bolinger把这种倾向概括为线性增量原则。线性增量原则是指,说话的自然顺序要从旧信息说到新信息。随着句子推进,线性顺序靠后的成分比靠前的成分提供更多的新信息。① 例如:

(1) ＊他们一看就懂上面两段古文
　　上面两段古文他们一看就懂
(2) ＊一个储蓄所走进一个老头
　　储蓄所走进一个老头

当核心名词的所指不确定时,就要求修饰成分在核心名词之后。英语中这种次序是强制性的。比如:something new。汉语里,下面这种用例与此情形类似。

(3) 你们班里万一有谁<u>吸毒的</u>,谁<u>这个瞎搞的</u>,谁<u>携枪的</u>,这谁受得了啊!
　　＊你们班里万一有<u>吸毒的</u>谁,<u>这个瞎搞的</u>谁,<u>携枪的</u>谁,这谁受得了啊!

这个例子里,核心词的所指对象是不确定的,修饰成分必须在后。句子从左到右,信息的重要程度递增。这样的语序,符合线性增量原则,"你们班"的所指最为确定,提供的新信息的量最少,"谁"次之,"吸毒的"最不确定,提供的新信息的量最大。因此,可以说,即使在汉语里,修饰成分在被修饰成分之前还是在被修饰成分之后,也是与被修饰成分语义的确定性密切相关的。修饰性成分提供的新信息的量越大,越是倾向于放在被修饰成分的后面。

从跨语言的材料看,也有大量的事实支持上述观点。比如,Bernardo通过对英语"梨子的故事"的研究得出了很有启发性的结论,他根据修饰语和核心语的内容关系区别了两种关系从句,一种是增加信息的(informative),另一种不提供新信息(non-informative)而只起辨识作用。② 陶红印通过对汉语"梨子的故事"的研究发现名词前以"的"字结构为代表的关系从句的主要功能是回指,或追踪语境里已经出现过的对象。这些成分是不提供新信息的。③ 方梅的研究表明,口语中提供新信息的关系从句一般要后置,位于核心名词之后④,例如:

(4) 你比如说你跟着那种水平不高的英语老师,<u>他根本不知道那个纯正的英语发音</u>,<u>他英语语法也不怎么样</u>,你就全完了。

---

① 沈家煊.不对称和标记论[M].南昌:江西教育出版社,1999.
② BERNARDO R. The Function and Content of Relative Clauses in Spontaneous Narratives[C]//Proceedings of Fifth Annual Meeting of the Berkeley. Linguistics Society.1979:539-551.
③ 陶红印.汉语口语叙事体关系从句结构的语义和篇章属性[J].现代中国语研究(日本),2002(4).
④ 方梅.汉语口语后置关系从句研究[C]//庆祝《中国语文》创刊五十周年学术论文集.北京:商务印书馆,2004.

## 2.3 单一新信息限制和偏爱的题元结构

话语里要传达新信息的时候,说话人会采用一种比较完整或繁复的结构形式来表达。反之,如果说话人要传达的是一个旧信息,通常会采用一种结构比较简单的轻形式。出现这种现象的原因之一是经济原则的驱动,而更主要的原因则是人类认知活动能力的局限性。认知上的局限表现为对每个语调单位(intonation unit,IU)所包含的新信息的总量有所限制。

在自然的言谈中,连续的话语不是由一连串不可分割的言语序列构成的,人们的谈话实际上是由一连串在韵律上有规律可循的语言片断构成的。语调单位就是任何一个自然语调框架内所发出的言语串,是一个相对独立的韵律单位,同时也是一个基本的表达单位。语调单位所承载的信息容量和信息状态,反映了大脑处理信息的过程,是思维过程的外在表现。Chafe的研究表明,一个语调单位所能传达的新信息通常不超过一个,即"一次一个新信息"。这被称作单一新信息限制(one-new-concept constraint)。[1][2]

从信息表现功能着眼,名词性成分的新信息表现功能大致可以归纳为:

旧信息　零代词＞代词＞名词＞名词性短语　新信息

在口语中,单一新信息限制是制约表达单位繁简的重要因素。如果说话人要传达两个或更多的新信息,就会把它们拆开,使之成为各自独立的语调单位,这也就是我们在口语中常见的添加现象。也就是说,随着言谈的进程,说话人会不断地逐个增加信息内容。例如:

(5)我刚买了辆车,日本原装进口的,越野,今年最流行的款式。

相对来说,长定语的说法可接受性要差得多。

(5′)我刚买了辆日本原装进口的今年最流行款式的越野车。

单一信息限制可以用来说明小句内信息的容量。因为每个语调单位的新信息一般不超过一个,如果超过这个限量,就要另起一个表述单元,而不倾向采用结构复杂的长定语。单一新信息限制这个语用原则在句法上表现为,小句的题元结构倾向于只出现一个词汇形式的题元名词。词汇题元通常与新信息有关,如:"我爱上了一个上海姑娘"里的"我"是代词;"上海姑娘"是词汇形式的题元。

言谈当中,一个韵律单位与一个小句大体上是对应的。Du Bois 发现,一个小句内部倾向于只出现一个真正的名词形式的题元。这种"一次一个词汇题元"的格局是高频的小句题元结构,被 Du Bois 称为"偏爱的题元结构"(preferred argument structure)。由于每次所能传达的新信息的量受到一定限制,所以两个或两个以上的词汇题元出现在同一个

---

[1] CHAFE W. Cognitive Constraints on Information Flow[C]// TOMLIN R. Coherence and Grounding in Discourse. Amsterdam: John Benjamins,1987.

[2] CHAFE W. Discourse,Consciousness,and Time: The Flow and Displacement of Conscious Experience in Speaking and Writing[M]. Chicago: University of Chicago Press,1994.

语调单位内部的情形极少。这个结论可以看作对单一新信息限制的句法诠释。① 陶红印借鉴 Du Bois 的研究成果,通过对汉语口语叙事语体的小句论元关系进行研究,发现这个规律同样适用于汉语语调单位与句法结构类型,即汉语小句论元格局同样偏爱一次一个词汇题元这样的题元结构。②

## 3. 篇章结构

### 3.1 话题

"话题"(topic)和"评述"(comment)是一对广泛使用的术语,从言语交际的角度说,"话题"就是"被谈论的对象"(what is being talked about),而"评述"是"针对话题所谈论的内容"(what is said about the topic)。如果一个成分 X 被称作话题,它就可以回答"X 怎么样了?"这样的问题。在一些语言中,话题仅仅涉及语用范畴,而在另一些语言中,话题成分具有独立的句法地位。③

无论从哪个角度说,话题是一个跨越不同层面的概念。可以仅仅针对单个语句,也可以覆盖一段语篇。前者是句内话题,后者是语篇话题。

句内话题是句子的谈论对象,汉语里句子的主语一般也同时是话题。这一点已经有很多著作谈到了。值得注意的是,某些句式具有引入话题的功能,但话题成分并不在主语的位置上。例如,在下面的例子里,"几个男孩子"是在"有"字的宾语位置上的,但却是"被谈论的对象":

(1)这个时候在旁边有<u>几个男孩子</u>出来。有一个男孩子好像打着那个球,有个球跟那个拍子上面连着一条线,这样子哒! 哒! 哒! <u>其他的小孩子</u>过来帮他。

语篇话题是一段语篇当中的主要谈论对象,通常是言谈主角。在谈话中提及一个概念,有两种不同的情况。一种情况是,这个言谈对象引进语篇以后,在下文可以用不同的方式追踪它。例如,在下例中的"母亲"。另一种情况是,这个概念出现一次之后,在谈话中就不再提及,比如"袍罩""炕""油盐店"。作为言谈主角,这个概念在语篇当中往往多次出现,并且以不同的方式追踪,这是它具有话题性的表现。其他那些只出现一次的概念成分,属于偶现信息,不具备话题性。例如:

(2)<u>母亲</u>喝了茶,[1]脱了刚才上街穿的袍罩,[2]盘腿坐在炕上。她抓些铜钱当算盘用,<u>大点的代表一吊</u>,<u>小点的代表一百</u>。她先核计该还多少债,[3]口中念念有词,[4]手里捻动着<u>几个铜钱</u>,而后摆在左方。左方摆好,一看右方(过日子的钱)太

---

① DU BOIS J W. The Discourse Basis of Ergativity[J]. Language,1987(63).
② TAO H. Units in Mandarin Conversation:Prosody,Discourse and Grammar[M]. Amsterdam: John Benjamins,1996.
③ 徐烈炯. 汉语是话语概念结构化语言吗[J]. 中国语文,2002(5).

少,[5]就又轻轻地从左方撤下几个钱,[6]心想:对油盐店多说几句好话,也许可以少还几个。[7]想着想着,她的手心上就出了汗,[8]很快地又把撤下的钱补还原位。(《正红旗下》)

回指频度和回指方式可以作为确定语篇话题的重要参照。比如,上例中的"母亲"有两种回指方式,代词回指和零形回指。代词"她"出现了3次,零形回指出现了8次。在这段话里还有一个概念——"铜钱"出现了不止一次。在第一次出现之后,又以不同的方式提到,有名词和数词两种表现形式(异形回指:大点的、小点的、几个;同形回指:铜钱;部分同形回指:钱)。对比"母亲"与"铜钱"这两个概念,在谈到"母亲"时有两个显著特点:第一,回指次数相对较多;第二,有大量的零形回指。所以可以肯定"母亲"的默认值较高,是默认的"被谈论的对象"。因此,从回指频度和回指方式上看,"母亲"是语篇话题。

## 3.2　话题的延续性

话题延续性是指一个话题成分的影响力度和范围,是话题研究的一个重要方面。话题延续性涉及三个方面:①主题的延续性;②行为的延续性;③话题/参与者延续性。其中以主题的延续性的影响范围最大。可以通过三种方法测量话题的延续性:回数法、歧义法和衰减法。① 话题的延续性可以通过不同的方面表现出来。从句法角度看,话题延续性与下述两个方面密切相关。

### (一) 句法位置

话题成分的默认位置是句子主语的位置,通常主语具备施事和话题的双重身份。同时也是叙述的主角。因此,一个句子的主语所指的影响范围可以仅限于句内,也有可能跨越多个语句。这一点可以从后续句省略主语的频率上得到证明。省略主语的占绝大多数,远远超过省略其他句法成分。在汉语中,主语位置上的领格名词在延续话题方面的地位仅次于主语,具体表现为后续句常常承前定语而省。

### (二) 句法结构和修辞结构

前后语句的结构相似度越高,延续同一话题的可能性越大。陈平发现,零形式要求与它同指的成分距离尽可能靠近,零形式与它同指的成分之间倾向没有复杂的成分插入。同时,零形式的使用也受制于语篇的宏观结构。② 徐赳赳采用Givón的测量方法考察代词"他"的延续性,发现"他"的隐现受制于多种制约,包括人物制约(单个还是多个)、情节制约(故事的发生、发展和结束)、时间词制约(有或无)、连词制约(是不是连词后位置)和结

---

① GIVON T. Topic Continuity in Discourse: an Introduction[C]// Talmy Givón. Topic Continuity in Discourse: A Quantitative Cross-language Study. Amsterdam: John Benjamins Publishing, 1983.
② 陈平. 现代语言学研究——理论方法与事实[M]. 重庆:重庆出版社,1991.

构制约(小句结构是否相同)。① Li 和 Thompson 曾对第三人称代词的使用做过一个调查,把一段《儒林外史》叙述当中的"他"删除,请母语为汉语的被调查人填上他们认为应该有"他"的地方。结果发现,没有两个人的答案完全相同,同时,被删除"他"的几处只有两个地方被半数的调查人认为该用"他",其余的地方只有不到一半的调查人认为要用"他"。② 这个调查说明,汉语中代词的用与不用存在一定的灵活性,真正强制性地要求使用代词的情形不多。

从回指形式来看,形式越轻,延续同一话题的可能性越大。可以概括为:

零形回指＞代词回指＞同形名词＞指示词＋名词＞描写性定语＋名词

(3)马锐i是来请求父亲j批准出去玩一会儿的。但他i没有直截了当地提出请求,而是在饭后[ ]i主动积极地去刷碗、扫地、擦桌子,[ ]i把一切归置完了,[ ]i像个有事要求主人的丫环把一杯新沏的茶和一把扇子递到正揿着肚子剔牙的马林生手里,自己i站在一边不住地拿眼去找爸爸j的视线,[ ]i磨磨蹭蹭地不肯走开,[ ]i没话找话地问:"还有什么要我干的么?"(王朔《我是你爸爸》)

孙朝奋的研究表明,话语中主题的重要性与数量词的使用之间存在密切的联系,"一个主题上比较重要的名词短语倾向于用数量结构引进话语"。③ 继陈平一系列有关名词短语的指称属性与篇章功能的研究之后,许余龙(2005)的研究进一步证实,汉语的话题倾向于由一个存现句的宾语引入语篇当中。④

## 3.3 前景信息与背景信息

不同类型的篇章有不同的组织原则。就叙事体而言,它的基本功能是讲述一个事件,它的基本组织形式是以时间顺序为线索的。

一个叙事语篇中,总有一些语句所传达的信息是事件的主线或主干,这种构成事件主线的信息称作前景信息。前景信息用来直接描述事件的进展,回答"发生了什么"这样的问题。另一些语句所表达的信息是围绕事件的主干进行铺排、衬托或评价,传达非连续的信息(如:事件的场景,相关因素等等),这种信息称作背景信息。背景信息用来回答"为什么"或"怎么样"发生等问题。前景信息与背景信息在不同层面上有不同的表现形式。

篇章层面上,以故事的叙述主线为前景,其他为背景。高连续性话题往往代表叙述的主角,它所关联的小句或句子的数量较多,构成了叙述的主线——前景信息;反之,低连续性话题相应的陈述表达构成背景信息。典型的低连续性话题是偶现信息成分(名词既不

---

① 徐赳赳.叙述文中"他"的话语分析[J].中国语文,1990(5).
② LI C,THOMPSON A S. Third-Person Pronouns and Zero Anaphora in Chinese Discourse[C]// Syntax and Semantics, vol. 12: Discourse and Syntax. New York: Academic Press,1979.
③ 孙朝奋.汉语数量词在话语中的功能[C]//戴浩一,薛凤生.功能主义与汉语语法.北京:北京语言学院出版社,1994:154.
④ 许余龙.篇章回指的功能语用探索——一项基于汉语民间故事和报刊语料的研究[M].上海:上海外语教育出版社,2005.

回指前面已经出现过的成分,也不被后面的任何成分回指)充当的话题。例如:

(4)我 i 从吴胖子家出来,[ ]i 乘上地铁。地铁车厢很暖和,我手拉吊环几乎站着睡着了,列车到站[ ]i 也没察觉,过了好几站[ ]i 才猛然惊醒,[ ]i 连忙下了车。我跑上地面,[ ]i 站在街上拦出租车。来往的出租车很多,但没有一辆停下来。我走过两个街口,[ ]i 看到路边停着几辆出租车就上前问。几个司机是拉包月的,一位拉散座的说他要收外汇券。我说"知道知道"坐了上去从兜里拿出一沓外汇券给他看。

(5)平坦的柏油马路 i 上铺着一层薄雪,[ ]i 被街灯照得有点闪眼,偶尔过来一辆汽车,灯光远射,小雪粒 j 在灯光里带着点黄,[ ]j 像撒着万颗金砂。

句子层面上,主句为前景,表达事件过程;从句为背景,表现事件过程以外的因素。如时间、条件、伴随状态等等。例如:

(6)地铁车厢很暖和,我手拉吊环几乎站着睡着了,列车到站[ ]i 也没察觉,过了好几站[ ]i 才猛然惊醒,[ ]i 连忙下了车。

小句层面上,连动结构内部,背景在前,前景在后。例如:

(7)我 i 跑上地面,[ ]i 站在街上拦出租车。

前景信息与背景信息不仅仅在篇章语义层面的主次有别,二者同时对应于一系列句法-语义因素。Hopper 和 Thompson 对及物性问题曾经有过深入的讨论。① 下面是依据他们的文章所作的归纳。总体上说,前景信息对应于一系列"高及物性"特征,而背景信息对应于一系列"低及物性"特征。参照他们对典型背景信息的句法-语义特征的归纳,前景信息则呈现出与之相反的倾向(表 11-1)。

表 11-1 典型背景信息的句法-语义特征

| 参与者 | 一个参与者 |
| --- | --- |
| 行为/动作表达 | 非动作动词 |
| 体 | 非完成(如"V 着/起来") |
| 瞬时性 | 非瞬时性("有""是"句) |
| 意志性 | 非意志性(如动词存现句) |
| 现实性 | 非现实性(如假设、条件、时间句) |
| 施事力 | 低施事力(如非动作动词) |
| 对受事的影响 | 受事不受影响(如心理动词"喜欢看武侠小说") |
| 受事个体性 | 受事非个体(如无指名词"吃大碗/吃食堂") |

屈承熹在《汉语篇章语法(A Discourse Grammar of Mandarin Chinese)》一书中讨论汉语的背景信息的时候说,主从关系和信息状态(information status)关系密切,但两者各自处于不同的层次。背景不一定衍推出旧信息,反之亦然。主从关系是形成背景的常见手段。例如,在违反从背景到前景推进的原则时,从句连词"因为"很明显表背景。名词化

---

① HOPPER P J, THOMPSON S A. Transitivity in Grammar and Discourse[J]. Language,1980,56(2).

的句子主语是表背景的一种手段,而宾语则通过主要动词的性质来决定其场景性。背景一般由三个语用部件组成:①事件线(event-line);②场面(scene-setting);③篇幅减少(weight-reduction)。三者相互作用。

## 4. 互动因素

### 4.1 行进中的语句

言谈过程是一个动态的心理处理(on-line processing)过程。在这个过程中,言谈参与者把不同的人物、观念带入交际空间(discourse universe)。因此,言谈动态过程所出现的种种现象,特别是互动(interaction)交际中的语言现象,往往反映了语言的心理现实性。

典型互动式言谈是会话(conversation)。会话的基本单位是"话轮"(turn)。假设 A、B 两个人对话,说话人 A 传出信息,受话人 B 接受信息。A 和 B 的两句话就是两个相邻的话轮:

A:几点了?(话轮一)

B:五点。(话轮二)

会话以话轮交替的方式(即 A—B—A—B 轮流说话)进行。从说话人停止说话到受话人开始说话,称为话轮转换。负责话轮转换的机制称为"话轮转换机制",这一机制让会话参与者能有秩序地进行话轮转换(也就是有秩序地进行会话)。①

近年来,一些学者借鉴会话分析方法,特别关注实际话语中语句的"延伸"现象,将句子在时间轴上逐步产生的过程视为自然语言语句的一个重要动态语法特征。比如 Lerner 提出"行进中的句子的句法"(the syntax of sentences-in-progress)的概念,建议把句子放到话轮交替的环境中考察。② 继 Lerner 提出"行进中的句子"的概念以后,Brazil 提出"线性语法"(linear grammar)的概念,特别强调话语中的句子是在真实言谈过程中逐步递加的。Ford、Fox 和 Thompson 把那些从句法上看难以归纳为任何一种句法角色的添加成分称作"延伸增补"(extension increment),并通过三个尺度来确认:①句法尺度,它前面的成分句法上具备完整性,是自足的小句;②韵律尺度,它前面的成分具备独立的句调;③语用尺度,可以独立构成相邻话对的第一部分。比如下例中的 ever、to get through the weekend 和 these days:

(1) Have you been to New Orleans? <u>Ever?</u>

(2) We could a used a little marijuana. <u>To get through the weekend.</u>

---

① SACK H, SCHEGLOFF E A, JEFFERSON G. A Simplest Systematics for the Organization of Turn-taking for Conversation[J]. Language,1974(50):696-735.

② LERNER H G. On the Syntax of Sentences-in- Progress[J]. Language in Society,1991(20):441-458.

(3) An' how are you feeling? These days.

他们认为,延伸成分具有下述话语特征:(1)出现在缺少相关接续转换的位置。(2)提供一个可供受话人展开谈话的相关转换点。(3)延续说话人的谈话。① 从上面的论述不难看出,语法学家对动态特征的描写和解释越来越多地融入会话分析的视角,希望对这些传统语法不去关心或者不能解释的问题进行重新审视,并且给予一个符合语言交际性特征的解释。

长期以来,相关现象在汉语语法研究中被看作"倒装句"②。之后,赵元任《汉语口语语法》沿用了"倒装句"(inverted sentence)的说法,但同时提出了"追补"(afterthought)的概念,把它与"未经筹划的句子"(unplanned sentences)一起讨论,并且注意到,先行部分必须是个完整的句子。后续部分的语音特征是念得轻、念得快。朱德熙《语法讲义》沿用了"倒装"的提法,但同时也指出,后续部分有补充的意味。指出"这种说法只见于口语。前置的那一部分是说话人急于要说出来的,所以脱口而出,后一部分则带有补充的味道"。陆俭明深入讨论了这类现象,将其称之为"易位句",并指出这类句子具备四点特征:(1)重音在前段,后移的部分要轻读。(2)意义重心在前段,后移部分不能作强调的对象。(3)易位的成分可以复位,意思不变。(4)句末语气词不会出现在后移部分的末尾。③ Tai 和 Hu 也是从追补的角度讨论这个问题④,张伯江和方梅《汉语功能语法研究》将这类现象看作重要信息前置的手段。

陆镜光关于汉语句子成分后置的讨论开始引入会话分析的视角,探讨成分后置与话轮交替机制中的关系问题。陆镜光以行进中的句子的句法和线性语法的观察视角,重新审视了关于"倒装句"和"易位句"的研究⑤,并发现"移位"的分析角度存在局限性,尤其是很多被认为是"移动"了的成分根本不能找到它的原位。如:

(4)你不是有个游泳池的吗,你家楼下?

(5)我很敏感的,我的鼻子。

陆文认为大量的"倒装句"或"易位句"实际是"延伸句"。延伸句是随着时间的延续,逐步递加句子成分的结果。延伸句的成句条件是:(1)主体句必须包含谓语的核心(谓核),而且必须带句末语调或句末语气词;(2)后续语不能有谓核,也不能带句末语调或句末语气词。陆文认为,延伸句应被视为汉语中一种正常的句式。⑥

---

① FORD C A, FOX B A, THOMPSON S A. Constituency and the Grammar of Turn Increments[C]//FORD C A, FOX B A, THOMPSON S A. The Language of Turn and Sequence. New York: Oxford University Press, 2002.
② 黎锦熙. 新著国语文法[M]. 上海:商务印书馆,1924.
③ 陆俭明. 汉语口语句法里的易位现象[J]. 中国语文,1982(3).
④ TAI J, HU W. Functional Motivations for the So-called "Inverted Sentences" in Beijing Conversational Discourse[J]. Journal of the Chinese Language Teachers' Association,1991,26(3):75-104.
⑤ 陆镜光. 句子成分的后置与话轮交替机制中的后续手段[J]. 中国语文,2000(4).
⑥ 陆镜光. 说"延伸句"[C]//庆祝《中国语文》创刊五十周年学术论文集. 北京:商务印书馆,2004.

近年来,对言谈过程动态特征的研究越来越受到重视。这个领域在早些年多为会话分析,而近些年来,也开始受到语法研究者的重视。对自然语句动态特征的研究成为篇章语法研究的一个新的特点,因为这些动态特征从不同侧面反映了语言的心理现实性。

## 4.2 句法成分的编码差异

信息结构在句法方面的表现被一些学者归纳为"重心在尾原则"——置复杂的结构在句尾,或者"轻主语限制"——句子的主语倾向于一个轻形式。从跨语言的材料看,也有大量的事实支持上述表述。比如,Bernardo 通过对英语"梨子的故事"的研究得出了很有启发性的结论,他根据修饰语和核心语的内容关系区别了两种关系从句,一种是增加信息的,另一类不提供新信息而只起辨识作用。① 对于修饰成分后置的语言,比如英语,后者倾向为简单形式,前者一般为复杂形式。Payne 曾经指出,虽然一般而言,关系从句相对于核心名词的位置与修饰性定语与核心名词的顺序是一致的,但是,后置关系从句却在大量的语言中存在,即这个语言的数量修饰语、形容词修饰语在被修饰名词之后。这种强烈的倾向或许是由于一个普遍的语用原则的作用所致,即把重成分置于小句中较为靠后的位置,也就是描写性较强并提供新信息较多的成分后置。②

其实汉语里就存在这类现象。虽然汉语名词性成分的修饰语一般在被修饰成分的前面,如"蓝蓝的天""老李喜欢的曲子"。但如果修饰性成分比较繁复,则那些线性序列较长、结构复杂的大块头成分还是倾向于后置。

值得注意的是,汉语里同时存在两种不同的组句方式。一种是直接后置"的"字结构,"的"字结构所指称的内容是被修饰名词所指对象中的一部分,后修饰成分在语义上是限制性的,如下面(6)和(7)。另一种方式是用一个含有引导词的小句来说明一个名词成分,如下面(8)和(9)。"他"所引导的小句是对前面名词进行说明、提供新的信息内容,而不是限制被修饰名词的所指范围。两类不同的组句方式,在语义上前者是"限制",后者是"说明"。

(6)机动车驾驶人<u>不在现场或者虽在现场但拒绝立即驶离,妨碍其他车辆、行人通行的</u>,处二十元以上二百元以下罚款,并可以将该机动车拖移至不妨碍交通的地点或者公安机关交通管理部门指定的地点停放。(《中华人民共和国道路交通安全法》)

(7)公安机关对举报人<u>提供信息经查证属实的</u>,将给予一定数额的奖金。(新闻)

(8)你比如说你跟着那种水平不高的英语老师,<u>他根本不知道那个纯正的英语发音,他英语语法也不怎么样</u>,你就全完了。

(9)你站在大街上总能看见那种不管不顾的人,<u>他看见红灯就跟不认得似的,照直往前骑</u>,你当警察要爱生气得气死。

---

① BERNARDO R. The Function and Content of Relative Clauses in Spontaneous Narratives[C]// Proceedings of Fifth Annual Meeting of the Berkeley Linguistics Society,1979:539-551.

② PAYNE T E. Describing Morphosyntax: A Guide for Field Linguistics[M]. Cambridge: Cambridge University Press,1997.

值得注意的是,(6)和(7)所代表的是书面语里允许的组句方式,口语里很难见到;(8)和(9)所代表的是口语中常见的组句方式,是口语中"行进中的语法"的体现,在书面语里很难见到。这种差别特别具有启发意义。

### 4.3 语义理解取向的差异

与非互动的交际相比,互动交际为主观化和交互主观化提供了更多的可能。

说话人在说出一段话的同时,表明自己对这段话的立场、态度和感情,从而在话语中留下"自我"的印记,这就是语言的主观性(subjectivity)。如果这种主观性有明确的结构形式编码,或者一个语言形式经过演变而获得主观性的表达功能,就称作主观化(subjectivization)。

比如,第一人称复数指说话人自己,用以表现"自谦",如(10)。"人家"本来是用作指称说话人和受话人之外的第三方。但是,在对话当中可以指称说话人自己,用以表现说话人的负面情感,如(11)。

(10)我们认为这样做不够稳妥。

(11)你怎么才到啊!人家等了半个钟头了。

　　＊你这么快就到了!人家等了半个钟头了。

交互主观性(inter-subjectivity)指的是说话人用明确的语言形式表达对受话人的关注,这种关注可以体现在认识意义上,即关注受话人对命题内容的态度。交互主观性更多地体现在交际的社会性方面,即关注受话人的"面子"或"形象需要"。一个语言形式如果具有交互主观性,那么也一定呈现主观性。交互主观化总是蕴涵着主观化,一个形式如果没有某种程度的主观化,就不可能发生交互主观化现象。交互主观化与主观化的区别在于,主观化使意义变得更强烈地聚焦于说话人,而交互主观化使意义变得更强烈地聚焦于受话人。①②③④

代词的虚化往往伴随主观化和交互主观化,下面所列举的代词的虚化现象实际都是主观化或交互主观化现象。代词的交互主观化主要有两个方面:

第一,表现心理距离,关注受话人的心理感受。比如用第一人称包括式代词单指受话人,用来拉近心理距离。例如:

(12)(成年人对小孩)咱们都上学了,哪能跟他们小孩儿争玩具呀。

第二,表现说话人对受话人的期待。比如第二人称代词"你"不指人,而用来提示受话人关注言者所言内容。例如:

(13)你北京有什么了不起的,还不是吃全国,仗着是首都。

---

① 参看 LYONS J. Semantics 2 vols[M]. Cambridge: Cambridge University Press,1977.

② DIETER S. WRIGHT S. Subjectivity and Subjectivisation in Language[M]. Cambridge: Cambridge University Press,1995.

③ 沈家煊.语言的"主观性"和"主观化"[J].外语教学与研究,2001(4).

④ 吴福祥.近年来语法化研究的新进展[J].外语教学与研究,2004(1).

人称代词可以出现在不同的语体,但是上述交互主观化现象却是对话语体特有的。相较于非互动交际语体,互动交际中更加偏向言者视角的(speaker oriented)语义解释。

20世纪70年代到80年代,篇章语法分析多以叙事语体为研究对象。20世纪90年代以后,则越来越多地融入会话分析的成果,注重互动因素对语言结构的影响[1][2],互动语言学成为20世纪90年代以后的一个特别引人瞩目的领域。[3]

汉语篇章语法研究经历了20多年的发展历程,总体上看,大致呈现出两种不同的研究取向:一是以语篇角色(如背景信息)或语篇现象(如照应)为切入点,讨论相应的句法表现形式;二是以句法角色(关系从句)或句法范畴(如完成体/非完成体)为切入点,讨论句法形式的功能动因。前者着眼于篇章结构,后者着眼于句法解释。近年来,随着话语分析研究和对语言主观性研究的深入,汉语篇章语法研究开始关注交际参与者的主观化表现手段,以及交际因素对语法结构的影响和塑造。上述三个方面构成汉语篇章语法研究的整体面貌,着眼于篇章结构的研究起步较早,而着眼于句法解释和交际因素对语法结构影响的研究相对来说比较薄弱,是特别值得关注的领域。

(方梅　中国社会科学院)

---

[1] 相关评述参看 BIQ Y O. Recent Developments in Discourse-and-Grammar[J]. Chinese Studies,2000(18):357-394.

[2] BIQ Y O,TAI J H Y,THOMPSON S A. Recent Development in Functional Approaches to Chinese[C]//HUANG J, LI A. New Horizons in Chinese Linguistics. Dordrecht: Kluwer,1996.

[3] 林大津,谢朝群.互动语言学的发展历程及其前景[J].现代外语,2003,26(4):9.

# 十二 汉语焦点研究

## 1. 焦点的概念与本质

　　焦点指什么,语言学界对此观点不一。最初关注到焦点的是功能学派,韩礼德(M. A. K. Halliday,1967)用"focus"来指称句子中韵律突显的部分,认为焦点反映新信息。20世纪70年代初,焦点问题开始进入生成语法学家的视野中,艾弗拉姆·诺姆·乔姆斯基(Avram Noam Chomsky,1971、1976)和雷·杰肯道夫(Ray Jackendoff,1972)在"预设—焦点"这一框架中对焦点进行了定义,如杰肯道夫(1972)认为焦点是说话人假设不为听话人所共知的信息。焦点理论在20世纪80年代中期被引入我国,范开泰(1985)认为心理重音表示交际上的兴趣中心,语用上称为"焦点"。刘丹青(1998)则从"强调"这种信息处理方式来看焦点,他指出,强调是指用某种语言手段(如形态、虚词、语序、韵律等)对某一语言片段加以突出,以使听话人特别注意到这部分信息。被强调的语言片段,大都可归入语言学中所说的"焦点"。可见,焦点主要被视为一个语用层面或话语功能层面的概念。

　　我们可以用"戏院隐喻"来衡量"焦点"在整个认知结构中的地位。从语言功能上讲,言语活动就是一场戏,焦点则是舞台上的聚光灯,其功能是把戏的某一部分照亮,而说话者则是这场戏的导演,由他决定灯光打向哪里。在一个具体的话语片断即一场戏中,总是有两个矛盾贯穿话语进程,它们决定了灯光的朝向。矛盾之一是戏中多个参与者之间的矛盾。形象地讲,台上的多个角色都在呼呼灯光打向自己。他们相互争执,想要突出自己的重要性。这些参与者便是句中的各种构式、成分等。矛盾之二是戏中的角色与导演之间的矛盾。导演是最终的执行者,但他只有相对的自由,没有绝对的自由。有两个策略可供导演选择。一是所谓"顺向策略",选择诸角色竞争中胜利的那一个,同意他的要求,把灯光打向他。也就是说,在一个句子中,说话者会选择多个可能焦点成分之间竞争胜利的那一个,满足其焦点要求,该可能焦点成分充当句子的焦点。二是所谓"逆向策略",即不选择竞争的胜利者,而是选择失败者或选择没有提出要求的某个角色,把灯光打向他。也就是说,在一个句子中,说话者根据自己的交际目的,不选择多个可能焦点成分竞争中的胜利者,而是选择失败者或选择没有提出焦点要求的某个成分,让其成为句子的焦点。

　　从"戏院隐喻"可以看到,焦点至少有两个基本性质。第一,焦点具有超音段性,指这灯光本身并不是在舞台上表演的角色或剧情的一部分,它是在角色或剧情之外,但又施之于角色或剧情之上的。它是重音的"落点",并不改变句中的单位及其线性序列,而仅仅是把某一部分单位在功能上予以突出。第二,焦点具有局部性,即由于生理和发音上的限制,作为焦点实现方式的重音只可能落在一个较小的语流片段上,而不可能落在较大的片段上。

概言之,焦点就是说话者用超音段的、局部性的韵律语法手段,对话语中某些片段进行突显操作;所谓"凸显操作"又分为不可简省的凸显和刻意重音的凸显,这些被凸显操作的话语片段就是焦点。说话者进行焦点选择时,既需要照顾话语整体及部件凸显自身重要性的要求,又需要根据自己的交际目的来处理这些要求。焦点的选择,最终决定了话语的建构。

## 2. 焦点的类型

Lambrecht(1994)根据焦点所实现的句法单位的大小给焦点分类,将其分为窄焦点和宽焦点。窄焦点是指句子中的某一单一成分做焦点,即论元焦点;宽焦点又分为句焦点和谓语焦点。Gundel(1999)从焦点的功能角度区分出三种类型:心理焦点、语义焦点和对比焦点。心理焦点是指听说双方目前注意力的集中点,相当于话题这一语用概念。语义焦点是用来陈述话题的新信息,是句子中用来回答显性或隐性的特殊疑问句的部分。对比焦点是指说话人出于以下几个原因而特意强调的句子中的某个部分:一是说话人觉得听话人的注意力可能不在某个事物上,二是话题的转换,三是某个成分与别的成分处在显性或隐性的对比中。普遍认为,在汉语语法中,没有对比意味的焦点是自然焦点,自然焦点与对比焦点相对。自然焦点又叫常规焦点、句尾焦点、中性焦点、非对比焦点等。刘丹青、徐烈炯(1998)认为,以小句内部其他成分为背景时,焦点的性质可以描述为"突出",而以小句外的内容为背景时,焦点的性质可以描写为"对比"。根据背景和焦点的位置关系,可以把焦点分为:自然焦点[＋突出]、[－对比];对比焦点[＋突出]、[＋对比];话题焦点:[－突出]、[＋对比]。话题焦点是以句外的某个话语成分或认知成分为背景,在本句中得到突出,而不能以本句中其他成分为背景。徐烈炯(2001)将焦点分为四类:信息焦点、对比焦点、语义焦点和话题焦点。

关于焦点的分类都是基于对焦点概念及其本质的理解,研究者们由于理论背景和认识角度不同,提出了不同的焦点类型。从语义指向上看,所有的"焦点强迫形式"都可以分为两种:一是"独立的焦点强迫形式",要求自己成为句子的焦点,如疑问代词要求自己成为句子焦点;二是"非独立的焦点强迫形式",不是要求自己成为句子的焦点,而是要求句中另外的某一成分成为句子的焦点,例如焦点标记"是",它要求将其后面的某一成分(一般是紧接着"是"的实词性成分)作为句子焦点。从语义内容上来讲,"非独立的焦点强迫形式"分为两类:焦点标记和焦点算子。例如:

(1) a. 张三喜欢李四。
　　 b. 是张三喜欢李四。
　　 c. 只张三喜欢李四。
(2) a. 张三喜欢李四。
　　 b'. 不是张三喜欢李四。
　　 c'. 不只张三喜欢李四。

"是""只"都属于"非独立的焦点强迫形式",但这二者的功能是存在差异的。"是"字句没有在原句基础上增加什么命题内容,仅仅标记句子的焦点在哪儿,所以对"是"字句的否定也就是对原句的否定,而"只"字句则以原句为预设,在其基础上增加了新的命题内容,不仅仅标记句子的焦点位置,所以对"只"字句的否定只是对其增加的那部分内容进行否定,而并不对原句进行否定。我们把"是"类称为"焦点标记",而把"只"类称为"焦点算子"。

以往焦点理论中最模糊的地方是没有严格区分焦点强迫形式的焦点要求与说话者的焦点操作这两个层次,这是因为人们谈论的一般都是顺向策略起作用的时候,即说话者顺应焦点强迫形式的要求时。而在逆向策略中,说话者不需要满足句中焦点强迫形式的焦点要求,但是说话者也并非完全自由,在逆向策略中,说话者必须证明自己的选择合乎对话或语篇需要,为了提醒听话者了解自己的非常规选择还需要给予特别重音。虽然言语关系多种多样,但是说话者在焦点操作的逆向策略中能够表现的功能仍然是有限的:表对比、表排他、表言外之意、表主观评价、表追问、表反问、表语篇话题。

基于以上分析,我们主张,把焦点系统分为以下类型:

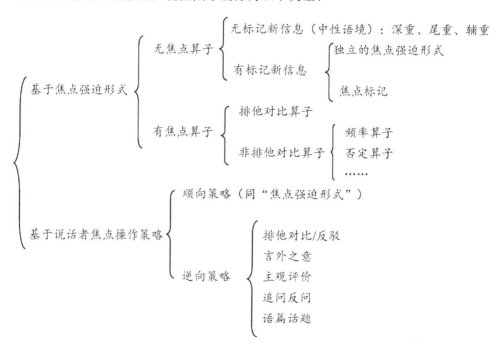

## 3. 汉语的焦点强迫形式

以往关于焦点的论述大多会专门讨论焦点表现形式,认为焦点表现形式可以是语音手段、词汇手段和句法手段。词汇手段就是焦点研究中经常提到的"焦点标记词",一般是指加在句中某一成分上用来标记其信息地位的虚词。这实际上只是提出焦点要求,能否实现还需看说话者的焦点操作策略及语境上下文的要求。从本质上讲,焦点标记都是焦点强迫形式。

汉语中哪些成分可以作焦点标记词？它们的作用究竟有多大？

一般认为,由系词语法化来的"是"是现代汉语中最接近焦点标记的词,"是"经常直接用在被强调的成分前,并随焦点的变动而在句子中浮动。"是"也常常和"的"配合使用构成突出焦点的专用句式,作为焦点标记词,"是"是前加性的。一般来说,轻读的"是"是焦点标记词,即"是"后的成分是句子的焦点,重读的"是"是轻读的"是"的一种特殊情况,即在特殊的语境下,焦点意义从"是"确认的成分转向了"确认"本身,而这是说话者采用了逆向策略的结果。

再来看"连",其用于标示极性对比话题,"连"字句中"连"后的成分都有强制性对比重音,"连"自身不带对比重音,多数"连"字句中的"连"都可以省去。但是,"连"字标示焦点跟"是"字标示焦点是不同的,"是"字一般不标示话题成分,作为对比项,所标示的成分也不是最极端的一个,而"连"字格式是表示言外之意的焦点标记。

副词在语义上多表现强调义,陈昌来（2000）等认为它们有标记焦点的作用。从副词的语义指向来看,副词跟其前面或后面的句法成分构成语义关系,其本身具有一定的意义,一般在句中不能省略,但是副词究竟属于焦点标记还是焦点算子,还需要通过否定测试才可知道。经过测试,范围副词"就""只""仅"和否定副词"没"等都是焦点算子,而表示强调的语气副词,如"甚至""尤其"等,都是焦点标记,因为对它们的否定都意味着对原句真值的否定。

刘丹青、徐烈炯（1998）认为,后置的话题标记就是句中语气词,称为提顿词,其后常常伴随停顿,实际上停顿也有帮助突出话题焦点的作用。跟北京话的提顿词大多兼有一定的其他语气相比,上海话的提顿词"末"是更加中性、更加典型的话题焦点标记。

除了"是""连"这些焦点标记词以外,学者们还提到汉语中的其他焦点标记词"给""来""数""有"等。

词汇手段除了焦点标记词之外,还有所谓的焦点敏感算子,是指和可能焦点成分相关联,并能够影响句子语义真值的算子性成分。我们来看汉语中主要的焦点算子。

第一,疑问算子。疑问代词内部有不一致性,汉语中表原因的"为什么、怎么、干嘛"等,与一般的疑问代词不同。在语义上,原因并不属于谓词表达的事件内容,而是事件外部的因素;在句法上,表原因的疑问代词在整个句子的外围,甚至可以在句首作为附加性的成分,代表的是原因状语甚至是原因偏句。它们与其他的附加性疑问成分,如前加的"是不是、是否",后加的"吗、么"一样,不但自己表示疑问信息,而且还在语义上指向其管辖范围内的某个成分。

第二,否定算子。否定是一个与焦点有关的重要现象,除了否定全句以外,也可以否定句中的某个成分,而被否定的成分一般都是焦点成分。在汉语中,由否定词"不、没、别"等担任非独立的焦点强迫形式,它们指向所要否定的成分,使后者成为可能焦点成分。由于在否定测试中没有否定原句,我们称之为"否定性焦点算子"。

第三,限定算子,主要是"只、仅、光、单单"等。胡建华（2009）讨论了"只""都""常常"

的量化特点、焦点敏感性以及它们所处的句法位置。他通过"都"和"只"在区别性句法环境中不同的表现,发现"都"和"只"的区别之一可能就在于"只"的词汇信息中天然含有对比性、排他性或穷尽性,而"都"的词汇信息中可能并不含有这些因素。

第四,频率算子,主要是表事件频率的"经常、常常、一贯、一直、总是"等。限定算子与频率算子被总称为"量化算子",因为它们都表示事件或实体参与事件的量。但是两者还是存在着差异,前者表示排他性,后者表示频率的高低。

第五,情态算子,主要是表示认识、道义情态的情态动词或情态副词,如"会、应该、必须、可能"等,可以出现在句首位置,也可以出现在句中。情态算子对可能焦点成分有约束作用,它们是非独立的焦点强迫形式。

第六,认识及心理算子,主要指表示主语的认识或心理活动的动词,如"以为、了解、喜欢、爱"等,其焦点位置的不同,会得出不同的句子意义。

第七,评价算子,主要指表示说话者对事物评价的动词或形容词,如"很奇怪、合适、好、更别说"等,在文献中也称作"态度动词"。

第八,量级算子。汉语的最高程度"最"类和高程度副词"很"类存在不小的区别。陈振宇(2010)认为,"最"类是客观的,而"很"类是主观的。因为"最"是指对象之间的比较,谁最大并不是说话者说了算;而"很"是指对象与说话者自身的标准进行比较,谁最大完全由说话者说了算。"最"是一个独立的焦点强迫形式,它要求自己成为句子焦点,只不过它的焦点要求不是那么强,所以容易被上下文所超越;而"很"是焦点算子,其程度作用大于语气作用。

非独立的焦点强迫形式一定要在句法结构中管辖其语义指向的可能焦点成分,即非独立的焦点强迫形式后面的部分就是它的辖域。理论上讲,非独立的焦点强迫形式可以与辖域内任何一个成分关联,使它成为可能焦点成分。对于汉语来说,重音是焦点的表现形式,而焦点敏感算子是焦点强迫形式。如果说话者采取顺向策略,该句重音选择与句中焦点强迫形式的要求一致,则可以用消极重音(强调不可简省性);而当它们不一致,即说话者采取逆向策略时,需要用积极的特别重音。

非独立的焦点强迫形式有的有固定的句法位置,如否定算子"不/没",但大多没有固定的句法位置,即句法位置有一定的自由度,导致所谓的"算子浮动"现象,即非独立的焦点强迫形式的句法位置和管辖范围有所变化。算子浮动的目的是使非独立的焦点强迫形式尽可能靠近与之关联的可能焦点成分。汉语的焦点敏感算子不能插入动词词组之内,只能在动词词组之外,归纳起来有三个位置:主语或主题之前、状语之前和VP之前。

在焦点算子的约束成分方面,有两种看法:第一种看法是假定焦点敏感算子的约束成分可以在前,也可以在后,那么句中究竟哪个成分是焦点成分,完全由"凸显性原则"控制,即句中凸显的成分成为句子的焦点;第二种看法是假定焦点敏感算子的约束成分只可以在一个方向上,或在后,或在前,即必须在句法管辖范围内,且受到"邻接性原则"的控制。

在讨论词汇性焦点强迫形式之后,我们还需关注句法性焦点强迫形式。句法手段主要指语序、句法格式等,汉语中如何通过语序、句法格式等句法手段来提出对句子焦点的要求,各家看法不同。

焦点可以通过语序来表达，一般认为在汉语中位于句子末尾的成分相对容易成为句子的焦点，这就是所谓的"尾焦点"，是一种符合主位-述位信息流向的常见现象。

句法格式主要有以下几种。

一是准分裂句，汉语有类似分裂句的结构，最典型的焦点结构是"是……的"构成的准分裂句，功能相当于英语的分裂句"It is …… that"，但这种格式不用来标示动词后的成分，所以不涉及成分的移位。英汉分裂句的最大区别在于跟普通单句相比，焦点是否需要移位。汉语的分裂句跟中性句相比是无需移位的，如"是我先出国的"变成普通陈述句就是"我先出国"，这种现象被称为原位分裂句。原位分裂句所用的机制和手段也并非汉语独有，而是人类语言表示焦点的分裂结构的常用手段。

二是"把"字句，这是汉语的一种特殊句式，"把"字句的焦点是句末动词结构还是"把"后的宾语，研究者们的说法不一。方梅（1995）认为，"把"字句"把"的后一成分不一定总要带对比重音，"把"字句如果有对比重音的话，也不一定非得紧贴在"把"后的成分上。可见，"把"字一般不能标定对比项，"把"的作用在于将旧信息放到动词前，把句末位置让给带有新信息的词项。

三是周遍句，这是指"都/也"前的成分以一定的形式表示其所指具有周遍意义的句式。温锁林（1998）认为"周遍句"是汉语中表示对比焦点的焦点结构，理由主要有三点。一是句中带有强制性的对比重点。这种对比重音必然落在"都/也"前表示周遍意义的成分上，而且一般落在这个成分的第一个音节上，如"谁也不认识"，"谁"就是焦点所在。二是句中暗含对比项，这个暗含的对比项是言谈中提及的或交际双方心中认可的某一范围内的任何一个。三是这类句子的否定形式只能是在周遍性成分前加"不是"，而且只能将"是不是"加在周遍性成分前形成反复问句。

四是对举格式（平行结构）。刘鑫民（1995）认为，平行结构是表达焦点的句法手段，它往往具有对比的意味，对比的成分往往为强调的对象。陈昌来（2000）认为对举句这种对比的方式可以显示焦点，对比使得焦点可以处在句子中的不同位置。请注意，对举格式中对比项往往不需要特别重音，这证明说话者在这儿采用了顺向策略。

五是倒装句。陈昌来（2000）认为，倒装是使焦点位置变化的一种方式，倒装的部分往往是焦点。但是，在倒装中究竟哪个部分是焦点，仍然值得讨论，因为它并不是都以在后面的部分作为焦点。

综合各位学者的分析，我们认为，讨论汉语中与焦点有关的句法格式，首先要看采用这一格式是否有凸显句子焦点的功能，因为一般来说，每种句式都多多少少会要求句中某一成分成为句子的焦点，只是要求成为焦点的类型不同，要求成为焦点的强度也不同。有些句式是典型的较强焦点标记形式，像准分裂句、"连"字句等；而有的句式，像"把"字句这样的句式，它要求哪一部分成为焦点成分是存在争议的。此外，还要区分单句和复句，像对举格式（或平行结构）这类句式，宜放在复句中去分析其焦点性质。

## 4. 焦点基本的逻辑意义结构

一般认为，句子的焦点结构是一种"焦点-预设"或"焦点-话题"二分的结构，或是"焦点敏感算子-焦点-背景"三分的结构。接下来，我们将讨论焦点所涉及的逻辑意义及其语义结构。

焦点具有明显的凸显性，则句子的其余部分不具有凸显性或不那么凸显。这些跟焦点相对的成分是什么？杰肯道夫（1972）指出，在某种解释层面上，每个句子都可以分成"焦点"和"预设"两个基本部分。那么何为预设呢？先看如下定义：

Matthews(1997)将预设（presupposition）定义为"Relation between propositions by which a presupposes b if, for a to have a truth-value, b must be true."也就是说，预设是指两个命题之间存在的如下关系：当a有真值时，b必然为真，那么a预设b。

但是，更为重要的是从否定角度对"预设"所下的定义，我们采用以下两个逻辑公式来区别预设与蕴含（也译为衍推）：

若有命题A和命题B，则：

当A为真时，B为真，并且当A为假时，B真假不定，则A蕴含B，或B为A的蕴含意义。

当A为真时，B为真，并且当A为假时，B仍然为真，则A预设B，B为A的预设。

引起预设的因素可以是词汇方面的，像很多事实性的动词可以引发预设，如"regret、realize"等。不过，这类预设关系并非焦点理论关注的内容。在焦点理论中，我们实际上使用的只是句子可能的预设命题中的一个。

根据杰肯道夫（1972）的研究，句子的信息结构可以按照预设-焦点进行划分，在某种语义表达层面上，句子可以解读为预设和焦点两部分，并且在句子的句法结构上有所反映。杰肯道夫（1972）给出了焦点和预设这两个概念的工作定义：句子的焦点指句子中说话人假定的不是他跟听话人所共享的那部分信息；句子的预设指句子中说话人假定的他跟听话人所共享的那部分信息。这种非共享的信息在陈述句中表现为：说话人假定其为说话人所知，但是听话人不知；而在疑问句中表现为：说话人假定其为听话人所知，但是说话人不知。由于焦点信息在陈述句和疑问句中具有对称的关系，因而问句的焦点结构跟答句的焦点结构必须一致。简言之，在信息传递中，问句与答句必须有完全相同的预设命题，它们的差异仅仅体现在焦点命题上，在疑问句中，句子的焦点命题是以疑问词为宾语的判断式，而陈述句则是一个以非疑问信息为宾语的判断式。"预设-焦点"二分结构使语言信息结构的研究走向了形式化道路，但是并不是所有的句子都有预设，如没有新信息的句子或整句都是新信息的句子都没有预设，也就无法进行"预设-焦点"二分结构分析，所以"预设"分析方法仅对部分焦点现象适用。

话题与焦点相对说认为，与焦点相对的语用概念是话题，那么话题是什么？句子的话题是对其做出说明的那个实体（人、物等），而对这个实体的进一步说明则是评述。从信息传递的角度看,话题、述题常常跟已知信息、未知信息联系在一起,焦点被看作新信息或新信息中的一部分,所以话题在很大程度上处于跟焦点对立的状态,因此话题不能是焦点。

刘丹青、徐烈炯(1998)提出了"话题焦点"的概念,认为话题焦点只能以句外的某个话语成分或认知成分为背景,在本句中得到突出,而不能以本句中其他成分为背景。在本句中,话题焦点并不比句子的其他成分突出,句子可以另有突出的部分,但在跟句外成分的对比上,话题焦点有强调作用。同时他们也指出,带话题焦点的句子其整个表达重点仍在话题后的成分即述题上,这是由话题和述题的信息关系所决定的。

以上这些讨论涉及对话题和焦点这两个概念之间关系的不同看法:一是话题和焦点对立说;二是话题和焦点兼容说。如果是从信息结构中的已知信息和新信息这一角度来看,那么话题和焦点相对立;但如果从对比性这一角度来看,话题和焦点有时都可具有对比性,都可带上对比重音,此时两者具有一致性。

所有非独立的焦点强迫形式,都会产生一个所谓的"焦点三分结构",即句子表层结构中的焦点强迫形式(算子)、它所指向的可能焦点成分(核心部分)以及句子的其他部分(限定部分)之间的三分局面。焦点的位置是决定三分结构的一个重要因素,焦点的位置不同,则三分结构的组成不同,形成的语义解释也不同。在"焦点三分结构"研究中,讨论最多的还是焦点算子。

## 5. 句子焦点的实现与"去焦点化"操作

焦点的数量指的是一个简单句中焦点的数量。主要观点有以下几种:多焦点论、唯一焦点论和无焦点句。

多焦点论的学者如徐杰、李英哲(1993)认为,每个正常的句子都至少有一个焦点成分,有的句子还可以有两个或多个焦点成分。徐杰(2001)进一步用多项疑问句证明一个简单句可以包含多个焦点。

唯一焦点论的学者有潘建华(2000),他认为如果句子有焦点,一定出现在相应的语境中,而且只能有一个焦点。顾钢(2001)认为,对比焦点是句中承载对比重音的部分,与其他部分形成对比,两个以上的对比重音在逻辑上是不恰当的,提供新信息的焦点只能出现一次。

无焦点句由潘建华(1980)提出,他认为并非所有的句子都有焦点,有些句子是没有焦点的。有两种句子是无焦点的:一是特定语境中话语意义与字面意义相背离,表达言外之意的句子;二是特定语境中话语意义与字面意义相重合,句子传递的信息强度相仿,即无强调突出的部分。

我们认为,焦点范畴中应该分出两个层面:一是各种焦点强迫形式及它们要求的可能焦点成分;二是一个句子中最为凸显的焦点成分,即对一个句子而言,最终它最为凸显的是什么?所以从凸显性这个维度来看,一个句子一般只有一个焦点,即只有一个凸显中心,它体现为整个句子的焦点功能。为此我们采用唯一焦点论。唯一焦点论的例句覆盖面广,最具普遍性。所谓"无焦点句"比较特殊,可以作为特例放在一边。而所谓句中有多个焦点的情况,则可能存在两种解释:或者是它们存在竞争关系,即句中有多个可能焦点成分,最终有一个焦点成分必然要胜出,这实际上还是唯一焦点;或者是它们存在并列关系,如"谁在哪儿告诉你的?",这也比较特殊,也可作为特例放在一边。此外,"一个句子只有唯一的焦点"在大多数情况下起到了制约句子合格性的作用,这是一条相当强势的语言规则,在语法、语义和语用研究中很有用。

不过,为澄清我们所说的"唯一焦点论"的本质及其与前人研究的不同之处,这里需加一些具体的说明:

第一,我们认为焦点的本质是言语活动中凸显的片断,但是凸显本身应分为不同的层次:一是常规凸显,代表客观信息传递的层次;二是刻意或非常规凸显,代表主观性和主观间性的层次。

第二,从具体的操作层面来看,凸显性可以分为词组与句子两个层面。在词组层面,任何两个单位的结合都有相对轻重的问题,"重"即更为凸显。这些具有相对轻重分布的结构进入句子后,其凸显的部分有成为句子焦点的潜在可能性,我们称它们为"可能焦点成分"。一个句子可能有多个,也可能只有一个"可能焦点成分"。

第三,当一个句子有多个"可能焦点成分"时,它们之间存在竞争关系,最后或者"融合"成一个焦点结构,或者在"共现"成分中只有一个成分胜出,成为句子的焦点,而其他成分则失去焦点性(我们称为"去焦点化"),从而变成背景信息的一部分。

我们针对焦点操作的顺向策略,提出"句子焦点的实现规则":

①一个单句可以有一个也可以有多个焦点强迫形式;

②每个焦点强迫形式都贡献出具有语用凸显性的可能焦点成分;

③最终只有一个可能焦点成分的凸显性上升为全句的凸显性,成为句子焦点。

④凸显性实现的规则是:当多个焦点强迫形式没有融合成一个整体时,在顺向策略中,句中处于最高句法位置的那个可能焦点成分所具有的凸显性,上升为全句的凸显性,成为全句的可能焦点成分。

那么,哪些成分才能具有较强的凸显性,从而获得争取句子焦点地位的候选资格呢?据我们考察,有以下几个方面:

①居于结构的焦点突出的位置(深重、辅重或尾重)上。(结构性可能焦点成分)

②居于对比结构、排他性结构的相关位置上。(排他对比性可能焦点成分)

③被焦点算子和焦点标记所约束。(约束性可能焦点成分)

④语义上具有更多的描写性(包括数量、状态、方式等方面的描写)。(概念性可能焦点成分)

⑤带有标记强焦点性的附缀。(附缀性可能焦点成分)

严格来讲,疑问焦点属于其中的 iv 项,即由于疑问信息本身的凸显性而成为可能焦点成分,所以一旦疑问代词失去了疑问信息,成为不定代词,它就不再具有焦点性。

让我们回到前文提到的"戏院隐喻",把焦点现象中的各种复杂情况梳理一下。我们想象一下一位明智的导演是怎样成功掌控这一局面的。他的工作其实并不复杂,不外乎以下几个步骤：

第一，根据编剧提供的剧本，将相关的焦点强迫形式切分出来。

第二，把每个焦点强迫形式的性质与结构描写出来，作为判断它们的要求强弱的基础。

第三，根据剧本的结构，对这些要求加权，即处于什么样的剧本位置上时，可以加分（甚至加到最高分）。

第四，看有没有别的更高的要求，使导演对这些要求一个也不能满足。

第五，在第三和第四这两个步骤中，还得确定一些准则以作为判别的依据，因为一个成功的导演不可能胡乱安排，这至少应有两个方面的准则（焦点规则）：剧本结构中哪些位置优先的规则和哪些语言功能优先的规则。

第六，看看是否存在一些焦点强迫形式，它们"闹"得最欢，非要灯光按自己的要求照射不可。在不能满足它们要求的情况下，导演或者把它们从剧本中"开除"，或者因为它们在剧本中的角色不可替代而不得不容忍它们存在，但这样一来就得承受演出效果上的失利（句子的合格程度下降）。

下面，让我们来看最后一步，我们称作"去焦点化"。"句子焦点的实现规则"仅告诉我们在焦点强迫形式共现时谁是竞争的优胜者，但还需要问一下，那些竞争的失败者，即不能成为句子焦点的可能焦点成分，它们的结局又会怎么样呢？我们认为，最重要的原因仍是和句子焦点有关，即未能成为句子焦点的可能焦点成分及约束它的焦点强迫形式必须遵守"去焦点化规则"：

①句中除了句子焦点以外的、其他具有焦点凸显性的单位，都必须进行"去焦点化"操作；

②所谓"去焦点化"，是指去掉该单位的焦点性要求，即脱去它的凸显性，而仅仅作为客观的命题意义的一部分而存在；

③如果"去焦点化"操作失败，则句子不能成立，相关成分不能同现。

因此"去焦点化"的实质，就是使某些有凸显性要求的成分，在句子中失去凸显性，成为"背景"中的一部分，为其他成分成为句子焦点提供认知上的预设。

汉语研究中已经发现各种具体的"去焦点化"操作的类型。普遍使用的"去焦点化"操作包括引语的"去焦点化"、（封闭性）从句结构的"去焦点化"和复句的"去焦点化"等，而特定单位的"去焦点化"操作包括疑问代词的"去焦点化"、判断动词"是"的"去焦点化"和自由的"去焦点化"等。

## 6. 研究示例

疑问是人们最常见的一种交际行为，最常见的疑问表达手段之一是对特定未知信息的询问，其表现形式是疑问代词。语气词是疑问句的标记，它虽然负载疑问信息，但并不是疑问焦点。疑问和疑问焦点是有区别的，疑问是由整个句子来表示的，而疑问焦点是疑问句的中心,它不属于全句。

我们所要讨论的是以下这种疑问句:

(1)记者采访结束前,有人问:"你能用英语跟休斯敦人说些什么吗?"

(2)布朗克问他:"你有什么需要我帮助吗?"病人还是一言不发。

这种疑问句被称为"特指性是非问句",其形式特点是句末用疑问语气词"吗"或"吧",句中又含有疑问代词"什么"或"谁"等。对于这种特指性是非问句存在的分歧是,其中的疑问代词是疑问用法还是非疑问用法?其讨论的意义就在于,在汉语及其他语言中,两种疑问形式能否共现在一个句子中,如特指问和是非问、特指问和正反问等。下面我们从焦点理论出发进行分析,希望能对这种特指性是非问句做出一个统一的解释。

通过对语料的分析,我们认为,这种特指性是非问句的本质仍是一种是非问句,即单一疑问形式,而不是特指问和是非问两种疑问形式相结合的疑问句,具体理由如下所述。

第一,句中出现的疑问词是不定指用法,来指称不能或不愿意指明的具体事物或人。有些特指性是非问句,特别是主语是第三人称这种情况,去掉句末的疑问语气词"吗",该句中的疑问词"什么"还是不定指用法,而且必须轻读。例如:

(3)他们正在谈论什么事情吗?

(4)他们正在谈论什么事情。

(5)他想吃点儿什么吗?

(6)他想吃点儿什么。

例(4)和例(6)不是疑问句,而是肯定句。疑问词"什么"在句中都是不定指用法,表示不肯定的事物,但此处的疑问词"什么"必须轻读。如果重读"什么"的话,例(4)和例(6)就是特指疑问句了。可见,疑问词"什么"的重读与否,是决定疑问词是疑问用法还是非疑问用法的一个重要条件。也就是说,当疑问词"什么"重读时,它就成为句子的焦点,"什么"是疑问用法;当疑问词"什么"轻读时,它将失去其焦点性,"什么"是不定指用法。

第二,从疑问词的句法位置来看,根据北京大学中国语言学研究中心现代汉语语料库,我们发现疑问词"什么"出现在宾语前的定语位置上的比例是非常高的。"什么"在这里为指别词,指示不肯定的事物或人。例如:

(7)"老人家,你好啊!现在还有什么困难吗?"陈书记快步迎上,扶着老人关切地问道。

(8)如果我们自己检验产品质量,你们在技术上会有什么新的要求吗?

疑问词"什么"出现的另一个位置是宾语位置,"什么"在这里是代词,代替不肯定的事物。例如:

(9)你要说点儿什么吗?

(10)最近你看过什么吗?听说出了几本新小说。

邢福义(1987)提到,疑问词"谁"可以用在这种特指性是非问句中,相当于"什么人",如"有谁愿意去吗?",而且"有谁……"中的"有"可以隐去,让"谁"成为全句的主语。不过,需要注意的是,这里的"谁"还是"有谁"的省略形式。

除了主语位置之外,在特指性是非问句中,疑问词"什么"也不能出现在状语位置上,像下面的句子一般不能说：

(11) *你什么时候去现场看过足球比赛吗？

可见，在特指性是非问句中，疑问词"什么"主要出现在宾语前的定语或宾语位置上，一般不能出现在主语或状语位置上。出现在主语位置的"谁"或"什么人"实际上是"有谁"或"有什么人"的省略形式。我们认为其原因就在于，汉语的主语或状语一般是由有定成分来充当的，而宾语可以由无定成分来充当。疑问词"什么"出现在宾语前的定语位置或宾语位置，这一点跟疑问词"什么"的不定指用法是相匹配的。

第三，从共现成分来看，根据汤廷池(1988)的看法，是非问句的语法特征之一是可以跟语气副词"真的、难道"等连用，却不能跟语气副词"究竟、到底"等连用。下面我们用语气副词"真的"和"究竟"来测试特指性是非问句，例如：

(12) 小姐，你想吃点儿什么吗？

(13) 小姐，你真的想吃点什么吗？

(14) *小姐，你究竟想吃点儿什么吗？

例(12)是特指性是非问句，该句可以加上"真的"，不可以加上"究竟"。可见，从共现成分来看，特指性是非问句在本质上仍是一种是非问句。

第四，从回答方式来看，邢福义(1987)认为，从基本倾向看，回答特指性是非问，否定的总是针对是非问，肯定的则一般针对特指问。我们认为，对特指性是非问句的回答一般都是先针对是非问句的，即首先要肯定或否定回答。例如：

(15) 于开怀静静地问："你要找什么吗？"

方纤慢慢地回过身："没什么，找一本书！"(万方《献给爱丽丝》)

例(15)是两人之间的对话，问话人于开怀问听话人方纤："你要找什么吗？"，他问的是"要不要找东西"，而不是问"找什么东西"，所以听话人方纤回答"没什么"，意思是"不找什么"，然后再进一步补充信息"找一本书"。

实际上，回答方式就涉及一定的说话场景(context of utterance)。Li(1992)认为，在一个犹疑语气(tentativeness)或不确定(uncertainty)的语境中，像"吗"字是非问句，可以使疑问词的这种不定用法变成可能。换言之，犹疑语气或不确定的语境允准(license)了疑问词的不定用法。

据此，我们可以得到两点启发：第一，首先要看一个句子合不合句法结构；第二，如果这个句子在语法上没有问题，那就需要在一定的说话场景中解释。换言之，分析一个句子，不能仅仅考虑单句的情况，还要考虑一定的说话场景。说话场景往往与言者的预设相关，预设和焦点可以构成焦点的二分结构。下面我们进一步用"句子焦点的实现规则"(祁峰、陈振宇,2013)对这种特指性是非问句进行统一解释。

"句子焦点的实现规则"具体如下：

①一个单句可以有一个也可以有多个焦点强迫形式；

②每个焦点强迫形式都贡献出具有语用凸显性的可能焦点成分；

③最终只有一个可能焦点成分的凸显性上升为全句的凸显性，成为句子焦点；

④凸显性实现的规则是，当多个焦点强迫形式没有融合成一个整体时，句中处于最高

句法位置的那个可能焦点成分所具有的凸显性,上升为全句的凸显性,成为全句的焦点成分。

"句子焦点的实现规则"告诉我们:一般来说,一个句子中只有一个焦点成分,但是一个句子中可能有多个,也可能只有一个"可能焦点成分"。当一个句子中有多个"可能焦点成分"时,它们之间存在着竞争关系,最后或者"融合"成一个焦点结构,或者在"共现"成分中只有一个成分胜出,从而成为全句的焦点,而其他"可能焦点成分"则失去焦点性(即"去焦点化"),从而变成背景信息的一部分。

下面来看特指性是非问句,例如:

(16)您想什么?您有什么发愁的事吗?(王蒙《虚掩的土屋小院》)

在例(16)中,前面一句"您想什么"是特指问句,疑问词"什么"是句子的焦点,一般需要重读。而后面一句"您有什么发愁的事吗"是特指性是非问句,疑问词"什么"是句中的一个"可能焦点成分",它希望成为句子的焦点。但是,该句子整体上是一个是非问句,是非问句是针对整个命题的疑问,即对整个命题的正确与否做出肯定或否定的判断,所以它所对应的焦点域是整个命题;而疑问词"什么"只是针对一个疑问点的疑问,它所对应的焦点域是一个疑问点。可见,在特指性是非问句中,是非问句所对应的焦点域要大于单个疑问句"什么"的焦点域。也就是说,疑问词"什么"所对应的焦点域处在整个是非问句的焦点域中,二者融合成一个焦点结构,疑问词"什么"自身的焦点性被压制住了,所以疑问词"什么"实际上是完成了一个"去焦点化"的操作过程,即从疑问用法到非疑问用法(不定指用法)的转变。

下面讨论两种疑问形式共现在一个句子中的可能性。如果有两种疑问形式共现在一个句子中,这两种疑问形式分别有各自的疑问焦点,这跟"一个句子一般只有一个焦点"的原则相违背,就需要去除其中一种疑问形式的焦点性。可见,两种疑问形式不能共现在一个句子中。就特指性是非问句而言,句中的疑问词由疑问用法变成非疑问用法,完成"去焦点化"这一过程,该句为是非问句,像汉语普通话、吴方言和英语等;或者像苏州方言中有些"阿V"句式中的"阿"变成羡余成分,那么该句是特指问句。

在"特指性是非问句"中,疑问词是疑问用法还是非疑问用法?这是我们希望解决的关键问题。我们分析了特指性是非问句中疑问词的性质、句法位置、共现成分及对它的回答方式,认为这种特指性是非问句的本质仍是一种是非问句,即单一疑问形式。句中出现的疑问词是不定指用法,是指不肯定的人或事物。同时结合说话场景和疑问句预设对特指性是非问句进行了具体的分析,指出对特指性是非问句的分析不能仅仅停留在单句层面,还应考虑一定的说话场景。最后根据"句子焦点的实现规则"对其进行了统一解释:大小不同的焦点域之间的融合。

# 参考文献

[1] 陈昌来.现代汉语句子[M].上海:华东师范大学出版社,2000.

[2] 陈振宇.疑问系统的认知模型与运算[M].上海:学林出版社,2010.

[3] 范开泰.语用分析说略[J].中国语文,1985(6):401-408.

[4] 方梅.汉语对比焦点的句法表现手段[J].中国语文,1995(4):279-288.

[5] 顾钢.话题和焦点的句法分析[J].天津师范大学学报(社会科学版),2001(1):76-80.

[6] 胡建华.焦点与量化[A]//程工,刘丹青.汉语的形式与功能研究.北京:商务印书馆,2009:83-91.

[7] 黄瓒辉.焦点、焦点结构及焦点的性质研究综述[J].现代外语,2003(4):428-438.

[8] 刘丹青,徐烈炯.焦点与背景、话题及汉"连"字句[J].中国语文,1998(4):243-252.

[9] 刘丹青.语法调查研究手册[M].上海:上海教育出版社,2008.

[10] 刘鑫民.焦点、焦点的分布和焦点化[J].宁夏大学学报,1995(1):79-84.

[11] 莫红霞,张学成.汉语焦点研究概观[J].杭州师范学院学报(人文社会科学版),2001(4):61-70.

[12] 潘建华.每个句子都有焦点吗?[J].山西师范大学学报,2000(3):123-126.

[13] 祁峰.现代汉语焦点研究[M].上海:中西书局,2014.

[14] 祁峰.从焦点理论看特指性是非问句[J].语言科学,2014(5):512-519.

[15] 祁峰,陈振宇.焦点实现的基本规则[J].汉语学报,2013(1):76-87.

[16] 汤廷池.汉语词法句法论集[M].台北:学生书局,1988.

[17] 温锁林.汉语句子的信息安排及其句法后果——以"周遍句"为例[A]//袁晖,戴耀晶.三个平面:汉语语法研究的多维视野.北京:语文出版社,1998:371-380.

[18] 邢福义.现代汉语的特指性是非问[J].语言教学与研究,1987(4):73-90.

[19] 徐杰.普遍语法原则与汉语语法现象[M].北京:北京大学出版社,2001.

[20] 徐杰,李英哲.焦点与两个非线性句法范畴:"否定""疑问"[J].中国语文,1993(2):81-92.

[21] 徐烈炯.焦点的不同概念及其在汉语中的表现形式[J].现代中国语研究,2001(3):10-22.

[22] 徐烈炯,潘海华.焦点结构和意义的研究[M].北京:外语教学与研究出版社,2005.

[23] 玄玥.焦点问题研究综述[J].汉语学习,2002(4):35-43.

[24] 袁毓林.汉语句子的焦点结构和语义解释[M].北京:商务印书馆,2012.

[25] CHOMSKT N. Deep structure,surface structure,and semantic interpretation[C]//STEINBERG D,JAKOBOVITS L. Semantics Cambridge:Cambridge University Press,1971.

[26] CHOMSKT N. Conditions on rules of grammar[J]. Linguistics Analysis,1976(2):303-351.

[27] JEANETTE G K. Different kinds of focus[A]//PETER B,ROB S. Focus:

Linguistic, Cognitive, and Computational Perspectives. Cambridge: Cambridge University Press,1999.

[28] HALLIDAY M A K. Notes on transitivity and theme in English[J]. Journal of Linguistics,1967(3):199-244.

[29] JACKENDOFF R. Semantic Interpretation in Generative Grammar[M]. Cambridge,Mass: MIT Press,1972.

[30] LAMBRECHT K. Informational Structure and Sentence Form: Topic,Focus, and the Mental Representation of Discourse Referents[M]. Cambridge: Cambridge University Press,1994.

[31] LI Y H A. Indefinite Wh in mandarin Chinese[J]. Journal of East Asian Linguistics,1992(1):125-155.

[32] MATTHEWS P H. Oxford Concise Dictionary of Linguistics[M]. Oxford: Oxford University Press,1997.

**(祁峰、吴洲欣,华东师范大学)**

# 十三 主观性与交互主观性研究

主观性（subjectivity）是与客观性相对而言的概念。它指的是话语中多多少少总是含有说话人"自我"的表现成分，说话人在说出一段话的同时表明自己对这段话的立场、态度和感情，从而在话语中留下自我的印记（Lyons，1982；Finegan，1995；沈家煊，2001；Traugott，2003）。传达主观性信息是语言的重要功能之一，很多语言交流都不是纯粹客观的，而带有很强的个人色彩，在传递信息的同时表达自己对该信息的主观态度或情感倾向。说话人总是力图在语言选择过程中巧妙完成对情感态度的传递，而听话人则通常要在语用推理过程中尽力实现对说话人情感态度的准确揣摩，听说双方的这种努力通常不是为了客观性信息的传递和理解，而是为了主观性信息的编码与解读。

语言的主观性问题带有普遍性，任何语言都带有自我表现的印记，只是这种自我印记在不同语言中的表现方式和理解方式不尽相同。主观性功能的获得过程就是某个语言形式的主观化过程，当某个语言成分把相关情感态度意义吸收为其词汇意义或语法功能的一部分时，它就主观化为具有主观性的语言要素。

由于跟主观性和交互主观性相关的语言现象非常复杂多样，本专题重点讨论交互主观性相关问题。①

## 1. 相关研究概述

对于交互主观性（intersubjectification）的论述以 Traugott 的观点最有代表性，她认为交互主观性与主观性关系密切，主要表现在说话人（或作者）用明确的语言形式表达对听话人（或读者）情感或"面子"的关注（Traugott & Dasher2002；Traugott2003，2010）。说话人会站在听话人的角度来组织和表达话语，说话人所关注的不仅有听话人对话语内容的态度，还有听话人对话语内容的理解。Traugott（2003）以"let us"为例提出了"非主观＞主观＞交互主观"的单向性语义演变路径。Lobke Ghesquière, Lieselotte Brems, Freek Van de Velde（2012）根据共享注意力（joint attention）和 Traugott 的研究提出交互主观性可以分为态度类、回应类和语篇类三类，其中态度类主要是对听话人的"面子"或社会身份的关注，回应类能够引发听话人的特定回应或有助于谈话延续或立场合作，语篇类则是特别关注听话人对话语的理解。这里所讨论的交互主观性指的主要是说话人（或作者）用明确的语言形式表达对听话人（或读者）情感或"面子"的关注，也包括说话人（或作者）为促进话

---

① 本专题内容选编自刘春卉《交互主观性标记及其对典型句类认知的影响》（四川大学出版社，2021 年）和《让步义"总"字句的非典型陈述句特征及其交互主观性》（《中国语文》2021 年第 6 期）。如引用其中内容，请使用该书或封底的二维码获取原文和出处信息。

语交互和话语理解所作的努力。

交互主观性的表达手段很多,如人称代词、指示语、模糊限制语、礼貌标记语、敬语、能愿动词、语气词,等等。一种语言形式交互主观性的获得过程就是交互主观化的过程,交互主观化与主观化的区别在于主观化的意义变得越来越植根于说话人对命题内容的主观信念和态度,而交互主观化的意义则变得更强烈地聚焦于受话人。

主观性与交互主观性既相互关联,又相互区别。如果说话人所选用的语言形式旨在凸显个人意志与情感态度,而未对听话人的立场感受给予明确关照,该语言形式就具有主观性。如果说话人所选用的语言形式在表现个人意志与情感态度的同时还对听话人的立场感受给予专门关注,则该语言形式不仅具有主观性,还具有交互主观性。

随着语言形式研究的逐渐深入,人们越来越意识到语言表达中主观性和交互主观性信息的不容忽视。跟语言形式及其命题意义相比,语言表达的主观性和交互主观性相对比较隐蔽,不像语言的形式特征那么容易把握,但它同样是语言至关重要的功能。人们之所以在意图明确的前提下仍然费尽心思斟酌词句仔细掂量,就是因为语言为传情达意提供了很多不同的视角和方式,这些不同的视角和方式反映着说话人不同的情感态度和主观意图。如何把这些主观信息附加在命题意义上传达给对方,是我们在语言交流过程中经常面对的问题,而这也在一定程度上决定着人际关系的成败。换句话说,语言作为交流的工具,存在着大量可以表达同一命题意义的形式手段,人们在选择不同的表达方式时,不仅显示了说话者不同的主观态度和情感倾向,也可能同时传达了他对听话人不同的关注与期待。

国内较早关注语言主观性和交互主观性问题的是沈家煊,他对国外学者相关研究的评介引起了国内很多学者的浓厚兴趣。从 2001 年沈家煊的《语言的"主观性"和"主观化"》到 2011 年吴福祥主编的《汉语的主观性与主观化研究》论文集,再到方梅等主编的《互动语言学与汉语研究》(1~4 辑),可以看出语言的主观性和交互主观性研究已经日渐成为汉语研究的热点之一,虽然互动语言学并不局限于语言的主观性和交互主观性,但却也与之密切相关。

专门研究交互主观性的论著还不是很多,不过最近几年呈现出快速增长的趋势,研究对象和研究角度也日益多样化,有侧重理论探讨的,也有针对具体语言事实的。有关交互主观性的理论,丁健(2019)系统梳理了"交互主观性"的概念内涵、下位类型和主要理论假说,对以 Traugott、Verhagen 和 Nuyts 为代表的三种观点进行比较分析,并在此基础上介绍了交互主观性在情感态度和内容理解两个方面对听话人的关注。此外,他还对"单向性"和"左/右缘"这两个重要假说及相关争议进行了评论。完权(2017)也认为汉语交互主观性跟句法位置没有必然联系,越是偏离常规占据更高句法位置的表达,其交互主观性越高。陈征(2014)认为主观性和交互主观性可以构成一个连续统:强主观性、主观性、交互主观性倾向和交互主观性。

基于交互主观性的语言现象分析可以分为几大类,其中以语气词研究最为引人注目。方梅(2016)认为言谈互动需求是"呀""哪""啦"等语气词的使用动因,比如"呀"可以提示说话人关注,使用上可以不受音变条件约束。何文彬(2018)系统研究了现代汉语基本语气助词的主观性与主观化。完权(2018)认为"呢"用在交互性强的话语中,信据价值低则不宜加,反馈期待高则不宜删。王珏(2016)把"吗"的功能分为句法功能、主观性功能和交互主观性功能三类。武宜金、王晓燕(2011)分析了话语中"吧"的交互主观性。强星娜(2007)认为普通话语气词"嘛""呢"存在不严格的"他问"与"自问"范畴的对立。

指示语的交互主观性研究也有不少。王敏、杨坤(2010)讨论了汉语尊称、谦称、拟亲属称谓、话语标记语、插入语、礼貌表达和评价副词的交互主观性在话语中的体现。饶安芳(2013)、袁莉容(2012、2014、2018)考察了不同人称指示语所体现的对听话人的情感态度及其交互主观性。孙鹏飞(2018)系统讨论了汉语特殊"自称"形式的类型、功能及其交互主观性。钟慧(2012)研究了指示语尤其是指示投射中大量存在的交互主观性现象。吴一安(2003)考察了空间指示语的主观性。赵云鹏(2019)则分析比较了立场标记"这/那"的交互主观性及其交互主观化的动因和机制,等等。

有关副词主观性和交互主观性的论文也有很多,其中有共时的研究,也有历时的考察。徐以中、杨亦鸣(2005)分析了副词"都"的主观性、客观性及语用歧义。范熙(2007)考察了副词"也"的主观性。张旺熹、李慧敏(2009)分析了对话语境中副词"可"的交互主观性。李慧敏(2012)对比分析了"好了"和"行了"的交互主观性。高莉(2013)认为"不过"从否定结构到副词再到连词经历了一个主观性与交互主观性建构的过程,作为转折义连词,"不过"是说话人用以调控听话人认知状态的语言手段,具有交互主观性。周晓彦(2016)认为副词"好歹"语气弱化的用法能够体现对听话人的关注,具有一定的交互主观性。梁银峰(2017)认为与听话人的互动需求是促使上古汉语的"既"字句摆脱主句限制而逐渐获得独立的重要原因。

时体标记特定用法的交互主观性也引起了人们关注。谢成明(2014)认为言域"来着"的委婉询问语气能够体现对听话人面子的关注。刘娅琼(2016)认为现场讲解时用于说话人发生位移或正在位移(含视线转移)的情境中的"了"是言者单向用来与听者交互的手段,能帮助提醒听者位置、知识状态等的改变。

句式的交互主观性研究仍然跟某些标记词密不可分。汪敏锋(2017)考察了"还是……吧"在表示"委婉表达不一致选择""提供建议""话题转换""修正功能"等不同意义时"吧"和"还是"的功能互补及其交互主观性。洪波、诸允孟(2019)认为带否定疑问词语的假性问句能够使命题内容更具合理性和说服力,也能体现对听话人的尊重,因为听话人被视为信息的拥有者或知情者。

有些以交互主观性作为研究对象的学位论文,尤其是博士学位论文,其研究对象通常比较复杂,如袁莉容(2012)系统考察了汉语指示语、语气词、话语标记、应答语等几类言语形式的交互主观性特征。于东兴(2018)则从视角(自己相对他人的物理定位和时间定位)、共情(呼应情绪和协调立场)和认识情态(达成对行为和事件判断的共识)三个方面考察分析了汉语人称指示语、语气词、副词和几种句式的交互主观性。

有关主观化和交互主观化研究,既有理论探讨,也有个案分析。方梅(2005)在考察疑问标记"是不是"的语法化过程时讨论了该标记的交互主观化及其所涉及的语义-语用互相关联的单向性路径。张旺熹、姚京晶(2009)则分析了汉语"人称代词+看/说/想"类结构的话语标记用法的主观性和交互主观性差异。姚占龙(2008)分析了"说、想、看"的主观化及其诱因,崔蕊(2014)考察了现代汉语虚词主观性及其主观化过程,杨黎黎(2017)研究了汉语情态助动词主观性和主观化,杨万兵(2005)、褚俊海(2010)和潘海峰(2017)则考察了汉语副词的主观性与主观化,等等。

还有一些研究把理论探讨应用于教学实践,如沈家煊《汉语的主观性和汉语语法教学》(2009)就把主观性研究与汉语教学结合起来。徐晶凝(2015)则认为程度副词"挺"具有低承诺的主观性特点,能够体现对听话人的关注,并据此提出对应的教学对策。

有些研究尽管并没有直接把主观性问题作为讨论重点,但其研究对象和研究角度也跟语言的主观性和交互主观性密切相关。如齐春红(2008)《现代汉语语气副词研究》,方文增(2011)《现代汉语感叹行为语用研究》,金智妍(2011)《现代汉语句末语气词意义研究》,宋永圭(2004)《现代汉语情态动词"能"的否定研究》,齐沪扬(2002)《情态语气范畴中语气词的功能分析》,杜道流(2003)《现代汉语感叹句研究》,李成军(2005)《现代汉语感叹句研究》,郎大地(1987)《受副词"多么、真"强制的感叹句》,袁毓林(2004)《"都、也"在"Wh＋都/也＋VP"中的语义贡献》,张谊生(2005)《副词"都"的语法化与主观化:兼论"都"的表达功用和内部分类》,袁毓林(2008)《反预期、递进关系和语用尺度的类型——"甚至"和"反而"的语义功能比较》,徐鹏波(2007)《"还、又、也"语气义的表达机制》,王飞华(2005)《汉英语气系统对比研究》,徐晶凝(2008)《现代汉语话语情态研究》,等等。

可见,汉语的主观性和交互主观性研究领域已经取得了令人瞩目的成果,虽然有些研究成果还不是十分自觉而明确地从主观性角度考察相关问题,但也为我们提供了可以借鉴的研究基础。

话语交际中所传达的主观性或交互主观性信息是语言表达的重要内容,其重要性有时甚至超过客观信息,不过,同语言形式和命题意义的研究相比,涉及主观性和交互主观性问题的研究还相对比较零星和薄弱,仍有不少问题有待深入考察。比如,对某一交际目的而言,表达主观性和交互主观性的手段有哪些?它们之间有什么共性和差异?不同句类的主观性和交互主观性有何特点?不同交际功能如何通过不同句类来体现?句类形式和句类功能错位对句类认知有何影响?等等。要回答这些问题,就不能仅从个别的或零星的语言现象出发孤立地进行个案分析,而要在跨句类的比较中描写分析各类主观性或交互主观性表达手段与其他表达手段的共性和差异,进而概括出主观性和交互主观性表达手段的类型,分析不同类型主观性和交互主观性的产生理据及其发展趋势。

不少具有交互主观性的句子在句类归属方面比较模糊。比如,让步义"总"字非典型陈述句、带语气词"哈"的非典型疑问句、"不VP"非典型祈使句、"不知＋疑问结构"非典型陈述句或非典型疑问句,等等。这些句子的形式特点和句类功能出现一定偏离,而且其句类认知情况也带有模糊性和不稳定性。由于目前相关研究相对较少,而对句类认知情况的考察又很难做到绝对客观,所以需要通过语料统计、问卷调查和实验分析等方式对相关句子在口语中的语气语调和在书面语中的标点选择情况分别进行归纳统计和对比分析,并在此基础上探讨语气语调和句类功能之间的渗透错位及其与交互主观性的关系。

## 2. 交互主观性对句类认知的影响

陈述句、疑问句、感叹句和祈使句在语气语调和句类功能上各有差异，句类划分的依据就是句子的语气语调，其功能在大多数情况下也与语气语调密切相关、协调一致。如表示疑问征询通常语调上扬，表示感叹通常语调高降，下降幅度较大，表示陈述通常语调略降，下降幅度相对较小，表示祈使根据其强度高低呈现出从急速下降到平缓下降，有时还可能使用略微上扬的语调为祈使增加一点征询色彩以示礼貌，"吧""哈"等语气词在祈使句中的大量使用就是为了适应这种征询商量语气表达的需要，为祈使句附加类似疑问句的语气语调，弱化意愿施加色彩，使对方更加容易接受。

客观地说，典型的祈使句、陈述句、感叹句、疑问句大都没有明显的交互主观性，因为典型祈使句表示的是意愿施加，陈述句和感叹句是观点施加，疑问句对听话人的回答有所期待，而这些都很难体现出对听话人的关注。洪波、诸允孟（2019）也认为陈述句、感叹句以及祈使句都带有较强的主观性，而疑问句因为将听话人视为知情者而体现出对听话人的尊重。其实，疑问句尽管可能因邀约对方确认或者视对方为信息拥有者而显得礼貌客气，但也可能因给对方带来回答压力而具有一定的主观性。

句类的主观性和交互主观性特征很难一概而论，每种句类都可能具有强主观性的表达方式，也有强交互主观性的表达方式。比如语气强烈的祈使句大多具有鲜明的主观性，很容易使对方受到面子威胁，但对于听话人是受益者的祈使句而言，强烈的语气并不会伤害对方情面，反而会显得更加诚恳热情。所以，主观性和交互主观性的判断需要依据交际目的、语气语调和副语言因素共同确定。

不同句类的主观性和交互主观性的体现方式和产生理据各有不同，它们甚至可能通过移植其他句类特征的方式实现特定的表达需要。比如，有时交互主观性的表达需要就可能通过不同句类语调特征的部分移植或套用得以实现，这无疑会导致相关话语的语调与句类归属发生偏离，进而对汉语句类认知产生一定的影响。

徐晶凝（2009）认为应该明确界定典型祈使句、感叹句、疑问句和陈述句在句法形式上的特征，然后揭示它们在功能上彼此渗透的现象，发现句类内部的功能小类，这样才能真正认识到句类范畴的语言学意义。

其实，汉语各句类都可能通过语调特征的彼此借用移植而使相关话语表达更加礼貌、更加委婉，增强对听话人感受的关切或凸显与听话人的互动意愿。不过，这些表达方式的形式与功能虽然出现了一定偏离，但仍然会受到其功能或原始语调的制约，所以其语调特点对于其所属的句类通常不十分典型，经常呈现出在两种句类语调特点之间游移的特点，在书面上就表现为标点选择的多种可能性，在口语中就呈现出语调的复杂多样性和非典型性。

句类选择与言者交际目的密切相关，其形式特征主要包括句式和语气两个方面，但有时可能会由于情感表达的需要而出现句类特征中和的情况，如让步义"总"字句就在陈述语气的基础上融入了疑问句的少许特征以邀约互动或弱化肯定程度,避免生硬强势。让步义"总"字句与作为典型陈述句的"准"字句的音高曲线对比如图13-1所示。

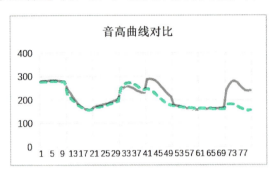

图13-1 让步义"总"字句与作为典型陈述句的"准"字句

让步义"总"字句通常带有求认同语气,这种求认同语气既不同于典型的陈述语气,也不同于典型的疑问语气,而是介于二者之间但略偏向陈述句的非典型陈述句语气,虽然其疑问语气相对较弱,但也足以区别于典型陈述句的肯定语气。这类句子经常用于自我辩解或说服对方,有时还会因言者鲜明的情感态度而略带感叹语气。融合了陈述句、疑问句和感叹句语气特征的让步义"总"字句在书面上多使用句号、问号和感叹号,其标点选择具有一定的倾向性,但也带有明显的随意性,因为让步义"总"字句不太符合任何句类的典型语气特征,在句类归属上具有一定的模糊性。

"总"字句的求认同语气特征与交互主观性的表达需求密切相关,让步义通常具有一定的交互主观性,而"总"字句的求认同语气又进一步强化了对听话人的关注与邀约互动的意愿,使得其交互主观性更加明显。

其实,所有句类都有可能通过语气移植或功能附加以满足某种语用需求,形成一些兼具不同句类特征的特殊表达方式,其中由交互主观性的表达需求所造成的句式特点与交际功能错位比较常见。这种形式与功能的错位可能体现在各种句类当中,刘春卉《汉语交互主观性标记及相关句类认知研究》一书对此做过全面考察:"宝宝不哭""何不进去看看"分别以陈述句和疑问句的形式表示劝止和建议,用以弱化典型祈使句的意愿施加色彩;"我不要去"通过表达个人意愿的方式间接表达抗议制止,通常带有感叹语气;"不知你是否有空"以陈述句形式完成询问功能以减弱对方回答的压力,其语调可能与形式一致,也可能与功能一致,在书面上体现为句号和问号都很常见。根据我们的调查结果,这类"不知+疑问结构"的陈述句形式和询问功能都对标点选择起着重要作用,其相互偏离的形式和功能为标点选择提供了两种可能性。这一错位也决定了人们对其句类归属很难达成一致意见,毕竟无论是基于形式看作陈述句还是基于功能看作疑问句都有其合理性,而且作何选择通常并不改变语义,这明显不同于语气跟功能相一致的典型陈述句或疑问句。

总之,所有句类都有可能通过语气移植或功能附加以满足某种语用需求,形成一些兼具不同句类特征的特殊表达方式,其中由交互主观性的表达需求所造成的句式特点与交际功能错位比较常见,主要体现为通过语调或语气调整以弱化因主观性过强或者客观性过强而给对方带来的被动接受的压力。陈述句和感叹句如果过于肯定,就没有了协商的空间,听话人就只能被动接受对方的看法,而加上求认同或辩解语气却可以缓和气氛,给自己和对方留下回旋余地。疑问句则可能会因需要对方回答而给对方造成压力,如果使用陈述句的形式包装,就可以通过减轻对方的回答压力而体现出对听话人的尊重。祈使句如果使用非常肯定的决断语气,就可能会因意愿强加而威胁到对方面子,如果为之增加协商语气,则会更容易让对方接受。换句话说,无疑问的内容采用求认同或待确认语气能够体现对听话人的关注,避免意愿强加或观点施加,有疑问的内容采用陈述语气也可能避免疑问句要求回答所可能给对方带来的回答压力,用陈述表示祈使则是为了避免典型祈使句的意愿施加色彩以维护听话人的情面。

## 3. 主观性与交互主观性的程度

语言中不少交际功能的实现都有多种表达方式,这些表达方式的最初动机或最终目的基本一致,但说话人的立场或情感态度却大有不同,有的重在凸显说话人自己的主观感受,有的重在凸显对听话人的关切,有的则只是客观表述。

徐晶凝(2009)指出应该探讨同一个言语功能可以用哪些句类来表达,同一个句类可以表达哪些不同的功能,这些功能与句类小类的对应关系如何,因为这直接关涉到我们对人类语言是如何用不同的句类来完成交际目的这个问题的理解。

对制止功能的实现而言,最常用、最典型的句类是祈使句,但在具体交际活动中,其他句类也都有实现制止功能的可能性。如"宝宝不哭"类"不 VP"就是使用陈述句形式表示制止或劝止。用"不 VP"代替"别 VP"表达劝止,在语言形式上把外人制止转化为主动停止,把说话人的意愿体现为听话人的自主选择,从而充分照顾了听话人的心理感受,避免了典型祈使句的意愿强加色彩,具有明显的交互主观性。此外,劝止义"不 VP"与指称听话人的"咱"共现频率非常高,它们经常构成"咱不 VP"劝止句,尽管劝止对象并不包括说话人,如"咱不干了""咱不绕弯子了"等。"咱不 VP"用于劝止时,用"咱"代替"你"指称听话人是假设自己跟对方属于同一群体,通过置身对方立场表达对听话人的亲近关爱,这跟用以明确区分双方立场的"你"刚好形成对照,而用"不 VP"表示劝止则可以避免强势生硬,二者在关注听话人感受的方面相得益彰,从不同方面对听话人的感受给予高度关注,使劝止对方的"咱不 VP"具有双重交互主观性。

此外,"不用 VP"也是以陈述句通过否定必要性委婉表达制止或拒绝,而同样否定必要性的"何必 VP"则是以反问句形式表示制止。

"不用 VP"和"何必 VP"用来表示制止时也具有一定的交互主观性,这类结构借助于否定必要性来表示制止,体现了对听话人情面的关注,因而比较委婉客气。不过,这类结构不易跟否定必要性的同形结构区分,通常必须在语境当中才能确定。

感叹句也有可能表示制止,如"(我)不要 VP"就经常可以用于表示抗议拒绝或制止,即制止对方想要支配自己的意图,如"我不要听"就跟"你别说了"一样都有制止对方说话的功能。女性和小孩子用"我不要 VP"表示抗议制止的情况更为常见,这通常带有骄纵任性或嗔怒撒娇的意味。这类句子通常语气强烈,带有感叹句特点。

"我+不+要+VP"结构用表达说话人意愿的方式表示抗议拒绝或制止,具有很强的主观性和交互主观性,如"我不要打针"等。跟"我+不+想+VP"相比,它更突出说话人的意志态度,跟"我不VP"相比,它更关注对方的情感面子。当这类结构中的动词是非自主动词时通常带有撒娇意味,如"我不要知道""我不要相信""我不要死"等,所以该结构经常用于亲近熟悉的人之间,言情小说人物对话中存在大量此类语例。

"你少VP"表示批评制止时带有很强的主观性,因为说话人只是发泄自己的不满或愤怒的情绪,而没有关注听话人的感受,这跟劝止义"(咱)不VP"具有明显差异,如"咱不说了"与"你少废话"就很好地反映了交互主观性跟主观性的共性和差异。

这些制止方式有的具有明显的交互主观性,有的具有强烈的主观性,还有的同时具有主观性和交互主观性。此外,交互主观性和主观性还具有程度上的区别,这些具有不同强度的主观性或交互主观性的表达方式为各种不同的表达需求提供了多种选择的可能。对表制止的多种表达方式而言,"(咱)不VP"从听话人选择的角度表示劝止,对听话人的关注度最高,交互主观性最强;"你不用VP"从否定必要性的角度制止对方,也充分照顾了听话人的情面,具有明显的交互主观性;"我不要VP"以说话人意愿的方式制止对方,拒绝对方对自己的要求和期待,显示了说话人鲜明的立场态度,具有明显的主观性,同时,这类表达方式通过表达个人意愿实现制止功能,通常还带有任性撒娇的语气,既照顾了说话人的情面,也拉近了听说双方的情感距离,具有明显的主观性和一定的交互主观性;"你别VP"("你不要VP")是最典型表示制止的祈使句,带有较明显的意愿施加意味,没有体现对听话人的明确关照,也就不具有交互主观性;"你少VP"主要表达宣泄说话人的愤怒或厌烦情绪,完全不顾及听话人的情面和感受,具有鲜明的主观性,而没有任何交互主观性。

综上所述,这几种制止方式构成了从强交互主观性到强主观性的连续统,中间还存在兼具主观性和交互主观性的"我不要VP",它们可以体现说话人各不相同的情感态度和语气特点,能够满足多种交际需求。其他交际功能也同样存在多种表达方式,也可以根据交互主观性和主观性的表达需要进行选择取舍。

## 4. 情态语气调节手段及其交互主观性

跟正式严肃的对话相比,轻松亲昵的表达方式更有助于拉近听说双方的情感距离。实现情态语气轻松化或亲昵化的手段多种多样,可以是意义较虚的语气词"呀""哒""啦""呢""吧"等,也可以是特定的短语或语法结构,如"V一下"和动词重叠"VV"在用于祈使句时都是通过表示主观小量达到减弱动作量和弱化郑重色彩的目的。具体来说,"你尝一下""你尝尝"跟"你尝"相比,前两者在目的性、正式性和祈使强度上都明显弱于后者,显得更加轻松随意,语气也更为和缓,具有明显的交互主观性,这跟"一下"和动词重叠的主观小量义密不可分。

情态语气轻松化和亲昵化是实现交互主观性的常用方式。语气词是最直接、最显性的主观性和交互主观性表达手段,其实很多语气词的产生和发展都是基于更好更贴切地传情达意的需要。比如,新兴语气词"哈""哦""哒"的交互主观性都很突出。语气词"哈"的交互主观性来自其带有商量意味的语气,介于陈述和疑问之间,而"哦"具有交互主观性则因为它可以变祈使为提醒,二者都可以弱化祈使句的意愿施加色彩,维护听话人的情面。"哦"和"哈"刚好跟汉语原有语气词系统中的"啊""吧"等存在功能互补,其礼貌等级高于"啊"而低于"吧",它们共同构成"啊-哦-哈-吧"这个交互主观性逐渐增强的连续统,为更加准确细腻地传情达意提供更多选择,这也许正是它们得以进入普通话并迅速流行的重要原因。"哒"具有交互主观性的主要原因在于它可以使相关话语带有萌化色彩,显示说话人俏皮可爱的情态,进而达到缓和语气和拉近情感距离的目的。除新兴语气词外,其他语气词或者其变体形式也可能具有明显的交互主观性。

　　称谓语也是实现情态语气亲昵化的重要方式,如指称听话人的"咱"可以通过建立共同立场拉近听说双方情感距离,如"咱不哭了""咱不跟她一般见识"等。此外,用"妈妈""贤弟""他叔""我女儿"等指称听话人可以凸显亲近喜爱,以"外甥""学生""小弟"等称呼自己或以"你侄子""你叔"指称听说双方之外的人也同样可以拉近情感距离。这几种称谓语的特殊用法都是出于交互主观性的表达需要,由于这些称谓方式在通常情况下并不是最优先选用的,也有人称之为称谓语"反先用"现象。

　　普通话的"你小子"和四川话的"你娃儿"也是对听话人的特殊称谓方式,属于实词,是用于称代男性的男性用语,通常带有明显的调侃语气和亲昵色彩,是主观性与交互主观性共同作用的产物。"你娃儿"中"娃"的辈分义较"小子"更为明显,调侃意味更重,更加俚俗,适用范围也更广。它们用于称谓听话人时显示了说话人自我地位的抬高或对听话人的调侃嘲弄,却也同时显示了跟对方的熟悉亲昵,呈现出主观性与交互主观性的交融统一,这跟其他显示亲近尊重的听话人指称方式具有明显不同。

　　总之,语言中具有主观性或交互主观性的表达手段多种多样,从句类语气到句类功能,从各种标记词到特定句式,从实词到虚词再到语调特征,等等。我们这里讨论的各种表达手段有的是基于其自身特点,但更多的则是出于交互主观性表达的需要而发展出来的新功能。语言交际需要听说双方相互配合才能顺利进行,而尊重关心对方是达成默契的关键。所以,人们会挖掘各种可能以提高交际效果,构建更加和谐的人际关系。语言中为提高对听话人的关注而采用的手段丰富多样,其产生理据各不相同,但其根本动因却是一致的,即加强对听话人心理感受的关注或邀约对方互动以提高交际效果。

## 5. 主观性与交互主观性的相对性

　　主观性和交互主观性具有相对性,二者之间并不是非此即彼的关系,交互主观性本身也是主观性的一种,语言中存在只有主观性而没有交互主观性的表达方式,但不存在只有交互主观性而没有主观性的表达方式。人们有相互尊重、彼此关爱的需要,也存在情感宣泄的需要,甚至怒吼咒骂的表达需求,这类强主观性表达方式有的可能完全不顾及对方感受，即使我们为了区别而把交互主观性和主观性分别看作关注对方和关注自己，二者仍然不是处于相对立的两端，甚至不是分列于中性表达方式的两边，而是存在于整个链条序列当中，呈现出此消彼长的关系。批评可以语气缓和、态度亲昵，表扬也可能敷衍客套、态度冷淡，为了缓和批评语气而做的努力体现了对听话人的关注，而冷淡客套、敷衍的答应却很难表现出对听话人的关心。

当人们需要完成"批评指责"这一言语行为时，其表达意图是处于远离交互主观性所体现的关爱听话人一端的。但语言中仍然存在大量可以表达批评或指责的同义手段，这些表达手段的差异有的主要体现在情感态度上，同为批评指责，却可以努力使对听话人的伤害尽可能降低，除了语气、语调、重音等语音手段外，词语、句类和句式也可以为舒缓批评语气提供多种选择。例如：

你少啰嗦！——你别说了！——我不要听！——不用说了。——不说了。——咱不说了。

这几句话就从表示愤怒喝止到严肃制止，到抗议制止，到温和制止，最后到温柔劝止，交互主观性从无到有，并逐渐增强，其中用"不""不用"替换"别"、用"咱"替换"你"正是实现对听话人关注的关键要素，可以看作体现交互主观性的标记。

因此，交互主观性具有相对性，它并非绝对正数，而是正向的努力，即在实现交际意图的基础上为关注对方感受而付出的任何努力都带有交互主观性。交互主观性的判断主要依据说话人在实现其表达意图时所选择的话语手段是否顾及听话人感受，即使其交际意图是偏负向的批评制止，也仍然可以通过词句选择降低对听话人可能带来的面子伤害，从而显示对听话人的关注，此时虽然交际意图并非绝对正向，但说话人仍然可以选择具有交互主观性的表达手段以体现对听话人感受的关注，因为降低伤害也是交互主观性的表现之一。主观性和交互主观性的相对性如图 13-2 所示。

图 13-2　主观性和交互主观性的相对性

表示拒绝制止对方的要求或行为本应具有较强的主观性，但说话人仍然可能出于关注对方感受的需要而借助于特定的词语句式或通过弱化语气在一定程度上减轻对方的难堪，降低可能对听话人造成的面子威胁。

总之，固然存在只有主观性而没有交互主观性的表达方式，但交互主观性的增加可以从中性表达左侧的负值（愤怒责骂）开始，也可能是从中性表达的右侧正值（撒娇亲昵）开始，所以交互主观性可能体现为敌视减弱，也可能体现为关爱加强，并非只有肯定、示爱、赞扬等积极言语行为才具有交互主观性，否定、反对、命令、批评等消极言语行为也同样可以通过缓和语气以减轻对听话人的面子威胁。所以,交互主观性的存在不是基于言语行为特点的绝对值,而是取决于有没有在实现该言语行为的同时顾及听话人的感受。无论是为了让对方产生正面情绪,还是为了避免对方产生消极情绪,或者是为了减弱对方必然会产生的负面情绪,都可以体现说话人对听话人的爱护与关注,因而都具有交互主观性。

## 小 结

很多语言交流都在传递信息的同时也表达自己的主观态度和情感倾向,而且有时情感态度的表达才是关键。在交际中,说话人总是力图准确细腻地表达微妙的情感意图,听话人则努力实现对说话人情感态度的准确把握与揣摩。听说双方的这种努力通常不是为了客观性信息的传递和理解,而是为了主观性信息或交互主观性信息的编码与解读。

交际中人们通常在自我表达的同时关注听话人感受,只是不同的表达方式各有偏重,有的更偏重说话人自我情感的张扬或宣泄,有的更偏重对听话人感受的关心和照顾,前者主观性鲜明,后者交互主观性突出。而且交互主观性和主观性并非处于两端,而是相对而言的,而且还需要结合具体交际目的才能确定。比如,表示亲近喜爱的言语行为处于强交互主观性一端,但其体现方式和关注程度存在多种不同选择,有的相对平淡,有的则非常亲密,这可以通过对听话人的称谓方式、词语选择、句式选择和语气词选择等多种途径实现。主观性也同样存在程度差别,而且强主观性的表达方式也可能通过语调语气调整而或多或少地体现出对听话人的关注,使之同时也具有一定的交互主观性。

语言中具有主观性或交互主观性的表达手段多种多样,从句类语气到句类功能,从各种标记词到特定句式,等等。我们这里讨论的各种表达手段有的是基于其自身特点,但更多的则是出于交互主观性表达的需要而发展出来的新功能。语言交际需要听说双方相互配合才能顺利进行,而尊重关心对方是达成默契的关键。所以,人们会挖掘各种可能以提高交际效果,构建更加和谐的人际关系。语言中为提高对听话人的关注而采用的手段丰富多样,其产生理据各不相同,但其根本动因却是一致的,即加强对听话人心理感受的关注或邀约对方互动以提高交际效果。

## 参考文献

[1] 陈征.基于主观性和交互主观性连续统的语篇理据分析[D].上海:上海外国语大学,2014.

[2] 方梅,曹秀玲.互动语言学与汉语研究(第二辑)[M].北京:社会科学文献出版社,2018.

[3] 方梅,李先银.互动语言学与汉语研究(第三辑)[M].北京:北京语言大学出版社,2020.

[4] 方梅.互动语言学与汉语研究(第一辑)[M].北京:世界图书出版公司,2016.

[5] 方梅.北京话语气词变异形式的互动功能——以"呀、哪、啦"为例[J].语言教学

与研究,2016(2).

  [6] 洪波,诸允孟.现代汉语否定疑问词语的意义与功能[J].首都师范大学学报(社会科学版),2019(6).

  [7] 乐耀.互动语言学研究的重要课题——会话交际的基本单位[J].当代语言学,2017(2).

  [8] 刘春卉.汉语交互主观性标记及相关句类认知研究[M].成都:四川大学出版社,2021.

  [9] 刘春卉.让步义"总"字句的非典型陈述句特征及其交互主观性[J].中国语文,2021(06).

  [10] 刘娅琼.现场讲解中用于交互的句尾"了"[J].中国语文,2016(6).

  [11] 沈家煊.语言的"主观性"和"主观化"[J].外语教学与研究,2001(04).

  [12] 完权.信据力:"呢"的交互主观性[J].语言科学,2018,17(1).

  [13] 王珏.再论"吗"的属性、功能及其与语调的关系[J].汉语学习,2016(5).

  [14] 王洪君,李榕,乐耀."了2"与话主显身的主观近距交互式语体[C]//语言学论丛(第40辑).北京:商务印书馆,2009.

  [15] 徐晶凝.汉语句类研究之检讨[C]//对外汉语研究,北京:商务印书馆,2009.

  [16] 徐晶凝.现代汉语话语情态研究[M].北京:昆仑出版社,2008.

**(刘春卉  四川大学)**

# 十四 汉语方言语法调查方法

## 1. 引言

### 1.1 方言语法调查概述

汉语方言语法的调查研究具有较为悠久的传统。早期的方言语法调查研究主要是由传教士进行,比如早在 1620 年前后,西班牙传教士就在菲律宾调查、编纂出版福建漳州方言的语法教材 *Gramatica Chino : Arte de la Lengua Chio-Chiu*(《汉语语法:漳州话》)。此后传教士也出版了多部汉语方言语法,如艾约瑟的 *A grammar of colloquial Chinese as exhibited in the Shanghai dialect*(《上海方言文法》,1853/1868)、Benjamin Castaeda 的 *Gramatica elemental de la lengua China , dialeto Cantones*(《粤语初级语法》,1869)、威廉·耶士谟(William Ashmore)的 *Primary lessons in Swatow grammar*(《汕头话口语语法基础教程》,1884)、Kleine 的 *Hakka-Grammatic*(《客家话语法》,1909 年)等。

中国学者对方言语法的调查则起步较晚。1928 年"中研院"历史语言研究所成立,以赵元任为代表的一批学者,运用现代语言学的理论方法,建立起调查研究汉语方言的范式。从 1928 年到 1946 年近 20 年间,史语所组织了几次较大规模的方言调查。中华人民共和国成立后,经过方言普查,学者们对整个汉语方言有了更为全面的了解。当然,早期的语法调查主要是作为语音、词汇调查的附属,直到改革开放之后才越来越得到学界的重视,余霭芹(Yue-Hashimoto 1993)*Comparative Chinese Dialectal Grammar : Handbook for Investigators*、黄伯荣等(1996)《汉语方言语法调查手册》、刘丹青编著(2008)《语法调查研究手册》等专著也陆续出版。

相较于语音、词汇的调查,方言语法调查的难度更大。主要原因在于:一方面,语法调查需要有语音、词汇的背景知识,尤其需要有所调查方言的背景知识;另一方面,相对而言,语法系统涉及的面更广,语法规律也更为隐蔽,需要花费更多的时间精力探究,而且不同的学派对语法的本质与运作规律也有不同的看法,这给语法调查带来了语音、词汇调查所不能比拟的难度。陆俭明(2004)对此有很精彩的论说:"事实告诉我们,方言语法确实远比方言语音、方言词汇难调查,难研究。……语法,虽然规则性也很强,但比语音规则不知复杂多少倍,而且奥妙无穷。一种方言语法之错综复杂和精细奥妙之处,难以为非母方言者所体察,难以为非母方言者所了解,难以为非母方言者所调查,不像调查语音或词汇那样,三问两问就能问得出来的。而对于操该方言而又缺乏语法知识的人来说,习惯成自然,又觉察不到自己母方言者语法上的错综复杂和精细奥妙之处。因此,非母方言者难以全面、准确、深入地调查了解该方言的真实面貌;而操该方言但又缺乏语法知识的人也难以全面、准确、深入地调查了解该方言的真实面貌。"刘丹青(2006)也指出"语法本质上是一套潜藏在具体语句下的更抽象、更隐性的规则,调查难度更大,需要更加精致的框架"。因此,语法调查对调查人的调查经验和理论功底都有比较高的要求,尤其对于调查非母语而言更是如此。调查难度也导致了汉语方言语法调查的广度与深度都远不如语音、词汇。

有鉴于此,对方言语法的调查方法展开讨论,就显得尤为重要了。

## 1.2　语法调查的基本程序

语法调查的基本程序包括:前期准备、调查实践、语料整理等。①

前期准备方面,具体包括如下几项。第一,方言事实的准备。调查语法之前,需要对音系与词汇有基本的了解,习惯的做法是,在音系、词汇调查完之后再进行语法调查,而即便是后文要提到的沉浸式调查,也需要前期先对调查点的语言面貌有个基础性的了解,否则很容易无所适从。第二,理论框架的准备。结构主义、功能主义、生成语法等不同的理论框架均可以作为调查框架,调查者需要提前对本理论框架有比较深入的了解与认识,"工欲善其事,必先利其器",语法调查的成败与否,很大程度上取决于调查者的语法理论知识。第三,调查工具的准备。调查者可以提前编制一些调查提纲、参考书目等,也可以借助录音笔、电脑等电子设备和 praat 等软件辅助调查。

关于具体的调查过程,不同的调查方法有不同的要求与注意事项,这方面是本文的重点讨论对象,详见后文的讨论。当然,无论采用哪种调查方法,调查人都应该尽量融入所调查的言语社团,以便与发音人有更好的沟通与合作。语法调查往往不是一两次就能完成的,系统性的调查可能会花费两三年甚至更久的时间,调查人若能与言语社团建立稳定而良好的关系,将有助于保障调查顺利、持续地推进。

语料整理是将调查所得的"生语料"转变为可以进行研究的"熟语料"的过程,该工作最好在当地进行,以便于及时进行核对、补充。语料整理主要包括语料转写(transcription)和语料标注(glossing)两个环节。我们认为,汉语方言的语料转写最好能包括汉字与国际音标两个部分。用字方面,能写本字的尽量用本字,若有俗字的也可以用俗字,没有本字和俗字可写的可用同音字代替(不过需要有统一的说明或者加上同音符号标明),并且用字上需要一以贯之;注音方面,可以用国际音标或者专门设计的拼音方案记音,但必须保证记音的完整性(包括声、韵、调、变音等方面的信息)。当然,语法例句的记音也比调查语音、词汇时的要求要高,因为语音调查只要把单字音的声韵调记准就行,词汇调查也只要能反映二字组至多字组连读时的变音、变调的情况就行,而语法调查阶段的记音,则要求在此基础上,进一步注意词间各类语流音变、句子层面的韵律特征(停顿、升

---

① Himmelmann(1998,2012)梳理了语言学田野调查的理论和方法,从研究目标和数据类型上区分了记录(documentation)和描写(description)这两个田野调查的主要过程。语法描写更主要的是研究问题,更为复杂,本文暂不涉及。

降、轻重音等)以及语调等。比如吴语、闽语有非常复杂的连读变调系统,形态、句法、语用等因素都会制约变调,要在语法调查中记准变调、搞懂变调规则,并非易事。语料整理过程中,调查者可以借助于 Transcriber(http://trans.sourceforge.net)、ELAN(http://www.lat-mpi.eu)、CLAN(http://childes.psy.cmu.edu/clan)等工具。

至于语料标注,学界采用最为广泛的标注系统是德国马克斯·普朗克进化人类学研究所的"莱比锡标注系统"(the Leipzig Glossing Rules),该系统由 10 条规则(主要针对句法、语义、语用属性等方面)和 1 个附录(语法范畴标签及其缩写形式)构成,包括文本行、标注行和翻译行,具体请参看 Comrie et.al.(2008)、Haspelmath(2014)和陈玉洁等(2014)的介绍。陈玉洁等(2014)也介绍了适用于汉语的汉化系统。我们认为,汉化版可以尽量少地改动莱比锡系统,比如只需要把实词和翻译行改成汉字、语法标签不用小型大写字母,其他各部分可一仍其旧,这样就能比较方便地与莱比锡标注系统接轨。比如以下的绍兴话例句:

(1)渠　　特为　　　拨=我　　　买=嘚=件　　　衣裳=归来。
　　 ɦi¹³¹　deʔ²⁻¹¹ɦiue³⁻⁵　peʔ⁵⁻³³ŋo²³¹⁻³³　ma²³¹⁻³³=teʔ⁵⁻³³=dʑiɛ⁻³³
　　 i⁵⁻³³zoŋ¹³¹⁻⁵　=tey⁵⁻³　⁻⁵　le¹³¹⁻³¹
　　 3SG　特地　　　BEN=1SG　　买=PFV=NCL　　衣服=回来
"他特地给我买了件衣服回来。"

## 1.3 语法调查的类别与方法

根据调查内容的系统性,语法调查可以分成三大类:概况调查、系统调查、专题调查。概况调查往往是为方言志之类的著作服务的,好的概况调查最好能写出大约 5～6 万字的篇幅,以对该方言的基本语法面貌有比较清晰的介绍,这方面可参考"吴语重点方言研究丛书"中的《富阳方言研究》和《义乌方言研究》等著作。系统调查则是为写该方言点的描写语法或者参考语法而服务的,系统调查力求全面、系统、深入,至少需要花费几年的时间进行调查,写出的描写语法或者参考语法一般至少要有二三十万字的篇幅。而专题调查则多是为单篇论文的写作服务的,好的专题调查不仅可以对本专题的基本面貌做出全面论述,也可以为相关的理论问题提供深入的见解。[①]

关于汉语方言语法调查的方法,詹伯慧主编(1991)、李如龙(2017)、刘丹青(2003、2006、2013)、鲍厚星(2003)等人的著述中已经有较为详细的论述。本文打算结合不同流派与理论的不同调查方法,进一步对此展开讨论。我们认为,语法调查方法主要有三大类:诱导式(elicitation)调查、沉浸式(immersion)调查和内省式(introspective)调查。根据调查人干预度和语料自然度的不同,以上三种调查方法存在如下序列:内省式调查＞诱导

---

① 有的语法学家比如 Dixon(2009),反对进行专题调查。他认为,任何语言的语法都是一个系统,无法人为地割裂这个系统,只对其中某个部分进行研究。这种观点强调语法的系统性,有其合理性和必要性,不过我们认为专题调查与研究依旧可以进行,不必过于严苛。

式调查＞沉浸式调查。从语法调查的对象上看,内省式调查多是对母语进行调查,诱导式调查可以对母语或非母语进行调查,而沉浸式调查则往往是针对非母语进行调查。

下文第2节先讨论诱导式调查,第3节讨论沉浸式调查,第4节讨论内省式调查,最后是对全文的总结和对方言语法调查的展望。

## 2. 诱导式调查

不同学者对"诱导式调查"的理解略有不同。我们将用文字、视频、图片或者叙述场景诱导被调查者提供调查语言/方言说法的调查方法统称为诱导式调查法。

下面主要讨论利用问卷、视频和图册等进行诱导调查的方法,然后再总结诱导式调查的优缺点。

### 2.1 问卷调查

问卷调查是国内外广泛使用的一种诱导式调查法。问卷调查往往是在调查当地进行,当然也可以通过远程调查的方式来进行。

下面首先对问卷调查的不同类别以及国内外的主要语法问卷做出概述。我们认为,语法调查问卷主要有三种类型。

### (一)例句式调查问卷

汉语方言语法的调查问卷,多半是选用一些有代表性的语法例句,例如《汉语方言调查简表》后面的87个例句、《汉语方言调查词汇手册》后面的53个例句、《汉语方言词查词汇表》后面的200余条例句、"语保工程"的50语法例句等,多聚焦于汉语中重要且有特色的一些语法项目。黄伯荣等(1996)、刘丹青主编(2017)、夏俐萍、唐正大(2021)等几份问卷更为详尽,基本上涉及了语法系统的全貌,比如刘丹青主编(2017)的问卷包括335句,可以比较完整地反映方言语法的概况。①

多数语法问卷只有例句,"语保工程"的50条语法例句后,还有本例句所要调查的语法问题的详细解说,如图14-1所示。

而黄伯荣等(1996)、刘丹青主编(2017)、夏俐萍、唐正大(2021)等几份问卷不再只是简单地罗列例句,而是将例句分别归入不同的语法类别中,并对例句有详略不等的说明,以便于调查者明晰该例句的调查意图。

此外,学界还设计过几份专题调查问卷。比如余霭芹(Yue-Hashimoto 1993)涉及14个语法专题,其中否定一章就有214个调查例句。刘丹青教授和唐正大教授编写过一份

---

① 刘丹青、夏俐萍主编"汉语方言语法特征语料库"(www.dialectgrammar.com)已于近日上线,该数据库收入29个汉语方言点,每个方言点包含22个语法范畴的711句语法例句。

> 0001.小张昨天钓了一条大鱼，我没有钓到鱼。
> （1）最普通的主动宾式陈述句及其否定句的结构和语序，体现一种语言的基本语序。
> （2）完成体否定用词。在汉语中一般不同于普通否定词，如"没（有）"="不"。但有少数方言两种否定词同形，都用"没"、"有"或都用"不"。
> （3）否定句的语序。有些方言否定句宾语倾向于前移充当句首或句中的话题（大主语）。如果几种语序都常见，可按常用度、自然度都列出。

**图14-1　"语保工程"问卷中附于例句之后的详细解说**

"汉语方言语法比较与方言语法语料库专题调查问卷"，共包括指称及其句法表现、反身代词、否定、比较结构等13个专题。李旭平教授设计的"吴、闽、徽语音像资源语料库·语法调查条目"，包括人称与数、指称、程度、题元标记、体、疑问、话题与焦点等10个专题，共计205条例句。

### （二）问题式调查问卷

这类问卷在类型学调查研究中较多使用，而在汉语方言语法调查中则较少使用。

Comrie & Smith(1997)是本类问卷的典型代表。该问卷分成句法、形态、音系、拟声词和叹词、词汇五大部分，前两部分的句法和形态是问卷的重心。问卷只提供了问题，主要目的是为有经验的语法学家调查语言所用，同时，所提供的框架也便于进行跨语言的比较研究。比如问卷的第一个问题是："1.1.1.1 所调查语言是否区分直接引语和间接引语？如果区分，以什么方式表示？"不同调查者可以自行设计调查例句，最终目的是通过调查回答问卷中的问题。刘丹青编著(2008)全文翻译了该问卷，并对各问题进行了详细的说明，使得汉语学界开始了解这种类型的调查问卷。

马普所提供的系列问卷(https://www.eva.mpg.de/lingua/tools-at-lingboard/tools.php)以及TulQuest上的问卷(http://tulquest.huma-num.fr/en)，多属于这种类型。比如Malchukov编制的Questionnaire on Ditransitive Constructions（双及物结构问卷）一共包括50个问题，如"接事是如何被标示的？它是一个完整的名词短语（full NP）吗？"，当然，部分问题后也会有一两个不同语言的例子来进行说明。

### （三）问题-例句结合式调查问卷

例句式问卷多供非研究人员使用，而问题式问卷则是供专业研究者使用的。以上两类问卷各有优点，如果在问题式问卷的基础上加上特定的例句，那么可以更好地进行跨语言/方言的比较研究。

笔者尝试将两者结合，编制成了一份《汉语方言语法类型比较调查问卷》，这份问卷包括281个问题，每个问题下有0~5个不等的例句需要调查，之后附有说明解释该问题与例句（第一版共计436个例句，见图14-2）。

当然，除了现有的调查表之外，调查者也可以根据不同的调查目的自行设计调查问卷，尤其是针对某个具体专题进行调查。

2.1.1 名词是否有真性复数？如果有，复数标记用哪个形式？【 】

（30）同学们、老师们、朋友们、谁们、*羊们、*碗们

[说明] 真性复数也叫累加复数，其内部成员具有同质性，狭义的复数可以专指这一类。

是否存在名词的复数标记以及该标记的使用条件，往往受制于生命度等级，在汉语普通话中，只有指人名词可以加"们"，而不少方言即便是指人名词也不存在复数标记。

同时，普通话的"指人名词+们"也还有诸多使用上的限制条件，比如不能受确定的数量成分修饰（*三个老师们），只能表达定指解读等。

图 14-2 《汉语方言语法类型比较调查问卷》问题示例

进行问卷调查有几个方面的注意事项需要提请调查者注意：第一，要尽量避免发音受到书面文字的干扰，尽可能调查出本方言地道的说法。第二，尽量进行穷尽性调查，不仅需要利用最小对比对（minimal pairs）调查出强制性使用环境和可选性使用环境，也需要记录不合语法的句子，并打上"*"号。第三，调查过程中需要区分不合语法（打"*"号）和语境不合适（打"#"号）这两种情况，往往发音人认为不合语法的句子只是在给定的语境中不能说而已，这就要求调查者具有丰富的调查经验和系统性的观念，需要多注意例句的前后比对，以防止把语境不合适的句子判定为不合语法。第四，调查过程中需要多加注意语音与句法的互动，尤其是那些会影响语法表现的语音形式。

## 2.2 视频、图册等调查

除了语法问卷，还可以用文字故事、视频、图片等作为刺激物来进行诱导式调查。

汉语方言研究领域用的比较多的是以文字故事作为刺激物，其中最有名的就是《伊索寓言》中"北风与太阳"的故事。《国际语音学会手册》（*Handbook of the International Phonetic Association*）收录了世界各地二三十种语言的实例，每个实例都有一篇"北风与太阳"。自"中研院"史语所调查各地方言使用"北风与太阳"的故事以来，这一故事被广泛采用，比如赵元任（1928）《现代吴语的研究》中有一篇苏州话的"北风与太阳"，再比如侯精一主编（2003）《现代汉语方言音库》包含全国 40 个汉语方言点，每个点各有一篇"北风与太阳"。此外，"牛郎织女"等故事也常作为文本刺激物用以诱导汉语方言的长篇话语。

最著名的视频调查是以"梨子的故事"（pear story）作为刺激物。这部微电影是 20 世纪 70 年代由美国加利福尼亚州立大学的 Wallace Chafe 教授设计的，用以考察不同文化背景的人如何用他们的语言叙述故事。电影时长不到六分钟，彩色，有声，但无对白与字幕。Chafe 教授将"梨子的故事"拿到世界各地放映，请说不同语言的研究对象把电影故事讲述出来，调查研究人员从中获取了大量内容相同、语言不同的口语叙述文材料，并且在这些材料的基础上进行了大量研究（比如 Chafe，1980 等）。Mary Erbaugh 教授则将这个影片用于汉语方言的比较研究，她搜集了用北方话、广州粤语、梅县客家话、上海吴语、闽语、长沙湘语、南昌赣语等方言朗读的"梨子的故事"，可以在她做的数据库 THE

CHINESE PEAR STORIES: Narratives Across Seven Chinese Dialects(http://www.pearstories.org/)中查询到所有材料的文字版。①

此外,图册、绘本也常作为刺激物用于诱导成篇语料。比如研究位移事件的学者多用Mercer Mayer 的绘本 Frog, Where Are You?(《青蛙去哪儿了?》)来进行调查。不过,汉语方言领域还较少运用画册、绘本等来进行调查。

关于更多学界已经使用的刺激物,可查询德国马克斯·普朗克进化人类学研究所网站(https://www.eva.mpg.de/lingua/tools-at-lingboard/stimulus_kits.php)。

有些学者认为,用文字故事、视频、图片等作为刺激物得到的也是自然语料。不过,一方面,这几种调查过程中,发音人都事先投入了思考和组织努力,从中得到的语料都是筹划过(planned)的文本,不应该属于严格意义上的自然语料;另一方面,根据我们的调查经验,发音人一旦看到文字或者感受到处于调查过程中,往往会处于紧张状态,很容易说出比较接近共同语的正式语句。② 因此,调查者应该用各种办法尽量让发音人有代入感,以便说出比较地道的话语来。

## 2.3 诱导式调查的优缺点

诱导式调查的优缺点都是很明显的。

诱导式调查的优点至少包括如下几点:第一,可以在较短的时间内,全面了解所研究方言的大致面貌,也可以帮助研究者获得更多被调查方言的细节;第二,内容可控,获得的材料更具有针对性;第三,有些句法结构在自然语料中很少出现,只通过诱导法才能获得(Bowern,2008),该方法具有不可替代性。

应注意的是,通过诱导式调查得到的语料并不能代表真实语境下的自然话语。尤其是问卷调查法,存在如下缺点:第一,很可能存在发音人对翻译的句子或问题产生误解,从而给出不准确表达的问题。第二,问卷往往是静态、无语境的句子,发音人给出某个语言形式时会受到语用、心理因素等各种变量的影响。第三,并非所有的结构都可以通过问卷的方式获得,比如回指、话题、焦点等跟语篇相关的问题,就很难只用问卷调查出来。第四,问卷往往是用共同语编写的,但共同语与方言的语法系统存在不少差异,有些方言中独特的语法现象难以用共同语的问卷进行调查。③

由于延续了上千年的文教系统和地方戏曲的影响,官话在汉语方言地区中具有重要的影响力。根据我们的经验,只要发音人发现有调查人介入,尤其是看到书面文字系统,

---

① 最近,浙江财经大学姜淑珍教授与浙江大学史文磊教授正利用默片《三个和尚》在吴语中调查搜集语料,我们期待该成果能早日面世。

② 调查过程中,很容易出现 Labov 所提出的"观察者悖论"(Observer's Paradox)现象,即发音人会因为警觉到调查人的意图而刻意调整自己的语体,此时的语言较平常与熟人交谈的语言要正规。

③ 关于类型学问卷在语法调查中的优缺点,请参看李旻(2020)。李旻(2020)也认为,问卷所代表的自上而下的"假设-验证"式田野研究范式有其存在的必要性,但必须结合自下而上的研究来获取和描写语言个性。

其提供的语料就会或多或少带有官话色彩。要减少共同语对调查的负面影响,可以做几方面的工作:第一,例句要尽量生活化、口语化;第二,调查者需要与发音人多沟通,尽量融入当地社会,打消发音人的紧张与顾虑;第三,调查者要多加甄别语料中的官话因素,及时调整。从这个角度来说,由母语人来进行诱导式调查,可以得到事半功倍的效果。

## 3. 沉浸式调查

### 3.1 调查程序与方法

詹伯慧等(1991:242)很早就在相关著作中指出:"要全面地研究一个方言的语法,光是调查语法例句,或按较详细的调查提纲进行调查都是不够的,最好的办法是广泛收集自然语料。"李如龙(2017:149)也指出:"不论从理论上或是从事实上说,长篇语料才是研究方言语法的最佳材料。"

短期调查当然也能搜集到自然语料,但沉浸式调查则是田野语言学家等研究者搜集自然语料最为重要的方法。

所谓沉浸式调查,要求调查者保持一段较长的时间生活在对象语言/方言的环境中,与发音人一起生活、劳作,全面了解对象语言/方言,直至学会对象语言/方言(因此发音人也常被称为"语言老师"),最终写出当地的词典和参考语法。自从20世纪60年代以来,伴随着类型学研究的深入,相关学科对单一语言描写的深度,对不同区域和不同谱系的语种广度,都有了全新的要求。参考语法、长篇语料集、词典这个"鲍阿斯三件套"(Boasian Trilogy),成了不少田野类语言学博士论文的标配。

大致说来,沉浸式调查包括如下的步骤:

第一,录制长篇语料。主要指的是通过录音和录像的方式记录包括对话、独白、说明性介绍等多种语体在内的自然话语。自然语料也分为不同语体,比如故事讲述(叙述语体)、自然会话(会话语体)、解释说明(比如如何做一道菜。说明语体)、介绍过程(比如婚礼的过程。说明语体)、演讲(介于正式语体和自然语体之间)、歌谣(文艺语体)等。有些语法范畴在不同的语体中出现的频率是不一样的,因此,调查者需要尽可能多地搜集不同语体的自然语料。

第二,将长篇语料转写成文本,这个过程必须在当地进行。由于并非所有的发音人都能比较好地掌握共同语,因此,指导转写的发音合作人可以与语料的叙述者不是同一个人。这么做的另一个好处是,比较容易发现长篇语料叙述者的口误或者不同发音人之间的语法差异。①

第三,对自然语料进行标注,将"生语料"转成"熟语料"。

第四,整理成长篇语料集或者数据库,依据这个材料编写词典与参考语法。类型学研究领域已有一些自然话语的语料集和数据库,比如 Pangloss（https://pangloss.cnrs.fr/）等。

沉浸式调查法在中国少数民族研究领域的使用十分普遍,而汉语方言语法调查领域则比较少采用严格的沉浸式调查法搜集语料。比较接近这种做法的,是20世纪40年代至20世纪50年代"中研院"历史语言研究所做的调查。由于贺登崧批评史语所派太注重音律而忽视活语言,为了回应这种批评,董同龢于1948年发表了《华阳凉水井客家话记音》(《历史语言研究所集刊》第19本),赵元任于1951年发表了《台山语料》,董同龢1960年发表了《四个闽南方言》,主要记录长篇的对话和故事(周法高,1980:40)。董同龢(1956)提到其采取了这样一种调查方法:"先拣一些事物的名称或说法,以期在简短的字句中辨出必要辨别的语音。一等到辨音有相当把握,就立刻开始成句成段以至成篇的语言记录"。近些年来,陈立中、余颂辉(2010)、陈立中(2022)等使用了类似的调查方法得到了数量可观的长篇语料。

## 3.2 沉浸式调查的优缺点

沉浸式调查的优点非常明显,主要有如下几个方面:第一,得到的语料具有高自然度,非常接近日常使用的口语,可以避免很多诱导式调查法所带来的困扰。第二,调查所得均为完整的长篇语料,有明确的语境便于把握语义;同时,得到的也是动态的话语,可以用于研究那些静态语料无法讨论的问题,并从中发现不少新的课题。第三,所获得的自然语料是语音、词汇、语法的结合体,既表现了各要素本身的样态,也保存了不同要素间的关联互动。第四,调查所得的自然语料库一劳永逸,可以永久地供调查者和相关领域研究者反复利用。第五,调查所录制的音频、视频材料,也可以作为保存、保护当地方言的重要资料,可供历史、文化等各领域使用。

当然,沉浸式调查也有自身的缺陷:第一,调查和转写过程中,需要耗费较多的时间、精力与财力,对调查者和发音人来说都是极大的生理和心理考验。第二,自然语料只能告诉我们什么样的句子或者用法是合法的,而无法告诉我们什么样的句子或者用法是不合法的,因而较难直接归纳出合法与否的边界。第三,自然话语中的语法现象具有不完备性,比如 Evans & Dench(2006:11)认为只用自然语料会忽视母语者对复杂结构的判断力,而这些复杂结构很少在自然语料中出现。

我们认为,沉浸式调查与其他的调查方法一样,都不足以获知语法系统的全貌,最好

---

① Zeisler(2016)一文中,作者基于对拉达克语(Ladakhi)长期的田野调查,探讨了一项田野调查的特殊方法"乒乓球游戏"技术,即通过首先收集每个发音人的真实自然语料,再由至少另外一个发音人对语料进行核对,最后通过另外第三个、第四个发音人对所收集的第一个原发音人的语料进行评估反馈的方式来激发发音人无意识的创造力。作者建议在田野调查中应该积极应用"乒乓球游戏"技术。

能把几种调查方法结合起来运用。

## 4. 内省式调查

### 4.1 调查程序

内省指的是母语者对句子合法性的语感判断。我们认为内省式调查（或称"测试法"）是一种特殊的语言调查方法，即研究者以自身作为调查对象，调查母语中的语法现象与规律，当然，也可以让他人提供其母语合语法性的判断。

下面结合刘丹青（2006）对这种调查方法基本程序的介绍，以盛益民（2017）对绍兴柯桥方言不定性标记"随便"的调查研究为例展开讨论。

第一，假设某个语法规则。跨语言来看，表任指（free choice）的不定代词与疑问代词关系密切，基于疑问代词构成任指不定代词的方式主要有以下三种：(a)直接用疑问代词；(b)疑问代词重叠，如越南语的"ai ai(任何人)"是由疑问代词"ai(谁)"重叠而来；(c)加不定性标记（indefiniteness marker），如英语的 whatever、whoever、whenever 等中的-ever。汉语主要采用第一种，部分北方方言中也采用重叠疑问代词的方式构成不定代词（如"啥啥都不懂"），而盛文假设绍兴话采用第三种构造手段，"随便"发展为不定性标记（而非类似普通话的无条件连词），加在疑问代词上构成表任指的不定性标记。

第二，对母语人的语感进行内省式调查，得到合格句和星号句。为了证明"随便"是不定性标记而非无条件连词，盛文采用了多条句法测试进行内省式调查，如成分搭配测试，"随便"只能与疑问代词搭配，而不能与其他成分搭配，不同于无条件连词，例如：

(2)阿兴<u>随便</u>啥西都勿吃。（阿兴什么都不想吃。）

(3)*诺<u>随便</u>去弗去，我都要去嗰。（不管你去不去，我都要去的。）

成分插入测试，"随便"与疑问代词不能分离，中间不能插入任何成分，不同于无条件连词，例如：

(4)*<u>随便</u>拉何里（不管在哪儿）

使用强制性测试，柯桥话不能用光杆疑问代词的形式表示任指，任指不定代词中的不定性标记"随便"不能省略，如：

(5)我*(随便)奈个做，渠都弗满意。（我怎么做他都不满意。）

第三，根据两者的界限确认或调整假设的规则。盛文通过多项语感测试，证实了绍兴柯桥话的"随便"不是无条件连词，只能分析为任指不定代词中的不定性标记。

内省式调查法虽然主要用于形式学派，但其实已经成为当代语言学不同学派共同的研究基础，因为它是判定各级语法单位语法性质和作用最为直接便捷的方法。不同学派的区别只在对内省式调查法的依赖程度。内省式调查法是形式学派最为主要的调查方法，并且还发展出不少特有的调查测试方法，比如算子辖域测试法、反身代词回指测试法、移位测试法等;而其他学派则多是内省式调查法与其他调查方式结合使用。即便是田野语言学家,在使用沉浸式调查法的同时,也往往会用内省式调查法测试合语法性问题。

## 4.2　内省式调查的优缺点

与其他调查法一样,内省式调查法的优点和缺点同样突出。

内省式调查法的优点主要有如下几个方面。第一,可以提供大量合语法与不合语法的句子,便于确定语法规律。由于语法本质上是一套潜藏在具体语句下的更抽象、更隐性的规则,因此,想要通过调查对某项语法规则作出比较完整的概括,内省式调查法一定是最便捷有效的方法。第二,对于比较复杂的、很少在自然语料中出现的语法结构,也只能通过内省式调查法才能调查到。第三,便于对语法结构进行系统性的全面调查。

内省式调查法的不足主要包括如下几个方面。第一,调查所得多为静态的语法单位,无法对涉及篇章、话语层面的动态语法现象进行调查研究。第二,语感因人而异,尤其是让非研究者进行语感测试,更是会受到各种因素的制约,容易产生偏差;而年轻的方言使用者,往往是方言和普通话双语者,两个语法系统之间往往会相互影响。因此,内省式调查需要有一位语感较好的发音合作人进行配合,对于某些不确定的句子,最好能有多位母语者来协助确定。第三,如果是对非母语进行调查测试,所有的调查都必须在当地进行,一旦离开调查现场就较难进行调查测试了,还需要重新回到当地进行重新调查,比较耗费时间和精力。

在调查汉语方言语法时,假如被调查语言是研究者的母语方言,那么内省式调查法是一种非常便利的调查途径,也可以在一定程度上弥补这种调查法本身的局限。假如调查时有更好的语言理论作背景,带着更加明确的调查目的,那么就能更加自觉地利用母语人的优势,凭自己的语感进行深入测试。当然,针对特定课题进行怎么样的内省测试,就成了增加语法调查研究深度的关键。调查测试项目和方法的选定,与语法理论背景、研究目的、研究者的素养、调查经验等都有关系。语言学理论了解得越深入,跨语言语法知识掌握得越丰富,就越利于展开内省式的调查,尤其是对非母语的调查,更是需要有这些基础。

## 5. 总结与展望

本文主要介绍了语法调查的三种主要方法:诱导式调查、沉浸式调查和内省式调查,同时对各种方法的优势与局限也做了说明。至于具体研究过程中选用哪一种调查法,则与调查目的、研究背景、语言观等都有密切关系。不同研究范式对不同方法有各自的选择,如田野语言学主要是用沉浸式调查,形式学派主要用内省式,而语言类型学则对各种方法都不排斥、兼容并蓄。

最后,我们想对汉语方言语法的调查提出几点展望。

第一,调查方法的多元化。

每一种调查方法都有自己的优缺点,相互结合能更完备地调查出整个语法体系。就汉语方言语法调查来说,比较多的是采用诱导式调查和内省式调查,而比较少采用沉浸式调查。因此少有长篇自然语料的搜集整理。李如龙(2017:149)就指出:"汉语方言调查已经有近百年的历史,但是,迄今为止,记录很好的长篇语料还不多见,许多人还在重复当年的'北风和太阳的故事',这说明学界对于长篇语料的重要性还是认识不足,实践得也不够。"

因此,我们呼吁研究者要更多的采用沉浸式调查法来搜集汉语方言的语料。Dixon(2009)等学者,明确反对语法调查一开始就通过提问法和翻译法获取语言材料。虽然不同语言的情况容有不同,但是重视汉语方言的自然语料的确是非常有必要的。

第二,调查框架的现代化。

不少研究者以熟悉的普通话研究体系来调查方言语法,不过正如刘丹青(2002)所指出的:"对普通话语法体系的借鉴曾是促进方言语法研究快速起步的便捷路径,而现在,对普通话语法体系的过分依赖反而产生了制约方言语法调查研究深化的瓶颈效应。"形式、功能、认知、类型等各种语言学流派的理论均能很好的指导语法调查,而选择类型学调查研究框架,可能是汉语方言语法现阶段较为现实与便利的做法。

刘丹青(2003)已经指出,类型学的框架作为田野调查蓝本和描写性研究的依据有几项难以比拟的长处:①理论模型比较中性,注重事实的发掘,而不是从某种理论出发去寻找对自己有利的材料。②较少语种偏向,其调查项目与框架,是学者从世界范围内成百上千种语言的田野调查和深入研究中总结归纳出来的,突出人类语言最普遍、最重要的那些句法、语义范畴,同时也最大限度地照顾语言间可能有的差异,能容纳各种可能出现的现象。③较具有可比性,它将各种可能的语法范畴经整理后归纳为若干共同的语法-语义范畴,再分出不同范畴的层次,同时也留出反映特色的余地。这样的安排使绝大部分语法现象都能在其中找到一定的位置,不容易漏掉,同时各种现象都有了可比的基础。

第三,兼顾本方言的特殊性与系统性。

刘丹青(2013)总结了方言语法调查的两大任务:一方面,是方言系统的基本语法库藏,即该方言有哪一些语法手段,表达了哪些语法范畴和意义,从而形成什么样的语法类型;另一方面,是方言语法系统中的显赫范畴,即哪一些语义范畴在该方言中是用语法化程度高、功能强大的语法手段表达的,该范畴借助这些常用手段可以扩展到哪一些语义语用范畴。

也就是说,调查方言语法既要突出本方言的特点,同时也要兼顾系统性。早期的汉语方言语法调查,过于看重方言的特殊性,尤其是关注与普通话不同的地方。这当然很重要,但是上文已经提及,普通话语法框架本身就有一定的局限性,未必能真正体现本方言的特点,同时,即便是与普通话看似一致的地方,也有必要将其报道出来,以便其他研究者采用。而且伴随着调查深入,研究者总能在相同之外调查到更多的不同。近些年来,汉语方言语法研究领域在逐渐形成"参考语法"的写作模式,可以很好地兼顾这两个方面,具体请参夏俐萍(2020)、盛益民(2021)等著作。

第四,调查范围的进一步扩展。

相较于汉语方言语音和词汇的调查,语法调查(尤其是深度调查)的方言点还是太少。因此,我们强烈呼吁尽可能多地进行方言语法调查,以进一步丰富汉语方言语法的事实广度和理论深度。

而语法调查是个长期的过程,不能寄希望于"毕其工于一役",也需要调查研究者能够长时间地投入与关注。

此外,语言/方言调查涉及伦理问题,国内也开始逐渐重视这一方面,部分高校已经要求学位论文若涉及语言/方言调查,要经过伦理委员会审批,这方面也需要调查者多加注意。

## 参考文献

[1] 鲍厚星.方言语法研究与田野调查[A]//戴昭铭.汉语方言语法研究和探索.哈尔滨:黑龙江人民出版社,2003.

[2] 陈立中.湖南浏阳客家方言自然口语语料萃编[M].南京:南京大学出版社,2022.

[3] 陈立中,余颂辉.太白方言会话语料集萃[M].上海:上海人民出版社,2010.

[4] 陈玉洁,李旭平,王健,等.莱比锡标注系统及其在汉语语法研究中的应用[J].方言,2014(01).

[5] 戴庆厦,罗仁地,汪锋.到田野去——语言学田野调查的方法与实践[M].北京:民族出版社,2008.

[6] 董同龢.华阳凉水井客家话记音[M].北京:科学出版社,1956.

[7] 侯精一.现代汉语方言音库[M].上海:上海教育出版社,2003.

[8] 黄伯荣,等.汉语方言语法调查手册[M].广州:广东人民出版社,1996.

[9] 李如龙.汉语方言调查[M].北京:商务印书馆,2017.

[10] 李昱.类型学问卷在语言学田野调查中的价值和局限[J].当代语言学,2020(01).

[11] 刘丹青.试论汉语方言语法调查框架的现代化[J]//戴昭铭.汉语方言语法研究和探索.哈尔滨:黑龙江人民出版社,2003.

[12] 刘丹青.汉语方言语法调查研究的三种模式[J].中国方言学报,2006(01):87-106.

[13] 刘丹青.方言语法调查研究的两大任务:语法库藏与显赫范畴[J].方言,2013(02):193-205.

[14] 刘丹青.语法调查研究手册[M].上海:上海教育出版社,2008.

[15] 刘丹青.汉语方言语法调查问卷[J].方言,2017(01).

[16] 陆俭明.汉语方言语法调查研究之管见[J].语言科学,2004(02).

[17] 盛益民.绍兴柯桥吴语表任指的不定性标记"随便"[J].方言,2017(02).

[18] 盛益民.吴语绍兴(柯桥)方言参考语法[M].北京:商务印书馆,2021.

[19] 夏俐萍.湘语益阳(泥江口)方言参考语法[M].北京:商务印书馆,2020.

[20] 夏俐萍,唐正大.汉语方言语法调查问卷[M].上海:上海教育出版社,2021.

[21] 詹伯慧,黄家教.谈汉语方言语法材料的收集和整理[J].中国语文,1965(03).

[22] 詹伯慧.汉语方言及方言调查[M].武汉:湖北人民出版社,1991.

[23] 赵元任.现代吴语的研究[M].北京:清华学校研究院,1928.

[24] 周法高.论中国语言学[M].香港:香港中文大学出版社,1980.

[25] BOWEN C. Linguistic Fieldwork: A Practical Guide[M]. New York: Palgrave Macmillan,2008.

[26] CHAFE W. The Pear Stories: Cognitive, Cultural and Linguistic Aspect of Narrative Production[M]. Norwood, NJ: Ablex,1980.

[27] COMRIE B, SMITH N. Linguistic descriptive studies: Questionnaire[J]. Lingua,1977(42): 1-72.

[28] DIXON R M W. Basic Linguistic Theory Ⅰ: Methodology[M]. Oxford University Press,2009.

[29] EVANS N, DENCH A. Introduction: Catching Language[M]// AMEKA F K, DENCH A, EVANS N, Catching Language: The Standing Challenge of Grammar Writing. De Gruyter Mouton. 2006.

[30] HASPELMATH M. The Leipzig Style Rules for Linguistics[EB/OL].[2022-11-12]. http://www.academia.edu/7370927/The_Leipzig_Style_Rules_for_Linguistics.

[31] YUE-HASHIMOTO A. Comparative Chinese Dialectal Grammar: Handbook for Investigators[J]. École des Hautes Études en Sciences Sociales, Centre de Recherches Linguistiques sur l'Asie Orientale,1993.

[33] ZEISLER B. Context! Or how to read thoughts in a foreign language[J]. Journal of South Asian Languages and Linguistics,2016(2): 197-221.

(盛益民　复旦大学中文系)

# 十五 比喻句的形成条件及其结构模式[①]

"他跟诸葛亮一样足智多谋"之类的表达究竟是不是比喻句,经常引起争议,问题的根源在于很多教材和研究者都明确指出只有不同类的事物才能构成比喻。其实,"异质性"比喻的构成条件,如果以度量类属性为比较点,即使不同类,也不能构成比喻;而当作比一方在作为比较点的非度量类属性上具有典型特征时,即使"甲""乙"同类也能构成比喻。因此,非度量类属性特征的典型性才是比喻形成的前提。此外,人们通常先入为主地把比喻的本体和喻体理解为事物,而忽视了事件与动作行为也可以作为喻体,这也会给比喻的判定带来困扰,如"他跟中了状元一样高兴""她饲养宠物跟照顾婴儿一样仔细"等。其实,除了以事物作为本体和喻体构成"$NP_1$跟$NP_2$一样A"比喻句之外,以情绪形容词作为比较点通常可以构成"NP跟S一样A"比喻句,其中作比的对象是能够引起相关情绪体验的典型事件;以动作属性的形容词作为比较点经常构成"$VP_1$跟$VP_2$一样A"比喻句,其中作比的对象一般是动作行为。

## 1."异质性"并非构成比喻的必要条件

本质不同的事物才能构成比喻,或者说"异质性"是比喻构成的前提,这一点作为比喻句的形成条件已经得到了普遍认同。陈望道在《修辞学发凡》中已经指出比喻和被比喻的两个事物必须有一点极其相类似,又必须在整体上极其不相同。王希杰在《汉语修辞学》中明确提出比喻的构成必须具备"质的差异"和"相似点"两个条件。可见,"相似性"和"异质性"作为比喻的构成条件已经基本达成共识,但在具体的操作过程中却经常会出现争议,或者说语言事实经常会对此作出挑战。

### 1.1 "异类"事物以度量类属性为比较点不能构成比喻

比较和比喻都是针对事物某一种属性的特征进行的,这个属性就是比较点,A是描述比较点属性特征的形容词,"甲跟乙一样A"究竟是比喻还是比较,与作为比较点的属性密切相关,因为并非所有属性都可以成为比喻句的比较点。从比较点属性的类型入手可以为解决本专题开头所指出的相关问题提供一个较好的视角。

我们先以"$NP_1$跟$NP_2$一样A"这类最简单的句式为例加以说明。在不少情况下,

---

[①] 本专题内容主要来自刘春卉《非度量类属性特征的典型性与比喻句的形成》(《华中科技大学学报》2007年第3期)和《"异质性"的类型与比喻句的三种结构模式》(《修辞学习》2007年第6期)。如引用其中内容,请使用封底二维码获取原文和出处信息。

"NP₁跟NP₂一样A"是否是比喻句跟NP₁和NP₂是否同类并没有必然联系,比如,当比较点是度量类属性①时,无论比较项同类与否,都不能构成比喻,如:

小明跟写字台一样高。　　绳子跟竹竿一样长。　　这条鱼跟那只鸡一样重。

这些句子尽管是不同类的事物作比,却都不是比喻句。因为对度量类属性来说,存在客观的量化标准,不仅能借助度量衡单位取得完全一致的比较基础,还可以直接进行比较,即便不等同,也可以测量或计算出具体的差别。而这对于强调相似性的比喻是不可能的。所以,当A表示度量类属性时不能构成比喻,"长度""面积"等是可以测量或计算出明确数值的属性,我们称之为度量类属性。度量类属性不仅能借助度量衡单位取得完全一致的比较基础,还可以直接进行比较,而且即便不等同,也可以测量或计算出具体的差别。

以度量类属性为比较点的"甲跟乙一样A"一般都是比较或夸张,而不是比喻,因为度量类属性的属性值可能完全等同,稍有差异便是不等,而不是"相似"。对这一类属性而言,无论"甲"和"乙"是否为同类事物,都不能构成比喻,如果"乙"是在比较点上具有明确属性值或固定规格的某个特定事物,那就是比较,否则就是夸张,如:

这包行李跟小明一样重。(比较)　　　　他跟乒乓球台一样高。(比较)
草原上的野花跟天上的星星一样多。(夸张)　草垛跟小山一样高。(夸张)

对度量类属性来说,由于存在客观的量化标准,不存在相似与否的问题,只存在相等与否的问题。所以,当A表示度量类属性时不能构成比喻,只能构成比较和夸张,其中能着实理解的是比较,不能着实理解的是夸张。因此,这里可能发生混淆的是比较和夸张,而不是比喻和比较。

另外,比喻句"甲跟乙一样A"中的形容词在任何情况下都不能变换为它的反义词,但表示比较的"甲跟乙一样A"中的形容词有时可以根据着眼点的不同变换为相应的反义词或属性名词,这是因为以度量类属性为比较点的"甲跟乙一样A"有时只是用等同关系来赋值,此时形容词不带有任何描述或评价的意味,只是相当于一个属性名词,用来点明二者具有相同点的属性所在,以便用"乙"的该属性值来为"甲"的同一属性赋值。

可见,如果比较点是度量类属性,异类事物也不能构成比喻,因为度量类属性与作为比喻前提的"相似性"不相容。

## 1.2 "同类"事物以非度量类属性为比较点也能构成比喻

以度量类属性为比较点,无论"甲"和"乙"是否同类,"甲跟乙一样A"都是表示比较。然而,如果比较点是非度量类属性,而且作比一方在该属性上具有典型特征时,即使"NP₁""NP₂"同类,"NP₁跟NP₂一样A"也可能构成比喻,如"他跟张飞一样鲁莽""她跟西施一样漂亮""他跟女人一样害羞"等。不过,以非度量类属性为比较点时,则既可能构成比喻,也可能构成比较:

他跟狮子一样勇猛。　　　　王兰跟小猫一样温顺。　　(比喻)

---

① 度量类属性有一定的测量手段和测量标准,可以用数量短语对属性的具体情况加以说明。

> 他跟张飞一样勇猛。　　　　王兰跟小学生一样幼稚。　（比喻）
> 他跟爸爸一样勇猛。　　　　王兰跟李娟一样幼稚。　（比较）

可见，即使以非度量类属性为比较点，"异质性"也不具有普遍解释力，因为比喻还可以在同类事物的非度量类属性上进行，如上面第二组例句就是由同类事物构成的比喻。

其实，"同类"是一个具有层级性和相对性的含混概念，因为分类有不同的层级，究竟是否同类关键要看在哪一层级上。"人"和"狐狸"不同类，但在"动植物"这一层级上二者同类，再往上一层"动植物"又同属于"生物"类而区别于"矿物"类，甚至还可以进一步到物质和精神的层面而使"生物"和"矿物"成为同类。另外，在动物层面同类的"人"也可以根据不同的标准作出不同的下位分类，如"男人"和"女人"，"学生"和"老师"，"流氓"和"绅士"，"小丫环"和"少奶奶"，"母亲"和"儿子"等等，尽管些词语都指称"人"，但作为"人"的下位概念，却互不同类。可见，"甲"和"乙"同类与否只是相对而言的，如果把"异质性"看作比喻句的构成条件，显然具有很大的局限性。更何况语言中不符合"异质性"条件的比喻句为数不少，如：

> 她整天跟少奶奶一样悠闲自在。　他跟强盗一样凶狠。　她跟演员一样漂亮。

为什么两个指人名词也可以构成比喻句呢？通过考察，我们发现喻体在比较点属性上的典型特征起了决定作用。这里的喻体都是表示某种身份或职业的指人名词，它们所指称的群体通常具有同一层面上其他群体所不具备的特征，即从该类所有成员当中提纯出来的"源于个体、高于个体"的典型属性特征，这些特征使得这一群体有别于其他的群体或个体，成为该群体的显著标志，而且人们往往就把这类成员看作相关特征的典型代表，如"老师"与"一本正经""认真""耐心""爱说教"等；"小学生"和"幼稚""纯真"等；"流氓"和"无赖"和"蛮不讲理""流里流气""不文明"等，以这些具有典型特征的属性为比较点可以构成比喻。

不过，当"乙"为某群体当中具体的个人时，他所具备的特征就不再具有典型性，尽管这个特征可能刚好与他所属的群体一致，但由于已经具体到个人身上，就不再具有抽象性和不可超越性，别人也就有可能在该属性上与之等同，从而形成比较，而不是比喻。如：

> 她整天跟张家少奶奶一样悠闲自在。　　　他跟电视里的那个强盗一样凶狠。

这里的有特定指称对象的"乙"相当于一个专有名词，可以用专有名词来替换，如上例中的"张家少奶奶""电视里的那个强盗"等也可以分别用他们的姓名来指称，所以，它们在构成比较时跟一般专有名词并没有区别。

大多数专有名词作为个体跟其他个体之间不存在明确的区别特征，它们的属性一般也没有典型与否之分。人们可以根据需要选择某一属性进行比较，形成比较句，如"张三跟李四一样聪明""王兰跟李娟一样漂亮"等。但是，如果某一专有名词所指称的成员已经成为某种或某些属性特征的典型代表，他就具有了能够跟其他一般个体区别开来的典型特征，如"西施""诸葛亮""慈禧太后""孙悟空"等分别在"美丽""足智多谋""盲目排外""神通广大"等典型属性特征上区别于其他个体名词。而且作为这些属性特征的典型代表，他们的相关属性特征已经被提高并升华到了常人不能企及的地步，如果某个一般个体在该属性特征上与之相似，就可以构成比喻：

张三跟诸葛亮一样聪明。　　　　　　王兰跟西施一样漂亮。

因此，如果作比的一方在作为比较点的属性上具有典型特征，即使是同类事物，也能构成比喻，可见，异质性不是比喻构成的必要条件。

## 1.3　非度量类属性特征的典型性是比喻构成的前提

"异质性"不是比喻构成的必要条件。异类事物以度量类属性为比较点不能构成比喻，而同类事物在非度量类属性的典型特征上能够构成比喻。所以"甲跟乙一样 A"是否形成比喻跟"甲""乙"是否同类没有直接关系，关键在于比较点的属性类型和"乙"在该属性上是否具有典型特征。这一点其实不难理解，因为要强调事物的某一属性特征，就一定要借助于在该属性上具有典型特征的事物。

如果比较点是度量类属性，无论"甲""乙"同类与否，都不能构成比喻，而只能是一般比较句；如果 A 描述的是非度量类属性，且"乙"在该属性上具有典型特征，则无论"甲""乙"同类与否，"甲跟乙一样 A"都构成比喻。只有"甲""乙"同类且"乙"在该属性上不具有典型特征时，"甲跟乙一样 A"才表示比较。因此，"异质性"不是比喻构成的关键因素，它只是跟"相似性"的判断有一定的关系，因为排除典型性因素，同类事物的非度量类属性易于等同，异类事物的非度量类属性可能相似。

这样，"典型性"的判断就取代了"异质性"的判断而成为首要问题。不过典型性的判断带有一定的民族和地域差异，而且特征的典型性还要依靠它所出现的典型环境来补充。

值得注意的是，对喻体属性特征典型性的要求不只是体现在所谓"同类"的群体或个体上，而是体现在所有的比喻当中，因为要强调事物的某一属性特征，一定要借助于在该属性上具有典型特征的事物，反之，如果所赖以作比的事物在该属性特征上不具有典型性，就只能是比较。所以，同类与否不是构成比喻的前提，关键在于作比一方在比较点属性上是否具有典型特征。

因此，除"相似性"之外，比喻的形成条件有二：第一，作为比较点的属性是非度量类属性，这是"相似性"构成的前提；第二，比喻的喻体必须在 A 所表示的属性特征上具有典型性。如果把二者合起来，可以概括为"非度量类属性特征的典型性"。

虽然"异质性"不是决定比喻构成的关键因素，但这并不等于说它对比喻的判定毫无价值。因为"异质性"跟"相似性"的判断具有一定的关系，若排除典型性因素，则同类事物的非度量类属性易于等同，异类事物的非度量类属性可能相似。具体说来，以度量类属性为比较点时，"异质性"对比喻的判断的确毫无价值，因为无论比较对象同类与否，都不能构成比喻。但是对非度量类属性而言，异质性对相似性的判断可以起到很重要的辅助作用，因为同类事物的非度量类属性易于等同，异类事物的非度量类属性则易于相似，而相似是比喻构成的基础。因此，"异质性"的提出有助于排除同类事物间属性特征等同的可能性，而这也正是人们把比较项是否同类看作比喻形成条件的重要原因。

由于同类事物的属性易于相同，甚至在很多个属性方面都一模一样，如双胞胎的相貌、性格、气质等都可能等同①，或者说同类事物不具有典型特征的属性都具有相同的可能性，而这与比喻所依赖的相似性是互相矛盾的，所以比喻的本体和喻体通常是两个不同类的事物。异类事物的非度量类属性都不可能相同，而只能相似，这就为二者之间建立比喻关系提供了必要的条件。因此，尽管"异质性"不是比喻的构成条件，但仍可以用来作为判定"NP₁跟NP₂一样A"比喻句的重要辅助标准，具有一定的参考价值。

可见，修辞格研究领域尽管取得了令人瞩目的成绩，但还有很多基本问题没有得到很好的解决，即使是比喻这一最基本的修辞格也是如此。其实，除比喻句外，移就修辞格的判断也存在不少问题。移就格是把本来描写甲事物性状的词语用到乙事物上，但很多教材和修辞学著作把"情书""病院""喜讯""病床"看作移就格。其实这些词语只是有所省略的普通定中结构，它们的定语并非指向表示事物的中心语，而是指向人，所以它们并没有任何修辞色彩，与"疲倦的马路""忧郁的景色"等移就格有本质的不同。同样地，"相思豆"也不是移就格，因为它表示的不是"豆相思"，而是表示"豆"能"用来寄托相思表达爱意"，"相思"的主体仍是"人"，而不是"豆"。如果把"相思豆"和典型的移就格名词"含羞草""痒痒树"比较，就很容易发现它们之间的差别，后者的定语"含羞""痒痒"都是指向中心语"草和树"的，是指"草含羞""树痒痒"（会因触碰而抖动），它们是真正的移就格名词。此外，移就格还可能跟词义的引申以及通感发生纠葛。②

与辞格的判断一样，辞格分类也存在不少问题，刘春卉(2016)就讨论了比拟下位分类不周延的问题和夸张下位分类不科学的问题。

因此，要进一步实现修辞格研究的科学化与体系化，就必须更多地借鉴语法学或语义学相关研究成果，综合运用归纳法与演绎法，从辞格的判定标准、形成条件和下位分类等最基本的问题入手，对现有成果进行甄别取舍、去芜存菁、深化细化，而不能就辞格论辞格，更不能满足于举例赏析。

## 2. 喻体类型与比喻句的结构模式

构成比喻最常见的本体和喻体是事物，以事物作比的比喻句，其基础形式就是"NP₁跟NP₂一样A"，这导致不少人对"异质性"的认识还存在另外一个误区，即把"异质性"局限在事物领域，而忽略了"异质"的事件或动作行为也可以构成比喻。

### 2.1 事件喻体与"NP跟S一样A"③比喻句的形成

很多人先入为主地把比喻的本体和喻体看作事物，并以"异质性"作为比喻句判定标

---

① 跟度量类属性值的精确等同相比，这里的"等同"具有一定的相对性。
② 刘春卉.移就修辞格辨析的语法学及语义学视角[J].毕节学院学报，2008(2):20-23.
③ S是可以表示事件的小句或结构，其功能大致相当于句子。

准,因而时常会出现自相矛盾的局面。如苗永新(2001)就认为下面的句子不是比喻:

  这一天,这一家人最高兴,也该是女孩子最满意的一天。这像要了几亩地,买了一头牛;这像置好了结婚前的陪送。

这句话可以化为两个"甲跟乙一样A":

  这一天,这一家人跟要了几亩地,买了一头牛一样高兴;女孩子像置好了结婚前的陪送一样满意。

黄明明也认为只有全面而辩证地理解比喻的异质原则,我们才可以顺利地解释一种被人称为"同体比喻"的语言现象。例如:

  林小姐猛一跳,就好像理发时候颈脖子上粘了许多头发似的浑身都烦躁起来了。
(茅盾《林家铺子》)

这是从张志公先生的《修辞概要》中转引来的例子。张志公先生将该例判定为一个比喻,是用一种环境里的情景来比另一种环境里的情景。可见他对异质原则的把握是比较宽容的。

这句话如果化为"甲跟乙一样A",大致就是:

  林小姐跟理发时候颈脖子上粘了许多头发一样烦躁。

这两个例子中的本体和喻体之间的关系是一致的,都是以人的某种情绪为比较点,但却出现了针锋相对的两种看法。引起分歧的原因,就是很多人都认为这里的两个对象都是指人,有时甚至就是同一个人,这显然跟比喻的异质性原则相矛盾,但在感觉上又似乎难以否认它们就是比喻,所以就想尽办法修改本体和喻体"不同类"的限定条件,为它们寻求一个可以合法地成为比喻的理由。

其实,这类比喻中的喻体并不是A所描述的主体,而是相关典型事件,无论这一事件的主体是谁,它都能使其相关对象产生A所表示的情绪体验。而且这类比喻的本体也是一个事件,这个事件正是结构中出现的主体之所以产生相关情绪体验的缘由,只不过这个事件在具体语境中一般是不言自明的,通常不必说出,否则就会让人产生"他为什么这么(跟……一样)高兴"的疑问。如听到"他跟中了头彩一样高兴"这句话,不知道背景的人一定会问"为什么",答案一定是一个能够引起该情绪的事件,如"儿子考上了名牌大学""得了奥运会冠军""终于实现了自己多年的梦想"等。

因此,这类比喻的本质是在作为本体的事件和作为喻体的事件之间建立基于A的相似点,即这两种事件在引起A所表示的情绪上具有相似性,而且这两种事件是不同类的,至于它们所关涉的主体或对象是否同类,在这里并不起决定作用,因为这类比喻是以事件为本体和喻体构成的比喻。这一点还可以从这类比喻的结构特点得到证明,其喻体不能是不带任何修饰语的普通事物名词,而必须是谓词性结构或被谓词性结构修饰的名词性结构,通常可以表示一个相对完整的事件,如:

  *他像小鸟一样高兴。
  他像出笼的小鸟一样高兴。
  他像小鸟出笼一样高兴。

因此,本体和喻体的性质与A是互相制约的。当以表示客观非自主属性的A为相似点时,本体和喻体的中心一般是事物,而在以主观情绪等自主属性 A 为相似点的比喻句中本体和喻体一般是事件。这类比喻句中能够引起相似情绪体验的事件可以是有关同一个人的,也可以是关于不同事物的,如:

他像中了头彩一样高兴。

终于捉着老鼠的小花猫跟抢到骨头的小狗一样高兴。

其中第二个例子是这类比喻句的完整形式。一般情况下,由于作为本体的甲产生该情绪的原因在语境中是明确的,可以不必说出,如上面第一个例子。但如果原因不明确,就不能省略,否则就会导致语义不完整,听者或读者一定会问"他怎么如此高兴""他有什么好事"等问题。这种期待也正好反映了表示自主属性的 A 不是人所具有的稳定的客观品性,而是由外在事件所引发的暂时的情绪,人不可能在短时间内同时具有两种相对立的客观品性,如"善良"和"奸诈",但却可能由于外在不同事件的刺激而交互出相对立的情绪体验,比如看雅典奥运会的女排决赛,所有的中国观众都为中国队的每一次得分兴奋不已,同时也为每一个失误沮丧惋惜,而这种情绪的转化几乎都是转瞬实现的。所以,人与某种情绪之间没有必然的联系,但这种临时性的情绪都是有原因的,而且引发这种情绪的事件与这种情绪之间关系非常密切,如果发生了应该引起某种情绪的事而当事人却没有相应的表现,一般是会让人感觉意外的,或者认为该人性格内敛,喜怒不形于色,或者推断他一定还遇到了其他事情。

因此,对于表示主观情绪的 A 来说,作为本体和喻体的"甲"和"乙"是具有异质性的不同事件,二者构成相似关系的关键在于它们所引起的情绪在强烈程度上具有相似性,而与事件主体或客体没有直接关系,乙所表示的事件主体或客体可以与甲不同类,也可以同类,甚至是同一个人。如:

他跟猫爪下的老鼠一样绝望。　　　他跟丢了钱包一样懊丧。

他跟赔了夫人又折兵的孙权一样气恼。

既然情绪 A 的产生是一定的事件引起的,那么,喻体就大多由动词性结构或以动词性结构为定语的短语充当。以表示物理属性特征的 A 为相似点,可能聚集很多典型事物,如"美"与"花""水""月""西施"等。同理,以表示心理或情绪的 A 为相似点,也可能存在不少典型事件,如"开心""高兴"可能由以下事件引起:

小狗抢到了骨头/抢到了骨头的小狗

叫花子中了头彩/中了头彩的叫花子。

获得奥运会冠军/孩子考上大学

以它们为喻体可以分别组成以下比喻句:

他跟小狗抢到了骨头(抢到了骨头的小狗)一样高兴

他跟叫花子中了头彩(中了头彩的叫花子)一样高兴

他跟获得奥运会冠军一样高兴　　　他跟孩子考上大学一样高兴

值得注意的是,这类比喻句的本体和喻体一般不在同一个句子或分句当中出现,往往是前面的句子或分句描述一个事件,后面用一个典型事件与之作比。这可能是因为作为本体的事件往往比较复杂,通常需要用一句话或几句话才能说清楚。如钱钟书《围城》中有大量此类的例子：

(方老先生)觉得爱国而国不爱他,大有青年守节的孀妇不见宠于翁姑的怨抑。

鸿渐翻找半天,居然发现一本中文译本《论理学纲要》,借了回房,大有唐三藏取到佛经回长安的快乐。

鸿渐看了,有犯人蒙赦的快活。

他(方鸿渐)……自觉没趣丢脸,像赶在洋车后面的叫化子,跑了好些路,没讨到手一个小钱,要停下来却又不甘心。

因此,比喻的喻体可能是事物,也可能是事件,关键要看形容词描述的是客观物理属性还是自主情绪属性,前者表示客观稳定的属性特征,如"漂亮""聪明"等,它们主要构成"NP1跟NP2一样A"比喻句;后者表示临时的情绪状态,如"开心""高兴""伤心"等,这些情绪产生的原因一般是某种事件,以它们为比较点的比喻句的喻体一般是某种能使人产生相关情绪体验的典型事件,正如古人描述人生四大开心事所言：

久旱逢甘霖,他乡遇故知；洞房花烛夜,金榜题名时。

总之,以表示情绪的形容词为谓语中心通常构成"NP跟S一样A"比喻句,这类比喻句的喻体通常是能够引起同类情绪体验的典型事件。另外,由于这些表示心理感受的形容词都不能量化,或者说它们不可能具有度量类的属性特征,因此,事件"异质性"对这类比喻句的判断比较容易操作,只要是两类能引起相似情绪的不同事件,而且作比一方具有一定的典型性,一般都可以构成比喻句。

## 2.2　动作行为喻体与"VP$_1$跟VP$_2$一样A"比喻句的形成

除了选择事物喻体(NP)和事件喻体(S)的两类形容词之外,还有一类形容词选择动词性成分作为本体和喻体,那就是表示动作属性特征的形容词。

根据形容词所描述的是事物的属性特征还是动作行为的属性特征,可以把它们分为事物属性形容词和动作属性形容词两类。前者描述的是事物属性的特征,如"高、长、漂亮、光滑、聪明、高兴、烦躁"等。后者描述的是动作行为的属性特征,如"缓慢、剧烈、熟练"等,而且它们也能以"速度""强度"等动作属性名词为中心聚集起来,如：

速度：快　慢　缓慢　迅速　急速　麻利　拖沓　利索　迟钝

强度：有力　激烈　疯狂　拼命　起劲　热烈　猛烈

效果：顺利　流利　漂亮$_2$　仔细　灵敏　敏捷　熟练　老练　笨拙　娴熟

难度：容易　困难　好("容易"的意思,如"好写")难　轻易　艰难

事物属性形容词一般接受普通事物名词定语或事物属性名词主语,不能接受动词主语,而动作属性形容词一般接受动词主语、事件名词主语或动作属性名词主语,如：

说话慢　发展迅速　操作熟练　进度缓慢

如果动作属性形容词直接充当普通事物名词的谓语,二者之间通常可以补充出动词性成分,如"火车很快"和"这匹马很快"中都没有出现动词,但是根据"火车"和"马"的提示,我们不难判断"快"指的是"运行""奔驰""奔跑"之类动作行为的速度。

动作属性形容词作定语修饰名词性成分时，其前方一般可以补充出一个动词性成分"V"或"V起来"（"看起来"等感觉动词组成的"V起来"除外），而且补充出来的动词往往就是定语形容词所直接描述的动作行为，如：

快马——跑起来快的马　　　　困难的问题——解决起来困难的问题
仔细的人——做事仔细的人　　熟练的工人——工作熟练的工人

另外，动作属性形容词作状语时，其语义指向动词性成分，它们通常可以变换为中心语动词的谓语，而事物属性形容词作状语的语义一般指向句中的主语或宾语等名词性成分，不能变换为动词性成分的谓语，例如：

她迅速地完成了作业。——她做作业很迅速。
东西凌乱地堆满了桌子。——＊堆东西很凌乱。

可见，无论动作属性形容词在句中充当什么句子成分，其语义特点决定了它们只能与动词性成分相联系。因此，以这类形容词为谓语中心所构成的比喻句与第一部分所讨论的"$NP_1$ 跟 $NP_2$ 一样 A"比喻句有很大的不同，它们通常是对动作行为的某一属性特征进行比较，本体和喻体是具有某种相似特征的不同动作行为，通常用动词性成分来表示，或者说它们一般构成"$VP_1$ 跟 $VP_2$ 一样 A"比喻句。如：

他跑得跟兔子一样快。　　　她跟猴子一样敏捷。
学游泳跟学芭蕾一样难。　　写汉字跟画画一样难。
她照顾大熊猫跟照顾自己的婴儿一样仔细。

需要指出的是，表示动作属性的"速度"也是可以度量的。"快""慢"等描述速度的形容词一般构成比较句，因为速度是可以通过计量工具或计时器准确测量并比较等同与否的，如"他跑得跟刘翔一样快"就是表示等同。而且不同类的事物也可以直接比较速度，如"小狗花花跑得跟摩托车一样快"也是比较句。在这一点上，动作属性形容词与第一部分所讨论的事物属性形容词是完全一致的，即"异质性"不是比喻句构成的必要条件，以度量类属性为比较点时，无论作比的事物是否同类，都不能构成比喻。

尽管以表示情绪的形容词和以动作属性形容词为谓语中心所构成的比喻句的喻体都不是事物，但二者又有不同。对于前者，尽管事件是 A 所表示的情绪产生的原因，但 A 仍是直接描述情绪的主体——人的。对于后者，动作属性形容词 A 所描述的对象则是动作行为，其本体和喻体都以动词性成分为主。

总之，形容词的不同语义类型决定了比喻句的不同结构模式。以客观事物属性形容词表示相似点时，本体和喻体以表示事物的名词为主，一般构成"$NP_1$ 跟 $NP_2$ 一样 A"比喻句。当以主观情绪的形容词表示相似点时，喻体通常都是相对完整的事件，可以用句子或分句来表示，一般构成"NP 跟 S 一样 A"比喻句。以动作属性形容词表示相似点时，本体和喻体一般都由动词性成分充当，通常构成"$VP_1$ 跟 $VP_2$ 一样 A"比喻句。

### 参考文献

[1] 苗永新.莫把"比较"作"比喻"[J].语文世界(初中版)，2001(12)：42.

[2]　黄明明.试论比喻的异质原则[J].南京师大学报,2003(6):151-156.
　　[3]　刘大为.比喻、近喻与自喻——辞格的认知性研究[M].上海:上海教育出版社,2001.
　　[4]　刘大为.从事物性比喻到事件性比喻[J].修辞学习,2002(3):14-17.
　　[5]　刘春卉.非度量类属性特征的典型性与比喻句的形成[J].华中科技大学学报,2007(3).
　　[6]　刘春卉."异质性"的类型与比喻句的三种结构模式[J].修辞学习,2007(6).
　　[7]　王希杰.汉语修辞学[M].北京:北京出版社,1983.
　　[8]　王希杰.修辞学通论[M].南京:南京大学出版社,1996.
　　[9]　袁晖.比喻[M].合肥:安徽人民出版社,1982.
　　[10]　张万有.比喻的要素及其他[J].语文研究,2000(4):34-38.

（刘春卉　四川大学）

# 十六 作为修辞格与思维或行为方式的比拟[①]

比拟是把甲物当作乙物,即直接把甲物的特征或行为用于乙物的身上。一般认为,比拟是一种修辞格,可以把物当作人,称为拟人,如"荷花入暮犹愁热,低面深藏碧伞中"(杨万里《暮热游荷池上》)、"唯有南风旧相识,偷开门户又翻书"(刘攽《新晴》);也可以把人当作物,称为拟物,如"午梦初回,卷帘尽放春愁去"(周晋《点绛唇·访牟存叟南漪钓隐》)、"我寄愁心与明月,随君直到夜郎西"[②](李白《闻王昌龄左迁龙标遥有此寄》)等。

比拟不仅是修辞格,也是人们认知世界以及表现自我的重要思维方式和行为方式。比拟无处不在,比如,花木兰代父从军、梅兰芳男扮女装、后爸后妈、假夫妻、狼外婆、角色扮演等都是把一物当作另一物。其实,以此当彼的比拟并不限于不同事物,把某一事物当成另一场景中的同一事物也同样带有比拟意味,如军事演习、沙盘推演等。

舞龙、舞狮和稻草人等图像符号究其本质也是比拟,是通过模仿或模拟其他事物的特征与动作行为,让人或者鸟雀把自己当作龙、狮子或者人。因此,比拟的以此作彼关系的建立也可能基于特征相像,这种相像除形态特征外,也可能通过动作行为体现,如传统戏剧中的抬轿、划船、骑马等的写意式表演就主要基于动作模拟,划船和骑马还同时配合使用船桨、马鞭等道具,而这些道具则是基于外形相像的拟物。此外,特型演员也同时兼具图像性比拟和一般比拟的特点:外形跟被扮演者相像,但也可以换用不同的演员来扮演。

同隐喻和转喻一样,比拟也是人类重要的思维方式和行为方式,这反映在言语活动当中就形成了比拟修辞格。其实,各种语言普遍存在的修辞格通常都是基于人类共同的思维方式或行为方式,这些思维方式或行为方式可以通过不同的载体外化出来,如果借助于语言形式体现,就构成修辞格,如果通过非语言符号体现,就形成对应的艺术形式、行为方式、病理现象等。

因此,比拟不仅是把甲事物当作乙事物来写或来说的修辞格,也是把甲事物当作乙事物来对待的思维方式和行为方式。比如,奴隶社会就是拟物社会,把人(奴隶)当作物(工具)。现代社会又出现很多新的比拟场景,如电子游戏、网上恋人、虚拟礼物等。

比拟是修辞格,也是思维方式、行为方式与生存方式。不过,比拟也是有限度的,一旦超出限度,就会成为比拟疾病的根源,如恋物癖就是比拟过度所导致的心理疾病。

## 1. 比拟的名称、定义与本质

陈望道《修辞学发凡》的"积极修辞二"的第一格就是比拟,提出"将人拟物(就是以物

---

[①] 此专题为王希杰先生遗作,原名为《比拟的定义和分类与功能及道德评价》。此专题名称和其下几段文字为编者所加,文中内容也根据审校要求做过一些修订、增补与调整。

[②] 一作"随风直到夜郎西"。

比人)和将物拟人(就是以人比物)都是比拟"。① 黄庆萱《修辞学》也对比拟有过详细论述:

  描述一件事物时,转换其原来性质,化成另外一种本质截然不同的事物,而加以形容叙述的,叫作"转化"。在早期修辞学书籍论文中,"转化"或称为"比拟",或称为"假拟",都容易与"譬喻"混淆。所以这儿采用于在春创造的名词:"转化"。于作名《"转化"论——修辞现象之一》,刊于对日抗战时期西南联大师范学院国文系主编的《国外周刊》第七十二七期。"

  黄庆萱说"比拟"是早期的用法,并不十分准确,事实上,"比拟"是大陆修辞学的一贯用语。沈谦《修辞学》中的相关定义是:"描述一件事物时,转变其原来性质,化成另一种截然不同的事物,予以形容叙述的修辞方法,是为'转化'。转化又称'比拟'。"②董季棠《修辞析论》将"比拟"定义为:"描写一个人,把人拟做东西,叫作拟物;描写一件东西,把东西拟做人,叫作拟人。这样的修辞法,叫作'拟化'。又称比拟,或转化。"③很难说"转化"和"拟化"较之于比拟就更为贴切。学术术语应当约定俗成,从众从俗。因此我们仍然使用"比拟"与"拟人、拟物"来指称此类修辞格。

  所谓"比拟",就是把甲物当作乙物。需要说明的是,这个"物"是广义的"物",人也是物,是万物中的一种,万物之灵,是物中的特殊一类。"把比拟分为拟人和拟物两大类",此"物"是狭义的"物",不包括人,指排除了人之后的一切其他的物,即万物之灵的人已经走出"物"的范畴,跟"物"相互对立。

  比拟不同于比喻。比喻的基础是甲乙两物之间的相似关系,关键在"喻",用甲物来喻乙物,"喻"者使之明白。比拟不在乎、不强调、不拘泥甲乙两物之间是否相似。当然比拟也不刻意回避或者排除相似关系。

  比拟不同于借代。借代的基础是相关关系,比拟不排除相关关系,但是并不特别强调相关关系。借代关键在"代",以甲物代乙物,多用于指称。比拟并不是简单地替代,而是直接当作此物,并不局限于指称。

  比拟的本质是"当作"。"当作"意味着"就是"该物,即甲物具有乙物的言语行为的能力,或甲物直接以乙物的身份说话、行动。比喻的相似点和借代的相关点具有客观性,而比拟的"当作"是主观的,说你是你就是,说你不是你就不是。比如,"岸花飞送客,樯燕语留人"(杜甫《发潭州》)是把植物(岸花)和动物(樯燕)当作人,而"有情芍药含春泪,无力蔷薇卧晓枝"(秦观《春日》)则是把花当作多情善感、娇柔伤春的女人了。

  比拟的"拟"就是"当作",是主观地强加上去,把你当作某物,你就是某物。比如,急于下象棋的时候,偏偏少了一只"车",棋手就可以随手拿来一个粉笔头,双方约定把粉笔头当作"车",于是粉笔头就是"车",具有"车"的全部功能。比拟在代替这点上,跟借代是相同的,但借代必须具有相关关系,是基于相关性而借用甲物代替乙物,比拟则不强求相关性。

---

① 陈望道.修辞学发凡[M].上海:上海教育出版社,1976:117.
② 沈谦.修辞学[M].台北:五南图书出版股份有限公司,2010:195.
③ 董季棠.修辞析论[M].台北:文史哲出版社,1994:133.

比拟是把甲物当作乙物,直接把甲物的特征、形态、言行加到乙物的身上。如"横空出世,莽昆仑,阅尽人间春色"(毛泽东《念奴娇·昆仑》)是把昆仑山当作人看待的。再如,"落花如有意,来去逐船行"(储光义《江南曲》)是把落花当作人,赋予它人的思想感情。

比拟是一种思维方式。在远古时代,人和物是一体的,不必加以严格区分。人和物的区分可以视为文明的开始。常规思维要求区分开人和物,区分开不同的物和不同的人,避免人和物的混淆,避免不同的人或不同的物的相互混淆。在已经明白地区分人和物、甲物和乙物、甲人和乙人之后,又故意混淆人和物,不同的人,不同的物,这是超常思维,是修辞格的比拟。在比拟的世界里,人不是人,物不是物,人是物,物是人,人不是他自己,是另一个人,物不是它自身,是另一个物。比如,《圣经》中亚伯拉罕起先为了表示对耶和华的忠诚,用儿子作为燔祭的羊羔。耶和华的使者告诫亚伯拉罕:"你不可在童子身上下手,一点不可伤害他。"这时,亚伯拉罕看到一只公羊,"就取了那只公羊,献为燔祭,代替他的儿子"。把儿子当作公羊来燔祭,用公羊来代替儿子作燔祭,就是比拟思维。

## 2. 拟人和拟物

### 2.1　拟人

拟人是认识世界的一种方式,是把人当作万物的尺度。人是人类认识世界的出发点,是最有用、最常用的参考框架。拟人把万物当作人,把人的特征投射到万物上去,让万物像人一样地思考、言谈与行动。如"煮豆燃豆萁,豆在釜中泣。本是同根生,相煎何太急"(曹植《七步诗》)中的豆子会哭泣,能思维,还很有头脑。再如,七仙女下凡,同凡人恋爱结婚,触犯天条,玉皇大帝命令雷神加以惩罚,雷神同情七仙女和董永,不忍心加以处罚,就通过击槐树糊弄玉帝。槐树心甘情愿地代替七仙女和董永接受处罚,被击成了空心。七仙女请大槐树作为媒人,这是拟人。雷神把槐树当作七仙女和董永,也是拟人。

拟人是一种心态,一种生活方式。比如,"对影成三人"(李白《月下独酌》)中月是人,月影也是人。"众鸟高飞尽,孤云独去闲。相看两不厌,只有敬亭山"(李白《独坐敬亭山》),可以看出在李白的眼里心里,敬亭山是人,是他的知音好友。"多情只有春庭月,犹为离人照落花"(张泌《寄人》),作者眼中的落花同人一样的多情。"乡心暗求秋水逐,直到吴山脚下流"(蒋吉《旅泊》)中的乡心人格化了。

拟人赋予生物或无生物以人的思想感情,具有人的声情笑貌。"春蚕到死丝方尽,蜡炬成灰泪始干"(李商隐《无题》)中把蜡炬当作有情有义的人了。"盼望着,盼望着,东风来了,春天的脚步近了。一切都像刚睡醒的样子,欣欣然张开了眼。山朗润起来了,水涨起来了,太阳的脸红起来了。小草偷偷地从土里钻出来,嫩嫩的,绿绿的"(朱自清《春》),则把春天当作一个少女了。

拟人手法也常见于当代报刊文章的标题中。如2011年11月2日,针对"神州八号"与

"天宫一号"对接的新闻,有"'神八'飞天追吻'天宫一号'"(《参考消息》)"'天外拥吻'是最大看点"(《环球时报》)、"'拥吻'10分钟,今夜神八会天宫"(《扬子晚报》)等标题出现。"神八"和"天宫"都是物,不是人,没有嘴唇,用"追吻、拥吻"是拟人化手法,是把它当作人了。

拟人是儿童读物,如童话、寓言的主要修辞手法。但是,拟人并非儿童和儿童读物的专利,它是各个年龄段的人所共同的思维方式。法国《回声报》撰稿人让·马克维托里曾在《条条大路通人民币》一文中用拟人手法对人民币进行了如下描写:"有一天,小人民币终会长大。人民币的伙伴们,特别是距离最近的老日元、胖韩元和小越南盾都认为这一天来得越快越好。然而,小人民币的父母却拒绝让孩子长大,到院子里和伙伴们一块玩耍。他们宁愿让他一直躲在大哥哥美元的背后,尽管后者已经开始对人民币发出威胁。当然,小人民币并不孤单。因为他尽管还小,但已经吸取了那么多的资源,以至于全世界都为之动摇。如果这个故事只是发生在一所乡村小学里,那倒也无关紧要。但它上演的地点是国际金融舞台,与之共舞的是数千亿美元,世界的经济增长也与之休戚相关。正因为如此,小人民币的命运才和我们所有人有了联系。"(《参考消息》2005年4月14日)

## 2.2 拟物

拟物分两类,一类是人-物拟,另一类是物-物拟。

人-物拟是把人当作物,包括动物、植物或没有生命的事物。例如玩"老鹰捉小鸡"的游戏,甲当老鹰,乙当老母鸡,其他人当小鸡。游戏人同老鹰和老母鸡之间没有相似关系或相关关系,是约定的、分配的,所以是拟物。有不少我们经常听到的话也是拟物,如"他尾巴翘上天了""帝国主义夹起尾巴逃跑了""小王浑身是刺""请你不要张牙舞爪"等都是拟物。再如《参考消息》2021年1月13日刊载的一篇文章标题为"违规'遛人'",此处的"遛人"显然是"遛狗"的仿拟词。该报道说:"加拿大警方对一名女子处以罚款。这名女子一心想钻宵禁规定的空子,牵着一名用狗绳拴着的男子出门散步。加拿大魁北克省自晚上8点实施宵禁,以减缓新冠病毒的传播,但允许居民在家附近遛狗。……当地警方责问她时,她面不改色回答说自己'在遛狗'。"把人当作狗来遛,这是人-物拟。另有媒体报道说,某国的一个富豪用狗绳拴着一名年轻女子,在马路上"遛人",此处所谓"溜人"显然也是人-物拟。

物-物拟是把甲物当作乙物。举例如下:

> 春天的口子咬住了冬天的尾巴,而夏天底脚又常是紧随着在春天底身后;这样,谁都将孩子底母亲底三年快到的问题横放在心上。(柔石《为奴隶的母亲》)

此处"春天的口子咬住了冬天的尾巴"是把春天和冬天当作狗了,而"夏天底脚又常是紧随着在春天底身后"则是把夏天和春天当作人。

把自己或他人当作物(包括动物、植物)是人的思维习惯。人可能会将自己想象成一朵鲜花、一片碧绿的小草、一只鸟儿、一条鱼儿、一片白云、一座大山之类的事物。比如说"春天里,我想变成河水"。当然,人也拒绝做某些物。需要指出的是,人将自己当作什么物,同别人把我们当作什么物,是完全不同的。

拟物在各民族口语中都相当常见,如以下藏族民歌:
> 但愿你是水中的金鱼。
> 夏天里,我想变成蜜蜂,
> 但愿你是绽开的花蕾。
> 秋天里,我想变成麦酒,
> 但愿你是吉祥的酒杯。
> 冬天里,我想变成歌声,
> 但愿你是颤动的长琴。
> 就这样,我们一年四季,
> 都只是有相会,没有分离。(《一年四季不分离》)

拟物也常见于儿童文学作品中。如科洛迪的《木偶奇遇记》,有个情节讲匹诺曹被农民逮住被迫当看门狗,后来因为表现好又脱掉了狗项圈重新成为一个小孩子。木偶匹诺曹是人,是小孩子。戴上狗项圈,就是狗。此处的拟物,就是把小孩子当作物(狗)。

拟物有时是贬义的,如"吃货、饭桶、花瓶、狗腿子、酒囊饭袋、衣服架子"等。当然"吃货"的感情色彩一直在改变,现在似乎已呈现出中性化,甚至褒义化。

拟物可以是把甲物当作乙物。如《山海经·海外西经》中的刑天,在跟黄帝争神座失败之后被砍掉了脑袋,于是他说"吾以乳为目,脐为口"(段成式《酉阳杂俎》),拿着武器继续战斗。陶渊明的诗句"刑天舞干戚,猛志固常在"描述的就是此事。此处刑天把两乳当作眼睛,把肚脐当作嘴巴,就是比拟中的拟物手法。再如:

> 王坐于堂上,有牵牛而过堂下者,王见之,曰:"牛将何之?"对曰:"将以衅钟。"王曰:"舍之。吾不忍其觳觫,若无罪而就死地。"对曰:"然则,废衅钟与?"曰:"何可废?以羊易之。"(《孟子》)

所谓"以羊易之",就是把羊当作牛,代替牛,这就是拟物,把甲物当作乙物。闻一多的诗《黄昏》中也使用了拟物的修辞手法:

> 黄昏是一头迟笨的黑牛,
> 一步一步的走下了西山;
> 不许把城门关锁得太早,
> 总要等黑牛走进了城圈。

此处闻一多把黄昏当作一头黑牛,"一步一步的走下了西山"。这就是"物-物拟"。柯岩创作的儿歌《我的小竹马》也运用了拟物手法:

> 我有一个根小竹竿,
> 每天跟我来作伴。
> 我当车夫它当鞭,
> 喏儿!哦!吁!
> 赶马赶得真正欢。
> 我的竹竿很听话,
> 叫他当马就当马,

不喝水,不吃草,

泼拉啦,泼拉啦,

骑上它就满院跑。

竹竿很听话,叫它当鞭子,它就是鞭子;要它当马,它就是马,这样不讲究相似之点与相关之处,主观上随心所欲的"当作"正是拟物的特征。

据李冗《独异志》记载,曹操的儿子曹彰有一次喜欢上了一匹骏马,于是对马的主人说:"余有美妾可换,唯君所选。"马的主人看中了曹彰的一个小妾,曹彰就爽快地拿自己的这个小妾来交换这匹骏马。典故"爱妾换马"赞扬曹彰风流豪放的行为,泛指宝物交换。这是人-物拟,曹彰把爱妾当作马:爱妾=马。

爱德华·博克斯引述过阿亨霍尔在《不列颠史记》对中世纪英国买卖妻子的记载:

卖妻子一般是在集期,报纸在刊载猪牛羊价格的同时,也公布了妻子的价格。……妻子脖子系根绳子,由丈夫牵到买卖牲口的广场,拴在一根原木上,当着必要树木的见证,把她卖给出价最高的人。先由法院差役或别的什么法院低级职员,而常靠丈夫自己,定出一个价格,难的超出几个先令。然后政府把绳子从原木上解下来,牵着绕场一周。老百姓把这种买卖叫作牲口交易。"

妻子当然不是牲口,但是此时的的确确被当作牲口了,这个时候这种场合,妻子不是人,就是牲口!这些都是"人-物拟"行为,可见,比拟的载体并不局限于语言符号。

## 3. 被忽视的人-人拟

以往的修辞学将比拟分为拟人和拟物两类。而拟物又分为两类:(1)"人-物拟",把人当作物。(2)"物-物拟",把甲物当作乙物。按此思路,把物当作人的拟人手法可以称为"物-人拟",但拟人中似乎没有"人-人拟",因此拟人跟拟物不对称:

比拟

拟物　　　　　拟人

人物拟　物物拟　　物人拟　　＜？＞

在大多数教材或论著里,比拟的分类系统通常不包含"人-人拟",这构成了一个空档。事实上,把甲类人当作乙类人的修辞现象也是存在的。刘春卉《论辞格下位分类的周延性问题》(2016)所讨论的就是当前教材普遍忽视的把一类人当作另一类人的拟人现象以及由此所导致的辞格下位分类不周延问题:

(很多《现代汉语》教材和修辞学论著)都在把比拟分为拟人和拟物的基础上把拟物分为以人拟物和以此物拟彼物两种情况。其实把一类人当作另一类人来写也可能构成比拟,但却没有被列入其中。人的某些下位分类也有专用的词语,如男人和女人、大人和孩子都有专用的描述性词语,如果把男人当作女人或者把女人当作男人来描写也会构成比拟,同样地,如果把小孩当作大人或者把大人当作小孩来描述也会产生比拟的修辞效果……可见,比拟不仅可以在人-物、物-人、物-物之间进行,也可以在不同的人群之间进行。

同理,移就修辞格也存在类似的问题。移就指有意识地把描写甲事物的词语移用来描写乙事物,很多教材或修辞学专著都把移就分为移人于物、移物于人、移物于物三类。其实,移就修辞格跟拟人修辞格具有相近理据,只不过移就修辞格的表现形式以定中短语为常,移用的词语主要充当定语,所以,移就修辞格也应该存在用某类人专用的词语来描写另一类人的情况,如"妩媚的男人""英俊的姑娘""淘气的老头""慈祥的孩子"等。因此,比拟和移就的下位分类都是不周延的,除了"物-人"互拟或互移之外,只考虑到把此物当作彼物的情况,而忽略了把此类人当作彼类人的比拟和移就。

尽管男人与女人在用词方面具有很大共性,但也存在一些专用词语,他们在相关词语的选用方面存在明显差异。如果用专门描写男人的词语来描写女人,或者用描写女人的词语来描写男人,无疑会产生特殊的修辞效果。……除了形容词选择方面的差异外,男人与女人所适用的动词也不完全相同,……如果把这些动词错位搭配,也具有一定的比拟意味。

……

不同的分类层次产生不同的分类结果,而采用不同的分类标准也会得出不同的分类结果,只要相关分类具有不同的专用词语,就都有构成比拟的可能。因此,按照其他标准分出的不同人群如果有专用动词或形容词,描写他们的词语彼此互用就有可能构成比拟。比如,领导和民众在选用"率领""命令""视察"等词语方面就存在明显对立,相关错位组合就会产生比拟或移就的修辞效果。

具有专用词语的除了"男女老少"这样数量庞大的人群外,封建社会的"皇帝"这些特殊的个体也有不少专用词语,如"临幸""驾崩""驾到""下诏""赐死""登基"等,如果把这些皇帝专用词汇用在平民身上,就属于比拟修辞格,只不过"驾到"用于普通人身上时的修辞色彩由于使用频率较高而淡化了,其比拟的意味不如其他词语明显。

……

同样地,教徒也具有一些专用的词语,这些专用词语主要是表示宗教相关的仪式、行为和规约,如"念经""圆寂""涅槃""化缘""超度"等佛教徒专用词如果用在普通人身上也会构成比拟修辞格。不过,需要指出的是,有些宗教用词已经日常化,现在用于普通人身上时也不再具有修辞意味,如"解脱""觉悟"等,但这并不能否认这些词语最初用于普通人时的比拟意味,只是经过足够长时间的高频使用,其修辞色彩已经弱化甚至消失了,这也就意味着它们已经日常化了。当然,这类修辞用法常规化的现象并不限于宗教用语,而是在很多词语的意义泛化过程中都有体现。

关于传统分类没有列入"人-人拟"的原因,刘春卉(2016)认为是人们比较关注不同类的事物之间的用词差异,却忽视了不同的人群之间的用词差异,而且在对比拟进行下位分类时没有对足够多的语料进行认真的统计分析,也没有对分类假设进行充分的演绎论证,

因此难免会出现这种分类不周延现象。① 如果把"人-人拟"加进来,则比拟辞格的下位分类系统就会变得对称而严整:

  拟物:人-物拟＋物-物拟

  拟人:物-人拟＋人-人拟

  把甲人当作乙人的人-人拟古已有之。师经和魏文侯之事就是其中典例。当时师经弹琴伴奏,魏文侯舞蹈。魏文侯说:"让我随心所欲地说话,没有人违背反抗。"师经拿起手里的琴,猛地投向魏文侯,打断了魏文侯的旒(旒是帽子上垂下来的串着玉块的带子)。魏文侯问在场的人:"为人臣,却打自己的君主,该当何罪?"回答:"死罪。"师经辩护说:"从前尧舜治理天下,唯恐没人提出不同的意见;桀纣统治天下,唯恐有人提出不同的意见。我刚才打的是桀纣,不是我们的君主。"魏文侯承认错了,下令将琴悬挂在城门上,作为自己错误的标记,并表示不修复旒,留着让自己记住这个过错。此处师经把魏文侯当作桀纣来打,显然可以视作一种拟人。师经称自己心中痛恨的是夏桀、商纣而非魏文侯,魏文侯肯定师经的行为,就是对师经的拟人的肯定。

  人-人拟的载体可以是语言,也可以是实物或动作行为,《三国演义》第一百零二回中,蜀汉丞相诸葛亮送司马懿一套女装,说:"仲达既为大将,统领中原之众,不思披坚执锐,以决雌雄,乃甘窟守土巢,谨避刀剑,与妇人何异哉!今遣人送巾帼素服衣至。如不出战,可再拜受之。"这种激将法就综合运用了语言和非语言载体。

  拟人是人际关系的一种方式。结拜关系是比拟,如"桃园三结义""拜把子兄弟"是拟人,把非兄弟当作兄弟。收养制度也是比拟,如"养父""养母""养子""干爹""干妈"等都是拟人,把一种人当作另一种人。战士对牺牲的战友的父母说:"就把我当作您的儿子吧,把这里当成您自己的家。我就是您的儿子!您就是我的爸爸妈妈!"这也是拟人。

  需要注意的是,单向的拟人,把某种地位强加于人,必将引发反感。如"你把我当作什么人啦?""你把我当作你的仆人啦?我又不是你的保姆!""你把我当作你爸爸啦!我可不是你的爸爸,我才不管你呢!""你把我当作你儿子啦!我又不是你的儿子!"等牢骚话都可以视为由角色错位引发的矛盾冲突,都带有比拟的意味。

## 4. 明拟和暗拟

  比拟分为明拟和暗拟,或者叫作阴拟和阳拟。明拟要受众当作修辞格来解读,暗拟力求"去辞格化",要求受众将其当作事实来对待。下面以辛弃疾的词为例进行说明。"杯!汝来前!……与汝成言:'勿留亟退,吾力犹能肆汝杯。'杯再拜,道:'麾之即去,招则须来。'"(《沁园春·将止酒》)此处词人虽然将杯子当作人,但并未完全醉,还能分清人和杯子的区别。真醉了的情形则大有不同:"昨夜松边醉倒,问松:'我醉何如?'只疑松动要来扶,以手推松曰:'去!'"(《西江月·遣兴》)此时此刻,词人是真的把树当作人了。上文《沁

---

① 刘春卉.论辞格下位分类的周延性问题[J].阜阳师范学院学报,2016(2):34.

园春》中采用的修辞手法就是"明拟",《西江月》中采用的修辞手法则是暗拟。再如,战争期间,工兵站在严寒的水中,自觉自愿地把自己当作桥墩,架设浮桥,让战友过河去打击敌人,这也可以看作暗拟。

明拟的典型是成语"鹬蚌相争":

> 蚌方出曝,而鹬啄其肉,蚌合而钳其喙。鹬曰:"今日不雨,明日不雨,即有死蚌。"
> 蚌亦谓鹬曰:"今日不出,明日不出,即有死鹬。"
> 两者不肯舍,渔者得之。(《战国策·燕策》)

河蚌会说话吗?鹬鸟会说话吗?如果它们会说话,那么河蚌说河蚌的语言,鹬鸟说鹬鸟的语言。没有翻译,怎么就能够进行对话了?然而在拟人修辞格的魔法之下,万物都是人,当然就都会说话,而且是说人的话。动物都会说话,连植物也会说话,太阳、月亮、星星都会说话。中国人拟人化的植物、动物、无生物,都说中国话。此例中鹬鸟的嘴巴已经被河蚌死死地咬住了,它怎么还能说话?河蚌说"今日不出,明日不出,即有死鹬"的时候,嘴巴是张开的,鹬鸟为什么还不趁机逃跑,飞上蓝天?这是明拟,是不可当真的,也没人当真的。

暗拟的典型代表是好鹤的卫懿公,是动了真格的。"卫懿公好鹤,鹤有乘轩者。将战,国人受甲者皆曰:'使鹤,鹤实有禄位,余焉能战!'……及狄人战于荧泽,卫师败绩,遂灭卫。"(《左传·闵公二年》)卫懿公把鹤当作人,让鹤享受大夫的俸禄,乘轩车(有屏蔽的车,当时只有大夫以上爵位的人才能乘)。封丹顶鹤为太师,蓝鹤为国相,两只灰冠鹤为将军。命令玉匠在玉器上镌刻上太师、将军、国相等字样,挂在鹤的脖颈上。卫懿公将鹤当作人且信以为真的行为就是"暗拟"。再如,司马迁《史记·吕太后本纪》记载:"太后遂断戚夫人手足,去眼,煇耳,饮喑药,使居厕中。命曰'人彘'。居数日,乃召惠帝观人彘。惠帝见,问,乃知其戚夫人,乃大哭,因病。"(《汉书》作"人豕")吕后是千真万确地把戚夫人当作猪、当作动物来对待的。

暗拟是修辞格,也是行为方式,是做出想让人信以为真的行为。比如,战争影视中,打了败仗的将领伪装成伙夫或商人逃跑,被俘后坚决不承认自己是将军司令官,就说自己是伙夫或商人,并希望别人相信。将领佯装成伙夫或商人,并要求他人真把自己当作伙夫或商人,这就是比拟,是暗拟。如《韩非子·说林上》对田成子(田常)逃亡之事的记载也有异曲同工之妙:

> 鸱夷子皮事田成子,田成子去齐,走而之燕,鸱夷子皮负传而从。至望邑,子皮曰:"子独不闻涸泽之蛇乎?泽涸,蛇将徙。有小蛇谓大蛇曰:'子行而我随之,人以为蛇之行者耳,必有杀子者。不如相衔负我以行,人以我为神君也。'乃相衔负以越公道。人皆避之,曰:'神君也。'今子美而我恶,以子为我上客,千乘之君也;以子为我使者,万乘之卿也。子不如为我舍人。"田成子因负传而随之。至逆旅,逆旅之君待之甚敬,因献酒肉。

田成子就是齐国的执政大臣田常,政治斗争失利后逃往燕国。跟随田成子一同逃跑的有谋士鸱夷子皮。鸱夷子皮对田成子讲这个故事的基本思路是,让田成子以贵族的身份充当自己的随从,从而迷惑守关人。因为鸱夷子皮认为,田成子仪表堂堂,服饰华丽,而他自己相貌丑陋,衣服一般,如果他做随从,人们会把田成子当作中等国家的君主。如果田成子假扮他的随从,人们就会把他当作大国的君主。田成子听取了鸱夷子皮的提议,扮作鸱夷子皮的随从。此举果然获得了成功。鸱夷子皮的这一策略就是比拟术。

## 5. 比拟与道德

根据普鲁培克(Phutarch)记载,亚里士多德说:"尊重希腊人如朋友和亲人,但对其他人,则应视为植物或动物。"① 把非希腊人当作植物或动物,这就是拟物。在奴隶制社会,奴隶主把奴隶当作会说话的工具,这是拟物。奴隶制社会是拟物制社会,奴隶不是人,是物,是会说话的工具,可以在奴隶市场上买卖的劳动工具,而且奴隶主对奴隶有生杀大权。拟物是奴隶制社会的法律。恩格斯在《家庭、私有制和国家的起源》中提到在幼里披底斯的诗中把妻子叫作Oikurema,即做家务的一种物件的意思,为中性名词。"妻子"是中性名词,就是把妻子当作一种物件,就是人-物拟修辞格。事实上,将人视为物件或财产的做法在历史上并不少见,D. D. 拉斐尔的《道德哲学》对此也有如下阐述:

> 奴隶制采取许多形态,但所有奴隶制共同本质特点是,将一个人当作另一个人的财产,前者可备后者随意使用和处置。同样的特点可表征历史上共同的杀婴形态,今日继续存在的对残疾婴儿的一些想法也是如此。
>
> ……
>
> 在关于残疾儿的论证中,一个考虑是父母试图再要一个正常孩子的实际可能性。重视这一点是完全合适的,但认为因此父母有权"抛弃"现有的婴儿,仿佛在处置一把不舒服和不需要的椅子,以便给另外的椅子腾出地方,这合适吗?通常认为生儿育女蕴含着父母的责任,如果孩子的残疾如此严重,照顾他或她的责任格外繁重,实际上无穷无尽,父母可合情合理地要求免除这个责任;但他们不能辩白说,所以谁也没有接管照顾这个孩子的责任。一个孩子"属于"他的生物学的或领养的父母,因为是他们而不是其他任何人有哺育他的权利和义务,条件是他们接受这个义务。
>
> ……
>
> 孩子不会是父母的财产。如果我拥有一件东西,也许是漂亮的或稀罕的,我有权由于疏忽或误用而损坏它或破坏它,不管其他人多么痛惜我的行为。父母对孩子的关系则不是如此。人类生命属于上帝的宗教学说,它禁止自杀也许有问题,但它的更一般的含义是正确的,即人类生命不属于任何人,不由任何人摆布。②

由此可见,将人(包括奴隶、女人、婴儿)视为物或者财产的这种做法在一定的时代和社会环境中十分常见,而且许多人对此习以为常,这种观念显然是错误的,不道德的。尽

---

① 罗伯特·赖特著.非零年代——人类幸运的逻辑[M].李淑君,译.上海:上海人民出版社,2013:231.

② D. D. 拉斐尔.道德哲学[M].丘仁宗,译.沈阳:辽宁教育出版社,1998:183-184.

管奴隶制社会已经一去不复返,但是奴隶制思想依然存在于我们许多人的内心之中。把他人当作物、当作私有财产的思想事实上一点也不陌生,不把人当作人的思想和行为是如此地普遍,因此真正把人当作人并不是一件很容易实现的事情。此外,把孩子当作父母私有财物的思想也同样根深蒂固,仍然有不少人觉得打骂孩子是父母的权利,其他人无权干预。这种将人视作物而不自知的观念,与暗拟所追求的"去辞格化"有一定的相似之处。

## 6. 无处不在的比拟

跟隐喻和转喻一样,比拟不仅是常用的修辞格,也是人类最重要的认知方式和行为方式,可以说比拟无处不在,体现在人类言语交际和日常行为的方方面面。比如,馒头的产生与命名就是基于比拟。作为中国最常见的食物之一,馒头相传是诸葛亮创造的,《三国演义》第九十一回"祭泸水汉丞相班师"对此有专门记录:

> 土人说:"须依旧例,杀四十九颗人头为祭,则冤鬼自散。"
> 孔明曰:"本为人死而成冤鬼,岂可又杀生人耶?吾自有主意。"
> (孔明)唤厨宰杀牛马,和面为剂,塑成人头,内以牛羊等肉代之,名曰"馒头"。当夜于泸水岸上,设香案,铺祭物,列灯四十九盏,扬幡招魂,将馒头等物陈设于地。三更时分,孔明金冠鹤氅,亲自临祭,令董厥读祭文。

诸葛亮用面粉和牛羊等肉制作馒头,当作人头,代替人头,这就是比拟。这跟人俑的产生具有相近的理据。"始作俑者",指最早制作像人的俑的人。《孟子·梁惠王上》:"仲尼曰'始作俑者,其无后乎!'为其象人而用之。"用像人的俑陪葬,用人俑代替真人陪葬,是一种进步的行为。诸葛亮发明代替人头的馒头,显然是受到"始作俑者"的启发,可以说馒头的创造是诸葛亮对始作俑者的仿拟。

诸葛亮用馒头代替人头。反其道而行之的是《水浒传》里十字坡那个孙二娘的黑店,用人肉做馒头。孙二娘口中"今日得了这三个行货倒有好几日馒头卖"里的"行货"就是武松和两个公差。孙二娘是把人当作猪牛羊马了。

《西游记》中猪八戒把三块青石头当作唐僧、沙僧和行者,也是比拟行为。孙悟空逼猪八戒去探路,猪八戒却只想糊弄师傅和师兄弟:

> 那呆子入深山又行四五里,只见山凹中有桌面大的四四方方三块青石头。呆子放下钯,对石头唱歌大喏。行者笑道:
> "这呆子!石头又不是人,又不会说话,又不会还礼,唱他喏怎的,可不是个瞎账?"
> 原来那呆子把石头当作唐僧、沙僧、行者,朝他演习哩。他道:
> "我这回去,见了师傅,若问有妖怪,就说有妖怪。他问什么山,——我若是说泥捏的,土做的,锡打的,铜铸的蒸的,纸糊的,笔画的,他们见说我呆哩,若讲这话一发说呆了;我只说是石头山。他问什么洞。也只说是石头洞。他若问门,却说是钉钉的铁叶门。他问里边有多远,只说入内有三层。十分再搜寻,只说老猪心忙记不真。此

词编造停当,哄那弼马温去!"(《西游记》第三十二回)

猪八戒编造谎言欺骗师傅与师兄弟,需要预先演习一番,就用三块桌子大的青石头当作唐僧、沙僧和行者。这三块青石头跟唐僧、沙僧和行者没有任何相似点或相关性,所以猪八戒的行为不是比喻或借代,而是比拟。

基于比拟思维的行为方式多种多样,千奇百怪。《环球时报》2022年7月25日报道:"印度一名女子近日举办'自婚',在该国引发轰动,她嫁给的对象是自己。这名女子按照印度教的婚礼仪式举行婚礼,并去往果阿度蜜月,唯一不同的是她是独自去的。""自婚"也是拟人,把自己一分为二,把自己的一部分当作异性。其实,关于印度奇特婚姻的消息不是第一次给世界带来惊诧,"印度人结婚的对象有时很奇特——可能是一棵树、一尊神像,甚至是一只动物。""印度不时还有人和动物结婚的新闻被报道。有印度女子'嫁给'一条狗。"媒体还报道过印度之外,有男子同动物结婚的事。这种把非人当作人的做法即可视为"拟人"思维的一种表现。

比拟是思维方法,是原始思维的特色,万物都是人,创作出一个比拟的世界。比拟是幼儿的思维方式。比拟是童话必不可少的要素。幼儿的眼里,万物都是人,都是幼儿,都跟幼儿一样地说话行动。比拟绝不仅仅是属于原始人或未成年人的。比拟也是现代人的思维方法,也是成年人的思维方法。比拟是古今人们的共同的思维方式,古人今人都生存在比拟的世界之中。麦比克汉姆(M. Mcluhan,1911-1980)说:"人可以越来越多地把自己转换成其他的超越自我的形态。"[1]"在自动化的时代里,所有的事物都可以转换成人所欲望的任何其他东西。"[2]比拟也在与时俱进,与高科技共舞。现代人同样生活在比拟的世界之中,有人甚至难以区分现实世界与比拟的虚幻世界,迷恋电子游戏的人就是比拟狂。

比拟是修辞格,是思维方式、行为方式和生存手段,比拟丰富了人类的生活。比拟也是某些疾病的根源,恋尸癖、恋物癖就是比拟疾病。

(王希杰　南京大学)

---

[1] 麦克汉姆.理解媒介——论人的延伸[M].何道宽,译.北京:商务印书馆,2000:93.
[2] 麦克汉姆.理解媒介——论人的延伸[M].何道宽,译.北京:商务印书馆,2000:94.

# 十七 作为修辞格与思维或行为方式的夸张[①]

夸张是最重要的修辞格之一,通常被定义为对事物的形象、特征、作用、程度等方面着意夸大或缩小的修辞方式。夸张在各民族都极其常见,极其常用,如"力拔山兮气盖世""蜀道之难,难于上青天"等都是典型的夸张。

夸张的载体不限于语言,也可以是其他符号或者任何符号化了的事物。比如,原始艺术、漫画和戏剧中都随处可见夸张的影子。夸张除可以分为扩大夸张和缩小夸张外,也可以根据说话人的表达意图分为明夸、暗夸和谬夸,还可以根据表达效果的社会评价分为正夸和负夸。

夸张不仅是一种表达手段,也是一种思维方式,是认识、研究与创新的方式。

## 1. 比喻与夸张和双关

夸张(hyperbole)和比喻(figure of speech)都是各种语言中普遍存在的修辞格,不仅很常见,而且必不可少,三岁小儿也会打比喻和夸张,说出"爸爸是大灰狼"之类的话。比喻和夸张都古已有之,甚至可以说是与人类一同出现的。

比喻的生命在相似点。比喻分为明喻和暗喻。明喻(simile)用比喻词来公开声言是打比喻,比喻词是明喻的标志。暗喻(metaphor)是伪装的比喻,当作事实来陈述的比喻,因此暗喻没有比喻词。如果有比喻词,那就不是暗喻。"他是瞎子(聋子、死人)"不是比喻,是事实的陈述。只有在特定的语境中,才是比喻句。所谓借喻其实也是暗喻,是暗喻的一种。

夸张的特征是言过其实,扩大或缩小事实,甚至无中生有,荒谬绝伦。夸张分为明夸和暗夸两种。明夸是公开声言的夸张,夸张者要求接受者不可当作事实,尽力避免被当作事实,希望对方知道这只是夸张而已。明夸被误以为是事实,有的是表达者的表达不当,有的是接受者的阐释失误。暗夸是表达者要求接受者当作事实来解读的隐蔽的夸张,夸张者拒绝承认是夸张,力求避免接受者当作夸张来解读。

夸张和反语,我们向来以为就是双关。因为都有表里两层意义,都要求在两层意义中进行选择。反语的特点是两层意义是相互对立的,夸张的特征是两层意义之间具有巨大的差(夸张差)。明夸和反语同双关一样,要求接受者舍弃表层意义(字面意义),接受深层意义(话语含义,说写者的本义)。暗夸是逆反的双关,尽力掩盖说写者的本义,要求接受

---

[①] 此专题内容主要来自王希杰论文《夸张论略:明夸和暗夸与谬夸及其他》(《南京晓庄学院学报》2021年第1期),收入教材时编者根据审校要求对标题、结构和内容做过一些调整。如引用其中内容,请使用封底的二维码获取原文和出处信息。作者关于"比拟""夸张"和"反语"的三项研究反映了他有关修辞格的新思考。"反语"一文可通过封底二维码获取原文。

者把表层意义(夸张义)当作夸张者的本义。夸张、反语和双关的共同点是:同时具有两种意义,要求接受者舍弃其中的一种意义,只接受表达者预期的那一种意义。

## 2. 明夸和暗夸

### 2.1 明夸

夸张是一种修辞格。修辞学上的夸张格是以交际双方的默契为前提的。说到夸张,人们很容易想到李白和他的"白发三千丈,缘愁似个长"(《秋浦歌》)。李白是夸张高手:

①燕山雪花大如席,片片吹落轩辕台。(《北风行》)
②飞流直下三千尺,疑是银河落九天。(《望庐山瀑布》)
③兴酣落笔摇五岳,诗成笑傲凌沧洲。(《江上咏》)
④咏诗作赋北窗里,万言不值一杯水。(《答王十二寒夜独酌有怀》)
⑤三杯吐然诺,五岳倒为轻。(《侠客行》)

夸张是李白诗歌常用的修辞手法之一,也是成就他的诗仙称号的主要手段之一。夸张是李白的标志。李白的夸张是典型的修辞学上的夸张。

修辞学上的夸张修辞格和文学上的创作手法的夸张是统一的,修辞学论著中论述修辞格——包括夸张在内的例子大都来自文学作品。修辞学不可能丢弃、排除文学的创作手法来讨论修辞学的夸张修辞格。文学创作手法的夸张是夸张修辞格在文学创作中的运用与深化。

### 2.2 暗夸

暗夸通常尽力掩盖说写者的本义,希望接受者按字面义着实理解,即将表层意义(夸张义)当作说写者的本义。《资治通鉴》中有如下记载:"曹操遗孙权书曰:'近者奉辞伐罪,旄麾南指,刘琮束首。今治水军八十万众,方与将军会猎于吴。'权以示群下,莫不震惊失色。"[1]东吴文武大臣"莫不震惊失色",曹操的夸张达到了他预期的表达效果。夸张在曹操的手中成了克敌制胜的手段。曹操的这个夸张不符合修辞学家对夸张的要求,因为他不希望对方把自己的话解读为夸张,而是要孙权和东吴文武大臣把它当作事实。如果孙权和东吴文武大臣都认为这是夸张语,则曹操的夸张就没有达到预期的效果,就失败了,威胁毫无效果。而根据司马光的记述,东吴文武大臣"莫不震惊失色",表明曹操的夸张达到了他预期的表达效果。

将"今治水军八十万众"当作夸张来解读的,是周瑜和诸葛亮。据《资治通鉴》记载:

---

[1] 司马光.资治通鉴(第六十五卷)[M].北京:中华书局,2007:767.

"是夜,(周)瑜复见(孙)权,曰:'诸人徒见(曹)操书言水军八十万而各恐慑,不复料其虚实,便开此议,甚无谓也。今以实校之,彼所将中国人不过十五六万,且已久疲,所得(刘)表众亦极七八万耳,尚怀狐疑。夫以疲病之卒御狐疑之众,众数虽多,甚未足畏。'"①周瑜指出,吴国大臣是把曹操的"今治水军八十万众"的夸张之语错误地当作事实才产生了恐惧感的。周瑜认为曹操的水军八十万是虚张声势,是夸张,而且他用事实来尽力论证。此处需要引起注意的是,曹操的夸张与修辞学的"明夸"存在明显不同。修辞学中的明夸努力避免让人误以为真,曹操的夸张却尽力避免被人看出是夸张,希望对方信以为真,而且曹操将二十多万人夸张成八十万,而不是八百万,这一数量还没有违背时人的常识,不易判断这是否是虚张声势,因而具有很强的迷惑性。这种曹操式夸张具有明显的"暗夸"特征,以让人信以为真为目的。

以往的修辞学总是只重视明夸而忽视暗夸,拒绝承认曹操式夸张。文军《英语修辞格词典》说:"由于夸张是人们从主观出发,有意识地把事实夸大,以达到强调或突出重点的一种修辞法,所以它往往注重表达深切的感情,而不注重客观事实的记述。"②曹操式夸张显然不符合这个要求。但是,事实上,暗夸并不少见,它也是一种非常普遍的社会现象,在社会生活中的作用和地位不可低估。因此,修辞学不可以继续排除暗夸。

## 2.3 明夸和暗夸的对立

承认并接纳曹操式夸张之后,夸张的世界便是明夸和暗夸对立的二分天下。

明夸就是传统修辞学所说的夸张。"夸张法,是将事物作过度夸大或缩小的、在一个远高于或远低于原实际状况的程度上提示该事物。但是,那不是为了欺骗,而确实是为了导向真实本身;是为了以叙述难以置信之事而使确该置信之事得以明确。"(丰台涅《辞格》)③明夸是表达者自觉的夸张,是表达者要求当作夸张来解码的夸张,是接受者也绝不会当作事实来解码的夸张。如"娘们儿的泪水在脸上沙土堆里开了两道河"(张天翼《最后的列车》),正常情况下,绝对不会有人将这样的夸张当作事实。人际的许多矛盾和冲突的来源之一就是接受者把人家的夸张——明夸——当作事实来解读。明夸与事实绝不能混为一谈。如"有时得句一声发,惊起鹭鸶和夕阳"(陆龟蒙《吟》),大吼一声,惊起鹭鸶不足奇,惊起夕阳只能是夸张,绝对不是事实。明夸具有强烈的修辞色彩,具有加强语势的作用。

豪言壮语是明夸,不可当真的。"使我临天下十年,当使黄金与土同价"④就属于此类。明夸是审美语言的特征,也是文学创作的主要手段。小说、诗歌、相声、笑话、小品、戏剧(喜剧、闹剧)、动漫等都离不开夸张。明夸是吴承恩的《西游记》、拉伯雷的《巨人传》的生命线。明夸不是说谎与欺骗,运用明夸者也没有说谎欺骗的用心。

---

① 司马光.资治通鉴(第六十五卷)[M].北京:中华书局,2007:768.
② 文军.英语修辞格词典[M].重庆:重庆大学出版社,1992:162.
③ 佐藤信夫.修辞感觉[M].肖书文,译.重庆:重庆大学出版社,2012:144-145.
④ 李延寿.南史[M].长沙:岳麓书社,1998:65.

明夸具有游戏功能,有娱乐性。中国小孩,谁不会拉钩上吊?"拉弓,放箭。一百年,不许变。开弓没有回头箭。"拉钩的人,谁能保证自己能活到一百年之后?但此处显然不可死抠字眼儿。再如小学生之间往往打趣道:"大头大头,下雨不愁;你有雨伞,我有大头。"但绝不会有人真的认为头大的孩子下雨时不需要雨伞。

明夸是社会文明的标志。客套话、礼貌用语、礼仪语言、外交语言、公关语言、广告用语等都广泛运用明夸,例如祝寿的"寿比南山不老松,福如东海长流水"、祝贺新婚的"一世良缘同地久,百年佳偶共天地"、新书广告语:"30 天搞定当众说话……让你一开口就成为热点"等都是明夸的例子。

暗夸就是暗地里的夸张,是说写者要求接受者当作事实来接受的夸张。暗夸的运用往往具有比较强烈的实用目的。如果说明夸主要是审美性、劝说性的,那么暗夸则是实用性、功利性的。正如暗喻比明喻更为复杂,暗夸也比明夸更加复杂。

暗夸往往具有误导性。佐藤信夫说:"我们必须注意否定论和肯定论双方自明而默认的某种共同的大前提,这就是夸张法是撒谎的说法,并且在大前提之后仍然是默认谎言是难以饶恕的罪过这一共同小前提的。"①"如果可以将虚假直接称作谎言的话,那么夸张中的确包含了谎言。"②他的评论适用于暗夸,不适用于明夸,因为误导性、欺骗性属于暗夸,明夸没有误导性和欺骗性,不应看作谎言。暗夸运用十分广泛,出现频率特别高。政治、军事、外交、经济、公关、社交、休闲、娱乐等都离不开夸张。暗夸的误导性具有娱乐功能与欺骗功能。

明夸是动之以情,属于形象思维。暗夸就是心计,属于逻辑思维。暗夸具有策略性,通常是一种策略手段。

## 3. 夸张的载体

修辞学家论述夸张的时候,经常引用鲁迅《漫谈"漫画"》中的一段话:

漫画要使人一目了然,所以那最普通的方法是"夸张",但又不是胡闹。无缘无故的将所攻击或暴露的对象画作一头驴,恰如拍马家将所拍的对象做成一个神一样,是毫没有效果的,假如那对象其实并无驴气息或神气息。然而如果真有些驴气息,那就糟了,从此之后,越看越像,比读一本做得很厚的传记还明白。关于事件的漫画,也一样的。所以漫画虽然有夸张,却还是要诚实。"燕山雪花大如席",是夸张,但燕山究竟有雪花,就含有一点诚实在里面,使我们立刻知道燕山原来有这么冷。如果说"广州雪花大如席",那可就变成笑话了。

鲁迅论述的话题是漫画,所举的例子却是李白的诗歌。为什么论述漫画却使用诗歌的例子?这是因为夸张是诗歌和漫画的共同的手法。诗歌(语言的,听觉的)的夸张和漫

---

① 佐藤信夫.修辞感觉[M].肖书文,译.重庆:重庆大学出版社,2012:148.
② 佐藤信夫.修辞感觉[M].肖书文,译.重庆:重庆大学出版社,2012:250.

画(视觉的,图形的)的夸张,本质上是相同的,虽然其载体有所区别。这就是说,夸张不仅仅是属于语言世界的,同时也是非语言世界的重要表达手段。岩画、图腾、面具、舞蹈、工艺品等都离不开夸张。夸张也是身态语言的重要手段,如夸张的表情、夸张的动作。身态语言中夸张也有明夸和暗夸之分,球类比赛中的所谓"假动作"就是暗夸,只有在对手误以为真的时候,假动作才能取得预期效果。

非语言手段的夸张有时也作为军事策略运用于战争中。如《资治通鉴》记载的孙膑减灶法就是典例的暗夸:

孙子谓田忌曰:"彼三晋之兵素悍勇而轻齐,齐号为怯。善战者因其势而利导之。兵法:百里而趋利者蹶上将,五十里而趋利者军半至。"乃使齐军入魏地为十万灶,明日为五万灶,又明日为二万灶。庞涓行三日,大喜曰:"我固知齐军怯,入吾地三日,士卒亡者过半矣!"乃弃其步军,与其轻锐倍日并行逐之。①

孙子的夸张运用的是非语言手段,其目的是迷惑对手庞涓,这是战争策略,他成功了。庞涓之所以失败,自杀于马陵道,就是因为他没有正确地解码,把夸张(暗夸)当作事实了。《三国演义》第一百回,诸葛亮变用孙膑的减灶法,运用增灶法使司马懿放弃追赶。

至此,我们可以区分出载体不同的两大类夸张:语言的夸张和非语言的夸张。即语言学(修辞学)的夸张和符号学的夸张,其中非语言载体的夸张可以称为"符号夸张"。

夸张是人类的本能,是原始思维和原始艺术的特征。原始艺术的特征就是夸张。极度夸张是岩画的特点,是原始舞蹈的特点。舞蹈的时候头戴各种动物头套是静态的夸张,夸张地模仿着各种动物行为的动作则是动态的夸张。对非语言载体的夸张的研究是属于符号学的,从符号学的角度看,夸张应当包括语言的夸张和非语言的夸张。超市门前的橱窗里那些奇大无比的靴子、帽子、项链什么的,都是夸张。

从夸张的载体上看,夸张可分为语言夸张和非语言夸张(符号夸张)。语言的夸张是语言学的修辞学的研究对象,非语言载体的符号夸张则是符号学的修辞学的研究对象。两者虽然有差异,但是共同性是第一位的,可以分别去研究,也应当加以统一,即语言的夸张和非语言的夸张都是夸张——扩大夸张。

## 4. 夸张与诚信及谬夸

论说夸张的诚信问题,中国现当代修辞学家经常引用鲁迅对"燕山雪花大如席"的评论,他说这夸张含有一点诚实在里面,因为燕山确实有雪花,如果说成"广州雪花大如席"就不可接受。鲁迅说的是传统修辞学中的夸张,仅仅是明夸。暗夸,例如曹操的"八十万大军",不在鲁迅的讨论范围之内。我们在《修辞学导论》中谈及夸张与诚信的关系时也是以鲁迅的论断为出发点的:

夸张,一方面要有诚意,夸而有据,夸而有节,不可把夸张变成胡说八道;另一方

---

① 司马光.资治通鉴[M].北京:中华书局,2007:18.

面既然是夸张,就不能让人当成事实来解码。李白写道:"白发三千丈!""燕山雪花大如席!"这夸张是有理有节的。……人们一眼就知道这是在夸张,绝不是事实!……但是,假如诗人说:"白发三尺长!""白发三丈!""燕山雪花大如豆!""燕山雪花大如手!"读者就可能会误以为真的有这样的事情的。这就是交际的误会,或者叫作"交际短路现象",这当然是不好的。

这里说夸张不可让人误以为真,若被误以为真,就是失败的夸张。其实,"夸而有据"的夸张只是指"明夸"。"暗夸"则恰好与之相反,即看似有理有据,实则并非如此。事实与否跟诚信其实是两码子事情。曹操说"八十万大军",言过其实了,但是他毕竟是有好多万大军的,然而也不能说曹操说"八十万大军"是建立在诚信的基础上的。

日本修辞学家佐藤信夫说:"真正为了骗人的谎言,必须讲得不像谎言一样,即使夸张过头,也会不让它的过头这种事情败露,即煞有介事地完成,否则就起不到谎言的作用。夸大广告之所以受到责备,就是因为它装出不是夸大的样子,最终,善良的消费者不觉得是夸大广告。作为不道德的夸张,是以绝不表现为夸张为特征。"[①]这里讲的就是暗夸的特征,不是明夸。可见,佐藤信夫实际上已经把暗夸纳入修辞学了,他讨论的夸张是包括暗夸的广义夸张。套用佐藤信夫的话来说:成功的暗夸必须说得不像夸张,才能达到预期的效果。换言之,真正成功的暗夸要求对方承认、相信自己是诚信的。比如,有一种扑克牌游戏就是以吹牛为特征,这里的吹牛就是夸张,是暗夸,明明是吹牛(夸张)却要对手当作非吹牛(非夸张),即当作是事实;明明是事实,却偏偏要对手当作是吹牛(夸张)。成功的奥妙是,装作诚信的样子,引诱对手相信你是诚实的。

有些毫无事实依据的夸张也未必是失败的夸张,"广州雪花大如席"也不一定就必然是笑话。在特定语境下,夸张也可以无中生有,甚至是荒谬绝伦的。例如汉乐府诗《上邪》:

上邪!
我欲与君相知,
长命无绝衰。
山无陵,江水为竭,
冬雷震震,夏雨雪,
天地合,乃敢与君绝!

"江水为竭""冬雷震震,夏雨雪""天地合"显然是不可能的事情,但用在这首乐府诗中却构成了绝妙而成功的夸张,人们是绝不会将其当作笑话来看待的。事实上,许多成功的夸张都是毫无事实依据的,是绝对荒谬的。夸张有时并不局限于事实的扩大或缩小,在合适的语境下,看似无中生有、毫无逻辑、毫无事实依据的话仍然可能是绝妙的夸张,不能轻易将这种夸张与"无诚信"画等号。扩大夸张和缩小夸张都是以某个事实作为夸张原点的,夸张原点跟夸张后点之间存在夸张差,但这两类夸张并不能涵盖上述情况。再以郭沫若的《天狗》为例:

---

① 佐藤信夫.修辞感觉[M].肖书文,译.重庆:重庆大学出版社,2012:151.

## 十七 作为修辞格与思维或行为方式的夸张

　　我是一条天狗呀!
　　我把月来吞了,
　　我把日来吞了,
　　我把一切的星球来吞了,
　　我把全宇宙来吞了。
　　……
　　我剥我的皮,
　　我食我的肉,
　　我啮我的心肝。
　　我在我的脊椎上飞跑,
　　我在我的脑筋上飞跑。
　　……

"把全宇宙来吞了"?天狗存在于宇宙之中,岂不就是把自己也吞了?"我在我的脊椎上飞跑,我在我的脑筋上飞跑"看似是胡说八道,思维混乱,荒谬绝伦,但其修辞效果却很好。将这种夸张归类为扩大夸张或缩小夸张都不够妥当,可以将其称之为"谬夸"。

　　毫无可能甚至违反逻辑的夸张我们都可以称之为谬夸。所谓"谬夸"其实古已有之,上文所引汉乐府诗《上邪》就运用了"谬夸"的修辞手法。现代通俗艺术作品也时常使用谬夸,如二人转《杨八姐游春》:

　　我要你一两星星二两月,
　　三两清风四两云,
　　五两碳烟六两气,
　　七两火苗八两光明,
　　火烧龙须要九两,
　　冰溜子烧灰要一斤,
　　井里的塌灰要斤半,
　　长虫汗毛要七斤,
　　苍蝇心来蚊子胆,
　　兔子的犄角蛤蟆鳞,
　　四楞鸡蛋要八个,
　　三搂粗的牛毛要九根,
　　天鹅绒毛织手巾。

　　日常生活中谬夸的使用也非常普遍,如"太阳从西边出来了""等到三十晚上出月亮的时候吧""煮熟的鸭子飞啦"等都是日常口语中出现的谬夸现象。接受者一般不可能对谬夸信以为真,颠倒歌、说谎歌等都是如此。

## 5. 夸张的功能

夸张是揭示事物本质的重要手段之一。正如狙击手的瞄准,摒弃目的物之外的一切,即摒弃一切非本质的次要的东西,最大限度地扩大目的物,眼里只有一个目的物。德国爱德华·傅克斯在《欧洲风化史:文艺复兴时代》中说:

漫画最好地、可以说是从根本上表现了时代的意向。……

漫画的本质无疑是夸张。

……罗浮宫收藏的鲁本斯那幅辉煌的名画《乡村节日》,是历史上最大胆的漫画之一,着力表现了乡间节庆疯狂纵欲;事实上,乡间节庆无疑不是这样的。

然而,正是这样的画特别真实。这真实同夸张并不矛盾,而恰恰应该归功于夸张。画家在夸张的时候,摒弃了一切能够引起误会的外衣,发掘出现象的核心。依靠在数量及质量上强调对象的主要部分,基本规律成了活生生的东西,真实的本质发掘出来了,而且是那么鲜明,人们再也不能熟视无睹,不能擦肩而过。再高度的近视也会看到画家究竟画的是什么;最迟钝的心智也会明白现象的内在秘密。这一切都是靠夸张才达到的。所以,真实并不存在于中庸,而正存在于极端。

傅克斯强调漫画中夸张抛弃了非本质的次要的东西,摒弃一切可能引起误会的东西,更能够发掘出事物的本质。这对语言世界的夸张同样适用,同样很重要。修辞学家看重的是夸张加强语势与提升审美效应的功能,忽视了夸张的解释功能。事实上,夸张能够更好地揭示事物的本质。

夸张具有加强语势的功能,其实加强语势主要指扩大夸张。陈望道《修辞学发凡》:"说话上张皇夸大过于客观的事实处,名叫夸张辞。……大抵由于说者当时,重在主观情意的畅发,不重在客观事实的记录。我们主观的情意,每当感动深切时,往往以一当十,不能适合客观的事实。"①《辞海》中的表述则是:"修辞学上修辞格之一。运用丰富的想象,廓大事物的特征,把话说得张皇铺饰,以增强表达效果。"②

用于加强语势的夸张是表达强烈感情的最好方式,但是必须注意,强烈的感情往往妨碍正常的理性思维。有人说情人和诗人都是疯子,就是因为情人和诗人被强烈的感情所驱使不能正确地理性地思维,一味胡乱夸张或极度夸张,甚至把自己的荒谬绝伦的夸张当作千真万确的事实。战争小说、武侠小说中聪明的统帅(将军)经常使用夸张故意激怒敌人来达到战而胜之的效果。强烈感情往往导致以偏概全。比如,阿Q认为"凡尼姑,一定与和尚私通,一个女人在外面走,一定想勾引野男人,一男一女在那里讲话,一定有勾当了"③。以偏概全就是夸张。"一朝被蛇咬,十年怕井绳"也是强烈感情的产物。强烈的感

---

① 陈望道.修辞学发凡[M].上海:上海教育出版社,1976:128.
② 上海辞书出版社.辞海[M].上海:上海辞书出版社,1979:1474.
③ 鲁迅.鲁迅全集(第一卷)[M].北京:人民文学出版社,1982:499.

情是经验主义的土壤,如"男人没一个好东西!""你一辈子没有说过一句真话。""地球上的人都死光了,我也再不跟你说一句话的了。""我要相信你的话,我就不是人!"这些话都是相当危险的,是火药桶。强烈感情驱使之下容易无限上纲上线,而无限上纲上线就是极度夸张,是非常可怕和需要警惕的。

夸张不仅具有强化功能,也具有委婉功能。如果只强调夸张的强化功能就会"以偏概全",将"夸张"等同于扩大夸张,而忽视了与扩大夸张相对的缩小夸张。加强语势的功能是夸张的"强化功能",与之相对的是夸张的弱化功能,这常常被忽视了。具有弱化功能的是缩小夸张,它常常有减弱语势、避免刺激的功能,常用于委婉表达。比如,明明是受伤,却说是"挂花、擦破皮";明明是死亡,却说成是"长眠、安息、走了、老了"等,汉语中大量的委婉语都是缩小夸张构成的。总而言之,"夸张"在不同场合下既可以起到对表意的"强化作用",也可以起到"弱化作用",二者分别由"扩大夸张"和"缩小夸张"承担。

夸张有时还会作为一种论辩手段,经常体现在使用归谬法时把他人的谎言加以扩大,使之荒谬绝伦,让谎言不攻自破。如明人赵南星《笑赞》:

王安石向苏东坡言:"扬子云大贤,其仕王莽,校书投阁之事,必后人所诬枉,《剧秦美新论》,亦好事者所为。"东坡说:"正是,我也有些疑心,只怕汉朝原没个扬子云!"

真理向前走半步,就是谬误。把原先论题加以扩大或缩小,就可能把原先的论题(即使是真)变得荒谬绝伦,从而否定它。这是一种非常简单易行的否定对手论题的方法。这种基于夸张的归谬法是笑话、相声、小品、民间故事最常见的搞笑手段。

夸张其实是人类思维的法则。归纳法的基础是夸张。比如,表示科学严谨的"例不十,法不立"其实是夸张,有十个例子(事实)作为基础的规则不一定就是真理! 不过,为了证明一盒火柴是合格的,难道必须把每一根火柴都来划拉一下? 海关检验必须把进出口的每一件货物都检验一番? 根本不可能,也毫无必要。

人类的生存与进步离不开归纳法,尽管归纳法是有局限的。一万只乌鸦是漆黑的,无法保证第一万零一只乌鸦就不是雪白的,但是,人类不能没有归纳法。夸张思维法左右着我们的生活。所谓经验主义,就是夸张主义,把自己所经历的有限的事实扩大化、经典化、绝对化、神圣化。因此,夸张是发明创造之友,很多发明创造都必然跟某种夸张联系着。

## 6. 夸张的编码与解码

夸张是修辞学的,也是阐释学的。在修辞学中,夸张是编码策略,既然是一种策略,那就是编码者的有意为之的行为。在阐释学上,夸张是解码的工具。明夸建立在编码者和解码者的共识之上,暗夸是编码者和解码者处在相互对立的地位上。夸张的解读需要有庄子提出的"得鱼而忘筌""得意而忘言"的精神。对夸张而言,字面意义(表层意义)是荃(言),夸张者的本义是鱼(意)。对接受者而言,首先需要区分夸张和非夸张,其次需要区别明夸和暗夸。

区分语言表达中的夸张和非夸张并不总是容易的,如《西游记》第十四回中就描写了唐三藏误将孙悟空的实话实说理解为夸张的故事：

> 行者道："我往东洋大海老龙王家讨茶吃。"三藏道："徒弟啊，出家人不要说谎。你离了我，没多一个时辰，就说到龙王家讨茶吃？"行者道："不瞒师父说，我会驾筋斗云，一个筋斗，有十万八千里路，故此得即去即来。"

此处孙悟空是实话实说，不是夸张，唐三藏却解码为夸张（吹牛、说谎）。原因在于唐三藏是凡人，此时对不是凡人的孙悟空知之甚少，尚不了解孙悟空能"驾筋斗云，一个筋斗，有十万八千里路"。由此可见，要区分夸张与非夸张，需要交际双方具有某种共同的默契点。而此时唐三藏跟孙悟空之间缺少这个默契，这是出现解读失误的根源。不过，需要注意的是，孙悟空主观上没有夸张的意愿，因此这不是夸张。夸张是说写者有意为之的行为，若因认知不足而说出与事实不相符合的话，则不能视为夸张。夸张与非夸张的争辩是生活中经常发生的事情。有说话人不承认是夸张的："你太夸张了！""我真的一点也没有夸张。"有时候，说话人一句随口的夸张，却被听话人当作是事实，死死抓住不放过。

被误以为夸张是写实，把夸张言语解码为写实，责任在接受者。《战国策·齐策》中记载了晏子使楚时向楚王描述齐国都城临淄人口众多的话："临淄之途，车毂击，人肩摩，连衽成帷，举袂成幕，挥汗成雨。"王充《论衡·艺增》："齐虽炽烈，不能如此。"王充的批评是不妥当的，这样要求夸张是不妥当的。杜甫《古柏行》："孔明庙前有老柏，柯如青铜根如石。霜皮溜雨四十围，黛色参天二千尺。"对此沈括在《梦溪笔谈》中评价道：

> 杜甫武侯庙柏诗云："霜皮溜雨四十围，黛色参天二千尺。"四十围乃是径七尺，无乃太细乎？……此亦文章之病也。

王国维则在《学林》中认为沈括不应如此较真：

> 杜子美《古柏行》云："霜皮溜雨四十围，黛色参天二千尺。"存中《笔谈》云："无乃太细乎？"观国案：子美《潼关吏》诗曰："大城铁不如，小城万丈余。"世岂有万丈余城耶？姑言其高耳。四十围二千尺者，姑言其高且大也。诗人之言当如此。而存中乃拘拘然以尺寸校之，则过矣。

人的耳朵特爱听好话，许多好话即是夸张语。谁不爱听好话？关键是千万不可把好话当真，切记夸张不是事实，要时刻注意区分事实陈述和夸张之辞。相比较而言，暗夸比明夸更难解读。暗夸的解码是个大问题，是件麻烦事，还需要专门研究。

# 7. 余论

夸张加强了人与人之间的联系，是人际关系的润滑油。人与人之间最频繁、最亲密、最美好、最刻骨铭心的关系和情感的表达，往往离不开夸张手法的运用，比如，"屁大一点的事情，你可别当真！""芝麻大的一点事，你可别放在心里。""我们可是割头不换的铁哥们！""久闻大名，如雷贯耳！"等经常出现在我们的日常生活中。夸张有增强语势的作用和审美功能，有时也用于实现弱化和委婉，前者是扩大夸张，后者是缩小夸张。

夸张也可以根据话语表达效果的社会评价分为正夸和负夸，"人人为我，我为人人"是正夸,"没一个好东西"是负夸。乐观者善用正夸,反映的是积极的人生态度,很多好教师就经常对差生采用正夸教育法,正夸也是心理治疗的有效手段。悲观者常常负夸张,这在失败主义者和逃跑主义者身上都有集中体现。恐吓辱骂中出现的夸张也大多属于负夸张,如"祖宗十八代"就是中国最典型最常见的负夸张。不过,需要注意的是,过度夸张就会成为心理疾病,其表现可能是迫害狂或妄想症,也可能是极度自卑,还可能是"老子天下第一""自己一枝花,别人豆腐渣"的极度自傲。

夸张是人类的思维方式,体现在人们语言交流与行为方式的方方面面。修辞格的夸张和文学创作手法的夸张原本就是一回事,加强对夸张的研究,修辞学家应当走出修辞学,但是又要坚守着修辞学,走出之后,还应当回得来。修辞学作为一门学问,要多关注普通人的日常口语,普通人口里的夸张跟修辞格的夸张不应当对立与割裂,它们本来是相互联系着的,在研究中应当把二者统一起来。此外,以语言为载体的夸张与运用非语言的各种符号为表达载体的夸张本质上也是一回事,语言学或修辞学的夸张和符号学的修辞学的夸张理当统一起来。

夸张属于每一个人,丰富多彩的人生离不开对夸张手法的合理运用,没有了夸张,人生也许就会失去很多令人向往、心醉的色彩。

(王希杰　南京大学)

# 十八 神经语言学及汉语相关研究

## 1. 神经语言学[①]

现代科学和认知神经科学实验技术的不断进步使得对大脑功能进行非侵入性研究成为可能,这些实验技术的发展推动了研究人类思维和行为的神经基础的学科——认知神经科学的诞生。其中,对大脑语言功能的研究又被称为认知神经语言学或神经语言学。神经语言学是一门实验科学,研究者通常使用多种认知神经科学实验技术来研究大脑的语言功能和语言障碍(杨亦鸣,刘涛,2010)。以下是一些常见的认知神经科学实验技术。

(1)功能性磁共振成像(functional magnetic resonance imaging,fMRI):功能性磁共振成像技术能够通过对大脑的血流量变化进行检测,来研究特定任务对不同大脑区域的影响,以及这些区域之间的相互作用。

(2)脑电图(electroencephalogram,EEG):脑电图技术通过检测头皮上的电位变化来记录大脑的活动。这种技术可以测量事件相关电位(event-related potentials,ERP),这是大脑对特定事件(如听到声音或看到图像)的反应。

(3)脑磁图(magnetoencephalogram,MEG):脑磁图是一种测量人脑活动的非侵入性神经影像技术,利用超导磁性传感器记录脑内神经元产生的磁场变化。这种技术也可以测量事件相关磁场(event-related fields,ERF)。

(4)正电子发射断层扫描(positron emission tomography,PET):正电子发射断层扫描技术使用放射性示踪剂来测量大脑的代谢活动。这种技术可以用来研究特定任务对不同大脑区域的影响,以及这些区域之间的相互作用。

(5)经颅磁刺激(transcranial magnetic stimulation,TMS):经颅磁刺激技术使用磁场来激发大脑皮层的神经元,从而产生短暂的激活或抑制。这种技术可以用来研究特定大脑区域对于行为和认知功能的贡献。

(6)经颅电刺激(transcranial electrical stimulation,tES):经颅电刺激是一种非侵入性的神经调控技术,通过在头皮上施加低强度电流来调节大脑神经元的兴奋性和抑制性,包括直流电刺激(transcranial direct current stimulation,tDCS)和交流电刺激(transcranial alternating current stimulation,tACS)。

(7)近红外光谱技术(near infra-red spectroscopy,NIRS):近红外光谱技术是一种非

---

[①] 本专题中部分内容在来源文献中为彩色图片,能够显示更多细节信息,如果需要查看原图,可通过封底二维码获取 PDF 版彩色图片集。

侵入性的脑成像技术,可以测量大脑皮层区域的血氧水平变化,基于红外光穿透组织的能力,通过头皮表面的光纤探头对头部的近红外光进行照射和检测。

(8)眼动追踪(eye tracking):眼动追踪技术可以记录眼睛的运动,从而揭示人类视觉注意力的分配和视觉认知的过程。

人脑对语言的处理速度很快。例如,受过教育的成年人阅读速度每分钟可达200多个词(Brysbaert,2019)。因此,为了研究大脑语言处理过程,非常需要具有极高时间分辨率的实验技术(如郭桃梅等,2005)。脑电图技术具有毫秒级时间分辨率,并且记录脑电图的设备相对廉价,实验操作也比较简便。在神经语言学研究中,脑电图技术得到了广泛应用,特别是通过记录脑电图测量事件相关电位(刘燕妮,舒华,2003;王穗苹等,2004)。事实上,神经语言学的绝大部分研究都是使用脑电图/事件相关电位(或脑磁图/事件相关磁场)技术展开的。Luck Steven所著的《事件相关电位基础》(第二版)是事件相关电位技术研究领域的经典书籍(Luck,2014)。该书已被翻译成中文版,并受到许多学者的推荐。下文将简要介绍事件相关电位技术以及应用该技术研究人脑言语感知、视觉词汇识别、句子的语义加工、句法加工等方面的经典研究成果。

## 2. 事件相关电位技术

### 2.1 事件相关电位技术的发明和历史

事件相关电位技术源于1929年Hans Berger通过头皮电极记录到脑部电活动(Berger,1929),记录结果后来被称为脑电图。20世纪30年代,多位生理学家观测到人脑的脑电图。计算机技术普及后,脑电图的叠加平均变得容易,从而推动了事件相关电位技术的发展。1964年,Walter等人使用事件相关电位技术发现了关联性负变化(contingent negative variation,CNV),这是人类首次观测到的认知事件相关电位成分(Walter et al.,1964)。1965年,Sutton等人发现了P3成分(Sutton et al.,1965),引起广泛关注,P3一度成为事件相关电位技术的代称。

### 2.2 事件相关电位技术的神经基础

事件相关电位是由大脑皮层的锥体神经元产生的电信号叠加形成的。当一个事件(如图片或声音)诱发神经冲动到达大脑皮层时,会产生大量锥体神经元的活动,这些活动的电信号会在大脑皮层形成一个较大的电流环路,称为偶极子。偶极子会导致头皮表面记录到的电位产生变化,即事件相关电位。通常,事件相关电位的振幅非常小,只有几微伏,而大脑内的大量神经活动会在头皮表面产生几十微伏的电位变化,即脑电图。由于几微伏的事件相关电位淹没在几十微伏的脑电图中,因此需要使用叠加平均的方法将它们提取出来。这意味着必须将该事件重复上百次,然后将这些事件诱发的脑电图进行平均处理(如图 18-1 所示)。因此,事件相关电位技术的一个局限是"事件"必须重复上百次,实验设计时必须考虑重复效应的影响。

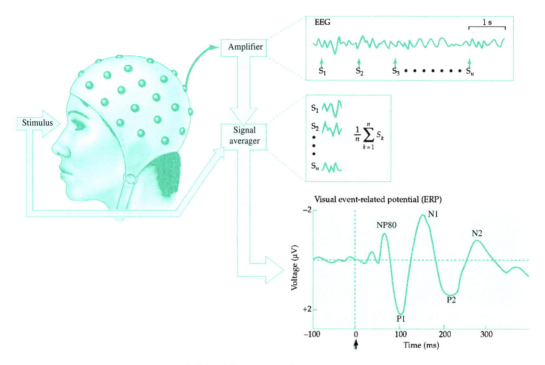

**图 18-1　事件相关电位原理示意图(Purves et al.,2013)**
(将脑电图进行叠加平均是获得事件相关电位的关键步骤)

受试者在记录脑电图时,佩戴电极帽,其中包含多个电极(通常为 16、32 或 64 导)。通过分布在头皮不同区域的电极记录电信号,并进行数学建模分析,可以计算事件相关电位的脑内源,也就是产生它们的脑区。这个过程称为事件相关电位的溯源分析。由于电信号要穿过颅骨和皮肤等阻抗大的人体组织结构才能被头皮表面的电极记录到,因此溯源分析的结果通常只能得到粗略的位置信息,仅具有参考价值。相比之下,如果记录脑磁图,则因为磁信号不会被人体组织结构所削弱,因此可以进行更准确的溯源分析。但是,记录脑磁图所需的设备比脑电图要昂贵得多,因此脑磁图的应用非常少。

## 3. 言语感知

### 3.1 失匹配负波

言语感知（speech perception）的研究涉及大脑如何处理音位和词汇。为了研究言语感知，通常采用 oddball 范式来诱发失匹配负波（mismatch negativity，MMN）这种事件相关电位成分（见图 18-2）。在 oddball 范式中，有一个声音被称为标准刺激，出现的概率很高（可能达到 90%）。而另一个声音被称为偏差刺激，出现的概率很低（可能仅为 10%）。偏差刺激的出现是随机且不可预测的。失匹配负波是指偏差刺激诱发的事件相关电位和标准刺激诱发的事件相关电位之间的差异。失匹配负波的潜伏期通常为 150 毫秒左右，并在这个时间点达到最大值。失匹配负波通常是在受试者不注意声音的情况下诱发的（比如观看一部无声电影）。因此，失匹配负波反映的是大脑在偏差刺激出现时对其进行的自动且快速的加工处理。失匹配负波有一些有趣且重要的特征，相关内容可参考 Risto Näätänen 于 2001 年发表的综述论文（Näätänen et al.，2001），或其于 2019 年出版的专著 *Mismatch Negativity: A Window to the Brain*（Näätänen et al.，2019）。

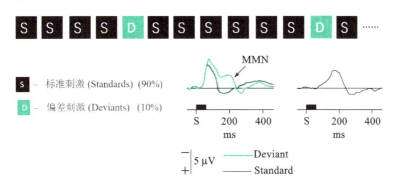

图 18-2　失匹配负波和诱发失匹配负波的 oddball 范式（Näätänen et al.，2001）

### 3.2 元音的感知

1997 年，Risto Näätänen 等人在自然科学顶级学术期刊 *Nature* 上发表了一篇开创性的研究（Näätänen et al.，1997），探究大脑感知元音的神经机制（见图 18-3）。该研究以芬兰语元音 /e/ 为标准刺激，以另外两个芬兰语元音 /ö/ 和 /o/ 以及在芬兰语中不存在但在爱沙尼亚语中存在的元音 /õ/ 作为偏差刺激，分别呈现给芬兰语受试者和爱沙尼亚语受试者。结果发现，对于芬兰语受试者，使用芬兰语中不存在的元音 /õ/ 作为偏差刺激所诱发的失匹配负波较使用芬兰语中存在的元音/ö/和/o/所诱发的失匹配负波明显更小。而对于爱沙尼亚语受试者，则没有发现这种现象（在该实验中，偏差刺激/o/、/ö/和/õ/都是爱沙尼亚语中存在的元音）。该实验的结论是大脑可以自动且快速地（约150毫秒）激活大脑中元音的长时记忆，使得我们能够听出所听到的是哪个元音，并且该记忆主要储存在左脑，而且这一过程无需注意力的参与。后续的研究发现，元音在大脑中的长时记忆是在出生后6~12个月形成的（Cheour et al.，1998）。此外，当我们学习一门外语时，外语中的元音也会逐渐在大脑中形成和母语中的元音一样的长时记忆（Winkler et al.，1999）。

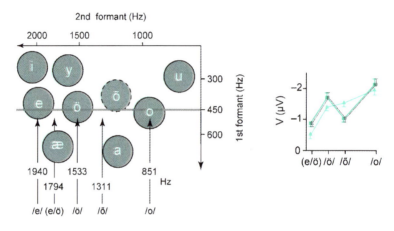

图18-3　元音感知的经典研究（Näätänen et al.，1997）

左图：标准刺激/e/和偏差刺激/o/、/ö/、/õ/的共振峰数值。右图：失匹配负波的振幅。黑色为芬兰语受试者诱发的失匹配负波的振幅，灰色为爱沙尼亚语受试者诱发的失匹配负波的振幅。

## 3.3　辅音和汉语声调的感知

通过诱发失匹配负波开展的相关研究发现，和元音一样，辅音在大脑中的长时记忆也会被自动且快速地激活（需要约150毫秒）（Phillips et al.，2000；Kazanina et al.，2006），并且同样具有左脑优势（Shtyrov et al.，2000）。此外，汉语声调的长时记忆也会在约150毫秒的时间内被自动激活（Xi et al.，2010）。不过，汉语声调的长时记忆是否具有与元音和辅音一样的左脑优势尚存在争议，因为声调所诱发的失匹配负波可能会受到侧抑制的影响（Gu et al.，2019），从而使声调诱发的失匹配负波不能准确地反映声调长时记忆的左右脑优势。

## 3.4 词的感知

既然音位(元音、辅音、声调)在大脑中的长时记忆可以被快速、自动地激活,那么词的长时记忆呢? 根据经典的语言处理心理模型(见图 18-4,Patterson and Shewell,1987),言语词应该在大脑中存在两种长时记忆,即词形(word form)的长时记忆和词义(word meaning)的长时记忆。词形的长时记忆对应模型中的听觉输入词库(auditory input lexicon)和语音输出词库(phonological output lexicon),前者存储词的语音编码,后者存储词的发音方式编码。词义的长时记忆则对应模型中的认知系统(cognitive system),存储词的语义信息。

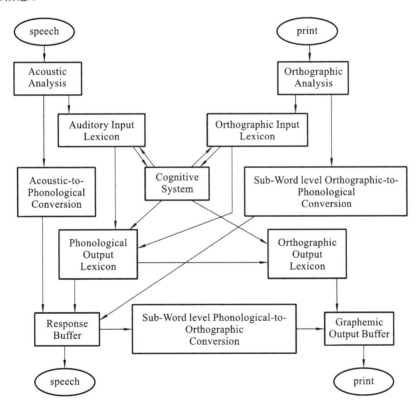

图 18-4 Patterson 和 Shewell 提出的语言处理心理模型

Pulvermuller 等人参照音位感知的失匹配负波研究,使用诱发失匹配负波的方法研究了词的感知(Pulvermuller et al.,2001,见图 18-5)。他们的研究使用芬兰语作为实验材料。在一个 oddball 中,假词"lakke"作为标准刺激,而真词"lakki"和真词"lakko"作为偏差刺激;在另一个 oddball 中,假词"vakke"作为标准刺激,而假词"vakki"和假词"vakko"作为偏差刺激。结果发现,两个真词所诱发的失匹配负波振幅均显著大于两个假词所诱发的失匹配负波。在完全不懂芬兰语的外国人对照组,研究者则没有发现真词诱发的失匹配负波振幅增大现象。在芬兰语受试者中,真词所诱发的失匹配负波反映了长时记忆的激活。因此,和音位一样,词的长时记忆也被自动且快速地激活。

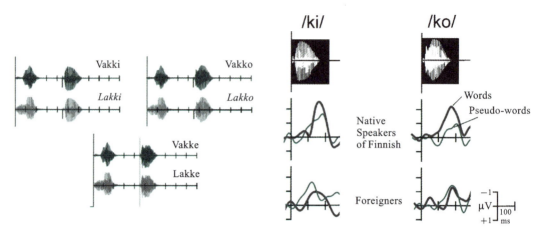

**图 18-5　言语词感知的经典研究**

斜体表示真词,正体表示假词。真词诱发的失匹配负波的振幅显著大于假词,反映了词在大脑中的长时记忆是被快速、自动地激活的。

在以上介绍的实验中,词的长时记忆不仅包含词形,还包括词义。那么,词形和词义的长时记忆分别储存在哪个脑区呢？Pulvermuller 等人提出了一个假说,认为词形的长时记忆储存在经典的 Broca 区和 Wernicke 区(分别对应语音输出词库和听觉输入词库),而词义的长时记忆则是弥散分布于大脑皮层中。特别地,对于描述动作的词,词义的存储脑区为感觉运动皮层。当我们听到一个描述动作的词,比如"踢"时,感觉运动皮层控制脚的区域会被激活,使我们产生做"踢"这个动作的体验,从而感知"踢"这个词的意思。为了验证这个假说,Pulvermuller 等人通过对事件相关电位进行溯源分析,发现动作相关的词确实激活了对应的感觉运动皮层(Shtyrov et al.,2004；Pulvermüller et al.,2005)。该假说也被功能性磁共振成像实验证实(Hauk et al.,2004)。后来,颜色相关的词义和形状相关的词义的储存脑区也被实验发现。基于这些实验结果,Pulvermuller 等人于 2010 年在 *Nature Reviews Neuroscience* 上发表了一篇十分有影响的综述论文(Pulvermuller and Fadiga,2010),介绍了这一理论(见图 18-6)。

一般来说,一个人需要掌握成千上万个词才能熟练地使用一门语言。此外,在日常生活中,人们还经常学习新词。因此,大脑学习新词应该是一件非常容易的事情。Shtyrov 等人对言语词的习得机制进行了研究(Shtyrov et al.,2010)。他们发现,真词"bite"诱发的失匹配负波振幅较大,这表明这个词的长时记忆被激活了,而假词"pite"诱发的失匹配负波振幅非常小,因为大脑中没有这个词的长时记忆。然而,经过数分钟听"pite"这个假词后,该词诱发的失匹配负波振幅也变得较大。Shtyrov 等人认为,这种假词听了数分钟后诱发的失匹配负波振幅增大的现象,表明大脑中形成了该假词的长时记忆。这表明学习一个新词是非常容易的,只需要听几分钟即可,且听的过程不需要注意力的参与。值得

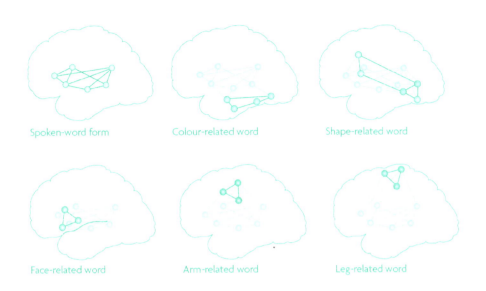

**图 18-6 词的感知神经模型**

言语词的词形的长时记忆储存于 Broca 区和 Wernicke 区,而词义的长时记忆则分布于不同的脑区(Pulvermuller and Fadiga, 2010)。

一提的是,这项研究中假词形成的长时记忆只包括词形的长时记忆,而没有词义的长时记忆,因为受试者并未被教授"pite"这个假词的含义。溯源分析的结果表明,假词形成的长时记忆位于 Broca 区和 Wernicke 区(见图18-7),这也进一步证实了词形的长时记忆是位于这些脑区。

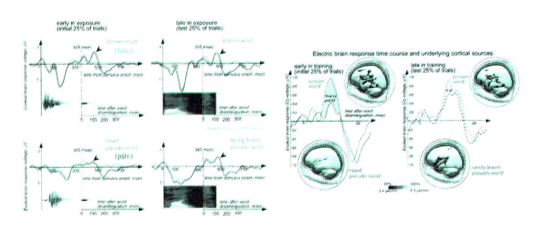

**图 18-7 新词快速习得的经典研究(Shtyrov et al., 2010)**

假词"pite"被听几分钟之后诱发的失匹配负波振幅与真词"bite"相近,这表明假词已在大脑中形成了新的长时记忆。该长时记忆只包含词形的长时记忆,位于 Broca 区和 Wernicke 区。

### 3.5 声调语言词的感知

据 Yip 估计,全球有 60%～70%的语言是声调语言(Yip,2002)。除了辅音和元音,声调语言还使用声调来区分语义。那么声调语言中的词是否能够像非声调语言中的词一样快速和自动地被感知呢? Gu 等人对这一问题进行了研究(Gu et al.,2012,见图 18-8)。他们比较了汉语中两个真词("豁达"和"扩大")和两个假词("豁大"和"扩达")作为偏差刺激时诱发的事件相关电位。需要注意的是,真词和假词的区别只在于声调不同。结果表明,真词和假词在词识别点(word recognition point)后的 164 毫秒处诱发的事件相关电位呈现出显著差异,这表明声调语言中的词在大脑中的长时记忆在言语感知过程中同样被快速、自动地激活了。

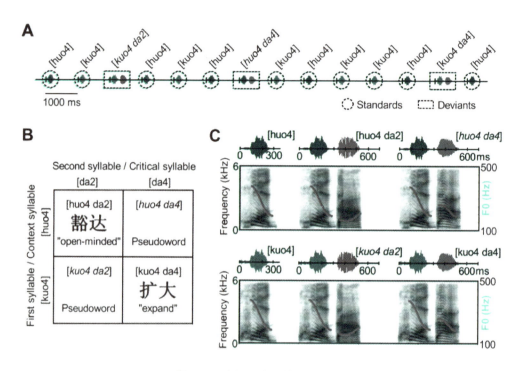

图 18-8　声调语言词的感知研究

真词("豁达"和"扩大")和假词("豁大"和"扩达")作为偏差刺激时诱发的事件相关电位在词识别点(word recognition point)后的 164 毫秒处出现显著差异,反映了声调语言中词的长时记忆的快速、自动激活。

## 4. 视觉词汇识别

语言的认知加工包括言语感知和文字阅读,其中视觉词汇识别(visual word recognition)是文字阅读过程中的重要环节,也是神经语言学研究的重要内容。研究视觉词汇识别的方法通常是比较不同文字材料诱发的大脑反应。这些材料主要包括真词（word）、假词（pseudo-word）、非词（non-word）和符号串（symbol string）。真词指语言中真实使用的词，又可分为高频词和低频词。假词指符合正字法但在语言中不存在的词，例如前文提到的"pite""豁大"等。非词指不符合正字法的词，例如由辅音字母构成的组合"kptdw"。符号串则是符号的组合，如"&＊％￥"。

## 4.1 视觉词形区

大量研究发现，大脑左侧的腹侧枕颞叶的梭状回中有一个区域对文字材料（包括真词和假词）有非常强烈的反应（Petersen et al.，1990）。该脑区被称为视觉词形区（visual word form area，VWFA）（McCandliss et al.，2003，见图18-9）。视觉词形区反映了大脑对文本材料视觉加工的专门化，为进一步提取文本材料中的词汇信息（音、形、义）提供基础。对于视觉词形区的功能和产生尚存在许多疑问（Dehaene and Cohen，2011）。例如，人类社会直到最近一两百年才普及使用文字，为什么人类的大脑中会预先存在一个专门加工文字的区域？

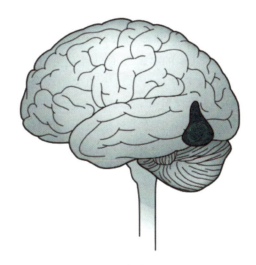

图 18-9　视觉词形区

## 4.2 词汇正字法加工

视觉词形区的神经活动反映了对文本材料进行的初级加工。根据 Patterson 和 Shewell 提出的语言处理心理模型（见图18-4），以及后来其他学者提出的文字阅读心理模型（Grainger and Jacobs，1996；Coltheart et al.，2001），大脑应该存在一个储存视觉词汇正字法信息的词汇正字法输入词库（orthographic input lexicon）。该词库中的词的正字法长时记忆的激活将进一步激活该词的发音和词义长时记忆。Woolnough 等人的研究表明，词汇正字法输入词库位于左脑腹侧枕颞叶梭状回的中部区域（Woolnough et al.，

2021)。该区域对真词和假词的反应存在差异,因为只有真词存在长时记忆。同样,该区域对高频词和低频词的反应也有所不同,因为高频词的长时记忆更深刻。此外,真词和假词(或高频词和低频词)诱发的大脑反应的差异出现在词呈现后的 250 毫秒左右。这与许多事件相关电位研究的结果一致(Hauk et al.,2012;Strijkers et al.,2015),反映了词汇正字法输入词库中长时记忆的激活时间。换句话说,我们看到一个词之后的 250 毫秒左右会激活大脑中该词的正字法信息的长时记忆(通俗地说即该词的写法),这一过程被称为词汇正字法加工(lexical orthographic processing)。

### 4.3 汉字（单字词）的词汇正字法加工

汉字是当今世界主要语言中少有的语标文字,而其他文字大多是字母文字。字母文字使用少量符号来表示发音,而语标文字则使用大量符号(例如汉字)来表示语义。因此,与其他字母文字相比,汉字在视觉上相当复杂。前文提到的词汇正字法加工是在词呈现后的 250 毫秒左右进行的,而这些词是由字母文字组成的。Yu 等人研究了汉字的词汇正字法加工是否与字母文字具有相同的神经机制,即是否也会在 250 毫秒左右激活位于左脑腹侧枕颞叶梭状回的词汇正字法词库(Yu et al.,2022)。他们发现,无论是隐式阅读任务(要求受试者辨别汉字的颜色而忽略其他信息)还是显式阅读任务(要求受试者判断是否认识每一个字),认识的字和不认识的字诱发的事件相关电位都会在 220 毫秒左右出现显著差异。溯源分析结果发现,该差异源自左右脑的腹侧枕颞叶。这些结果表明,汉字的正字法长时记忆位于左右脑的腹侧枕颞叶,这些长时记忆在汉字呈现后的 220 毫秒左右被激活,并且无论受试者的注意力是在颜色上还是在词汇信息上。因此,汉字的词汇正字法加工与其他语言的词是一致的。此外,Zhang 等人专门对比了汉字(单字词)和蒙语词的词汇正字法加工,发现两者的结果是类似的(见图 18-10)。但是,汉字的词汇正字法加工可能更加依赖右脑。早在 1979 年,Tzeng 等就进行过相关研究,指出英语单词识别具有左脑优势,而汉字识别具有右脑优势(Tzeng et al.,1979)。这可能是因为汉字的识别需要对汉字的视觉空间特征进行分析,而这是右脑占优势的功能。

### 4.4 汉语双字词的词汇正字法加工

汉语中有大量的双字词,常用词中双字词占 90% 以上。由于几乎每个汉字都是一个语素,汉语双字词大都是复合词。因此,汉语可能是复合词最多的语言。心理语言学研究表明,复合词的加工有两种方式:一种是整词加工,即将复合词作为一个整体进行加工;另一种是分解加工,即分别加工其中的语素,然后再进行整合(Baayen et al.,1997;Grainger and Ziegler,2011)。Huang 等人利用事件相关电位方法研究了汉语双字词的整词加工(Huang et al.,2023)。通过比较双字真词和双字假词诱发的事件相关电位,Huang 等人发现两者的差异主要出现在 250 毫秒左右。溯源分析发现该差异源自左脑腹侧枕颞叶,这与前文介绍的单纯词研究结果非常相似。因此,该结果很可能反映了双字词作为一个

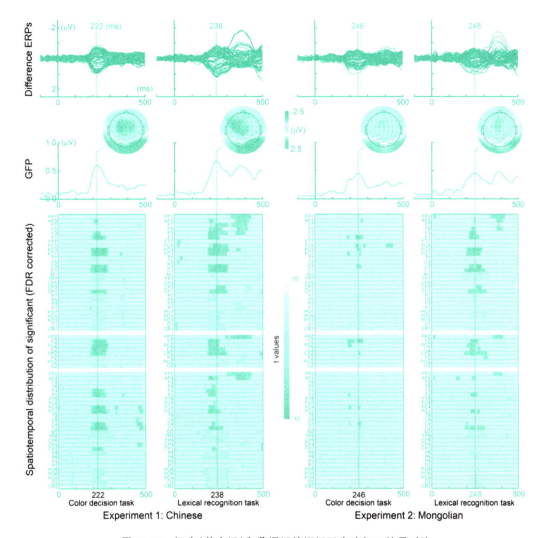

**图18-10 汉字(单字词)和蒙语词的词汇正字法加工结果对比**

不论是隐式阅读还是显式阅读,汉字(单字词)和蒙语双音节词的词汇正字法加工均发生在腹侧枕颞叶,时间为字/词呈现后250毫秒左右(Zhang et al.,2023)。

整体的词汇正字法长时记忆在左脑腹侧枕颞叶的激活。

## 4.5 词汇语音加工

通过对比真词和假词诱发的事件相关电位,或对比高频词和低频词,上述研究工作发现了词呈现后250毫秒左右进行的词汇正字法加工。那么视觉词汇的语音信息是什么时间在哪个脑区加工处理的? 功能性磁共振成像研究发现,阅读文字时左侧颞下回的大脑活动明显增强,这反映的很可能是视觉词汇语音加工(lexical phonological processing) (Kuo et al.,2003; Kronbichler et al.,2004; Vigneau et al.,2005; Brem et al.,2006;

Bruno et al.,2008)。然而,事件相关电位研究并未发现明显的视觉词汇语音加工。这可能是由于视觉皮层和左侧颞下回之间的距离较远,因而反映视觉词汇语音加工的神经活动难以通过事件相关电位进行检测。

### 4.6 词汇语义加工

大脑对视觉词汇的加工处理除了包含前文介绍的词汇正字法加工和词汇语音加工,还包括词汇语义加工(lexical semantic processing)。前文的言语感知部分已有介绍,言语词的词义长时记忆是弥散分布于大脑皮层的。视觉词的词义长时记忆应该同样弥散分布于大脑皮层。然而目前还缺乏对这一猜想的实验研究。

## 5. 句子的语义加工

人类之间进行语言交流是为了传递语义,因此语义加工处理在神经语言学研究中是至关重要的。在这一领域中,语义加工的先驱工作是由 Kutas 等人于 1980 年在自然科学顶级期刊 Science 上发表的(Kutas and Hillyard,1980)。这项研究发现,将一句话中的每一个单词逐个呈现在屏幕上时,如果尾词导致语义冲突,就会在尾词呈现后约 400 毫秒诱发出 N400 事件相关电位成分。例如,"He spread the warm bread with socks"。当受试者看到"socks"时,会觉得语义与上文无法整合,此时就会诱发 N400。后续的研究发现,N400 的诱发和完形概率(cloze probability)相关(Kutas and Hillyard,1984)。这里的完形概率是指在阅读一段文字时,如果其中有一些词汇被省略或者被替换成了其他词汇,读者仍然可以通过上下文推断出被省略或替换的词汇的概率。

N400 事件相关电位不仅能够被一句话的尾词所诱发,还能够被该句话中间位置的词所诱发;它不仅能够被视觉词汇所诱发,也能够被言语词汇所诱发,甚至音乐材料也可以诱发 N400(Koelsch et al.,2004)。不同的语言材料,包括汉语,都能够诱发 N400(任桂琴等,2009)。值得一提的是,Hagoort 等人发现,世界知识的违背也能诱发 N400(Hagoort et al.,2004)。比如"The Dutch trains are white and very crowded"。这句话是没有语义冲突的,但是对于荷兰人来说,他们知道自己国家的火车都是黄色的而不是白色的,所以"white"这个词在荷兰受试者中同样诱发了 N400(见图 18-11)。有关 N400 的更多讨论,可参考 Kutas 和 Federmeier 在 2011 年发表的综述论文(Kutas and Federmeier,2011)。

N400 反映的语义加工与前文提到的词义的长时记忆激活并不相同。词义的长时记忆激活是自动且快速的,通常在 200 毫秒内完成。而 N400 反映的是注意参与阶段对语义的再加工,试图将语义与上下文进行整合(Pulvermuller and Shtyrov,2006)。因此,N400 的振幅会受到注意力的影响。此外,有学者认为,N400 反映的并不是语义整合,而是词汇提取,真正的语义整合困难则是由语义 P600(semantic-P600)反映(详见下一节)(Brouwer et al.,2012; Delogu et al.,2019)。

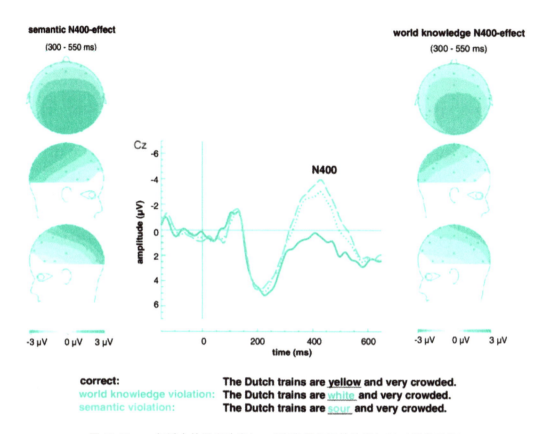

图 18-11　一句话中的语义冲突(sour)和世界知识的冲突(white)诱发 N400

## 6. 句法加工

在神经语言学领域,事件相关电位技术是研究句法加工的有效手段(高兵等,2006)。与句法加工相关的事件相关电位成分主要有两种:左前负波(left anterior negativity,LAN)和句法 P600(syntactic P600)。它们都是由句法异常诱发的,这对了解人脑加工句法的机制具有重要启示。

### 6.1　左前负波

左前负波反映大脑在句法加工中早期阶段的机制。左前负波通常在大脑的左侧前额叶区域产生,由不符合句法结构的句子诱发(Friederici,1995)。如"The blouse was on ironed"。"on"后面出现的"ironed"会诱发左前负波成分。左前负波通常在关键词呈现后的 150 毫秒左右出现,反映了大脑对句法的快速加工机制(Friederici,2002)。值得一提的是,尽管有许多以汉语为材料的句法加工研究,但尚未发现汉语句法加工能诱发左前负波成分。这可能与汉语缺乏时态和形态变化有关。

## 6.2 句法 P600

第二种与句法加工相关的事件相关电位成分是 P600。多种句法错误,例如主谓一致违背、动词屈折违背、格屈折违背、错误代词屈折以及短语结构违背都会诱发 P600。汉语中句法违背也能诱发 P600,如"设计师制作新衣,把裁了"这句话中的"裁"会诱发 P600(Ye et al.,2006)。此外,P600 还与句法加工代价、歧义解决、句法整合和花园路径效应等有关。例如,在一个句法正确的花园路径句中,"The woman persuaded to answer the door","to"会诱发 P600 成分(Osterhout and Holcomb,1992)。因此,P600 被认为反映了各种句法处理的困难,包括句法分析程序无法将首选结构分配给传入的单词,句法再分析或句法集成困难。尽管对于 P600 的确切功能还没有达成共识,但所有观点都认为 P600 与句法处理有关。

## 6.3 语义 P600

近年来研究发现的"语义 P600(semantic P600)效应"对 P600 与句法处理之间的关系提出了挑战。所谓的"语义 P600 效应",是指一种由某些在语法上完全正确但题元角色出现错配(通常是施事和受事角色反转)的句子所诱发的 P600 效应(王瑞乐等,2010)。该效应备受关注,因为角色反转明显属于语义异常,但这类句子未诱发语义违反中常见的 N400,而是诱发了传统意义上只有句法违反才会诱发的 P600。这种语义违反诱发的 P600 称为语义 P600。例如,以荷兰语为实验材料的一项研究中,对比施受角色正常的句子"The mice that from the cat fled, ran through the room",颠倒施受角色后的句子"The cat that from the mice fled, ran through the room",在"fled"处会诱发 P600(Kolk et al.,2003)。研究者在汉语中也发现了语义 P600 效应。一项以汉语为实验材料的研究通过对比施受角色正常的句子"高材生把数学题解答了"和角色颠倒的句子"高材生把数学题难倒了",发现在"难倒"处诱发了 P600(Chow and Phillips,2013)。语义 P600 的发现挑战了传统的 P600 与句法之间的强相互关系的观点。对"语义 P600"的探索将是今后句法和语义加工研究领域新的研究重点。

## 小 结

神经语言学是一门年轻的学科,仍有许多问题有待研究。神经语言学属于跨学科领域,其研究方法基于神经科学、心理学、计算机科学等领域的技术和理论。限于篇幅,本专题仅展示了神经语言学研究中的一小部分,对于使用事件相关电位技术之外的研究内容几乎没有介绍,对语言功能障碍和语言产出方面的研究也没有提及。

汉语在世界语言中较为特殊。在文字方面，汉语是仅有的少数几种使用语标文字而非字母文字的语言之一。在发音方面，汉语拥有四个声调，不同的声调可以改变一个词的意义。在词序方面，汉语是一种主谓宾语言，通常采用"主语 ＋ 谓语 ＋ 宾语"的顺序。不同于英语，汉语中的修饰语通常出现在被修饰语的前面。在语法方面，汉语相对简单，因为它没有类似于英语中的时态和形态变化。动词在汉语中不随人称和时态的变化而变化，而是通过语境和其他语法手段来表达时间和时态。这些特点使得开展针对汉语的神经语言学研究具有必要性。因此，关注神经语言学的研究进展并进行针对汉语的研究不仅是汉语语言学领域不可或缺的责任，也是值得汉语语言学学习者考虑的未来研究方向。

## 参考文献

[1] BAAYEN R H, DIJKSTRA T, SCHREUDER R. Singulars and Plurals in Dutch: Evidence for a Parallel Dual-Route Model[J]. Journal of Memory and Language, 1997,37(1),94-117.

[2] BERGER H. Electroencephalogram in humans[J]. Archiv Fur Psychiatrie Und Nervenkrankheiten,1929(87):527-570.

[3] BREM S,BUCHER K,HALDER P, et al. Evidence for developmental changes in the visual word processing network beyond adolescence[J]. Neuroimage,2006,29(3): 822-837.

[4] BROUWER H,FITZ H, HOEKS J. Getting real about semantic illusions: rethinking the functional role of the P600 in language comprehension[J]. Brain Res,2012 (1446):127-143.

[5] BRUNO J L,ZUMBERGE A,MANIS F R, et al. Sensitivity to orthographic familiarity in the occipito-temporal region[J]. Neuroimage,2008,39(4): 1988-2001.

[6] BRYSBAERT M. How many words do we read per minute? [J]. A review and meta-analysis of reading rate. Journal of Memory and Language,2019,109.

[7] CHEOUR M,CEPONIENE R, LEHTOKOSKI A et al. Development of language-specific phoneme representations in the infant brain[J]. Nature Neuroscience, 2019,1(5):351-353.

[8] CHOW W Y, PHILLIPS C. No semantic illusions in the "Semantic P600" phenomenon: ERP evidence from Mandarin Chinese[J]. Brain Res 2013(1506):76-93.

[9] COLTHEART M,RASTLE K, PERRY C, et al. DRC: A dual route cascaded model of visual word recognition and reading aloud[J]. Psychological Review,2001,108 (1):204-256.

[10] DEHAENE S, COHEN L. The unique role of the visual word form area in reading[J]. Trends Cogn Sci,2011,15(6):254-262.

[11] DELOGU F, BROUWER H, CROCKER M W. Event-related potentials

index lexical retrieval (N400) and integration (P600) during language comprehension[J]. Brain and Cognition 135,2019.

[12] FRIEDERICI A D. The time course of syntactic activation during language processing: a model based on neuropsychological and neurophysiological data[J]. Brain Lang,1995,50(3),259-281.

[13] FRIEDERICI A D. Towards a neural basis of auditory sentence processing[J]. Trends in Cognitive Sciences,2002,6(2),78-84.

[14] GRAINGER J, JACOBS A M. Orthographic processing in visual word recognition: a multiple read-out model[J]. Psychol Rev,1996,103(3),518-565.

[15] GRAINGER J, ZIEGLER J. A Dual-Route Approach to Orthographic Processing[J]. Frontiers in Psychology 2,2011.

[16] GU F, LI J, WANG X, et al. Memory traces for tonal language words revealed by auditory event-related potentials[J]. Psycho physiology, 2012, 49(10), 1353-1360.

[17] GU F, WONG L, HU A, et al. A lateral inhibition mechanism explains the dissociation between mismatch negativity and behavioral pitch discrimination[J]. Brain Res 1720,2019,146-308.

[18] HAGOORT P, HALD L, BASTIAANSEN M, et al. Integration of word meaning and world knowledge in language comprehension[J]. Science,2004,304(5669), 438-441.

[19] HAUK O, COUTOUT C, HOLDEN A, et al. The time-course of single-word reading: evidence from fast behavioral and brain responses[J]. Neuroimage,2012, 60(2),1462-1477.

[20] HAUK O, JOHNSRUDE I, PULVERMÜLLER F. Somatotopic Representation of Action Words in Human Motor and Premotor Cortex[J]. Neuron, 2004,41(2),301-307.

[21] HUANG B, YANG X, DONG S, et al. Visual event-related potentials reveal the early whole-word lexical processing of Chinese two-character words[J]. Rev. ed. Neuropsychologia,2023.

[22] KAZANINA N, PHILLIPS C, IDSARDI W. The influence of meaning on the perception of speech sounds[J]. Proc Natl Acad Sci U S A, 2006, 103(30), 11381-11386.

[23] KOELSCH S, KASPER E, SAMMLER D, et al. Music, language and meaning: brain signatures of semantic processing[J]. Nat Neurosci,2004,7(3),302-307.

[24] KOLK H H J, CHWILLA D J, VAN HERTEN M, et al. Structure and limited capacity in verbal working memory: A study with event-related potentials[J]. Brain and Language,2003,85(1),1-36

[25] KRONBICHLER M, HUTZLER F, WIMMER H, et al. The visual word form area and the frequency with which words are encountered: evidence from a parametric fMRI study[J]. Neuroimage 2004,21(3):946-953.

[26] KUO W J, YEH T C, LEE C Y, et al. Frequency effects of Chinese character processing in the brain: an event-related fMRI study[J]. NeuroImage, 2003, 18(3): 720-730.

[27] KUTAS M, FEDERMEIER K D. Thirty years and counting: finding meaning in the N400 component of the event-related brain potential (ERP). Annu Rev Psychol, 2011(62):621-647.

[28] KUTAS M, HILLYARD S. Reading senseless sentences: brain potentials reflect semantic incongruity[J]. Science,1980,207(4427):203-205.

[29] KUTAS M, HILLYARD S A. Brain potentials during reading reflect word expectancy and semantic association[J]. Nature,1984,307(5947):161-163.

[30] LUCK S J. An introduction to the event-related potential technique[M]. Cambridge:MIT press,2014.

[31] MCCANDLISS B D, COHEN L, DEHAENE S. The visual word form area: expertise for reading in the fusiform gyrus[J]. Trends in Cognitive Sciences, 2003,7(7): 293-299.

[32] NÄÄTÄNen R, KUJALA T, LIGHT G. Mismatch negativity: a window to the brain[M]. New York: Oxford University Press,2019.

[33] NÄÄTÄNEN R, LEHTOKOSKI A, LENNES M. et al. Language-specific phoneme representations revealed by electric and magnetic brain responses[J]. Nature, 1997,385(6615):432-434.

[34] NÄÄTÄNEN R, TERVANIEMI M, SUSSMAN E, et al. " Primitive intelligence" in the auditory cortex[J]. Trends in Neurosciences,2001,24(5):283-288.

[35] OSTERHOUT L, HOLCOMB P J Event-related brain potentials elicited by syntactic anomaly[J]. Journal of Memory and Language,1992,31(6):785-806.

[36] PATTERSON K, SHEWELL C. "Speak and spell: Dissociations and word-class effects," in The cognitive neuropsychology of language[J]. (Hillsdale, NJ, US: Lawrence Erlbaum Associates,Inc),1987:273-294.

[37] PETERSEN S E, FOX P T, SNYDER A Z, et al. Activation of extrastriate and frontal cortical areas by visual words and word-like stimuli[J]. Science,1990,249 (4972):1041-1044.

[38] PHILLIPS C, PELLATHY T, MARANTZ A, et al. Auditory Cortex Accesses Phonological Categories: An MEG Mismatch Study[J]. Journal of Cognitive Neuroscience,2000,12(6):1038-1055.

[39] PULVERMULLER F, FADIGA L. Active perception: sensorimotor circuits

as a cortical basis for language[J]. Nat Rev Neurosci,2010,11(5):351-360.

[40] PULVERMULLER F, KUJALA T, SHTYROV, Y, et al. Memory traces for words as revealed by the mismatch negativity[J]. Neuroimage,2001,14(3):607-616.

[41] PULVERMULLER F, SHTYROV Y. Language outside the focus of attention: the mismatch negativity as a tool for studying higher cognitive processes[J]. Prog Neurobiol,2006:79(1):49-71.

[42] PULVERMÜLLER F, SHTYROV Y, ILMONIEMI R. Brain signatures of meaning access in action word recognition[J]. J Cognitive Neurosci,2005,17(6):884-892.

[43] PURVES D, BRANNON E M, CABEZA R, et al. Principles of cognitive neuroscience[J]. Sinauer Associates Sunderland,2013.

[44] SHTYROV Y, HAUK O, PULVERMÜLLER F. Distributed neuronal networks for encoding category-specific semantic information: the mismatch negativity to action words[J]. European Journal of Neuroscience,2004,19(4):1083-1092.

[45] SHTYROV Y, KUJALA T, PALVA S, et al. Discrimination of speech and of complex nonspeech sounds of different temporal structure in the left and right cerebral hemispheres[J]. Neuroimage,2000,12(6):657-663.

[46] SHTYROV Y, NIKULIN V V, PULVERMULLER F. Rapid cortical plasticity underlying novel word learning[J]. J Neurosci,2010,30(50):16864-16867.

[47] STRIJKERS K, BERTRAND D, GRAINGER J. Seeing the same words differently: the time course of automaticity and top-down intention in reading[J]. J Cogn Neurosci,2015:27(8),1542-1551.

[48] SUTTON S, BRAREN M, ZUBIN J, et al. Evoked-potential correlates of stimulus uncertainty[J]. Science,1965,150(3700),1187-1188.

[49] TZENG O J, HUNG D L, COTTON B. Visual lateralisation effect in reading Chinese characters[J]. Nature,1979,282(5738),499-501.

[50] VIGNEAU M, JOBARD G, MAZOYER B, et al. Word and non-word reading: what role for the Visual Word Form Area? [J]. Neuroimage,2005,27(3),694-705.

[51] WALTER W G, COOPER R, ALDRIDGE V J, et al. Contingent Negative Variation: An Electric Sign of Sensorimotor Association and Expectancy in the Human Brain[J]. Nature 203,1964:380-384.

[52] WINKLER I, KUJALA T, TIITINEN H, et al. Brain responses reveal the learning of foreign language phonemes[J]. Psychophysiology,1999,36(5),638-642.

[53] WOOLNOUGH O, DONOS C, ROLLO P S, et al. Spatiotemporal dynamics of orthographic and lexical processing in the ventral visual pathway. Nat Hum Behav,2021,5(3),389-398.

[54] XI J, ZHANG L, SHU H. Categorical perception of lexical tones in Chinese

revealed by mismatch negativity[J]. Neuroscience,2010,170(1),223-231.

[55] YE Z, LUO Y J, FRIEDERICI A D. Semantic and syntactic processing in Chinese sentence comprehension: evidence from event-related potentials[J]. Brain Res,2006,1071(1),186-196.

[56] YIP M. "Introduction" in Tone [M]. Cambridge, England: Cambridge University Press,2002,1-16.

[57] YU R, CHEN J, PENG Y. Visual event-related potentials reveal the early lexical processing of Chinese characters[J]. Neuropsychologia,2022,165,108132.

[58] ZHANG K, GU F, YU H. Early lexical processing of Chinese one-character words and Mongolian words: A comparative study using event-related potentials[J]. Front Psychol 13,2023,1061990.

[59] 高兵,曹晖,曹聘.句法加工的脑机制[J].心理科学进展,2006,14(1).

[60] 郭桃梅,彭聃龄,卢春明,等.汉语词汇产生中的义、音信息提取时间进程的ERP研究[J].心理学报,2005,37(5).

[61] 刘燕妮,舒华.ERP与语言研究[J].心理科学进展,2003,11(3).

[62] 任桂琴,韩玉昌,于泽.词汇识别的ERP研究[J].现代生物医学进展,2009,9(2).

[63] 王穗苹,黄时华,杨锦锦.语言理解的ERP研究[J].华南师范大学学报(社会科学版),2004(6)

[64] 王瑞乐,李妮,陈宝国.句子加工中的语义P600效应[J].心理科学进展,2010,18(4).

[65] 杨亦鸣,刘涛.中国神经语言学研究回顾与展望[J].语言文字应用,2010(2).

(谷丰 四川大学)

# 十九 语料库语言学

## 1. 什么是语料库语言学

### 1.1 语料库的概念

语料库的定义有狭义和广义两种。《语言学名词》(2011)对语料库的定义是"为语言研究和应用而收集的,在计算机中存储的语言材料,由自然出现的书面语或口语的样本汇集而成,用来代表特定的语言或语言变体"。这指的是狭义的语料库。由此可见,语料库有几个重要的特点:第一是使用机读的形式,可以用计算机进行统一的分析和处理;第二是按照一定比例选取的语料,可以代表一定的语言情况;第三是有限规模,便于进行穷尽的调查;第四是有标准的语料说明,以便后来的研究者进行验证研究。

另一种是广义的定义。Kilgarriff 和 Grefenstette 对语料库的狭义定义提出了异议,认为狭义的定义混淆了"什么是语料库"和"什么是好的、适合于某项语言研究的语料库"这两个问题。他们认为,所谓语料库就是文本的集合。

具体使用中,有些研究者认为许多文本的集合不一定是语料库。最有争议的莫过于万维网。Wynne(2005)认为万维网不是语料库,因为其维度未知且不断变化,而且万维网最初也不是从语言学角度来设计的。尽管万维网缺少规律,但基于万维网的工作却开始不断增多,主要原因有三点:其一,公司希望他们支持的研究可以直接与所要处理的网络内容相关;其二,传统语料库有版权限制,而万维网可以比较容易地满足研究的需求;其三,人们希望探索使用更多不同类型的数据和文本。

### 1.2 语料库语言学的概念

语料库语言学即通过语料库研究语言规律的学科。

顾曰国认为"语料库语言学"这个术语有两层含义:一是利用语料库对语言的某个方面进行研究,也就是说"语料库语言学"不是一个新学科的名称,而只是反映了一个新的研究手段。二是依据语料库所反映出来的语言事实对现行语言学理论进行批判,提出新的观点或理论。在这个意义上的"语料库语言学"是一个新学科的名称。

上述两层含义其实代表了学术界对语料库语言学的两种看法。一种看法认为,语料库语言学是一个独立的学科,它有自己独到的理论体系和操作方法。由于语料库语言学立足于大量真实的语言数据,对语料库做系统而穷尽的观察和概括所得到的结论对语言理论建设具有无可比拟的创新意义。特别是语料库驱动的研究,更是语言学获取语言知识方式的巨大变化,这在语言学的发展史上具有革命性的意义。

在另外一些研究者看来,语料库语言学并非语言学的又一个分支学科,而是一种新的研究方法。这种方法基于大量的真实语言材料,可以用来回答通过其他途径很难回答的问题,从而极大地丰富已有的研究方法。语料库语言学以大量精心采集而来的真实文本为研究素材,主要通过概率统计的方法得出结论,因此语料库语言学从本质上讲是实证性的。

## 2. 语料库的主要类型

语料库按照不同的标准可以分为不同的类型。按应用取向,可分为通用语料库和专用语料库;按信道不同,可分为书面语语料库和口语语料库;按语言属性,分为单语、双语、多语语料库;按语言变体的不同,可以分为本族语、译语、学习者语料库;按语料的时间,可以分为共时语料库和历时语料库;按语料的状态,可分为静态语料库和动态语料库。

(1)通用语料库。

通用语料库是广泛采集某语言的口语、书面语形式,在取样时尽可能考虑口语、书面语的主要社会变体、地域变体、行业变体等各种变异及语言使用的各种场合之间的平衡,力求最好地代表一种语言的全貌而建成的语料库。通用语料库规模一般较大,经常达到数亿词次。通用语料库是描述语言全貌、编制工具书、核查语言用法等的理想语料。此外,通用语料库还经常被用作参照语料库。

代表性语料库:国家语委现代汉语通用平衡语料库,现代汉语平衡语料库(中国台湾)。

(2)专用语料库。

与通用语料库相反,专用语料库是出于某种特定的研究目的,只收集某特定领域的语料样本建成的语料库。在实际研究中,人们常常将专用语料库与通用语料库进行对比,来分析特定领域内语言的特点。

代表性语料库:《老子》汉英翻译平行语料库,陕西省旅游景区公示语汉英平行语料库。

(3)共时语料库。

由同一时代的语言使用样本构成的语料库称为共时语料库。共时语料库是相对历时语料库而言的。基于不同时代的语言所建成的多个共时语料库可以构成一个历时语料库。

代表性语料库:近代汉语标记语料库(中国台湾),LIVAC汉语共时语料库。

(4)历时语料库。

收集不同时代的语言使用样本构建而成的语料库称为历时语料库。

代表性语料库:上古汉语标记语料库和近代汉语标记语料库(中国台湾),汉语历时语料库(谢菲尔德大学)。

(5)口语语料库。

口语语料库一般是由口语转写而来的文本,有时也包括语音文件。因为取样和转写的困难,口语语料库一般规模较小。

代表性语料库:北京口语语料库,现代汉语口语语料库。

(6)书面语语料库。

书面语语料库取材于书籍、报刊、书信、学术论文等常见书面语形式。由于书面语文本较容易收集,书面语语料库的容量一般较口语语料库的容量更大。除了专门的口语语料库之外,大部分都是混合语料库或书面语语料库。

(7)本族语者语料库。

本族语者语料库是相对于非本族语者语料库或学习者语料库来说的。本族语者语料库中的语料全部来自本族语者。在分析非本族语者或学习者语言使用特点时,经常用本族语者语料库作为参照。

(8)学习者语料库。

由非本族语学习者语料构成的语料库叫作学习者语料库。

代表性语料库:中国学习者英语语料库、汉语中介语语料库。

(9)单语语料库。

单语语料库中的语料来自同一种语言,如英语语料库、汉语语料库等。

(10)双语/平行语料库。

双语/平行语料库中的语料来自两种不同的语言,并且两种语言相互对应。双语语料库建设中的一个重要环节即是两种语言间的对齐(alignment)问题。目前大多数双语语料库都进行了句子层面的对齐,也有人尝试词语之间的对齐和意义之间的对齐。

代表性语料库:中英平行语料库(清华大学)、汉英平行语料库(中国科学院)。

## 3. 语料库发展历史

### 3.1 前语料库时期

早在计算机出现以前,通过数学思维进行词汇频率研究的思想和实践就已经出现。其中最具代表性的是语言教学领域词频表的编制。1898 年 Kaeding 就编写了《德语频率词典》,美国 Thorndike 于 1921 年出版了用于英文教学的《教师词汇手册》(*The Teacher's Word Book*)。汉语方面有中国陈鹤琴 1928 年出版的《语体文应用字汇》一书。编制词频表的目的是用于界定不同阶段的词汇教学要求或读写要求。基本原则即是高频的先教,低频的后教。这些研究都是手工建制而不是用计算机来完成的,因此不能算是真正意义上的语料库。

## 3.2　第一代语料库

世界上第一台电子计算机 ENIAC 诞生于 1946 年,这标志着人类社会开始进入计算机时代。真正意义上的第一个语料库是美国布朗大学(Brown University)建设的布朗(brown)语料库。1967 年 H. Kučera 和 W. Nelson Francis 在美国布朗大学建立了 100 万词的现代美国英语语料库。所以,20 世纪 60 年代被认为是现代计算机语料库真正诞生的年代。布朗语料库是世界上第一个根据系统性原则采集样本的平衡结构语料库,有百万词的语料规模。文本分为 15 个不同的领域,包括 500 个连贯的英语书面语文本,每个文本大约 2000 词。布朗语料库因此成为后来语料库构建的一个参考标准。

第一代语料库还包括 Wellington Corpus of Written New Zealand English,Australian Corpus of English,Corpus of English-Canadian Writing,London-Lund Corpus(LLC)等。其中 LLC 是第一个可机读的口语语料库。

尽管语料库语言学发源于美国,但是当时在美国占据主流地位的是乔姆斯基语言学。以理性主义为基础的乔姆斯基语言学和以实证主义为基础的语料库语言学南辕北辙,因此,语料库语言学很长时间在美国没有什么发展。而欧洲历来有重视语言用法的传统,语料库语言学在欧洲得到长足的发展。

第一代语料库具有如下特点:第一,在规模上都是百万词的级别;第二,在功能上服务于语言研究。

## 3.3　第二代语料库

第一代语料库已经证明对语言研究非常有用,但是第一代语料库普遍较小,语料规模大多只有百万词左右。对一些研究任务来说,百万词规模的语料库显然不足以满足需要。随着计算机存储能力的提高,第二代语料库开始登上历史舞台。第二代语料库的代表是 cobuild 语料库,服务于词典编纂。

1980 年,柯林斯词典(*Collins Cobuild English Language Dictionary*)的编纂者开始构建一个大型语料库(COBUILD 语料库)用于词典编纂和语言研究。该语料库于 1991 年发布,称为 Bank of English(BOE)。2005 年发布的版本包括 5 亿 2500 万词。大多数文本是书面语文本,也有一部分是口语数据。Bank of English 是一个开放语料库,这个动态语料库的规模还在增长。

1995 年,另一个大型语料库发布,即 British National Corpus(BNC)。此语料库的规模在 1 亿词左右,包括书面语和口语两部分,是有限语料库。

第二代语料库具有如下特点:第一,规模上都是千万词级以上的语料库;第二,在功能上则是应用导向,主要用于词典编纂。

### 3.4 第三代语料库

第三代语料库的代表是"宾州树库"(Penn Tree bank)。20 世纪 80 年代末 90 年代初,美国宾夕法尼亚大学开始建立"树库",对百万词级的语料进行句法和语义标注,把线性的文本语料库加工成表示句子的句法和语义结构的树库。这个项目由宾夕法尼亚大学计算机系的 M. Marcus,B. Santorini 和 M. Marcinkiewich 主持,至 1993 年已经完成了对 300 万词的英语句子的深加工,并进行了句法结构标注。

第三代语料库具有如下特点:第一,超大规模(一般是上亿词级);第二,标准编码体系的深度标注,一般服务于多语种 NLP 应用。

### 3.5 第四代语料库

第四代语料库为多模态语料库。代表性的语料库是世界上最大的儿童语言语料库 CHILDES。目前该系统已经涵盖了包括普通话和广州话在内的 25 种语言。CHILDES 由三部分组成。第一部分是儿童语言数据库,第二部分是 CHAT 的录写系统,第三部分是做语言数据分析的程序 CLAN。国内多模态语料库的代表是顾曰国建设的现场即席话语多模态语料库、痴呆老人话语多模态语料库等。

第四代语料库具有如下特点:第一,多模态信息的呈现;第二,语料的共时性;第三,语言研究方式的根本转变。

## 4. 语料库的作用

### 4.1 语料库应用范围

(1)语言学研究。

有了语料库,人们就可以通过计算机来研究语言,利用语料库所反映出来的语言事实对语言的某个方面进行研究,并提出新的观点或理论。例如可以用标注了词性的语料建立词频表或带有语法分类的词频字典。

(2)自然语言处理。

事先标注好的语料对自然语言的后期处理非常重要。比如,要想进行自动句法分析,必须具备句子中词和词性的信息,因此,分词和词性的标注可以看作句法分析的第一个阶段。

随着语料库的发展,人们开始利用语料库对自然语言进行大规模的调查和统计,利用词的权重、词的组合或搭配等建立统计语言模型,研究和应用基于统计的(statisticalbased)语言处理技术,推动了信息检索(information retrieval,IR)、文本分类(text categorization,TC)、文本过滤(text filtering,TF)、信息抽取(information extraction,IE)和机器翻译(machine translation,MT)等应用的进展。

同时,语言信息处理技术的发展也为语料库的建设提供了支持。从字符编码、文本输入和整理、语料的自动分词和标注,到语料的统计和检索这些自然语言处理的技术,都为语料的加工提供了关键技术支持。

(3)词典编纂。

以前词典编纂者把任务局限在确定一个单词的所有可能的意义上,现在词典编纂借助语料库调查结果,也包括常见用法、词的频率、最常见语义的语境等。

(4)方言和语域模式。

不同方言和语域在语言使用上具有一定的模式,通过语料库可以系统调查这些模式的差异。

(5)语言风格研究。

不同作者的作品在语言风格上可能存在差异,通过语料库调查可以准确描写这些语言风格的差异之处。

总而言之,语料库的方法几乎可以应用于语言学研究的所有领域。

## 4.2 语料库研究示例[①]

下面我们通过两篇文章示例说明语料库语言学研究的两种类型。

(1)基于语料库的研究示例。

潘璠《语用视角下的中外学术论文立场副词对比研究》(《解放军外国语学院学报》2012年第5期)一文基于语料库调查了英文文献中国内外学术论文立场副词使用的差异。此研究使用的语料选自机械专业的英语母语作者和中国作者的期刊论文。英语学术语料库(Native Academic English Corpus,NAEC)含94篇期刊论文,总库容为528040词。论文选自2007—2011年发表的机械专业影响因子国际排名前20位的机械类英语期刊。中国作者学术英语语料库(Chinese Academic English Corpus,CAEC)含164篇期刊论文,总库容为373790词,论文选自2005~2011年中国境内出版的机械类英语期刊。此研究还使用了36亿词的COCA以比较副词在口语和学术语域的分布。使用工具软件为wordsmith 4.0。

此研究在统计的基础上得出如下结论:中国作者在学术论文中使用的立场副词总体偏少,尤其是可能性立场副词和方式立场副词,并在副词的选择和句法位置上表现出口语化倾向。这些问题反映出中国作者对如何在学术语篇中实现人际意义和构建得体的立场还缺乏足够认识,不仅会影响读者对语篇的理解,也会影响论文说理的效果和对作者学术能力的判断。

---

① 以上两篇论文的全文均可通过封底的二维码获取。

(2)语料库驱动的研究示例。

任海波《现代汉语 AABB 重叠式词构成基础的统计分析》(《中国语文》2001 年第 4 期)一文属于语料库驱动的研究。该文使用语料库语言学的方法,在 1 亿字真实文本的范围内统计分析了 37862 个例句中 2734 个 AABB 重叠式词的构成基础。统计数据表明,AABB 式词越是常用,其 AB 为词的可能性越大。因此,AABB 式词是能产的,具体表现在随着语料字数的增加,AABB 式词也不断增加,偶发性的词大量存在。

## 5. 语料库的标注

### 5.1 语料库的标注原则

语料库的标注原则主要有以下几条。

其一,所作标注可以删除,恢复到原始语料。为了保证语料的充分利用,所作的标注需要时可以删除。因为原始生语料库的建设也需要花费大量的人力、物力和财力。只有保证原始语料的可恢复性,才能保证生语料库的复用性。

其二,所作标注可以单独抽出,另处存储。如果有可能的话,最好把原始语料和标注信息分开存储在不同的文件中,通过专门的软件来进行阅读、编辑和管理。

其三,语料库的最终使用者应该知道标注原则和标注符号的意义。

其四,应向用户声明,语料标注并非绝对无误,但它至少是一种可能有用的工具。

其五,标注模式应不依赖于一家之言,尽可能中立。

其六,任何标注模式都不能作为第一标准,即使有,也只能通过实践在大量比较中得到。

概而言之,语料库的标注应当尽最大可能地方便加工者和使用者。语料的标注和语料的利用是一对矛盾。从用户的角度讲,语料标注得越详尽越好,而标注者则还需要考虑标注的可行性。因此,任何标注模式都是二者之间妥协的产物。

### 5.2 语料库的标注层面

语料库的标注主要可以分为如下八个层面。

其一,预处理。语料文本的整理,也称作语料清理或预处理。语料文本如不加以清理,就会导致词汇分析、搭配统计不准确,以及词性赋码出错或无法进行。之所以需要对文本加以清理,通常是因为通过网络、手工录入、扫描识别等方法获得的文本存在各种不合规范的符号、格式等。

其二,元信息标注。元信息(metadata)是有关语料库中文本的非语言信息,这些信息可能包括文本的外部信息(如引用源、出版商、出版年代、作者、作者性别、语境等)和文本的内部结构信息（如标题、段落、文献、伴随口语的副语言特征等）。这些信息有别于文本内部的句法结构、词性、语义特征等语言信息。元信息一般在文本的头部（有时也与文本分离，单独存放）用特定的符号标记出来，这些标记称为元信息标注（metadata markup）。

其三，分词。分词是汉语独有的处理层面。汉语词语间没有空格，所以不能够像印欧语那样直接赋码，而是需要有一个分词的过程。由于汉语分词技术不同，对词的定义标准也不同，汉语分词是个非常复杂的问题。

其四，词性标注。经过分词和词形还原后的文本可以满足多种研究的需要，但如果要分析词的语法特征或者需要减缩语法结构，仅靠分词和词形还原后的语料很难实现，因此需要进行词性标注。词性标注（part-of-speech tagging，POS tagging）是一种较为常见的语料库标注方法，也是一种比较成熟的自动标注技术。较有影响的英语自动词性赋码器有Brill POS tagger、CLAWS、TreeTagger等，其中，CLAWS 5对英语书面语自动词性赋码的准确率已达到96%～97%，TreeTagger的词性赋码准确率则达到97%以上。

其五，句法成分标注。句法成分标注就是平时常说的树库加工，即对已经标注了词性的文本标注上句法成分的信息，即标上主语、宾语、谓语、定语、状语、补语等，一般会同时标注上这些句法成分由什么样类型的短语（名词短语、动词短语、形容词短语、介词短语）充当。

其六，语义信息标注。语义信息标注可以有不同的理解。一种是标注词义，一般在词性标注之后进行，给每个词语标注上词义信息，这往往是义项标注，也就是通常所做的词义消岐。一种是语义角色标注，一般在句法成分标注之后进行，给每个句法成分标注上语义信息，如施事、受事等。

其七，语用信息标注。语用信息标注，就是为文本标注上相关的语用信息，如话题、述题、话轮、省略成分等，为语用分析服务。它可以在生语料的基础上进行，也可以在熟语料的基础上进行。

其八，特定语言模式的标注。研究者还可以根据研究需要，标注上研究者所需的相关信息，如未登录词的标注、专有名词的标注、最大名词短语的标注等。还可以标注一个句子的长度、类型等。

## 6. 语料库语言学的优势

总体来说，语料库语言学的优势在于如下几个方面。

其一，可以利用计算机的强大功能，进行快速、准确的分析。计算机使得识别和分析复杂的语言使用模式成为可能，还可以对语料库提供一致和可靠的分析。

其二，语料库规模大，所包括的语域比较全面，文本量大，语言信息范围广。个人搜集的语料在规模上具有明显的局限性，使用语料库则可以回避这些缺陷。

其三，既有定量分析，又有定性的功能解释，对语言的描写更加全面，而且可以对定量模式进行定性的功能解释。

其四，与以往的方法相比，语料库语言学能够做出更概括和更全面的调查。

总而言之，基于语料库的方法在拓展调查范围、提高研究效率以及改进研究方法等方面都具有明显优势。

## 7. 语料库语言学的发展趋势

语料库语言学研究经过60多年的发展，不断成熟与完善。目前，语料库语言学的发展呈现出如下趋势。

其一，学习者语料库的建设与研究成为语料库语言学研究的重点之一。建立学习者语料库的目的是通过语料库方法深刻洞悉真实的学习者语言特征，最终服务于外语教学。事实上，中国的语料库建设从一开始就与外语教学密不可分，并将随着语料库语言学的发展走向深入。对外汉语教学领域也越来越关注语料库的建设和使用。基于语料库的语误、教学等研究蔚然成风。

其二，口语语料库的建设和相关话语特征研究不断加强。目前，许多语言学家和教师都认为口语比书面语更能揭示语言以及语言习得的本质，基于语料库的口语研究得到了普遍的重视。学者们通过语料库方法收集自然口语语料，进行口语话语特征分析。

其三，平行语料库在语言对比研究及翻译研究中的作用日益显著。平行语料库作为语言对比分析与翻译研究的一项重要工具，对于促进语言对比研究和翻译研究，改进外语教学，提高翻译质量，改进双语词典的编纂，促进双语信息检索和机器翻译的开发都具有深远的意义。平行语料库可以为学习者提供机会去自主发现母语与目的语在语法结构、词汇语域和意义表述上的差别，从而帮助学习者达到学好外语的目的。

其四，语料库建设研究日益普遍化。20世纪90年代末大型语料库建设的势头已缓，代之而起的是大批小型语料库的兴起。大量在线电子语料以及通过各种电子媒介发行的电子文本为语料库的建设提供了无尽的语料来源，使得建设各种小型语料库变得轻而易举。语言研究者可按照研究兴趣和方向自己建设形式多样的语料库。

其五，语料库研究不断向纵深发展。人们在借助语料库方法对语言系统以及人们对语言系统的使用情况进行研究的同时，也加深了对语料库语言学本身的研究。

总之，语料库语言学不仅仅是一种语言研究方法，更是一种新的哲学思维方式，深刻影响着人们对语言的认识和研究。

## 参考文献

[1] 黄昌宁，李涓子. 语料库语言学[M]. 北京：商务印书馆，2002.

[2] 郭曙纶. 汉语语料库应用教程[M]. 上海：上海交通大学出版社，2013.

[3] 梁茂成，李文中，许家金. 语料库应用教程[M]. 北京：外语教学与研究出版社，2010.

[4] 潘璠. 基于语料库的语言研究与教学应用[M]. 北京：中国社会科学出版

社,2012.

[5] 杨惠中.语料库语言学导论[M].上海:上海外语教育出版社,2002.

[6] 郑家恒.智能信息处理—汉语语料库加工技术及应用[M].北京:科学出版社,2010.

[7] BIBER D,et al.语料库语言学[M].北京:外语教学与研究出版社,2000.

[8] KENNEDY G.语料库语言学入门[M].北京:外语教学与研究出版社,2000.

[9] SINCLAIR J C. Concordance,Collocation[M].上海:上海外语教育出版社,2000.

[10] MCENERY T,WILSON A. Corpus Linguistics[M]. Edinburgh:Edinburgh University Press,1996.

[11] WYNNE M. Developing linguistic Corpora:A Guide to Good Practice[M]. Oxford:Oxbow Books,2005.

(王跃龙　华侨大学)

# 二十 语言测试

## 1. 语言测试概说

　　语言测试是语言教学的重要环节,具有信度和效度的语言测试能够比较准确地反映教学环节的成效和问题。语言测试一方面从语言学、语言教学和语言习得理论中取得科学内容,从心理测量学中获得科学手段。另一方面,为语言教学的过程提供监控,为语言教学的效果提供检验、评估和反馈,并为进一步改进教学和学习提供参考。现代语言测试从语言观、理论基础到实践方法逐渐形成了一套科学体系,成为一门跨学科的综合性学科,是应用语言学的重要分支领域。

　　各个国家都在设计、实施与本国语言相关的测试活动,形成了一些具备高信度和高效度,在地区和世界范围内有影响力和号召力的语言测试。如中国的普通话水平测试、汉语水平考试(HSK)、大学英语四六级考试(CET)、专业英语四级八级考试、高考英语等;再如国外的GRE考试、雅思考试、托福考试等等。上述语言测试的类型、目的、对象和难度等级各不相同,但其目的都在于对某种语言使用者的语言能力进行检验和考察。

### 1.1 语言测试的性质

　　测量是给人或事物的某种属性确定数和量的过程。语言测试是通过测量方式对被测的语言水平进行量化、排序和分级。语言水平指语言学习者使用目的语达成各种应用目的所具备的能力,一般从听、说、读、写、译等五个方面进行考察。再进一步说,语言测试是对被测的语言行为进行抽样测量,以评估被测的语言能力,并对所有被测者进行排序和分级。语言测试具有一般测量的属性,同时又具有自身特有的一些性质。语言测试具有工具性、间接性和综合性。

　　(1)语言测试的工具性。语言测试总是基于一定的目的,或者是为了测试学业成就,或者是为了检验教学效果,或者是为了进行人才选拔,或者就是为了检测学习者的语言运用水平。总之,语言测试是为一定的目的服务的。

　　(2)语言测试的间接性。语言测试作为科学测量的一种类型,不可能全面、直接地观察、记录和量化被测的各方面语言能力,而只能通过设置模拟场景、制定测量试题作为抽样片段诱导出被测的言语行为来进行间接测量。因此,语言测试总是非自然的、人工设置的间接测量手段。

　　(3)语言测试的综合性。语言水平包括语言知识和语言技能,语言技能又包括听、说、读、写、译和交际技能,总的来说,人的语言运用能力体现出对知识背景的全面调动和综合运用。因此,考察语言水平和能力的语言测试必然是综合的。语言测试体现出主客观的统一,目的和方式的统一,以及标准化、规范化和灵活性的统一。

## 1.2 语言测试的发展

语言测试在东西方均经历了漫长的发展历史。以色列应用语言学家伯纳德·斯波基斯(Bemard Spolsky)把语言测试及其理论发展分为三个时期:前科学时期、心理测量-结构主义(psychometric-structuralist)时期及心理测量-社会语言学(psycholinguistic-sociolingguistic)时期。语言测试是随着语言教学而出现的,教学和测试有着密切的关系,要了解测试的历史,必须了解教学的历史。教学理论决定着测试的理论、方法和实践,而测试的理论、方法和实践相应地反映着教学理论。

(1)传统时期(20世纪40年代之前),也叫作"前科学时期"。这一时期人们认为语言是一门知识,主要包括语法知识、词汇知识和语音知识。外语教学把语言当成知识来教授,因此语言测量也以知识测试为主。语言教学和测试主要以教师和命题人员的经验和主观判断来确定,缺乏效度和信度。

(2)现代时期(20世纪40—70年代)。这一时期是心理测量与结构主义相结合的时期。人们在结构主义语言学和行为主义心理学的共同影响下,逐渐认识到语言学习不应只包括语言知识和规则的学习,还应该包括行为技能的获得。因此,这一时期的语言测试逐渐开始测试学习者的行为习惯,把语言能力分为语音、词汇、句法和文化,认为语言考试可通过听、说、读、写四种方式测试语音、句法、词汇和文化能力。这一时期的语言测试重视科学性,注重统计学评价。

(3)后现代时期(20世纪70年代至今)。这一时期是心理测量、交际理论和社会语言学相结合的时期。20世纪60年代,乔姆斯基区分了语言行为和语言能力,海姆斯则进一步提出交际能力的概念。人们开始认识到语言能力不但包括按照语法规则生成句法合格句子的能力,还包括在不同的语境中合理使用这些句子的能力。这一时期的语言测试强调测试任务的真实性和交际性,强调学生的语言使用情况,而非语言的用法;强调考查学生完成交际任务的能力,而非某个语言机能或某个语言知识的掌握情况。

## 2. 语言测试的分类

语言测试的分类决定着测试的形式和题目的类型,对于语言测试类型的了解能够帮助教师更有效地组织测试,更好地实现语言测试的信度和效度,更科学地根据测试的目的权衡信度、效度之间的关系,说到底就是能够帮我们弄清"为什么测试""测试什么""怎样测试"三个基本问题。语言测试可根据学习阶段、测试目的、评分方式、成绩诠释等不同标准进行分类。

## 2.1 以测试目的为标准的分类

从测试的目的和作用角度进行分类，可以将语言测试分为五种测试类型，即水平测试、学业成就测试、分班测试、潜能测试和诊断性测试。

(1) 水平测试。

水平测试用以测量人们的某一语言能力，即测试对象的语言综合运用能力和对语言的整体掌握情况，多针对来自不同语言、国籍和文化背景的受试者，与被测之前有无语言训练及有什么样的语言训练无关，与他们过去的其他学习内容、教育背景、专业知识都没有直接关联。

水平测试往往是以选拔为目的，可以是为某一工作岗位进行的招聘，测试目标着重考察被测者能否胜任某一工作，测试内容往往与这一工作中的实际场景相关。水平测试也可以是以升学为目的的选拔，测试内容是预测学生是否具有足够的语言能力跟上大学中的课程和学业，如我国的普通话水平测试、汉语水平考试(HSK)、公共英语等级考试，国外的托福考试、雅思考试、剑桥英语水平证书测试等均属此类。水平测试对于考生和单位来说都事关重大，测试试卷的内容一般都具有较高的信度和效度。由于其高标准和严要求，很多大型水平测试往往都委托专业机构进行设计和组织。

(2) 学业成就测试。

学业成就测试用以检测学习者对某一特定课程或教学大纲的掌握情况。它与教学大纲联系密切，目的在于考查学生对相关知识的掌握情况，评价学生个体、小组或班级在学习目标实现方面的成功度。学业成就测试的方法应当与教学中所使用的方法相一致，例如如果使用交际法进行教学，那么成绩测试的方法也应为交际法，否则会导致考试不公平。

成绩测试包括终结性测试和进程性测试，前者如高考、中考，后者如期中考试、期末考试。其中，终结性测试有基于内容和基于目标两种测试方式。基于内容的测试，其内容应该是学生所熟悉的，与大纲密切相关的。基于教学目标的测试，其内容模式是使测试内容与课程目标直接相关，其优势在于能使课程设计者更精细地描述目标，方便检测学生是否达到了课程目标所要求的程度，同时也可以为大纲制作和教材选择提供重要参照。

(3) 分班测试。

分班测试是在新生入学后对学生进行的全面检查，目的是为了把学生按照知识掌握程度的不同进行分班或分组。分班测试关心的是受试者目前的知识水平及能力，它考查的是学生的整体能力。在分班测试前，出题人要弄清不同班级的主要教学特点，然后根据这些教学特点设计具体的测试内容。试题应覆盖不同难度等级的题目。成绩也应该在学生中呈现正态分布，以百分制测试为例，应当以 10 分为一段，每个分数段都应该有学生分布。

教育历来强调因材施教，绝对的平行班并不是真正的教育公平，针对不同类型、不同水平的学生采取不同的教学方法和不同的教学内容，既符合客观现实又有利于进行针对性的教学。

（4）诊断性测试。

诊断性测试用以测试学习者对某些语言知识和技能的掌握情况，可以及时发现问题，为教师提供教学效果或教学质量方面的信息。诊断性测试有助于增强教学的目的性和针对性，帮助改进教学，调整教学计划，进行个别指导，例如教学中教师根据教学重点、难点及本班情况进行随堂测试。诊断性测试可以作为形成性评价的一部分，便于期末对学生进行更加全面的评价，也便于学生清楚地看到自己的学习进展情况。

随堂的诊断性测试，从本质上来说与成绩测试尤其是进程性成绩测试相吻合。同时，学业成就测试和水平测试经常被用于诊断性测试之中，对于促进学生的自主学习有重要意义。诊断性测试分数不宜太低，以免打击学生继续学习的积极性。

（5）潜能测试。

潜能测试的目的是通过衡量学习者的语言表现以预测其是否有学好这门语言的潜力。语言学习潜力受到主客观多方面因素的影响，如智商、年龄、动机、记忆力、语言学能等。潜能测试与之前所学的知识无关，很多情况下是学生以前从未接触过的语言。由于在实际操作中不太可能全面测试被测的语言潜能，因此多数测试只是衡量某一部分的潜能。词汇测试常被认为是有效的潜能测试方法，因其与智商紧密相连并且能反应出应试者对这一领域的兴趣。测试语言多采用人工语言，题目数量相对较多。

## 2.2 以测试建构为标准的分类

从测试构建的角度进行分类，语言测试可以分为直接测试和间接测试。这种分类形式取决于测试者是想直接地测量语言实际运用能力，还是想间接地反映出某种语言能力。

（1）直接测试。

直接测试是使被测者精确并直接地表现出想要测量的能力。直接测试的结果能够直接反映被测者在某一方面的语言能力，如想考查写作能力就出作文题，想考查语音语调就出朗读题。直接测试较适用于产出性的语言技能，如阅读和写作。直接测试的选材要求尽可能真实，尽管现实中的任何测试都不可能绝对真实，但还是尽可能模拟真实交际场景。

直接测试能更为直观地反映出考生的语言能力，接近真实生活中的语言表现，因此效度较好。但是由于直接测试的题目往往是主观性测试题目，因此评分所具有的主观性相对较高，其信度较差。直接性测试要避免场景构建失真，同时要注意简化的评分方式也会影响有价值的直接语言能力数据。

（2）间接测试。

间接地观察言语行为的测试称为间接测试，例如给出一个词，然后让学生从四个选项中选出一个与所给词汇发音相同的词。间接测试不能直接反映语言能力，但可以提供判断语言能力的信息。间接测试的优势在于适用范围较广，并且其结果也更具概括性。但间接测试的问题在于，很难判断某一语言能力的构成成分是什么，也很难确定测试这些构成成分得到的分数是否能够真正反映被测的目标能力水平。由于间接测试大多采用客观性试题,考试结果往往只能反映所取样的内容,与直接测试相比,间接测试的信度较高而效度较差。

### 2.3　以语言项目为标准的分类

(1)离散项目测试。

离散项目测试是测试单个语言项目,也就是将语言分成语音、词汇、语法等不同项目,然后一项一项地单独进行测试。离散项目测试通常采用多选题的形式,每个题目一般只考查一个语言点,主要测量学生的语言知识,而不是语言能力,因此离散测试具有诊断性的意义。离散测试受到结构主义理论的影响,即掌握一种语言就是要掌握语言的构成成分。

(2)综合性测试。

综合性测试同时测试多项语言知识和技能,主要考查学生的综合语言能力,其特点是在语境中考查学生的语言知识和技能,侧重考查语言的意义,而不是语言的形式。常用的形式有听写、完形填空、翻译、作文等。

### 2.4　以成绩诠释为标准的分类

(1)常模参照测试。

常模参照测试是指在同一测试中将某个考生的分数同其他考生的分数进行比较,参照测试目的与要求设定合格分数线。也就是说,对一个考生成绩的解释是相对于其他考生的成绩而言的。常模参照测试一般用该考试的平均分与标准差来表示,也就是指将一群类型相同的人在一类考试中的成绩进行排序,结合其他考生的得分情况来反映一个考生的分数,说明他在这个人群中的位置。

常模参照测试的优点在于对于大多数考生来说较为公平,因为通过考试与否是依据在考生中排序的相对位置来确定的。不足之处则在于测试的效度往往受到受试人群的影响,随着受试人群的变化而变化。由此带来的问题就是,学生在常模参照性测试中的表现,有时并不能直接说明其在语言中的实际表现。

我国通行的各种选拔性考试基本都是常模参照测试,如中考、高考、研究生入学考试等。从命题角度来说,常模参照测试的内容覆盖面宽,难易度离散性较高,有助于拉开分数段。常模参照测试的分数主要采用百分制形式。

(2)标准参照测试。

标准参照测试是指根据某一既定标准来解释考生的成绩,即衡量考生是否达到了预期标准。标准参照测试是在对考生的成绩做出判断前,预先规定好一个合格标准,再用考生的成绩与这个标准相比来判断是否达到要求。在标准参照测试中,被测者的成绩并不取决于与其他学生所做的比较,而是与标准之间的距离。比如听写50个单词,考生能写

40个算通过,那么凡是能写对40个的考生都算通过。一般学校测试设定及格线,就是典型的标准参照测试。普通话水平测试、全国公共英语等级考试、雅思考试等,都会根据不同的水平等级设定不同的标准,这些都属于标准参照测试。

标准参照测试的优点在于以实际语言要求为标准确定衡量标准,因而能够更直接地反映并描述语言能力,同时,标准参照测试也能够给学生提供更直观的参照标准。考生不用与他人竞争而只需要自己达到相应标准即可。标准参照性测试不以选拔或淘汰为目的,而是直接体现参考者的能力水准。标准参照测试的缺点在于标准设定难以避免随意性,考试内容范围狭窄,只涉及标准规定的内容。同时,考生不能够通过与他人比较知道自己在考试人群中所处的地位。

除了按以上四类标准进行的分类以外,还有以评分方法分类的主观性测试和客观性测试,以及基于新的教学法理念的交际性测试、基于技术方法革新的计算机辅助测试等。

## 3. 语言测试的设计

### 3.1 信度和效度

(1)测试的信度。

信度指的是某一测试的测量结果在多大程度上具有一致性,其内涵是指测试结果的可信度、可靠度和考分的一致性。语言测试信度的高低主要说明测试结果在多大程度上反映了受试者真实的语言行为。如果一个测试在不同情况下或者是对不同的人施测时,都能得出相同的测试结果,那么该测试就具有较高的信度。测试的信度通常用相关系数表示,相关系数一般在0.00~1.00,相关系数越大,信度越高,相关系数越小,信度越低。常用的测定信度的方法有重复测试法、平行卷测试法和对半分析法。

重复测试法是指对同一组考生使用同一份试卷,间隔一段时间进行重复考试来确定试卷的信度。两次考试之间间隔一定时间是为了避免考生在第二次考试时凭借记忆答题。重复测试法需要控制一些变量,如要控制学生在两次考试期间进一步学习新的内容而获得进步等。

平行卷测试法是指同一测试用不同的试卷来测量学生完全相同的语言能力项目。不同的试卷使用相同的测试方法,并且在测试的内容、题量、题目的难度、试卷的长度等方面都必须保持一致。平行试卷测得的分数越相近说明该测试的信度越高。

对半分析法是指根据试卷两个对半部分的相关系数来估计试卷的信度,比如把单双号题目的得分,或者前后半段题目的得分作对比,两个部分分数的一致性越高,试卷的信度也就越高。对半分析法通常用来测定试卷的内部一致性信度。

(2)测试的效度。

效度指的是测试是否测量了或者在多大程度上测量了它所期望测量的内容,考生的成绩是否能合理地说明该考生的语言能力。效度表明的是测试内容与测试目的之间的相关性,即测试与测试目标的关联程度。效度的高低是语言测试的基本出发点,当然效度与信度是高度关联却又截然不同的。效度包括表面效度、内容效度、结构效度、同期效度和预测效度。

表面效度指测试的表面可信度或公众的可接受度,也就是指测试是否达到预先设想的测量知识或能力的程度,通常由观察者的主观判断而定。比如,阅读测试中如果有过多超纲词汇,那么,该阅读测试就缺乏表面效度,难以反映考生在该等级阅读方面的真实水平。

内容效度指测试内容所包括的要素是否能够充分地测出所要测量的技能。例如,口语测试如果只测试发音技能,而不测试词汇、句法运用的准确度和语用的得体性,那么这一测试的效度就会很低。

结构效度指的是测试项目反映某个理论基本方面的程度。例如,交际能力测试的内容和方式与交际能力理论的关联越高,则测试的结构效度就越高。通常用定性和定量相结合的方式来确定测试的结构效度。定性的方法是由相应的结构理论来评定测试题目或任务与所要测量的结构的对应关系。定量的方法有测试项目的相关分析,测试成绩和考生特征之间关系的分析以及因素分析等。

同期效度指一次测试的结果与另一次时间相近的有效测试的结果相比较,或同教师对学生的评估相比较而得出的系数。

预测效度是指某一测试是否能较好地预测出被试者将来的语言水平。

(3) 信度和效度的关系。

信度是效度的必要条件而非充分条件,测试效度高的前提是信度高,但信度高未必一定效度高。因为效度的有效性总是相对于一定的目的、功能或范围而言的,对于某一目的有效的考试,对于另一目的则未必有效。在语言测试实践中往往需要在信度和效度之间寻找平衡点,取得二者的最佳平衡。

信度和效度之间存在天然的矛盾,且在一定程度上互相排斥。总的来说,测试信度取决于数据的准确可信程度,依靠定量的准确;而测试效度取决于对语言能力水平的判定是否准确可信,体现定性的准确。对于语言测试而言,语言能力涉及发音的准确、用词的妥帖、句法的准确和表达的得体,以及交际中的流利,而这些项目都需要通过效度来体现,难以定量。纵然定性和定量之间是内在统一的,但是也存在一些显而易见的矛盾,尤其在设置测试题目时,定量测试和定性测试会带来信度和效度的不统一。因此,在方法和理论上不断探索、推陈出新,力求信度和效度的平衡统一,是包括语言测试在内的一切追求定量和定性统一的科学测量都需要不断追寻的目标。

## 3.2 测试卷的命制

语言测试题要从宏观和微观两个层面进行观照。在宏观上,要关注测试范围、内容比重、题量和顺序四个方面的问题。首先,试题在结构上应该合理覆盖教学大纲的主要内容;其次,从内容上要确定覆盖范围内各个部分所占的比重;再次,试题从容量上要在规定的时间内达到不同测试类型的要求;最后,测试对题型和难度都有顺序要求,一般来说客观题在前,主观题在后,简单题在前复杂题在后,分值低的题在前,分值重的题在后,总的来说应该先易后难、先轻后重。

(1)选择题的命制。

选择题由题干和选项两部分构成,选项由答案项和干扰项构成。一般来说单项选择题提供四个选项,其中一个是答案项,另外三个是干扰项;多项选择或不定项选择题至多五个选项,其中答案项至少一个,当然也可以通过特殊的表述实现"无答案"。

这里特别说明一下干扰项的制作。干扰项并非只是一个可以随便制造的"错误答案",高质量的干扰项应该建立在对学习者可能出现的错误的预判之上。干扰项的质量能够体现出试题制作的水平和测试本身的难度。一般而言,干扰项应该具备一种"似乎可能性",换言之,干扰项不应该是一眼就能排除的"绝对不可能项"。"似乎可能性"介于错误和正确之间,既要能迷惑考生,又不能使其具有成为答案的资格。这一特征要从题干和选项两个方面来保证,即选项本身的正确性和出现在题干语境中的合理性,干扰项必须具备其一。因为如果一项都不具备,选项无法起到干扰的作用;如果两项都具备,选项就成了正确答案。

选项的排列一般来说要注意表述结构一致、范畴类属一致,以及长度几乎一致。选项应在视觉上平衡、整齐,既不使考生看漏,也不给考生提示。正确答案在四个选项中的排列要随机,不能有任何规律。

(2)阅读题的命制。

阅读题考查学生对语言的领会理解能力,本身并不产出语码。虽然阅读理解能力不可直接观察,但是它总归需要建立在词汇基础、句法结构、语篇连贯和背景知识融会贯通的基础上。阅读理解能力体现为根据当前内容推断上下文,以及根据字面意思推导言外之意的能力。阅读理解主要体现在宏观、中观和微观三个层面,分别是文章的中心思想、段落和语句大意,以及重要细节(如关键词)的意义,包括命题、判断、推理和观点态度等。

由于阅读理解是间接测试语言能力的题目,测试效度受到材料内容和命题质量的影响。首先,阅读材料的选取要具有现实意义,应确保文本、情境、语言运用和交际目的的真实性。其次,材料的文体性质也有特定要求,一般应选用叙述、描写、议论、说明等文体。再次,阅读材料要有较为充足的信息含量,便于从中提出问题。最后,阅读材料应该是一般性内容,也就是不需要特定专业背景即可读懂,对所有考生要求均等的内容。

阅读题的创设一般有这几种做法:第一是细节考查,可以通过选择题、改错题等题型,通过替换词语、更改词义、谬误理解等方式设置问题;第二是语篇理解,可以通过选择题和问答题等题型,通过错误归纳、错误推导、错误结论等方式设置问题;第三是隐含意义理解,同样可以设置选择题和问答题等题型,通过颠倒原文中的顺序、因果、主次等方式设置问题。需要特别注意的是,阅读题的答案应该是能根据原文直接得出的,而不是在原文基础上进行推测才能得出的。

(3)写作题的命制。

写作题是典型的语言产出能力测试,除了言语表达还包括逻辑思维、文化修养、思想境界等非言语素养的综合考查。写作测试题分为初级、中级和高级。初级写作测试主要考查测试句子组合和构造的能力,造句以模仿为主。中级写作测试主要在话语层面,考查形式是否正确、内容是否贴切以及句子、段落和篇章的衔接与连贯程度。高级写作测试的命题和内容较为灵活,考生可以自由发挥,以表达内容为主,为了更好地表达内容,考生可以较为自由地采用不同的语言形式。高级写作测试主要考查综合的表达效果,包括文体的选用、文章的构思、表达的效果等方面。

写作测试以主观试题为主,考查内容与考查目的高度一致,因而是高效度的测试,但主观题设置和评判的非唯一性可能会影响信度。因此,在实际测试中应尽可能采用能够保证或提高信度的命题方式和评分方式,如多人交叉评分取平均值就可以在相当程度上避免因主观性造成的信度缺失。

## 小 结

随着计算机工程和人工智能的不断发展,比较成熟的机器测试已开始越来越广泛地运用于语言测试,尤其是口语测试中,比如我国的普通话水平测试,已经可以在全国范围内推广计算机智能评测系统。该系统以《普通话水平测试实施纲要》为准则,以一级甲等播音员的语音为标准,以人工测试评分为范本,建立起普通话水平测试的机器算法策略、标准发音模型和综合评价模块,对测试题中的朗读单音节字、词语和课文进行机器自动评分,第四题说话题实施人工测评。目前,普通话水平的机器测试已经在全国推广多年,实践证明是可靠可行的。

语言测试是科学测量在语言教学中的实践应用,信度和效度是语言测试中需要平衡调和的一对基本矛盾,它反映着定量和定性在本质上的差异。语言测试的未来发展,无论人工测试还是机器测试,都应当将达成信度和效度的平衡统一作为是始终不变的内在追求。

## 参考文献

[1] 甘凌,潘鸣威.语言测评素养研究:回顾与展望[J].解放军外国语言学院学报,2022(4).

[2] 高怀,刘峰,戚焕奇.语言测试构念效度理论:发展、贡献与挑战[J].东北师范大学学报,2013(5).

[3] 韩宝成.语言测试:理论、实践与发展[J].外语教学与研究,2000(1).

[4] 何莲珍.语言考试与语言标准对接的效度验证框架[J].现代外语,2019(5).

[5] 黄大成,殷艳.语言测试的后效效度:核心地位与评估模式[J].外语界,2022(6).

[6] 李清华.语言测试之效度理论发展五十年[J].现代外语,2006(1).

[7] 刘润请,胡壮麟.语言测试和它的方法[M].北京:外语教学与研究出版社,2010.

［8］　吕生禄.基于论证的语言测试评分量规效度验证模式:从理念到框架［J］.外语教学,2022(3).

［9］　杨惠中.语言测试与语言教学［J］.外语界,1999(1).

［10］　赵成发.谈语言测试的信度与效度［J］.西安外国语学院学报,2000(1).

［11］　西里尔·J.韦尔.语言测试与效度验证:基于证据的研究方法［M］.北京:外语教学与研究出版社,2019.

（樊洁　西华大学）

# 附录　其他专题与文献推荐

1. 语音实验的方法与实践
2. 声调与变调的类型与特点
3. 轻声和儿化现象研究专题
4. 语调、语气与句类特征
5. 韵律特征分析的角度与方法
6. 《汉语拼音方案》与国际音标
7. 方言语音调查专题
8. 音系学与语音学的区别与联系
9. 面向自然语言处理的语音研究
10. 留学生语音偏误分析
11. 汉语单双音节同义词比较
12. 词语的色彩义研究专题
13. 新词与流行语研究专题
14. 方言词汇调查专题
15. 社区词研究专题
16. 词汇学与词典学
17. 词汇化研究专题
18. 面向自然语言处理的词汇研究
19. 留学生词汇偏误分析
20. 词缀研究专题
21. 构词法研究专题
22. 词和短语的界限问题
23. 缩略研究
24. 实词的下位分类研究
25. 副词研究专题
26. 语气词研究专题
27. 助词研究专题
28. 介词研究专题
29. 连词研究专题
30. 兼类词研究专题
31. 动词重叠研究专题
32. 形容词重叠研究专题
33. 汉语指代范畴研究专题

34. 比较句研究专题
35. 疑问句研究专题
36. 感叹句研究专题
37. 祈使句研究专题
38. 双宾句研究专题
39. 重动句研究专题
40. 单复句的区分问题
41. 条件复句研究专题
42. 让步复句研究专题
43. 转折复句研究专题
44. 复句三域研究专题
45. 紧缩复句研究专题
46. 语序研究专题
47. 方言语法研究专题
48. 西方语法学流派
49. 汉语语法学史
50. 语法研究方法专题
51. 构式语法研究专题
52. 互动语言学研究专题
53. 描写语法与新描写主义专题
54. 变换分析法研究专题
55. 语义特征分析专题
56. 语义指向分析专题
57. 配价语法研究专题
58. 形式句法研究专题
59. 语义范畴研究专题
60. 功能语法研究专题
61. 认知语法研究专题
62. 类型学研究专题
63. 韵律语法研究专题
64. 语体语法研究专题
65. 话语分析专题
66. 话语衔接手段
67. 历时语法化和共时语法化研究
68. 话语标记研究专题
69. 叙实性和事实性研究专题
70. 汉语语法范畴研究专题

71. 肯定和否定研究专题
72. 语法化研究专题
73. 歧义研究专题
74. 口语研究专题
75. 面向自然语言处理的语法研究
76. 语法学论文的写作规范
77. 信息结构研究
78. 语言外因素对语言规则的影响和制约
79. 语法学视角的修辞学研究
80. 语义学视角的修辞学研究
81. 社会语言学专题
82. 民族语言和汉语的接触影响
83. 港澳台汉语词汇对比研究
84. 地方普通话特点研究
85. 普通话测试与 MHK、HSK 考试
86. 《中国语言生活状况报告》(绿皮书)研究
87. 中国语言资源保护工程及其采录展示平台
88. 语言和言语研究专题
89. 计算语言学研究专题
90. 中小学语文教材中的语言学
91. 汉语修辞格系统
92. 辞格与非辞格的界限
93. 语言辞格、言语辞格和元语言辞格
94. 语言的发展与规范研究专题
95. 网络语言研究专题
96. 语用学和修辞学
97. 隐喻与转喻
98. 概念化及其识解操作
99. 框架、域、空间:概念结构的组织
100. 时间象似性原则与距离象似性
101. 汉语修辞学体系及其存在的问题

**相关教材及参考书例举：**

[1] 北大中文系现代汉语教研室.现代汉语专题教程[M].北京:北京大学出版社,2003.

[2] 冯胜利,王丽娟.汉语韵律语法教程[M].北京:北京大学出版社,2018.

[3] 孔江平.实验语音学基础教程[M].北京:北京大学出版社,2015.

[4] 林焘,王理嘉.语音学教程(增订版)[M].北京:北京大学出版社,2013.

[5] 陆俭明,沈阳.汉语和汉语研究十五讲(第二版)[M].北京:北京大学出版社,2016.

[6] 吕叔湘,等.语法研究入门[M].马庆株,编.北京:商务印书馆,1999.

[7] 邵敬敏,任芝锳,李家树,等.汉语语法专题研究[M].北京:北京大学出版社,2009.

[8] 王希杰.汉语修辞学[M].北京:商务印书馆,2004.

[9] 邢福义.现代汉语语法修辞专题[M].北京:高等教育出版社,2002.

[10] 周荐.现代汉语词汇学教程[M].北京:北京大学出版社,2016.

[11] 朱德熙.语法讲义[M].北京:商务印书馆,1982.

[12] 董秀芳.汉语的词库与词法(第二版)[M].北京:北京大学出版社,2016.

[13] 端木三.音步和重音.[M].北京:北京语言大学出版社,2016.

[14] 方梅.汉语篇章语法研究[M].北京:社会科学文献出版社,2019.

[15] 黄伯荣.汉语方言语法类编[M].青岛:青岛出版社,1996.

[16] 李国南.辞格与词汇[M].上海:上海外语教育出版社,2010.

[17] 刘颖.计算语言学(修订版)[M].北京:清华大学出版社,2014.

[18] 吕叔湘.汉语语法分析问题[M].北京:商务印书馆,1979.

[19] 吕叔湘.中国文法要略[M].北京:商务印书馆,2014.

[20] 吕叔湘.现代汉语八百词(增订本)[M].北京:商务印书馆,1999.

[21] 邵敬敏.汉语语法学史稿[M].上海教育出版社,1990.

[22] 沈家煊.不对称和标记论[M].江西教育出版社,1999.

[23] 石锋.语音格局—语音学与音系学的交汇点[M].北京:商务印书馆,2008.

[24] 石毓智.汉语语法[M].北京:商务印书馆,2010.

[25] 石毓智.肯定和否定的对称与不对称(增订本)[M].北京:北京语言文化大学出版社,2001.

[26] 施春宏.形式和意义互动的句式系统研究—互动构式语法探究[M].北京:商务印书馆,2018.

[27] 施春宏.语言规范理论探究[M].北京:北京语言大学出版社,2021.

[28] 税昌锡.汉语语义指向论稿[M].东北师范大学出版社,2005.

[29] 王寅.构式语法研究[M].上海:上海外语教育出版社,2011.

[30] 王希杰.修辞学通论[M].南京:南京大学出版社,1996.

[31] 邢福义.汉语复句研究[M].北京:商务印书馆,2001.

[32] 俞理明.汉语缩略研究——缩略:语言符号的再符号化[M].成都:巴蜀书社,2005.

[33] 袁毓林.语言的认知研究和计算分析(增订本)[M].北京:商务印书馆,2014.

[34] 袁毓林.汉语配价语法研究[M].北京:商务印书馆,2010.

[35] 张斌.现代汉语描写语法[M].北京:商务印书馆,2010.

[36] 张伯江,方梅.汉语功能语法研究[M].南昌:江西教育出版社,1996.

[37] 张谊生.介词的演变、转化及其句式[M].北京:商务印书馆,2016.

[38] 张谊生.现代汉语副词研究[M].北京:商务印书馆,2014.

[39] 张谊生.助词的功用、演化及其构式[M].北京:商务印书馆,2018.

[40] 赵元任.汉语口语语法[M].吕叔湘,译.北京:商务出版社,2002.

[41] 周韧.现代汉语韵律与语法的互动关系研究[M].北京:商务印书馆,2011.

[42] 朱彦.汉语复合词语义构词法研究[M].北京:北京大学出版社,2004.

[43] 庄会彬.汉语的句法词[M].北京:北京语言大学出版社,2015.

[44] GOLDBERG A E.构式-论元结构的构式语法研究[M].吴海波,译.北京:北京大学出版社,2007.

[45] WILLIAM C D,CRUSE A.认知语言学[M].邵军航,译.北京:商务印书馆,2022.

**(刘春卉、何倩,四川大学)**

# 引用作品的版权声明

为了方便学校教师教授和学生学习优秀案例，促进知识传播，本书选用了一些知名网站、公司企业和个人的原创案例作为配套数字资源。这些选用的作为数字资源的案例部分已经标注出处，部分根据网上或图书资料资源信息重新改写而成。基于对这些内容所有者权利的尊重，特在此声明：本案例资源中涉及的版权、著作权等权益，均属于原作品版权人、著作权人。在此，本书作者衷心感谢所有原始作品的相关版权权益人及所属公司对高等教育事业的大力支持！

# 与本书配套的二维码资源使用说明

  本书部分课程及与纸质教材配套数字资源以二维码链接的形式呈现。利用手机微信扫码成功后提示微信登录,授权后进入注册页面,填写注册信息。按照提示输入手机号码,点击获取手机验证码,稍等片刻收到 4 位数的验证码短信,在提示位置输入验证码成功,再设置密码,选择相应专业,点击"立即注册",注册成功。(若手机已经注册,则在"注册"页面底部选择"已有账号? 立即注册",进入"账号绑定"页面,直接输入手机号和密码登录。)接着提示输入学习码,需刮开教材封面防伪涂层,输入 13 位学习码(正版图书拥有的一次性使用学习码),输入正确后提示绑定成功,即可查看二维码数字资源。手机第一次登录查看资源成功以后,再次使用二维码资源时,只需在微信端扫码即可登录进入查看。